高等学校通识课教材

U0635333

大学人文与乡土教育读本

主　编　吴　俊　张承鹄

副主编　王又新　韦　丹　杜望舒　张　超　杨　波

编　委　周　江　颜　军　常海星　吕　婷

　　　　张莉姗　郑　颖　张　雪　刘崇华

　　　　刘立辰　陈亦桥　杨兴萍　张金富

　　　　银兴贵　熊祥军

华东师范大学出版社

目录

序   1

第一编　人文精神   1

《老子》四则   1

《论语》十则   3

大学之道   4

好学·力行·知耻   5

我善养吾浩然之气   6

山木   7

齐桓公伐楚   9

东山   10

橘颂   11

报任少卿书（节选）   13

《世说新语》三则   14

行由品（节选）   16

春江花月夜   19

蜀道难   20

北征   22

长恨歌   25

定风波   27

破阵子·为陈同甫赋壮词以寄之   29

葬花吟   30

《曾国藩家书》三则   32

少年中国说   35

希望   39

赠与今年的大学毕业生   41

人生的境界   44

"慢慢走，欣赏啊！"——人生的艺术化   46

旅行的享受   50

说笑   53

乐观与悲观   55

"文明的冲突"与"文明的共存"（节选）   59

承担，独立，自由，创造——从《民国那些人》谈起（节选）   64

智慧的诞生   68

全球化时代的"大学之道"   73

哥本哈根精神   78

哈姆雷特（节选）   82

浮士德（节选）   83

玩偶之家（节选）   87

真正的幸福来源于自己的存在   92

东方人和西方人的快乐理想   94

吉檀迦利（节选）　　　　　　　　　　　　97

当你老了　　　　　　　　　　　　　　99

西西弗的神话（节选）　　　　　　　　100

宾夕法尼亚大学演说　　　　　　　　　103

给青年们的一封信　　　　　　　　　　106

读书是一种享受　　　　　　　　　　　107

致未来的教师　　　　　　　　　　　　110

第二编　乡土情怀　　　　　　　　　　113

西南夷列传　　　　　　　　　　　　　113

初至龙场无所止结草庵居之　　　　　　114

游白水河瀑布　　　　　　　　　　　　115

黔论　　　　　　　　　　　　　　　　117

黔苗竹枝词二十四首（选录）　　　　　118

吴中蕃诗歌两首　　　　　　　　　　　119

赤壁避风登苏公亭放歌　　　　　　　　120

郑珍诗两首　　　　　　　　　　　　　122

莫友芝诗词选　　　　　　　　　　　　123

清光禄大夫礼部尚书李公墓志铭　　　　125

镇远道中　　　　　　　　　　　　　　127

忆秦娥·娄山关　　　　　　　　　　　128

祝大舅六十四寿辰的一封信　　　　　　129

抗日战争中的浙大学生　　　　　　　　132

水葬　　　　　　　　　　　　　　　　137

作了父亲　　　　　　　　　　　　　　141

黑主宰（节选）　　　　　　　　　　　144

拙说　　　　　　　　　　　　　　　　149

种包谷的老人　　　　　　　　　　　　151

遥念山乡　　　　　　　　　　　　　　157

山之骨　　　　　　　　　　　　　　　159

漫说贵州水　　　　　　　　　　　　　160

自然的大写意——话说织金洞　　　　　163

天星桥——桥那边有一个美丽的地方　　166

神奇梵净山　　　　　　　　　　　　　169

黔中石说　　　　　　　　　　　　　　172

六千举人七百进士　　　　　　　　　　175

伞下的侗寨　　　　　　　　　　　　　178

苗族古歌选编　　　　　　　　　　　　183

布依族古歌选编　　　　　　　　　　　188

侗族大歌二首　　　　　　　　　　　　190

附录一：常用文体写作知识 195

   第一部分　行政公文 195

      一、决定 195

      二、公告 196

      三、通告 196

      四、通知 197

      五、通报 197

      六、报告 198

      七、请示 199

      八、批复 200

      九、函 201

      十、会议纪要 201

   第二部分　事务类文书 202

   第三部分　公关交际类文书 209

   第四部分　经济类文书 217

附录二：国家行政机关公文处理办法 220

附录三：文章常用修改符号及其用法 225

附录四：中华人民共和国标准标点符号用法 228

附录五：汉语称谓知识 234

附录六：大学生人文教育课外阅读推荐书目 242

序

一

　　当代大学生人文素养培养的问题，引起了许多学人的思考。时下，不少人在忧虑：80后、90后是缺乏信仰、丢弃传统、少有道德约束的一代。这种评价过于悲观，实际上，80后、90后有他们的价值观，在他们多数人身上不乏善良、仁爱、友善、诚实的品行。2008年汶川大地震、北京奥运会期间大学生们所表现出来的大爱和奉献精神令世人发自内心地赞叹和敬佩。于是乎，一时舆论又出现了对当代大学生"一边倒"的赞誉之声。我们认为，对当代大学生作价值评价要一分为二、辩证看待，一味地"贬"和一味地"捧"都不可取，绝对地肯定和否定也是不符合当代大学生的实际的。

　　人的品德修养不是天生就有的，它与每个人所处的社会现实环境密切相关，是社会塑造了人，改变了人，社会的风气、面貌影响了人的成长变化，因此评价当代大学生品行的好坏，只能联系当下的社会现实环境来作分析，这是历史唯物主义的基本观点。

　　毋庸讳言，我们正处在科学技术突飞猛进、物质文明高奏凯歌的时代，而且也是功利主义、消费主义、物质主义甚嚣尘上的时代。在这一时代，人们重感性轻理性，重物质轻精神，工具理性统治着人们的精神世界，而价值理性失去了它应有的阵地。对当代大学生来说，在多数人的记忆里，父母、老师就给他们灌输一个理念：好好学习，将来争取考一所好大学，找一个好工作，做一个有出息的人。这样日复一日、持续不衰地教诲，积淀为当代大学生的"集体无意识"，而这种"集体无意识"又强劲地促使他们去读书，为家长给他们设定的人生目标而奋斗。这就是许多大学生的人生价值取向。这种功利主义的价值取向渗透进他们的心灵，决定着他们的日常行为，影响着他们的品行塑造。我们在调查中发现，在校不少大学生在考试上诚信度不高和对诚实做人做事缺乏正确认识。令人惊异的是，竟有一些班干和"三好生"也铤而走险不惜冒着纪律处分甚至被开除学籍的危险考试作弊。问及他们为什么要这样去冒险，无一例外的回答是：作弊未被抓到可以得高分，可以拿奖学金，可以评优，而有了这些"荣誉"，在校能出名，毕业找工作有更多的"光环"。这是狭隘的功利思想在作祟。一些学生心浮气躁，不甘默默无闻读书，急于出人头地，竟去找"厚黑学"的偏方，把希特勒的《我的奋斗》奉为圭臬。以"我"为中心、自私自利、不讲诚信等"顽症"占据着一些人的头脑，侵蚀着他们的良知，使一些人变成丧心病狂的禽兽。西安音乐学院的药家鑫杀人事件就是明证。我国著名学者钱理群教授在《寻找北大精神》的演讲中说："我觉得现在我们中国的大学弥漫着两种可怕的思潮，一个实用主义，一个虚无主义。所谓实用主义就是完全为个人利益所用，完全被个人利益所驱使，有用就干，无用不干，因此必然是一种虚无主义，就是除了时尚和利益之外一切都不可信,一切都不足靠,一切都可以在与时俱进的口号下放弃抛弃。这种实用主义和虚无主义就导致了大学的两个东西,一个是知识的实用化,一切与实用无关的知识都被大学所拒绝,既被大学里的老师所拒绝,也被大学里的学生所拒绝。还有精神的无操守,拒绝一切精神的追求和坚守,我觉得这两个思潮,就是实用主义和虚无主义所导致的知识的实用化和精神的无操守,这是现在大学里的两个基本的弊病。"钱先生的看法切中肯綮。浮躁的世风搅乱了大学校园的平静,也搅乱了大学生们的求学之心。无怪乎,各类大学都有学生向老师提出这样的问题:我们来大学到底要学什么? 每天学的知识将来有什么用? 面对这些"有用与否"的提问,老师们常常会从学生们长远的发展去作解释,听完这些解释,学生们一脸茫然,因为他们不在乎"长远",只关心"当下",即学的东西对他们"当下"有什么用。

二

面对功利主义对大学校园的影响,对学生心灵的侵蚀,大学生人文素养培养的问题被提到重要的位置。人文素养是以人为对象、以人为中心的精神,其核心内容是对人类生存意义和价值的关怀。如何培养当代大学生的人文素养? 这既是一个理论问题,又是一个教育实践问题。从理论层面上讲,人文素养关涉到人的世界观、人生观、价值观、情感、道德、意志等,涉及价值论、理想信仰、道德自律、人的超越等问题。这些问题前贤今哲都有过深入的理论思考,奉献了许多有价值的思想智慧,这些成果给开展大学生的人文素养教育指明了方向和提供了理论支持。从实践层面上看,大学生人文素养的培养又属于教育实践的范畴,涉及到以何种有效方式对大学生进行思想道德教育、理想信念教育、文化素养教育、审美情感教育等问题。从实践方面对这些问题进行探索的不乏其人,但是,在大学教育中,人文素养培养的有效途径仍未找到,对大学生进行人文教育的体系还未真正建立起来。尽管在大学校园里,各种校园文化活动开展得热热闹闹、花样翻新,但活动多流于形式,未真正触及到学生的心灵,更谈不上给他们心灵以震撼。有时活动过多,学生应接不暇,校园热闹了,但从另一方面看却打破了大学校园应有的宁静,使学生们失去了求知应有的沉思和淡定。思考的定力没了,思考失去了深度,学生哪来的创造力?因此,我们认为仅靠校园文化活动来培养学生的人文素养是远远不够的,文学、文化经典教育应该承担起大学生人文素养培养的重任。

何谓文学、文化经典? 是指那些经过历史长河洗淘、打磨而沉淀下来,对一个民族的灵魂塑造起过重要作用的文学作品和文化思想成果。它们具有足以撼动人的灵魂根部的力量。大学生在文学、文化经典的滋润下心情愉悦,如沐春风,使其思想品格得以提升,形成道德自律,牢牢树立正确的世界观、人生观、价值观。德国著名文学家席勒早在两百多年前就认为,人的道德自律、价值理性、完整人格的形成离不开审美教育,因为通过审美教育"把人从物质引向形式、从感觉引向法则、从一个受限制的存在引向绝对存在"。[①] 其实文学、文化经典教育具有审美化的特点,在此过程中,文学、文化经典教育的审美特质对于培养学生的艺术心灵——与功利主义相抗拒的超越情怀——大有帮助。通过文学、文化经典的阅读,学生们徜徉于人类博大的精神文化的海洋之中,能够建立起与前贤今哲对话的平台,拉开与现实功利世界的距离,看到一个有别于功利世界的更加丰富博大的精神世界,在功利追求的人生中看到一种更加高尚的人生。这一过程就是心灵净化、实现自我超越的过程。哲学人类学提出的"自我超越"的范畴,对我们认识与分析大学生的人文素养的培养等问题大有启发。意大利著名哲学家巴蒂斯塔·莫迪恩在《哲学人类学》一书

---

① 席勒.审美教育书简[M].冯至,范大灿,译.北京:北京大学出版社,1985:97.

中认为,自我超越是"表示人的这一能力:凭借他人能够不断地在思想、意志以及他所实现的所有方面超出自身"。自我超越包括"水平超越"与"垂直超越"两种类型。水平超越也称历史性的自我超越,是向未来的一般意义上的前进,它仍保持在历史的视野里;垂直超越也称形而上的自我超越,是超越时空界限、指向无限的超越。大学生在文学、文化经典学习的过程中,首先可能实现对当下实用功利的超越,即实现蔡元培先生所谓的审美的"超脱性",进而懂得人不仅是物质性存在,也是精神性存在,物质利益的实现和满足不是人的生命的全部,人只有具有了精神的完满性才是社会人的最终确证。因此,文学、文化经典阅读是当代大学生抗拒功利主义、消费主义、物质主义,实现精神上的自我超越的第一步,即借助"文本"这一"他者",提高自我认识,实现"物质自我"的精神提升。文学、文化经典不仅使人获得思想情感、意志道德的提升,即获得历史范畴的水平超越,同时还能在阅读中,在审美教育、文化浸润中获得垂直超越,即获得德国哲学家尼采所谓的"形而上慰藉",唤起终极关怀。文学、文化经典不仅在形而下的历史范畴内揭示人生的存在价值,同时还在超历史范畴内揭示人生的终极意义,即解释"我是谁、我从哪里来、要到哪里去"以及人和宇宙世界之间是什么关系等形而上的问题。深层次的文学、文化经典阅读,能够启发人去对终极存在进行追问,能够把人带进一个超时空的精神世界,让人感悟到人和宇宙世界之间一种契合关系,即进入到哲学家冯友兰所谓的"天地境界",获得美国人本主义心理学家马斯洛所谓的"高峰体验",实现人生的垂直超越。一个人只有不断地去实现人生的自我超越,才能够逐步摆脱功利主义的束缚,形成道德自律,情感丰富,并能够从整体而非局部、从长远而非眼前看世界,最终成为具有丰厚人文素养的人。早在一百多年前,美国新人文主义大家欧文·白璧德在《文学与美国的大学》一书中强调,大学的目的就是"在这个量化时代中造就有'质'的人"。他说:"尽管整个世界似乎都醉心于量化的生活,大学却必须牢记自己的任务是使自己的毕业生成为高质量的人",关键在于"人文",而文学又是关键中的关键。[1] 白璧德所说的"量化时代",即"工具理性"占统治地位的时代。他要为备受冷淡的价值理性、人文精神"伸张正义",要为真正的、能够实现人的精神救赎的文学争得应有的地位,这一真诚的努力实在难能可贵。

三

现阶段,我国大学培养学生人文素养的课程除了思政课、素质课以外,"大学语文"理应占据重要位置。然而检讨目前我国高等学校开设"大学语文"的情形,实在不容乐观,许多大学把"大学语文"边缘化,一些学校、一些专业干脆取消大学语文课程。中国人民大学贺阳教授等人在《高校母语教育亟待加强》的调查分析报告中指出:"我们所调查的6所高校虽然都开设了'大学语文'课,但将课程列入全校本科生公共必修课的只有一所高校;其他5所高校的'大学语文'或者是本科生公共选修课,是否修习由学生自行选择,或者只是少数专业的学生必须修习的课程。据我们了解,未将'大学语文'列入本科公共必修课程,目前在全国高校中仍相当普遍。"[2]学校不重视"大学语文"的开设,学生对学习此类课程也兴趣不浓,学生们普遍错误地认为,在大学,外语、计算机等课程比语文更重要,比语文更有用。说白了,学生们受功利主义的影响,严重地忽视语文的学习,看不到语文在塑造心灵、增强人文素养等方面所发挥的巨大作用。

当然,学生们对"大学语文"类的课不重视、不感兴趣,这与教师教学不到位、教学模式和教材陈旧、不能激发学生学语文的兴趣密切相关。在"大学语文"的课堂上,教师们基本按照传统"国

---

① 陈平原.大学有精神[M].北京:北京大学出版社,2009:237—238.
② 贺阳等.高校母语教育亟待加强[N].光明日报,2011-01-11.

文"的教学模式、教学方法进行教学,对课文的分析讲解也未能突破中学语文教学的藩篱,难怪大学生们会把"大学语文"戏称为"高四语文"。在大学,"大学语文"被边缘化,加剧了人们对人文素养教育的漠视,因此有必要对"大学语文"的教学进行总结和反思,使其焕发青春活力,承担起培养学生人文素养的重任。基于这一教育现状,我们贵州师范学院文学院的老师们,对如何有效开展人文素养教育作过思考,开展过相应的教研,建议学校在"大学语文"被弱化的情况下,根据我校学生实际,在全校范围内开设一门素质拓展课——"大学人文与乡土教育"。其目的在于打造学生的人文素养,培养乡土情怀,建立文化自觉意识,即对民族文化、乡土文化的自觉认同,以及对本民族文化和外来文化之间关系的理性把握。学校接受了我们的建议,《大学人文与乡土教育读本》(以下简称《读本》)在这种背景下诞生了。《读本》是"大学人文与乡土教育"这门素质拓展课的教材,其体例分为两编——"人文精神"和"乡土情怀"。"人文精神"选文 45 篇。选文原则之一,在于不走"大学语文"的老路,淡化文学性,强调品德修养,即根据当代大学生人文素养教育需要的主要方面,如如何修身、如何交友、如何沉着地面对人生的困厄、如何理解爱、如何认识中国传统文化、如何认识大学精神以及大学生的社会责任等方面入手选文,因此,哲理性的文章占据主流。原则之二,选文尽量避免与中学语文的课文相同,以便给学生带来一点新鲜之气。"乡土情怀"选文 30 篇,其中涉及贵州古代文化名人抒发情感的诗文,当代学者对贵州多彩民族文化、秀丽山川、历史风情等加以描绘的锦绣文章,同时还辑录了贵州主要世居少数民族——苗族、侗族、布依族等具有"原始美"的历史传说和民族歌谣。这些选文,不在于对贵州"是什么"、"怎么样"进行言说,不是对贵州作省情介绍,而是让学生通过对这些充满暖意温情的文章的学习,较为全面地了解贵州的历史文化、风土人情、秀美山川,以激起热爱家乡、热爱贵州的乡土情怀,进而建立民族认同感和增强民族自信心。从根本上讲,"乡土情怀"编写的目的也是为丰富大学生的人文素养,使向往"漂泊"、渴望远行的学子通过阅读这些作品,在心中多沉淀一些对故乡温馨的回忆,实现精神"还乡"。《读本》文章编排大致以时间为序,少有兼顾内容、文体的亲疏,因此中外选文相杂、骈散交错在所难免。为了使阅读更加便捷,《读本》编写了"作者简介"、"注释"、"导读",文字虽然简约,但不啻为通达文意的"津梁"。为了在教学中让学生读有所思,我们还特意在每篇选文后安排了"思考与交流",根据文选内容和大学生的学习生活实际提出 2 至 3 个思考题,激发学生的思考,以期引起师与生、生与生之间的思想碰撞和"对话",实现认识的共同提高。

《读本》是文学院教师集体智慧的结晶,是我们对大学生人文素养教育的一次初步探索,成功与否,不由自己评说。但是,我们确信:用意是真诚的。我们深知肩上担子的沉重,并时刻牢记自己的神圣使命。诚如德国哲学家费希特所希望的那样:"提高整个人类道德风尚是每一个人的最终目标,不仅是整个社会的最终目标,而且也是学者在社会中全部工作的最终目标,当他在社会上做一切事情时都要首先想到这个目标。"①

是为序。

贵州师范学院文学院　吴　俊

2012 年 5 月 4 日

---

① 费希特. 论学者的使命、人的使命[M]. 梁志学,沈真,译. 北京:商务印书馆,1984:44.

第一编　人文精神

《老子》四则①

第八章

上善若水②,水善利万物而不争,处众人之所恶③,故几于道④。居善地,心善渊⑤,与善仁⑥,言善信,政善治⑦,事善能,动善时⑧。夫唯不争,故无尤⑨。

作者简介

老子(约前600—约前470),春秋时期思想家。姓李名耳,字伯阳,《史记》载为楚国苦县(今河南鹿邑太清)人。也有史料记载,老子为今安徽涡阳人,与孔子同时期而年稍长于孔子。有人说老子又称老聃,在传说中,老子一生下来时,就具有白色的眉毛及胡子,所以被后来称为老子。老子著有《道德经》,是道家学派的始祖,他的学说后被庄周发展。

注释

①《老子》一书是春秋时期思想家老子的著作,也是道家思想的代表性著作。老子的思想主张是"无为",其理想政治境界是"邻国相望,鸡犬之声相闻,民至老死不相往来"。《老子》中包含大量朴素辩证法观点。　②上善若水:上,最的意思。上善即最善。这里老子以水的形象来说明"圣人"是道的体现者,因为圣人的言行有类于水,而水德近于道。　③处众人之所恶:即居处于众人所不愿去的地方。　④几于道:几,接近。即接近于道。　⑤渊:沉静、深沉。　⑥与善仁:与,指与别人相交相接。善仁,指有修养之人。⑦政善治:为政善于治理国家,从而取得治绩。　⑧动善时:行为动作善于把握有利的时机。　⑨尤:怨咎、过失、罪过。

第六十六章

江海之所以能为百谷王⑩者,以其善下之,故能为百谷王。是以圣人欲上民,必以言下之;欲先民,必以身后之。是以圣人处上而民不重⑪,处前而民不害。是以天下乐推而不厌。以其不争,故天下莫能与之争。

注释

⑩百谷王:百川狭谷所归附。　⑪重:累、不堪重负。

第七十八章

天下莫柔弱于水,而攻坚强者莫之能胜,以其无以易之⑫。弱之胜强,柔之胜刚,天下莫不知,莫能行。是以圣人云:"受国之垢⑬,是谓社稷主;受国不祥⑭,是为天下王。"正言若反⑮。

注释

⑫无以易之:易,替代、取代。意为没有什么能够代替它。　⑬受国之垢:垢,屈辱。意为承担全国的屈辱。　⑭受国不祥:不祥,灾难,祸害。意为承担全国的祸难。　⑮正言若反:正面的话好像反话一样。

第八十章

小国寡民⑯。使⑰有什伯之器⑱而不用;使民重死而不远徙;虽有舟舆⑲,无所乘之;虽有甲兵⑳,无所陈㉑之。使人复结绳㉒而用之。至治之极。甘其食,美其服,安其居,乐其俗㉓,邻国相望,鸡犬之声相闻,民至老死不相往来。

注释

⑯ 小国寡民:小,使……变小,寡,使……变少。此句意为,使国家变小,使人民稀少。 ⑰ 使:即使。
⑱ 什伯之器:各种各样的器具。什伯,意为极多,多种多样。 ⑲ 舆:车子。 ⑳ 甲兵:武器装备。
㉑ 陈:陈列。此句引申为布阵打仗。 ㉒ 结绳:文字产生以前,人们以绳记事。 ㉓ 甘其食,美其服,安其居,乐其俗:使人民吃得香甜,穿得漂亮,住得安适,过得习惯。

导读

以上选文讲的是老子思想中"不争"的哲学思想和"包容"的为人之道。其中前三章都以水为喻,来说明为人与治国的道理。

第八章以自然界的水来喻人、教人。老子首先用水性来比喻有高尚品德者的人格,认为他们的品格像水那样,一是柔,二是停留在卑下的地方,三是滋润万物而不与争。

第六十六章老子通过大国与小国的关系,讲了"大者宜为下"的道理。他认为,统治者应该处下、居后,这样才能对百姓宽厚、包容,就好像居处于下游的江海可以包容百川之水那样。

第七十八章以水为例,说明弱可以胜强、柔可以胜刚的道理。水最为柔弱,但柔弱的水可以穿透坚硬的岩石;水表面上软弱无力,却任何力量都不能抵挡。

第八十章老子用理想的笔墨,着力描绘了"小国寡民"的农村社会生活情景,表达了他的社会政治理想。这个"国家"很小,邻国相望、鸡犬之声相闻,大约相当于现在的一个村庄,没有欺骗和狡诈的恶行,民风淳朴敦厚,生活安定恬淡。

我们从中可以看出老子思想中的"不争"与"包容"。老子所讲的软弱、柔弱,并不是通常人们所说的软弱无力的意思,他所谓的"不争"也并不意味着消极退让。最完善的人格也应该具有水一样的心态和行为,不但做有利于众人的事情而不与争,而且还愿意去众人不愿去的卑下的地方,愿意做别人不愿做的事情。一个人能够忍辱负重,任劳任怨,尽其所能地去帮助别人,而不会与别人争功争名争利,才具有最强大的人格魅力。如果统治者与老百姓都能做到这样的"不争"与"包容",那么社会将会呈现出和谐、美满的景象。

思考与交流

1. 如何理解老子的"不争"思想? 在平时处理同学关系时,如何做到"不争"?

2. 如何辩证地看待"强"与"弱"的关系? 你在生活中经常表现出"示强"的状态,还是"示弱"的状态?

(常海星)

《论语》十则①

7.8　子曰:"不愤不启②,不悱不发③,举一隅而不以三隅反④,则不复也⑤。"

7.25　子以四教:文、行、忠、信⑥。

7.26　子曰:"圣人,吾不得而见之矣,得见君子者,斯可矣。"子曰:"善人,吾不得而见之矣⑦,得见有恒者⑧,斯可矣。亡而为有⑨,虚而为盈,约而为泰⑩,难乎有恒矣。"

8.2　子曰:"恭而无礼则劳,慎而无礼则葸⑪,勇而无礼则乱,直而无礼则绞⑫。君子笃于亲,则民兴于仁,故旧不遗,则民不偷⑬。"

8.7　曾子曰:"士不可不弘毅⑭,任重而道远。仁以为己任,不亦重乎?死而后已,不亦远乎?"

16.4　孔子曰:"益者三友,损者三友。友直,友谅⑮,友多闻,益矣。友便辟⑯,友善柔⑰,友便佞⑱,损矣。"

16.5　孔子曰:"益者三乐,损者三乐。乐节礼乐,乐道人之善⑲,乐多贤友,益矣。乐骄乐,乐佚游⑳,乐宴乐,损矣。"

16.6　孔子曰:"侍于君子有三愆㉑:言未及之而言谓之躁,言及之而不言谓之隐,未见颜色而言谓之瞽㉒。"

16.7　孔子曰:"君子有三戒:少之时,血气未定,戒之在色;及其壮也,血气方刚,戒之在斗;及其老也,血气既衰,戒之在得。"

17.8　子曰:"由也,汝闻六言六蔽矣乎㉓?"对曰:"未也。""居!吾语汝。好仁不好学,其蔽也愚㉔;好知不好学,其蔽也荡;好信不好学,其蔽也贼㉕;好直不好学,其蔽也绞;好勇不好学,其蔽也乱;好刚不好学,其蔽也狂。"

作者简介

孔子(前551—前479),名丘,字仲尼,鲁国陬邑(今中国山东省曲阜市南辛镇)人,祖籍宋国(河南商丘)。中国春秋末期的思想家和教育家,儒家学派的创始人。其思想的核心是"仁"。孔子集华夏上古文化之大成,在世时已被誉为"天纵之圣"、"天之木铎",是当时社会上最博学者之一,并且被后世统治者尊为孔圣人、至圣、至圣先师、万世师表。孔子和儒家思想对中国和朝鲜半岛、日本、越南等地区有深远的影响,这些地区又被称为儒家文化圈。

注释

①《论语》:儒家的重要经典之一,反映了孔子为代表的儒家思想的精华。整部作品以语录体的形式构成,具有先秦诸子散文早期的风貌,是孔子弟子及其再传弟子和后学收集整理有关孔子言行的著作。　② 不愤不启:愤,想求明白而不得。启,开导。　③ 不悱(fěi)不发:悱,想要说出而又不能说出的意思。发,启发。　④ 举一隅而不以三隅反:隅,角。反,反过来证明。这句是说,一件东西有四个角,教给他一个角,他却不能由此推知其他三个角。　⑤ 复:再告诉。　⑥ 文、行、忠、信:文,指历史文献。行,指按照儒家的准则行事。忠,忠诚老实。信,言行一致。　⑦ 善人:指立志行仁,不做不仁的人。　⑧ 恒:恒心。这里指坚持一定的操守,不因客观环境的影响而改变的人。　⑨ 亡:同"无"。　⑩ 泰:宽裕。　⑪ 葸(xǐ):畏惧、胆怯的样子。　⑫ 绞:尖刻。　⑬ 偷:刻薄。　⑭ 弘毅:宽宏大量,刚强坚韧。　⑮ 谅:信,诚实。　⑯ 便(pián)辟:善于逢迎谄媚。　⑰ 善柔:当面恭维,背后毁谤。　⑱ 便佞:花言巧语,善于扯谎,大言不实。　⑲ 道:说。　⑳ 佚:闲逸。　㉑ 愆(qiān):过失。　㉒ 瞽(gǔ):盲人。　㉓ 六言六弊:六言,指仁、知、信、

直、勇、刚六个字。蔽,弊病。　㉔愚:愚弄。　㉕贼:贼害。

大学之道

《大学》

　　大学之道①,在明明德,在亲民,在止于至善②。知止而后有定③,定而后能静,静而后能安,安而后能虑④,虑而后能得。物有本末,事有终始,知所先后,则近道矣。古之欲明明德于天下者,先治其国;欲治其国者,先齐其家⑤;欲齐其家者,先修其身;欲修其身者,先正其心⑥;欲正其心者,先诚其意⑦;欲诚其意者,先致其知⑧。致知在格物⑨。物格而后知至,知至而后意诚,意诚而后心正,心正而后身修,身修而后家齐,家齐而后国治,国治而后天下平。自天子以至于庶人,壹是皆以修身为本⑩。其本乱而末治者否矣⑪,其所厚者薄⑫,而其所薄者厚,未之有也。

作品简介

　　《大学》,儒家经典之一,原为戴圣选编《小戴礼记》中的一篇,北宋程颢、程颐两兄弟将它从《礼记》中抽出,编注章句。南宋朱熹将《大学》重新编排整理,分为"经"一章和"传"十章,并与《论语》、《孟子》、《中庸》合编注释,并称《四书》,成为儒家经典。根据朱熹《大学章句》,大致可确定《大学》乃春秋战国之际,根据孔子之意,由曾子及其弟子先后记述而成。

注释

　　① 大学:大人之学,指人的道德修养,与偏重训诂文字音义的"小学"相对。大学之道:大学的宗旨。② 止:达到目标。　③ 知止:知道应该达到的目标。定:志向坚定。　④ 虑:处事精详。　⑤ 齐其家:管理好自己的家庭或家族。齐:管理,整治。　⑥ 正其心:使动用法,使其心思端正。　⑦ 诚其意:使动用法,使其意念真诚。　⑧ 致其知:获得知识。　⑨ 格物:推究事物的道理。　⑩ 壹是:一律。本:根本。　⑪ 否:

不对,不行。   ⑫ 所厚者薄:对应看重的反而轻视。

导读

    本文所选的是《大学》第一章,集中阐述了儒家学派关于教育的宗旨和要实现这一宗旨的方法和步骤,即"三纲领"与"八条目"。所谓"三纲领"是指"明明德"、"亲民"、"止于至善",它们既是《大学》的纲领旨趣,也是儒家教育的目标所在。"八条目"即"格物"、"致知"、"诚意"、"正心"、"修身"、"齐家"、"治国"、"平天下",它既是为达到"三纲领"而设计的具体方法和步骤,也是儒学为我们展开的人生进修的阶梯。"三纲八目"较好地体现了儒家思想中"内修"与"外治","内圣"与"外王"的关系。

    纵观《大学》之言,可以看出其语言精炼、思路明晰、教义深刻,是孔子讲授"初学入德之门"的要籍,其中的"修身,齐家,治国,平天下"是儒家传统思想中知识分子尊崇的信条,以自我完善为基础,通过治理家庭,直到平定天下,是几千年来无数知识分子的最高理想。

思考与交流

1. 《大学》的"三纲领"和"八条目"分别指什么,"修齐治平"四者的关系如何?
2. 作为当代大学生怎样做到"修身"?
3. "大学之道"对今天的大学教育有何启示?

(张 雪)

好学·力行·知耻

《中庸》

    或生而知之①,或学而知之②,或困而知之③,及其知之一也④;或安而行之⑤,或利而行之⑥,或勉强而行之⑦,及其成功一也。子曰:"好学近乎知⑧,力行近乎仁,知耻近乎勇。"知斯三者,则知所以修身;知所以修身,则知所以治人;知所以治人,则知所以治天下国家矣。

    诚者⑨,天之道也⑩;诚之者,人之道也。诚者,不勉而中⑪,不思而得,从容中道,圣人也。诚之者,择善而固执之者也。博学之,审问之⑫,慎思之,明辨之,笃行之⑬。有弗学,学之弗能弗措也;有弗问,问之弗知弗措也;有弗思,思之弗得弗措也⑭;有弗辨,辨之弗明弗措也;有弗行,行之弗笃弗措也。人一能之己百之⑮,人十能之己千之。果能此道矣,虽愚必明,虽柔必强。

作品简介

    《中庸》,原是戴圣《小戴礼记》中的一篇,旧说《中庸》是孔子后裔子思所作,后经秦代学者修改整理,是儒家经典之一,也是中国古代讨论教育理论的重要论著。北宋程颢、程颐极力尊崇《中庸》。南宋朱熹又作《中庸集注》,并把《中庸》和《大学》、《论语》、《孟子》并列称为"四书"。宋、元以后,《中庸》成为学校官定的教科书和科举考试的必读书,对古代教育产生了极大的影响。

注释

① 生而知之:天生就有知识。　② 学而知之:通过学习获取知识。　③ 困而知之:通过解决困难获取知识。　④ 一:相同,一样。　⑤ 安而行之:心安理得地去实行。　⑥ 利而行之:出于利益去实行。⑦ 勉强而行之:勉为其难地去实行。　⑧ 知:通"智",智慧。　⑨ 诚:真诚。　⑩ 道:准则。　⑪ 中:符合,达到。　⑫ 审问:详细地提问。　⑬ 笃行:踏实地去实行。笃:笃实。　⑭ 弗措:不罢休。弗:不。措:停止,罢休。　⑮ 人一能之己百之:别人花一倍的功夫能够做到的,自己花百倍的功夫去做。

导读

《中庸》是儒家阐述"中庸之道",并提出人性修养的教育理论著作。北宋理学家程颢、程颐将《中庸》看作"孔门传授心法"之书,南宋朱熹认为《中庸》"忧深言切,虑远说详","历选前圣之书,所以提挈纲维,开示蕴奥,未有若是之明且尽者也"。

这两则主要讲述了如何求知、修身、行道以及如何达到"诚"的境界,并把个人的进学求知、修身养性看作经世治国的基础和前提。其中既包括学习的方法:博学之,审问之,慎思之,明辨之,笃行之,又包括修身的准则:好学、力行、知耻,最后回归到如何做到真诚的问题。"择善固执"是纲,选定美好的目标而执著追求。"博学、审问、慎思、明辨、笃行"是目,是追求的手段。立于"弗措"的精神,"人一能之己百之,人十能之己千之"的态度,则都是"择善固执"的体现。它所提出的为学程序与顽强的学习精神,至今仍有借鉴意义。

思考与交流

1. 你怎样理解"中庸之道"?
2. 试结合作品比较《中庸》与《大学》的异同。
3. "博学之,审问之,慎思之,明辨之,笃行之"对个人的治学与为人有什么启示?

(张　雪)

我善养吾浩然之气①

孟子

(公孙丑问曰②)"敢问夫子恶乎长?"

曰:"我知言,我善养吾浩然之气③。"

"敢问何谓浩然之气?"

曰:"难言也。其为气也,至大至刚④,以直养而无害⑤,则塞于天地之间。其为气也,配义与道;无是⑥,馁也⑦。是集义所生者⑧,非义袭而取之也⑨。行有不慊于心⑩,则馁矣。我故曰,告子未尝知义⑪,以其外之也。必有事焉,而勿正⑫,心勿忘,勿助长也。无若宋人然:宋人有闵其苗之不长而揠之者⑬,芒芒然归⑭。谓其人曰⑮:'今日病矣⑯,予助苗长矣。'其子趋而往视之,苗则槁矣。天下之不助苗长者寡矣。以为无益而舍之者,不耘苗者也⑰;助之长者,揠苗者也——非徒无益⑱,而又害之。"

孟子(约前372—前289),名轲,字子舆。战国邹(今山东邹县)人。是继孔子之后儒家学派的主要代表人物,被后世尊称为"亚圣"。在政治上主张法先王、行仁政;在学说上推崇孔子,攻击杨朱、墨翟。曾仿效孔子,带领弟子周游列国,但不为各国所用,随后退隐与弟子一起著书,汇编成《孟子》一书。文章说理畅达,气势充沛,并长于论辩,逻辑严密。今人杨伯峻有《孟子译注》可参看。

注释

① 选自《孟子·公孙丑上》。 ② 公孙丑:姓公孙,名丑,孟子弟子,齐人。 ③ 浩然:广大貌。浩然正气,当指一种磅礴而浩荡的伟大正气。 ④ 至:最,极。大:不可限量。刚:不可屈挠。 ⑤ 直:正直。 ⑥ 是:指道义。 ⑦ 馁:气馁,言无道义则气馁也。 ⑧ 集义:犹积善,谓行事合乎道义。集:合聚也。 ⑨ 义袭:指偶然的正义行为。 ⑩ 慊(qiè):通"惬",快意,满足。 ⑪ 告子:名不详,一说名不害,曾受教于墨子。 ⑫ 正:预期。 ⑬ 闵:通"悯",忧愁,担心。揠:拔也。 ⑭ 芒芒然:疲倦貌。 ⑮ 其人:指家人。 ⑯ 病:困倦。 ⑰ 耘:除草。 ⑱ 徒:但。

导读

《孟子·公孙丑上》原文共九节,本文选录了其中孟子关于"养气说"的片段。孔孟学说实乃为己之学,致全之道,其中最看重的是修身。强调通过修身而达到"平天下"的愿望。孟子说"我善养吾浩然之气",其中"养气"是指按照人的本性,对道德仁义进行长期不懈的自我修养,并由此而升华出的一种至大至刚、充塞于天地之间的"浩然之气"。具体地说,它是对人对己都真诚无愧以致内心充实的一种精神境界。浩然之气,力量不可限制。不过这种浩然之气必须辅以仁义与道德,而且必须要靠长期的道德仁义蓄养才能生成,偶然的正义行为是不能够获取浩然之气的。具有了这种浩然之气的人,按孟子的说法,则"说大人,则藐之",在精神上能压倒对方,能够做到藐视豪强世族,无私无畏。君子具有了这种浩然正气,不仅可以提升个人的品性,还可以抵御不良风气。

《孟子》的语言平实浅近,同时又准确精练。它尤其擅长譬喻,用形象化的事物与故事,说明深刻复杂的道理,本文中"揠苗助长"事例的运用,便可见一斑。

思考与交流

1. 孟子"养气说"对历代志士仁人的影响及其现实意义是什么?
2. "浩然之气"对大学生的人格修养有什么启发?

(郑 颖)

山木①

庄子

庄子行于山中,见大木枝叶盛茂,伐木者止其旁而不取也。问其故,曰:"无所可用。"庄子曰:

"此木以不材得终其天年。"夫子出于山②，舍于故人之家③。故人喜，命竖子杀雁而烹之④。竖子请曰："其一能鸣，其一不能鸣，请奚杀？"主人曰："杀不能鸣者。"明日，弟子问于庄子曰："昨日山中之木，以不材得终其天年，今主人之雁，以不材死；先生将何处⑤？"庄子笑曰："周将处乎材与不材之间。材与不材之间，似之而非也⑥，故未免乎累。若夫乘道德而浮游则不然⑦，无誉无訾⑧，一龙一蛇，与时俱化，而无肯专为⑨；一上一下⑩，以和为量⑪，浮游乎万物之祖，物物而不物于物⑫，则胡可得而累邪！此神农、黄帝之法则也。若夫万物之情，人伦之传⑬，则不然。合则离，成则毁，廉则挫⑭，尊则议⑮，有为则亏，贤则谋，不肖则欺，胡可得而必乎哉⑯！悲夫！弟子志之⑰，其唯道德之乡乎⑱！"

作者简介

庄子(约前369—前286)，名周，宋之蒙人(今河南商丘)，曾为蒙地漆园吏。先秦时期著名的思想家、哲学家、文学家。他继承并发展了老子的思想，和老子同是道家学派的重要代表人物，世称"老庄"，他们的哲学思想体系被称为"老庄哲学"。庄子思想包含着朴素的辩证法，主要思想有"道"的学说及"无为"的思想，主张"天人合一"、"清静无为"、"顺应自然"等。

注释

① 本文节选自《庄子·山木》。《庄子》一书，共三十三篇，其中《内篇》七，《外篇》十五，《杂篇》十一。相传内篇为庄子所著，外、杂篇为庄子门人和后学所撰。《庄子》是战国中叶最重要的散文集之一。文章汪洋恣肆，词藻瑰丽，并多采用寓言形式，充满了浪漫主义色彩和浓郁的诗意。　② 夫子：即庄子。有的版本此句无"子"字，从下文仍用"庄子"之名看，这里应为"夫子"。　③ 舍：留宿。　④ 竖子：指童仆。雁：即鹅。烹：疑为"享"字之讹，"享之"即款待庄子。　⑤ 处(chǔ)：对待。　⑥ 似之：近似于大道。　⑦ 乘道德：驾驭大道与正德，即顺应自然之意。　⑧ 訾(zǐ)：诋毁。　⑨ 专为：偏滞某一方面。　⑩ 上、下：喻指伸缩、进退。　⑪ 和：顺。量：度量，准则。　⑫ 物物：以外物为物，役使外物。不物于物：不被外物所役使。　⑬ 人伦：人类。传：传习。　⑭ 廉：方正。　⑮ 议(é)：通"俄"，倾覆的意思。　⑯ 必乎哉：必定偏滞某一方面。　⑰ 志：记住。后写作"誌"。　⑱ 乡：通作"向"，归向的意思。"唯道德之乡"即"唯向道德"，意思是只有归向大道与正德。

导读

《山木》全篇分为九个部分，写了许多处世不易和世事多患的故事，希望人们在乱世中找到一条生存捷径，其主要精神仍是虚己、无为。

本文节选的是第一部分，写山木无用却能保全和雁不能鸣而被杀，说明很难找到一条万全之路，最好的办法也只能是役使外物而不被外物所役使，浮游于"万物之祖"和"道德之乡"。

本篇体现了庄子学派"虚己处世"的人生哲学。文中假托寓言形式，写庄子入山，见不成材之木得终天年，无用却能够保全；宿于故人家，见鹅不能鸣而被杀。学生问难，庄子得出要在材与不材间之处的设想：最好的方法是"乘道德而浮游"、"与时俱化，而无肯专为"、"物物而不物于物"，浮游于"万物之祖"和"道德之乡"，这不仅是追求逃避现实的虚无境界，更是顺应自然的自由境界。

对于庄子学派的思想，历来有"全身自保"、"消极遁世"的评价，认为庄子寻求的境界是现实生活中难以达到的，但是必须注意到庄子所处的战国乱世，在朝不保夕、世事艰难的动荡时代，这些思想寄托了庄子的愤慨，也寄托了他对美好人生和社会理想的追求。

思考与交流

1. 本文在哪些地方体现了"《庄子》一书，寓言十九"的特点？

2. 结合当时的时代背景,你怎样理解"周将处乎材与不材之间"?
3. 围绕"做人与成材"这一话题,谈谈你的认识和打算。

(张 雪)

齐桓公伐楚①

左丘明

春,齐侯以诸侯之师②侵蔡。蔡溃,遂伐楚。楚子③使与师言曰:"君处北海,寡人处南海,唯是风马牛不相及也④。不虞君之涉吾地也⑤,何故?"管仲对曰:"昔召康公命我先君大公⑥曰:'五侯九伯⑦,女实征之,以夹辅周室。'赐我先君履⑧,东至于海,西至于河,南至于穆陵,北至于无棣⑨。尔贡包茅不入⑩,王祭不共,无以缩酒,寡人是徵⑪。昭王南征而不复,寡人是问。"对曰:"贡之不入,寡君之罪也,敢不共给?昭王之不复,君其问诸水滨⑫!"师进,次于陉⑬。

夏,楚子使屈完如师⑭。师退,次于召陵。齐侯陈诸侯之师,与屈完乘而观之。齐侯曰:"岂不穀⑮是为?先君之好是继。与不穀同好,何如?"对曰:"君惠徵福于敝邑之社稷⑰,辱收寡君⑱,寡君之愿也。"齐侯曰:"以此众战⑲,谁能御之?以此攻城,何城不克?"对曰:"君若以德绥⑳诸侯,谁敢不服?君若以力,楚国方城以为城,汉水以为池,虽众,无所用之。"屈完及诸侯盟㉑。

作者简介

左丘明,姓左丘,名明(一说姓丘,名明,左乃尊称),春秋末期鲁国人。左丘明知识渊博,品德高尚,世代为史官,并与孔子一起"乘如周,观书于周史",据有鲁国以及其他封侯各国大量的史料。

注释

① 本文选自《左传》(僖公四年)。《左传》原名为《左氏春秋》,汉代改称《春秋左氏传》,简称《左传》。旧时相传是春秋末年左丘明为解释孔子的《春秋》而作。它起自鲁隐公元年(前722年),迄于鲁悼公十四年(前453年),以《春秋》为本,通过记述春秋时期的具体史实来说明《春秋》的纲目,是儒家重要经典之一。它与《春秋公羊传》《春秋谷梁传》合称"春秋三传"。 ② 诸侯之师:指参与侵蔡的鲁、宋、陈、卫、郑、许、曹等诸侯国的军队。蔡:诸侯国名,姬姓,在今河南上蔡、新蔡一带。 ③ 楚子:指楚成王。北海、南海:泛指北方、南方边远的地方,不实指大海。 ④ 唯是:因此。风:公畜和母畜在发情期相互追逐引诱。这句话的意思是说由于相距遥远,虽有引诱,也互不相干。 ⑤ 不虞:不料,没有想到。涉:淌水而过,这里的意思是进入,委婉地指入侵。 ⑥ 召(shào)康公:召公奭(shì),周成王时的太保,"康"是谥号。先君:已故的君主。大公:太公,指姜尚,齐国的开国君主。 ⑦ 五侯:公、侯、伯、子、男五等爵位的诸侯。九伯:九州的长官。五侯九伯泛指各国诸侯。 ⑧ 履:践踏。这里指齐国可以征伐的范围。 ⑨ 海:指渤海和黄海。河:黄河。穆陵:地名,在今湖北麻城北的穆陵山。无棣:地名,在今河北隆卢。 ⑩ 贡:贡物。包:裹束。茅:菁茅。入:进贡。 ⑪ 共:同"供",供给。缩酒:渗滤酒渣。是徵:征取这种贡物。 ⑫ 昭王:周成王的孙子周昭王。问:责问。 ⑬ 次:军队临时驻扎。陉(xíng):楚国地名。 ⑭ 屈完:楚国大夫。如:到,去。师:军队。 ⑮ 召(shào)陵:楚国地名,在今河南偃城东。 ⑯ 不穀:不善,诸侯自己的谦称。 ⑰ 惠:恩惠,这里作表示敬意的词。徵(jiǎo):求。敝邑:对自己国家的谦称。 ⑱ 辱:屈辱,这里作表示敬意的词。 ⑲ 众:指诸侯

的军队。 ⑳绥:安抚。 ㉑盟:订立盟约。

导读

　　本文讲的是齐国联合各诸侯伐楚,楚国两次派遣使臣与之展开有力的外交斡旋,最终双方签订盟约的故事。本篇精彩之处在于写外交辞令,齐国假周天子之命,大兵压境,言辞强硬,楚国与之针锋相对,柔中有刚,毫不畏缩。在这次的外交斡旋中,楚国使臣面对强敌,不卑不亢,对答如流。整篇文章字字珠玑,清人吴楚材称赞这篇文章是"辞令妙品"。

思考与交流

1. 联系本文谈谈你对"狭路相逢勇者胜"的认识。
2. 你觉得在生活中遇到强敌威胁时在态度与交流技巧上应注意什么?

(常海星)

东山①

《诗经》

　　我徂东山②,慆慆③不归。我来自东,零雨其濛④。我东曰归,我心西悲⑤。制彼裳衣⑥,勿士行枚⑦。蜎蜎者蠋⑧,烝⑨在桑野。敦⑩彼独宿,亦在车下。

　　我徂东山,慆慆不归。我来自东,零雨其濛。果蠃⑪之实,亦施⑫于宇。伊威⑬在室,蟏蛸⑭在户。町畽⑮鹿场,熠耀宵行⑯。不可畏也?伊可怀也⑰。

　　我徂东山,慆慆不归。我来自东,零雨其濛。鹳鸣于垤⑱,妇叹于室。洒扫穹窒,我征聿⑲至。有敦瓜苦⑳,烝在栗薪㉑。自我不见,于今三年。

　　我徂东山,慆慆不归。我来自东,零雨其濛。仓庚㉒于飞,熠耀其羽。之子㉓于归,皇驳㉔其马。亲结其缡㉕,九十其仪㉖。其新孔嘉㉗,其旧㉘如之何?

作者简介

　　《诗经》是我国第一部诗歌总集,成书于春秋中期,收录从西周初到春秋中期诗歌305首,又称"诗"或"诗三百"。内容按用途和音乐类型分"风、雅、颂"三部分,主要表现手法是赋、比、兴,以四言为主,反映了先秦早期黄河中下游地区的诗歌风貌,是我国古代现实主义诗歌的典型代表。

注释

　　①选自《诗经》中的《豳风》。 ②徂:往。东山:诗中军士远戍之地。相传本诗和周公伐奄有关,东山当在奄国(今山东省曲阜县境)境内。 ③慆慆:一作"滔滔",久。 ④零雨:徐雨,小雨。濛:微雨貌。 ⑤悲:思念。 ⑥裳衣:言下裳和上衣。古代男子衣服上衣下裳,但戎服不分衣裳。 ⑦士:同"事"。勿士,不要从事。行:音义同"横"。横枚等于说衔枚。古人行军袭击敌人时,用一根筷子似的东西横衔在嘴里以防止出声,叫做衔枚。以上两句是设想回家后换上贫民服装,不再从事征战。 ⑧蜎蜎(yuān):蚕蠋屈曲

之貌。蠋(zhú):字本作"蜀",蛾蝶类幼虫。这里所指的是桑树间野生的蚕。　⑨烝(zhēng):久。　⑩敦:团。敦本是器名,形圆如球。这句连下句是说在车下独宿,身体蜷曲成一团。上文"蜎蜎者蠋"两句以蠋和人对照,独宿者蜷曲的形状像蠋,但蠋在桑间是得其所,人在野地露宿是不得其所。　⑪果臝(裸 luǒ):葫芦科植物,一名栝(瓜 guā)楼或瓜蒌。臝是"裸"的异体字。　⑫施(yì):移。栝楼蔓延到檐上是无人剪伐的荒凉景象。　⑬伊威:虫名。椭圆而扁,多足,灰色,今名土鳖,常在潮湿的地方。《本草》一作"蛜蝛"。　⑭蠨蛸(xiāo shāo):虫名,蜘蛛类,长脚。以上两句是室内经常无人打扫的景象。　⑮町畽(tīng tuǎn):平地被兽蹄所践踏处。鹿场:鹿经行的途径。　⑯熠燿(yì yào):光明貌。宵行:燐火。以上两句写宅外荒凉景象。从果臝句以下到这里都是设想自己离家后,园庐荒废的情形。　⑰不可畏也?伊可怀也:这两句设为问答,上句说这样不可怕吗?下句说是可怀念的啊。下句并非将上句否定,诗意是尽管情况可怕还是可怀的,甚至越可怕越加怀念。　⑱鹳(guàn):水鸟名,涉禽类,形似鹤,又名冠雀。俗名又叫"老等",因其常在水边竚(仁)立,等待游鱼。垤(dié):小土堆。　⑲征:行。聿:语气词。　⑳瓜苦:即瓜瓠(hù),也就是匏(páo)瓜,葫芦类。古人结婚行合卺(jǐn)之礼,就是以一匏分作两瓢,夫妇各执一瓢盛酒漱口,这诗"瓜苦"似指合卺的匏。下文叹息三年不见,因为想起新婚离家已经三年了。　㉑果薪:聚薪,和《唐风·绸缪》篇的"束薪"同义。以上二句言团团的匏瓜搁在那些柴堆上已经很久了。　㉒仓庚:鸟名,黄莺。　㉓之子:指妻。　㉔皇:也作騜,黄白色的马。驳:赤白色的马。皆指迎亲所用的马。　㉕亲:指"之子"的母亲。缡(lí):古读如"罗"。结缡:将佩巾(就是帨,见《召南·野有死麕》)结在带上。古俗嫁女时母为女结缡。　㉖九十:言其多。仪:古读如"俄"。这句是说仪注之繁。以上追忆新婚时的情形,和上章瓜苦果薪的回忆紧相承接。　㉗新,指新婚。孔,甚、很。嘉:美满。　㉘旧:犹"久"。以上二句言"之子"新嫁来的时候很好,隔了三年不晓得怎样了。

导读

《东山》是一首征人在解甲回家途中,抒发思乡之情的诗。全诗四章,首四句重叠咏叹,构成全诗的主旋律,情景交融,感人至深。每章后四句叙事,有广泛的社会意义。《东山》的艺术特色是丰富的想象,有记忆的再现,有忧虑的幻想,有推理的想象。久离家乡,久别亲人,风雨侵凌,饥渴困顿,家园荒废,家人怨思的情貌刻画,令人深思。章首反复咏叹却如一个特写镜头,又如游丝串起了诗中断断续续的想象,形成浑圆完美的艺术整体。按汉代经师的说法,是周公东征,三年凯旋,大夫为了赞美他而作。近人不信这是为周公而写,也不相信作者是周大夫。

思考与交流

1. 诗中的士兵是如何表达他的思乡之情的?
2. "乡愁"为什么会成为中国古典诗词中经久不衰的主题?
3. 谈谈你的家乡最让你怀念的事物,与大家分享。

（韦 丹）

橘颂

屈原

后皇①嘉树,橘徕服兮②。受命不迁③,生南国兮。深固难徙,更壹志④兮。

绿叶素荣⑤，纷其可喜兮。曾枝⑥剡棘⑦，圆果抟⑧兮。青黄杂糅，文章⑨烂⑩兮。
精色⑪内白，类任道兮⑫。纷缊宜修⑬，姱⑭而不丑兮。嗟⑮尔幼志，有以异兮。
独立不迁，岂不可喜兮？深固难徙，廓⑯其无求兮。苏世独立⑰，横而不流兮⑱。
闭心⑲自慎，终不失过⑳兮。秉德㉑无私，参天地兮。愿岁并谢㉒，与长友兮。
淑离㉓不淫，梗㉔其有理兮。年岁虽少，可师长㉕兮。行比伯夷，置以为像㉖兮。

作者简介

屈原（前340—前278），名平，字原，战国末期楚国丹阳（今湖北秭归）人，楚国贵族，自幼勤奋好学，胸怀大志，早年受楚怀王信任，曾任楚国左徒、三闾大夫等职，后屡遭排挤，怀王死后又因顷襄王听信谗言而被流放，最终投汨罗江而死。他创立了"楚辞"这种文体，代表作品有《离骚》、《九歌》等，是中国最伟大的浪漫主义诗人之一，也是我国已知最早的著名诗人。1953年，屈原被列为世界文化名人，受到全世界的推崇纪念。

注释

①后皇：即后土、皇天，指地和天。　②橘徕服兮：适宜南方水土。徕，通"来"。服，习惯。这两句是指美好的橘树只适宜生长在楚国的大地。　③受命：受天地之命，即禀性、天性。　④壹志：志向专一。壹，专一。这两句是说橘树扎根南方，一心一意。　⑤素荣：白色花。　⑥曾枝：繁枝。　⑦剡（yǎn）棘：尖利的刺。　⑧抟（tuán）：通"团"，圆圆的。　⑨文章：花纹色彩。　⑩烂：斑斓，明亮。　⑪精色：鲜明的皮色。　⑫类任道兮：就像抱着大道一样。类，像。任，抱。　⑬纷缊宜修：长得繁茂，修饰得体。　⑭姱（kuā）：美好。　⑮嗟：赞叹词。　⑯廓：胸怀开阔。　⑰苏世独立：独立于世，保持清醒。苏，苏醒，指的是对浊世有所觉悟。　⑱横而不流：横立水中，不随波逐流。　⑲闭心：安静下来，戒惧警惕。　⑳失过：即"过失"。　㉑秉德：保持好品德。　㉒愿岁并谢：誓同生死。岁，年岁。谢，死。　㉓淑离：美丽而善良自守。离，通"丽"。　㉔梗：正直。　㉕可师长：可以为人师表。　㉖像：榜样。

导读

《橘颂》是屈原早期的作品，是一首咏物抒情诗。前半部分缘情咏物，以描写为主。通过对橘树的"受命不迁"、"深固难徙"的内在特质的描写，寄托了自己心中完美人物的内在美——坚贞不移的品德、节操，也寄托了诗人对祖国忠贞不渝的感情。后半部分缘物抒情，以抒情为主。将橘与人物的内心合二为一，既颂橘又颂人，抒发了诗人的崇高志向——以完美人物为楷模，做一个有坚贞节操、有高度修养、胸怀博大、秉德无私的人。两部分各有侧重，而又互相勾连，融为一体。诗人用拟人的手法塑造了橘树的美好形象，从各个侧面描绘和歌颂。橘树的形象是诗人用以激励自己坚守节操的榜样。

思考与交流

1. 橘树的品质是什么，对我们有何启示？

2. 屈原的人格精神为什么会被世代传颂，今天我们纪念屈原的意义在哪里？

3. 在坚持自我与改变自己以适应社会境遇之间，我们应该如何抉择？

（韦　丹）

报任少卿书(节选)①

司马迁

　　夫人情莫不贪生恶死,念父母,顾妻子。至激于义理者不然②,乃有所不得已也。今仆不幸,早失父母,无兄弟之亲,独身孤立。少卿视仆于妻子何如哉?且勇者不必死节③,怯夫慕义④,何处不勉焉⑤。仆虽怯懦,欲苟活,亦颇识去就之分矣⑥,何至自沉溺缧绁之辱哉⑦!且夫臧获婢妾⑧,由能引决⑨,况仆之不得已乎?所以隐忍苟活,幽于粪土之中而不辞者⑩,恨私心有所不尽⑪,鄙陋没世⑫,而文采不表于后世也。

　　古者富贵而名摩灭⑬,不可胜记⑭,唯倜傥非常之人称焉⑮。盖文王拘而演《周易》⑯;仲尼厄而作《春秋》⑰;屈原放逐,乃赋《离骚》;左丘失明,厥有《国语》⑱;孙子膑脚,《兵法》脩列⑲;不韦迁蜀,世传《吕览》⑳;韩非囚秦,《说难》《孤愤》;《诗》三百篇,大氐圣贤发愤之所为作也㉑。此人皆意有郁结,不得通其道,故述往事、思来者㉒。乃如左丘无目,孙子断足,终不可用,退而论书策㉓,以舒其愤,思垂空文以自见㉔。仆窃不逊,近自托于无能之辞,网罗天下放失旧闻,略考其行事㉕,综其终始,稽其成败兴坏之纪㉖,上计轩辕,下至于兹㉗,为十表,本纪十二,书八章,世家三十,列传七十,凡百三十篇。亦欲以究天人之际,通古今之变,成一家之言。草创未就㉘,会遭此祸㉙,惜其不成,已就极刑,而无愠色㉚。仆诚以著此书,藏诸名山,传之其人,通邑大都㉛,则仆偿前辱之责㉜,虽万被戮㉝,岂有悔哉?然此可为智者道,难为俗人言也!且负下未易居㉞,下流多谤议㉟。仆以口语遇遭此祸㊱,重为乡党所笑㊲,以汙辱先人㊳,亦何面目复上父母之丘墓乎?虽累百世,垢弥甚耳!是以肠一日而九回,居则忽忽若有所亡,出则不知其所往。每念斯耻,汗未尝不发背沾衣也!身直为闺阁之臣㊴,宁得自引于深藏岩穴邪!故且从俗浮沉,与时俯仰,以通其狂惑㊵。今少卿乃教以推贤进士,无乃与仆私心剌谬乎㊶?今虽欲自雕琢,曼辞以自饰㊷,无益于俗,不信,适足取辱耳。要之死日,然后是非乃定。书不能悉意,略陈固陋,谨再拜。

作者简介

　　司马迁(约前145—前90),字子长,西汉夏阳(今陕西韩城)人,其先祖世为周代史官。父司马谈,汉武帝时为太史令。司马迁年少好学,曾求学于董仲舒、孔安国等大师。青年时代有壮游经历,为撰写《史记》收集了大量资料。武帝元封三年(前108年)司马迁继任太史令。太初元年(前104年)开始着手编写《史记》。天汉二年(前99年)因为李陵辩护,触怒武帝下狱,被处腐刑,狱中仍然坚持写作。太始元年(前96年)被赦,出任中书令,忍辱负重,发愤著书,于征和初年(前92年)完成《史记》,不久便辞世。

注释

　　① 本文节选自司马迁《报任少卿书》。任少卿:司马迁友,荥阳人。曾任益州刺史,北军使者护军。曾写信给司马迁,叫他利用中书令的地位"推贤进士"。隔了很久,司马迁给他写了这封回信。此书作于武帝太始四年,任安因事下狱之时。　② 激于义理者:被道义所激发的人。不然:不那么顾念父母妻子。　③ 死节:为节操而死。　④ 慕义:仰慕高义。　⑤ 勉:勉励。　⑥ 去就之分:何去何从的分辨。　⑦ 缧绁(léi xiè):捆囚犯的绳索,引申为囚禁。　⑧ 臧获:奴婢的贱称。　⑨ 由:作"犹"。　⑩ 粪土之中:指监狱污秽之地。　⑪ 私心有所不尽:内心想做的事尚未成功。　⑫ 没世:身死之后。　⑬ 摩:通"磨"。　⑭ 胜:尽。　⑮ 倜傥:才气出众,豪迈不拘。　⑯ 盖文王句:相传周文王被拘于羑里而推演八卦为六十四卦,著成《周易》一书。　⑰ 仲尼厄句:指孔子周游列国,受到了围攻和绝粮的困厄,回到鲁国之后,便着手编著《春秋》一书。

⑱左丘：春秋时鲁国史官左丘明，传说左丘失明之后乃著《国语》一书。 ⑲孙子：即孙膑。膑脚：古代一种肉刑，剔去膝盖骨。俿列，著述，编著。俿通"修"。 ⑳不韦：即吕不韦，战国末商人。秦初被封相国。使其门客著《吕氏春秋》，又名《吕览》。迁：有罪贬谪，秦始皇十年，不韦因罪免职，迁于蜀，乃自杀。此说吕不韦迁蜀之后，《吕氏春秋》流传于世。 ㉑韩非：战国末韩国贵公子，为李斯所谮，下狱死。《说难》、《孤愤》是韩非书中名篇。 ㉒氏：同"抵"。 ㉓通其道：实现他的理想。思来者：关心未来的人，以书遗之，使见己志行。 ㉔论书策：指论列自己见解于书册。 ㉕垂空文以自见：流传无用的文辞已表现自己的见解。空文：无用之辞，谦词。 ㉖放失：指因战乱而散失的事物。 ㉗稽：考察。纪：规律。 ㉘轩辕：即黄帝。兹：指汉武帝时期。 ㉙究天人之际：追究宇宙自然及社会人生的各种内在联系。 ㉚草创：粗略地开了个头。 ㉛会：遭遇。 ㉜愠色：怨怒的脸色。 ㉝通邑大都：指能使此书流传于邑及大都。 ㉞责：同"债"。 ㉟戮：辱。 ㊱负下未易居：指负侮辱之名的人不易处世。 ㊲下流：比喻地位低贱。 ㊳口语：指作者为李陵辩护之言。 ㊴乡党：乡里，邻里。 ㊵汙：同"污"。 ㊶闺阁之臣：指宦官。闺阁：宫中小门。 ㊷狂惑：指内心的悲愤和矛盾。 ㊸无乃：恐怕，岂不是。谬：违背。 ㊹曼辞：美好的言辞。

导读

本文是一篇感人至深的书信，是了解司马迁生平的重要文献。文中司马迁以激愤的语言，申诉了自己的不幸遭遇，抒发了内心的痛苦，批判了武帝的喜怒无常、刚愎自用，表现了他为理想而忍辱负重的精神。这里选录的部分，作者委婉地叙说了受宫刑之后忍辱苟活的原因，并以周文王、孔子、屈原、孙膑等先贤"发愤著书"的事例自勉，阐明自己的文学观及生死观，提出了著名的"发愤著书"说。另外，作者还在本文中提出了《史记》"究天人之际，通古今之变，成一家之言"的创作目的。正是在这一观点的基础上，司马迁创作了开创纪传体史书新纪元及对后世史学和文学都产生深远影响的巨著《史记》，鲁迅因此誉之为"史家之绝唱，无韵之《离骚》"。

作为文学史上不可多得的散文杰作，本文结构严谨，层次井然，风格慷慨激昂，语言生动恳切，并融说理和叙事为一体，极具感情色彩。充分展示了一个具有高尚人格和顽强个性的知识分子，在当时强大的专制制度重压下内心巨大的痛苦及坚毅的人生进取精神。司马迁这种面对人生重大挫折而依然不屈地去"扼住命运咽喉"的伟大人格，给历代人们以极大的精神鼓舞。

思考与交流

1. 司马迁"发愤著书"说的理论内涵和意义是什么？
2. 司马迁的人格、思想及精神对当代大学生有怎样的影响？

（郑　颖）

《世说新语》三则

刘义庆

荀巨伯远看友人疾①

荀巨伯远看友人疾②，值胡贼攻郡③，友人语巨伯曰："吾今死矣，子可去④！"巨伯曰："远来相视，子令吾去，败义以求生⑤，岂荀巨伯所行邪！"贼既至，谓巨伯曰："大军至，一郡尽空，汝何男子，而敢独止?"巨伯曰:"友人有疾,不忍委之⑥,宁以我身代友人命。"贼相谓曰:"我辈无义之人,而入有义之国。"遂班军而还⑦,一郡并获全。

作者简介

刘义庆(403—444),字季伯,彭城(今江苏徐州)人,南朝刘宋宗室。秉性简素,寡嗜欲,喜好文学。招聚文学之士,远近必至,当时有名的文士如袁淑、陆展、何长瑜、鲍照等人都曾受其礼遇。代表作有志人小说《世说新语》和志怪小说《幽明录》,两书均为我国小说发轫期的重要作品。

注释

① 本文及以下二则皆选自《世说新语·德行》。《世说新语》一书,主要记载了东汉末年至东晋末年之间士族阶层的逸闻趣事,分为德行、言语、政事、文学、方正、雅量等三十六门,全书共一千多则,是"魏晋风度"的主要载体,对士大夫文化有重要影响。 ② 荀巨伯:东汉颍川(今河南)人,生平不详。 ③ 胡贼:我国古代对北部和西部少数民族的称呼。 ④ 可:应该。 ⑤ 败义:损害事理。 ⑥ 委:舍弃,抛弃。 ⑦ 班军:退军。

宁可以急相弃

华歆、王朗俱乘船避难⑧,有一人欲依附,歆辄难之⑨。朗曰:"幸尚宽,何为不可?"后贼追至,王欲舍所携人。歆曰:"本所以疑,正为此耳。既已纳其自托⑩,宁可以急相弃邪?"遂携拯如初⑪。世以此定华、王之优劣。

注释

⑧ 华歆:(157—231)字子鱼,平原高唐(今山东禹城)人。东汉末任尚书郎,入魏后官至司徒,封博平侯,依附曹操父子。王朗:字景兴,东海郯(今山东郯城)人,博学儒雅,曾任三国魏司徒。 ⑨ 辄:立即。难:拒绝,阻拦。 ⑩ 纳其自托:接纳了他的请求。 ⑪ 携拯:携带救助。

郗公吐饭⑫

郗公值永嘉丧乱⑬,在乡里,甚穷馁⑭。乡人以公名德,传共饴之⑮。公常携兄子迈及外生周翼二小儿往食,乡人曰:"各自饥困,以君之贤,欲共济君耳,恐不能兼有所存。"公于是独往食,辄含饭著两颊边⑯,还,吐与二儿。后并得存,同过江。郗公亡,翼为剡县⑰,解职归,席苫于公灵床头⑱,心丧终三年⑲。

注释

⑫ 郗公:名鉴,字道徽,西晋高平(今山东金乡)人,官至太尉。 ⑬ 永嘉丧乱:西晋永嘉年间,政治腐败,民不聊生,永嘉五年(311),匈奴南侵,攻破洛阳,俘虏怀帝,焚毁全城,史称"永嘉丧乱"。 ⑭ 馁:饥饿。 ⑮ 传:轮流。饴:通"饲",以食物给人吃。 ⑯ 辄:总是。 ⑰ 剡(shàn):县名,晋时属会稽郡,在今浙江嵊州。 ⑱ 苫(shān):古代居丧时睡的草垫子。 ⑲ 心丧:不穿丧服,只在心中悼念。

导读

《世说新语》记录当时士人的生活、事迹,语言简练含蓄,隽永传神。

第一则采用对话的方式表现荀巨伯的高贵品质。他在危急时刻让朋友离城而去,自己却以死代之,文章用侧面烘托的手法,让贼一"谓"一"还",表现荀巨伯忠于友情,不屈不挠的精神。作者把人物的生活常态放在特定的环境下来写,以"去探病刚好碰上有贼入侵"一事,方便了人物的刻画。

第二则对比描写华歆、王朗的行为,突出华歆"言而有信,始终如一"的美德。华歆对别人的请托很谨慎,助人之前,首先考虑的是可能招致的麻烦,但一经接受,无论怎样都不相弃。这表明他重信义,言必信,行必果。王朗虽乐于做好事,但遇到风险,便出尔反尔,"欲舍所携人"。这则故事,通过在危急时刻对人对事的态度,显示了人品的优劣。

第三则写郗鉴在只能一人受赠食的情况下,将饭含在口中,吐给年幼的侄儿郗迈和外甥周翼二人吃的故事。郗鉴在自己温饱都无法保障的情况下牺牲自己,照顾别人,实为世之典范。他的精神闪烁着人性的光芒,因此"郗公吐饭"也成为今天人们常用的典故。

这三则笔记小说,故事短小精干,内容却意味深长,其中提及人物的德行品性,为我们今天立身行事提供了基本准则。

思考与交流

1. 通过《荀巨伯远看友人疾》,你认为真正的朋友应具有怎样的品质?
2. 从《宁可以急相弃》中,我们能得到什么样的启示?
3. "郗公吐饭"成语的意义是什么?

(郑　颖)

行由品(节选)①

慧能

祖一日忽见慧能,曰:"吾思汝之见可用,恐有恶人害汝,遂不与汝言,汝知之否?"慧能曰:"弟子亦知师意,不敢行至堂前,令人不觉。"

祖一日唤诸门人总来:"吾向汝说,世人生死事大,汝等终日只求福田,不求出离生死苦海。自性若迷,福何可救?汝等各去自看智慧,取自本心般若②之性,各作一偈③,来呈吾看,若悟大意,付汝衣法,为第六代祖。火急速去,不得迟滞。思量即不中用,见性之人,言下须见。若如此者,轮刀上阵,亦得见之。"众得处分④,退而递相谓曰:"我等众人,不须澄心⑤用意作偈,将呈和尚⑥。有何所益?神秀⑦上座,现为教授师⑧,必是他得。我辈谩作⑨偈颂,枉用心力。"诸人闻语,总皆息心,咸言我等已后,依止⑩秀师,何烦作偈。神秀思惟:"诸人不呈偈者,为我与他为教授师,我须作偈将呈和尚。若不呈偈,和尚如何知我心中见解深浅?我呈偈意,求法即善,觅祖即恶,却同凡心,夺其圣位奚别?若不呈偈,终不得法,大难大难!"

五祖堂前,有步廊三间,拟请供奉卢珍⑪画楞伽经变相,及五祖血脉图⑫,流传供养。神秀作偈成已,数度欲呈,行至堂前,心中恍惚,遍身汗流,拟呈不得,前后经四日,一十三度呈偈不得。秀乃思惟,不如向廊下书著,从他和尚看见,忽若道好,即出礼拜,云是秀作;若道不堪,枉向山中数年,受人礼拜,更修何道。是夜三更,不使人知,自执灯,书偈于南廊壁间,呈心所见。偈曰:身是菩提树⑬,心如明镜台,时时勤拂拭,勿使惹尘埃。秀书偈了,便却归房,人总不知。秀复思惟,五祖明日,见偈欢喜,即我与法有缘,若言不堪,自是我迷,宿业障重,不合得法,圣意难测。房中思想，坐卧不安，直至五更。

祖已知神秀入门未得，不见自性。天明，祖唤卢供奉来，向南廊壁间绘画图相，忽见其偈。报言："供奉却不用画，劳尔远来。经云：凡所有相，皆是虚妄[14]。但留此偈，与人诵持，依此偈修，免堕恶道[15]。依此偈修，有大利益。"令门人炷香[16]礼敬，尽诵此偈，即得见性。门人诵偈，皆叹善哉！祖三更唤秀入堂，问曰："偈是汝作否？"秀言："实是秀作，不敢妄求祖位，望和尚慈悲[17]，看弟子有少智慧否？"祖曰："汝作此偈，未见本性，只到门外，未入门内。如此见解，觅无上菩提，了不可得，无上菩提，须得言下识自本心，见自本性，不生不灭，于一切时中，念念[18]自见，万法[19]无滞；一真一切真，万境自如如，如如之心，即是真实。若如是见，即是无上菩提[20]之自性也。汝且去，一两日思惟，更作一偈，将来吾看，汝偈若入得门，付汝衣法。"神秀作礼而出，又经数日，作偈不成，心中恍惚，神思不安，犹如梦中，行坐不乐。

复两日，有一童子[21]于碓坊过，唱诵其偈，慧能一闻，便知此偈未见本性，虽未蒙教授，早识大意，遂问童子曰："诵者何偈？"童子曰："尔这獦獠不知，大师言，世人生死事大，欲得传付衣法，令门人作偈来看，若悟大意，即付衣法，为第六祖。神秀上座于南廊壁上书无相偈，大师令人皆诵，依此偈修，免堕恶道，依此偈修，有大利益。"慧能曰："我亦要诵此，结来生缘。上人[22]，我此踏碓八个馀月，未曾行到堂前，望上人引至偈前礼拜。"童子引至偈前礼拜。慧能曰："慧能不识字，请上人为读。"时有江州别驾[23]，姓张名日用，便高声读。慧能闻已，遂言："亦有一偈，望别驾为书。"别驾言："汝亦作偈？其事希有。"慧能向别驾言："欲学无上菩提，不可轻于初学，下下人有上上智，上上人有没意智。若轻人，即有无量无边罪。"别驾言："汝但诵偈，吾为汝书，汝若得法，先须度吾，勿忘此言。"慧能偈曰："菩提本无树，明镜亦非台。本来无一物，何处惹尘埃？"书此偈已，徒众总惊，无不嗟讶。各相谓言："奇哉！不得以貌取人，何得多时使他肉身菩萨[24]。"祖见众人惊怪，恐人损害，遂将鞋擦了偈，曰："亦未见性。"众以为然。

次日，祖潜至碓坊，见能腰石[25]舂米，语曰："求道之人，为法忘躯，当如是乎！"乃问曰："米熟也未[26]？"慧能曰："米熟久矣，犹欠筛在[27]。"祖以杖击碓三下而去。慧能即会祖意，三鼓入室。祖以袈裟遮围，不令人见，为说《金刚经》，至"应无所住而生其心"，慧能言下大悟，一切万法，不离自性。遂启祖言："何期自性本自清净，何期自性本不生灭，何期自性本自具足，何期自性本无动摇，何期自性能生万法。"祖知悟本性，谓慧能曰："不识本心，学法无益；若识自本心，见自本性，即名丈夫[28]、天人师[29]、佛。"三更受法，人尽不知。便传顿教[30]及衣钵，云："汝为第六代祖，善自护念，广度有情[31]，流布将来，无令断绝。听吾偈曰：有情来下种，因地果还生。无情亦无种，无性亦无生[32]。"祖复曰："昔达摩大师[33]，初来此土，人未之信，故传此衣，以为信体，代代相承，法则以心传心，皆令自悟自解。亘古佛佛惟传本体，师师密付本心。衣为争端，止汝勿传，若传此衣，命如悬丝。汝须速去，恐人害汝。"慧能启曰："向甚处去？"祖云："逢怀则止，遇会则藏。"慧能三更领得衣钵，云："能本是南中人，素不知此山路，如何出得江口？"五祖言："汝不须忧，吾自送汝。"祖相送直至九江驿，祖令上船，五祖把橹自摇。慧能言："请和尚坐，弟子合摇橹。"祖云："合是吾渡汝。"慧能曰："迷时师度，悟了自度，度名虽一，用处不同。慧能生在边方，语音不正，蒙师传法，今已得悟，只合自性自度。"祖云："如是如是，以后佛法，由汝大行，汝去三年，吾方逝世。汝今好去，努力向南，不宜速说，佛法难起。"

作者简介

慧能（638—713），俗姓卢氏，河北燕山人（今涿州），随父流放岭南新州（今广东新兴县）。佛教禅宗祖师，得黄梅五祖弘忍传授衣钵，继承东山法门，为禅宗第六祖，世称禅宗六祖。唐宪宗追谥大鉴禅师，是中国历史上有重大影响的佛教高僧之一。代表东方思想的先哲孔子、老子和慧能，并列为"东方三圣人"。慧能思想包含着的哲理和智慧，至今仍给人以有益的启迪。

注释

① 本文节选自禅宗语录《坛经·行由品》。禅宗语录是中国僧人及其门徒传授佛法、师徒问答的记录，它最大的特色是大众化、平民化。禅宗，又称宗门，是汉传佛教宗派之一，始于菩提达摩，盛于六祖慧能，中晚唐之后成为汉传佛教的主流，也是汉传佛教最主要的象征之一。汉传佛教的宗派多来自于印度，但唯独天台宗、华严宗与禅宗，是由中国独立发展出的三个本土佛教宗派，其中又以禅宗最具独特的性格。禅宗的核心思想为"不立文字，教外别传；直指人心，见性成佛"，意指透过自身实践，从日常生活中直接掌握真理，最后达到真正认识自我。谈到禅宗，我们需要厘清禅宗与魏晋玄学和汉译佛经之间的关系。首先，禅宗与魏晋玄学是思想上、精神上的联系；而禅宗与汉译佛经则在思想与文献性质上都有联系，也有差异。禅宗是佛教中国化的产物，而这种中国化的过程集中表现为佛教理念与玄学观念的契合。我们知道，由于儒学的统治地位，老庄历来不被重视，然而汉末以降至魏晋时代，庄子精神却日益为世人所重，并在老庄道家学说的基础上发展出玄学。而魏晋时代又正是佛法传入中土的将兴之时，玄学与佛法在追求人生的高妙、超尘、脱俗的境界上是一致的，这样，在佛法的传播中，很自然地与玄学发生了联系。这两种思想的融合，再加上其他思想的影响，佛法逐渐中国化，而禅宗就是这种中国化佛法的代表性流派。禅宗与汉译佛经的关系首先体现在文献性质上，佛教自汉末传入中国，中国的文献就在中土文献之外另产生了外来文献，在世俗文献之外又增加了佛教文献。汉译佛经在文献性质上就属于外来文献和佛教文献，而禅宗则是中土文献与佛教文献。禅宗与汉译佛经的区别还在于思想的不同，汉译佛经只是将佛经从梵语译成汉语，并不改变佛经的思想内容；而禅宗则是佛教思想与中国文化相融合的产物，体现的是中国人民对佛经的认识与解释。

② 般若：也作班若、波若、钵若、般罗若等，是梵语音译，一般读作"波耶"，意译的话，就是智慧的意思。

③ 偈：梵语意译，又译颂，四句整齐韵语，用于表达一种对佛法的理解、赞颂。又偈与竭意通，即摄尽其义之意，也就是完全概括了微言大义。 ④ 处分：这里是吩咐的意思。 ⑤ 澄心：清心，使心思进入感悟佛理以便作偈子的境界。 ⑥ 和尚：指弘忍。 ⑦ 神秀：俗姓李，河南开封尉氏人。当时是弘忍的首席大弟子，后来受唐王朝礼遇，他的禅学流派在历史上号为禅门北宗。 ⑧ 教授师：梵语阿阇梨的意译是教授，即规范正行，教授师是对可以教授规矩仪则而作众僧表率之高僧的敬称。 ⑨ 谩作：胡乱作。意思是自己作的偈子一定水平不高。 ⑩ 依止：仰仗追随。 ⑪ 供奉卢珍：供奉是唐朝皇宫中对有某种技能的人给予的官职名称，供奉卢珍即一个叫卢珍的宫廷画师。 ⑫ 五祖血脉图：将初祖达摩到二祖慧可、三祖僧璨、四祖道信、五祖弘忍的禅宗传承过程画成图。 ⑬ 菩提树：印度的一种常绿乔木，传说释迦牟尼在此树下觉悟成佛，故名菩提树。明镜台：即明镜，《大乘起信论》中曾把众生的心喻作镜子。宿业障重：宿即过去、前世；业是梵语羯磨的意译，指人的一切思想言行；障是障碍；重即严重。 ⑭ 凡所有相，皆是虚妄：佛祖所有的身相，都是虚妄不实的，意思是一切皆空才是佛门真谛。 ⑮ 恶道：即三恶道，是地狱、饿鬼、旁生（除人之外的一切动物），三善道是天、人、阿修罗（即"非天"，有"天福"而无"德"者），三善道和三恶道合起来就是六道轮回。

⑯ 炷香：即烧香。炷是动词。 ⑰ 慈悲：《智度论》二十七："大慈与一切众生乐，大悲拔一切众生苦。"所以慈悲就是与众同乐，救众生苦难的一种所谓菩萨情怀。 ⑱ 念念：每一个念头之间，指极短暂的瞬间。 ⑲ 万法：法是梵语达摩的意译，指一切小者、大者、有形者、无形者、真实者、虚妄者、事物、道理等，所以万法就是指包罗万象的一切。 ⑳ 无上菩提：最高的觉悟。 ㉑ 童子：还没有正式出家的少年，或小沙弥一类。 ㉒ 上人：本是对德行高者的尊称，这里慧能用以称呼童子，是表示格外尊重的意思。 ㉓ 别驾：官名，刺史的佐僚。 ㉔ 肉身菩萨：虽然还是父母给予的肉身，但在精神上已经达到了菩萨的境界。 ㉕ 腰石：腰里捆绑一块石头以增加身体重量，便于踏动舂米碓。 ㉖ 米熟也未：米舂好了没有。熟是舂好的意思。 ㉗ 犹欠筛在：还差一道用筛子筛的工序，暗示还需要五祖点拨验证的意思。 ㉘ 丈夫：如来有十号，其一叫调御丈夫。 ㉙ 天人师：如来十号之一，意为天和人都尊佛为师。 ㉚ 顿教：禅宗以顿悟相标榜，所以叫顿教。 ㉛ 有情：梵语萨埵意译，即众生。 ㉜ "有情来下种"偈：前两句说众生没有超脱有情，所以难脱因果报应的循环；后两句说超脱有情并觉悟后就能达无性亦无生的佛教空谛境界。 ㉝ 达摩大师：南天竺（今印度南部）人，一说波斯人，南北朝时来中国传教，成为所谓禅宗初祖。 ㉞ 逢怀则止，遇会则藏："怀"指怀集县，"会"指四会县，都是广东省的县名。这是带有预言性质的谶语，暗示慧能先在广东一带隐居等待机会。

南中人:岭南人。九江驿:今江西省九江市。合是吾渡:"渡"与"度"谐音相通,弘忍与慧能通过说渡船来表达佛法的传授。

导读

　　本文讲的是六祖慧能在黄梅东山寺求法并继承衣钵的故事,也是中国佛教文献中最为著名的故事。慧能是中国佛教禅宗六祖,南派禅宗的创立人。他24岁时,赴黄梅东山寺向五祖弘忍求法,在东山寺仅仅8个月,便得到了衣钵。而他与师兄神秀的那场佛法参悟的较量也成为佳话,他所做的"菩提本无树,明镜亦非台。本来无一物,何处惹尘埃"的偈也成为了南派禅宗佛法立意的根本。在慧能以前,修禅者普遍认为,若要成佛,必须要经过长期的坐禅修习,如初祖达摩壁观九年,长坐不动,以至于小鸟在肩上筑起了窝,这种修习功夫让多少有礼佛之心的人望而却步。然而,慧能则以前所未有的革新精神,彻底否定了这种艰苦卓绝的累世修行,他主张教外别传、不立文字,提倡心性本净、佛性本有、直指人心、见性成佛。这是世界佛教史尤其是中国佛教史上的一次重大改革。

思考与交流

1. 怎么认识禅宗与唯心主义的关系?
2. 怎样从心理学角度理解禅宗中的"悟"?

(常海星)

春江花月夜①

张若虚

春江潮水连海平,海上明月共潮生。
滟滟②随波千万里,何处春江无月明。
江流宛转绕芳甸③,月照花林皆似霰④。
空里流霜不觉飞,汀上白沙看不见⑤。
江天一色无纤尘,皎皎空中孤月轮。
江畔何人初见月,江月何年初照人?
人生代代无穷已,江月年年望相似。
不知江月待何人,但见长江送流水。
白云一片去悠悠,青枫浦上不胜⑥愁。
谁家今夜扁舟子⑦,何处相思明月楼?
可怜楼上月徘徊,应照离人妆镜台。
玉户帘中卷不去,捣衣砧上拂还来⑧。
此时相望不相闻,愿逐月华流照君。
鸿雁长飞光不度,鱼龙潜跃水成文。
昨夜闲潭梦落花,可怜春半不还家。

江水流春去欲尽,江潭落月复西斜。

斜月沉沉藏海雾,碣石潇湘⑨无限路。

不知乘月几人归,落月摇情满江树。

作者简介

张若虚,初盛唐间诗人,生平事不详。扬州人,开元初与贺知章、张旭、包融并称"吴中四士"。今存诗仅二首,其中《春江花月夜》为唐诗中的名篇,艺术成就极高,清人王闿运《湘绮楼论唐诗》称张若虚以《春江花月夜》"孤篇横绝,竟为大家"。

注释

①春江花月夜:乐府《清商曲辞·吴声歌曲》旧题。 ②滟滟(yàn):水波闪动的样子。 ③芳甸:开花的郊野。 ④霰(xiàn):雪珠。 ⑤汀:水边平地。 ⑥胜(shēng):能承受。 ⑦扁(piān)舟子:扁舟,小船。扁舟子,乘着小船离家在外的人。 ⑧捣衣砧:洗衣时垫在下面的板。 ⑨碣石:山名,在今河北省。潇湘:水名,在今湖南省。碣石潇湘泛指相隔很远的两地。

导读

本诗是代表初盛唐间长篇歌行体发展过程中最高成就的名篇。全诗三十六句,每四句一转韵,共九韵,可以看作由九首七言绝句组成。以月光贯穿整个诗篇,从月升写到月落,展现了春夜潮涨的大江入海口的美景,以此为背景,展开了两个主题,即由望月引起的对宇宙永恒和人生无常的探问和思索,以及在良辰美景衬托下的相思离愁。而在对人生无常的领悟中,离愁又显得更加浓郁。

诗歌抒写了面对人生短暂的无奈、离愁的伤感和凄凉,但却又充满对青春和生命的珍惜,对美好生活和纯洁情感的向往,展现了唐诗所特有的青春气息。全诗意境优美开阔,语言清丽,韵调优美,情、景、理完美交融,可谓唐诗格高调美的典型代表。闻一多在《唐诗杂论》一书中曾盛赞其为"诗中的诗,顶峰上的顶峰"。

思考与交流

1. 诗中哪些地方将月光与人的情感进行了合二为一的描写,月光在本诗中起到了什么样的作用?

2. 诗中写到面对自然的永恒和人生的无常以及在短暂生命中的相思离愁,但是诗歌的情感基调却不是消极痛苦的,你认为两者有矛盾吗? 谈谈自己的看法。

(吕 婷)

蜀道难①

李白

噫吁戏②!危乎高哉,蜀道之难难于上青天。蚕丛及鱼凫③,开国何茫然。尔来四万八千岁,不与秦塞通人烟④。西当太白有鸟道⑤,可以横绝峨眉巅⑥。地崩山摧壮士死⑦,然后天梯石栈相钩连。上有六龙回日之高标⑧，下有冲波逆折之回川⑨。黄鹤之飞尚不得过，猿猱欲度愁攀援。青泥何盘盘⑩，百步九折萦岩峦⑪。扪参历井仰胁息⑫，以手抚膺坐长叹⑬。问君西游何时还，畏途巉岩不可攀⑭。但见悲鸟号古木，雄飞雌从绕林间。又闻子规啼夜月⑮，愁空山。蜀道之难难于上青天，使人听此凋朱颜⑯。连峰去天不盈尺，枯松倒挂倚绝壁。飞湍瀑流争喧豗⑰，砯崖转石万壑雷⑱。其险也如此，嗟尔远道之人胡为乎来哉！剑阁峥嵘而崔嵬，一夫当关，万夫莫开。所守或匪亲，化为狼与豺。朝避猛虎，夕避长蛇。磨牙吮血，杀人如麻。锦城虽云乐⑲，不如早还家。蜀道之难难于上青天，侧身西望长咨嗟⑳。

作者简介

李白(701—762)，字太白，号青莲居士。生于中亚碎叶城(今吉尔吉斯斯坦附近)，五岁迁居四川绵州昌隆县(今四川省江油县)。早年在各地漫游，天宝元年(742)奉诏入京，供奉翰林，因称"李翰林"，不久又被赐金放还。李白思想驳杂，既有儒家积极用世的思想，又信奉神仙道教，崇尚侠客精神、纵横家风度，他个性傲岸，藐视礼法，追求自由人生，成为盛唐人格的典型代表。其诗歌充满浪漫主义精神，以其清雄奔放的风格到达了诗歌艺术的极高境界，被尊为"诗仙"。有《李太白文集》三十卷，存诗 900 余首。

注释

① 蜀道难：乐府《相和歌辞·瑟调曲》旧题。　② 噫吁戏(yī xū xī)：惊叹词。　③ 蚕丛、鱼凫：传说中蜀国开国的两位国君。　④ 秦塞：即秦地，今陕西一带。古代秦地有"四塞之国"之称，故称"秦塞"。⑤ 太白：秦岭山峰名，在唐代入蜀道路中。　⑥ 横绝：横度。峨眉：山名，在今四川省境内。　⑦ "地崩"一句：据《华阳国志》记载，秦惠王知道蜀王好色，答应嫁五个美女给蜀王，蜀王派五个壮士去迎接，回来的路上，看到一条大蛇钻入洞穴中，一个壮士拉着蛇的尾巴，却拉不出来，乃至五人相助，大喊着往外拽。山峰突然崩塌，压死了五个壮士和美女。大山从此分为五岭。　⑧ 六龙回日：传说羲和每天驾着六龙所拉的车载着太阳在空中运行。此句说山峰高峻，连羲和也只好到此返回。高标：最高处。　⑨ 回川：漩涡。　⑩ 青泥：山名，在今陕西省，位于唐代由长安入蜀的道路上。盘盘，曲折的样子。　⑪ 萦：绕。　⑫ 扪：摸。参(shēn)、井：星宿名，两星宿相近。参宿对应着蜀地，井宿对应着秦地。胁息：屏住呼吸。　⑬ 膺：胸。⑭ 巉岩：险峻的山岩　⑮ 子规：即杜鹃，南方鸟，蜀地最多。相传为古蜀国望帝魂魄变化而成。鸣叫声哀切。　⑯ 凋朱颜：红润的容颜为之憔悴。　⑰ 飞湍：飞奔而下的急流。瀑流：瀑布。喧豗(huī)：喧闹声。⑱ 砯(pīng)：水拍击石头的声音。这里用作动词，拍击。　⑲ 锦城：即锦官城，今四川省成都市。　⑳ 咨嗟：感叹。

导读

李白作《蜀道难》的意图历来众说纷纭，计有讽明皇安史之乱避祸入蜀说、怪罪蜀地地方长官说、比喻仕途艰难说、送友人入蜀说、写道艰难奇崛别无寓意说等，今人多认同末一种说法。

全诗可分三部分，从篇首至"然后天梯石栈相钩连"为第一部分，从蜀道的修建写蜀道之难。第二部分从"上有六龙回日之高标"到"嗟尔远道之人胡为乎来哉"，具体描绘在蜀道上跋涉攀登之苦。第三部分从"剑阁峥嵘而崔嵬"到篇末，写蜀地险要的战略地势和居住此地暗藏的危机。

以强烈的主观情感统摄全篇是此诗的突出特点。以蜀地方言叹词"噫吁戏"开篇，续之以"蜀道之难难于上青天"的主旋律三次出现，使全诗高潮迭起、磅礴回旋。在这个基础上，空间上由秦入蜀，时间上从渺茫的上古到当下展开全诗。李白将历史、神话和现实糅合，展开了极度的想象和夸张,言时间则"四万八千岁",言艰难则"地崩山摧壮士死",言高峻则"六龙回日",言悲凉则"使人听此凋朱颜"。景物瞬息万变、激荡人心,写出了蜀道伟岸壮阔、峥嵘突兀、荒蛮神秘的美。《蜀道难》句法也随着李白豪放自由的情感参差错落。换韵自由、平仄不限,三言、四言、乃至十一言混用,再加上多处使用散文式的句法,形成了独具特色的奔放自由的语言风格。

诗歌充分体现出李白崇尚人生高峰体验、憎恶平庸的独特艺术个性以及高超的艺术手法。

思考与交流

1. 《蜀道难》中的神话传说共同烘托了一种什么样的氛围?

2. 诵读全篇,注意体会诗中反复出现的"蜀道难难于上青天",三次出现有什么异同,谈谈它对全诗的结构起到什么作用?

3. 诗中展示了一个神秘、险峻、不可征服甚至令人畏惧的蜀道,你认为这体现了作者怎样的审美趣味和人生态度?

(吕　婷)

北征①

杜甫

皇帝二载秋,闰八月初吉②。杜子将北征,苍茫问家室。
维时遭艰虞③,朝野少暇日。顾惭恩私被,诏许归蓬荜④。
拜辞诣阙下,怵惕久未出⑤。虽乏谏诤姿,恐君有遗失⑥。
君诚中兴主,经纬固密勿⑦。东胡反未已⑧,臣甫愤所切。
挥涕恋行在⑨,道途犹恍惚。乾坤含疮痍,忧虞何时毕?
靡靡逾阡陌⑩,人烟眇萧瑟。所遇多被伤,呻吟更流血。
回首凤翔县,旌旗晚明灭。前登寒山重,屡得饮马窟⑪。
邠郊入地底,泾水中荡潏⑫。猛虎立我前,苍崖吼时裂。
菊垂今秋花,石戴古车辙。青云动高兴,幽事亦可悦。
山果多琐细,罗生杂橡栗。或红如丹砂,或黑如点漆。
雨露之所濡,甘苦齐结实。缅思桃源内⑬,益叹身世拙。
坡陀望鄜畤⑭,岩谷互出没。我行已水滨,我仆犹木末。
鸱鸟鸣黄桑⑮,野鼠拱乱穴。夜深经战场,寒月照白骨。
潼关百万师,往者散何卒?遂令半秦民⑯,残害为异物。
况我堕胡尘,及归尽华发。经年至茅屋,妻子衣百结。
恸哭松声回,悲泉共幽咽。平生所娇儿,颜色白胜雪。
见耶背面啼,垢腻脚不袜⑰。床前两小女,补绽⑱才过膝。
海图坼波涛,旧绣移曲折。天吴及紫凤,颠倒在裋褐⑲。
老夫情怀恶,呕泄卧数日。那无囊中帛⑳,救汝寒凛栗。

粉黛亦解苞，衾裯稍罗列㉑。瘦妻面复光，痴女头自栉㉒。
学母无不为，晓妆随手抹。移时施朱铅㉓，狼藉画眉阔。
生还对童稚，似欲忘饥渴。问事竞挽须，谁能即嗔喝？
翻思在贼愁，甘受杂乱聒。新归且慰意，生理焉得说㉔？
至尊尚蒙尘，几日休练卒㉕？仰观天色改，坐觉妖氛豁㉖。
阴风西北来，惨澹随回鹘㉗。其王愿助顺，其俗善驰突㉘。
送兵五千人，驱马一万匹。此辈少为贵，四方服勇决。
所用皆鹰腾㉙，破敌过箭疾。圣心颇虚伫，时议气欲夺㉚。
伊洛指掌收㉛，西京不足拔。官军请深入，蓄锐可俱发。
此举开青徐㉜，旋瞻略恒碣㉝。昊天积霜露，正气有肃杀㉞。
祸转亡胡岁，势成擒胡月。胡命其能久㉟，皇纲未宜绝。
忆昨狼狈初，事与古先别。奸臣竟菹醢，同恶随荡析㊱。
不闻夏殷衰，中自诛褒妲㊲。周汉获再兴，宣光果明哲㊳。
桓桓陈将军㊴，仗钺奋忠烈㊵。微尔人尽非㊶，于今国犹活。
凄凉大同殿，寂寞白兽闼㊷。都人望翠华㊸，佳气向金阙。
园陵固有神，扫洒数不缺㊹。煌煌太宗业，树立甚宏达。

作者简介

杜甫(712—770)，字子美，号少陵野老、杜陵野老，因曾任检校工部员外郎，又称杜工部。杜甫是唐代开元盛世的同龄人，生长于世代"奉儒守官"的家庭中，可一生郁郁不得志，仕途失意、生活困顿，中年以后更经历了使唐代由盛转衰的"安史之乱"。在苦难的生活中他始终高悬着悲天悯人的仁者精神，以其诗歌记录了时代转折中深广的社会现实，其诗被誉为"诗史"。又因其炉火纯青、集大成的诗歌艺术，"沉郁顿挫"的艺术特点和对后世古典诗歌的深远影响，被尊为"诗圣"。有《杜工部集》二十卷、补遗一卷行世，存诗1400多首。

注释

① 北征：北行。杜甫此行从凤翔赴鄜州，鄜州在凤翔东北，因称"北征"。 ② 皇帝二载：唐肃宗至德二载(757)。初吉：初一。 ③ 维时：此时。维，发语词，无意义。艰虞：艰苦危难，使人忧虑。 ④ 顾惭：想起来惭愧。蓬荜：穷人的家，指杜甫自己的家。 ⑤ 诣：到。阙：宫阙，指朝廷。怵惕：惶恐不安。 ⑥ 遗失：失误。 ⑦ 经纬：比喻有条理的处理国家事务。密勿：勤勉。 ⑧ 东胡：此年正月，安庆绪在洛阳称帝。 ⑨ 行在：皇帝出行时暂住的地方，指凤翔。 ⑩ 靡靡：走路缓慢的样子。阡陌：田间的道路。 ⑪ 饮马窟：荒野低洼有水的地方，战争时多为行军饮马之处。这里指战乱留下的遗迹。 ⑫ 邠：地名，邠州，在今陕西省。泾：水名，在邠州北面。荡潏：流动的样子。 ⑬ 缅思：遥想。 ⑭ 坡陀：山岗起伏不平的样子。鄜畤(zhì)：指鄜州。畤：祭天的台。 ⑮ 鸱鸟：猫头鹰之类的鸟。 ⑯ 秦民：长安旧为秦地，长安陷落后，大多遭受屠戮。 ⑰ 耶：即"爷"，指父亲。袜：名词作动词用。 ⑱ 补绽：缝补的衣服。 ⑲ "海图"以下四句：海图、天吴和紫凤，都是旧绣中的文饰。因为用旧物补衣，许多花纹拆移、颠倒。坼：裂开。褐：粗布衣。 ⑳ 那无：奈何没有。 ㉑ 粉黛：女性的化妆品。苞：即"包"。衾裯：被子和帐子。 ㉒ 栉：梳头。 ㉓ 移时：一会儿工夫。朱铅：胭脂。 ㉔ 生理：生计。 ㉕ 练卒：练兵，代指战争。 ㉖ 坐觉：顿时感觉到。妖氛：安史叛军的气焰。豁：开朗，澄清。 ㉗ 回鹘：唐代西北部族。至德二载九月，回鹘派兵助唐攻打安史叛军。 ㉘ 其王：指回鹘王怀仁可汗。助顺：帮助朝廷平乱。驰突：冲锋陷阵。 ㉙ 鹰腾：像鹰一样勇猛搏击。 ㉚ 虚伫：虚心以待。时议：不赞成借用外来力量的意见。 ㉛ 伊洛：流经洛阳的两条水名，这里指代

第
一
编

人
文
精
神

洛阳。指掌收:轻而易举地收回。 ㉜ 西京:长安。不足拔:不值一击。 ㉝ 青徐:青州和徐州。青州治所在今山东省青州市。徐州治所在今江苏省徐州市。 ㉞ 旋瞻:转眼可见。恒碣,恒山和碣石山。恒山在今山西省。碣石山在今河北省。 ㉟ 昊天:秋天。肃杀:严酷的样子。 ㊱ 其:同"岂"。 ㊲ 菹醢:剁成肉酱。荡析:清除。 ㊳ "不闻"二句:中自,主动。褒妲,褒姒和妲己。殷纣王宠妲己,周幽王宠褒姒,古人认为这是他们亡国的原因。杜甫用以指唐玄宗在马嵬坡赐死杨贵妃一事,认为玄宗主动赐死杨贵妃是贤明的表现,不同于古代的昏君。 ㊴ 宣光:周宣王、汉光武帝。他们是振兴西周和建立东汉的中兴君王。这里用以比喻肃宗。 ㊵ 桓桓:威武的样子。陈将军:指在马嵬坡主张处死杨国忠的左龙武大将军陈玄礼。 ㊶ 钺:大斧。 ㊷ 微尔:没有你。尔,指陈玄礼。人尽非:人们都将不再是唐的子民,也就是都将被异族统治。用《论语·宪问》"微管仲,吾其披发左衽矣"的典故,以管仲比陈玄礼。 ㊸ 大同殿:玄宗常常接见大臣的宫殿。白兽闼:白兽门。 ㊹ 翠华:装饰着翠鸟羽毛的旌旗,皇帝仪仗中的一种。 ㊺ "园陵"二句:收复长安后,可以洒扫祖先的园陵。园陵:唐历代皇帝的坟墓。数:礼数。

导读

本篇为杜甫长篇五言古诗的压卷之作。唐肃宗至德二载(757),安史之乱尚未平息,正月安庆绪据洛阳称帝。同年,身为谏官的杜甫因上书言事,被肃宗疏远,八月他从皇帝所在的凤翔到鄜州探望寄居在那里的妻子儿女。这首诗作于他到达凤翔后不久,详细记述了诗人一路的见闻感受、回家后与亲人相聚的天伦之乐和对时局的深深忧患。

全诗从内容上可分为五个部分。开篇至"忧虞何时毕"写得郑重其事,详细标明时间,称"君"称"臣",用奏章的口吻表达自己对尚未完全平定的东胡之乱以及乾坤疮痍的忧虑。"靡靡逾阡陌"至"残害为异物"写途中所见的景物与战乱后民生凋敝的社会现实。"况我堕胡尘"至"生理焉得说"写回家后悲喜交加的情形,描写极琐碎又风趣幽默。"至尊尚蒙尘"至"皇纲未宜绝"写对复杂时局的忧虑,尤其是提醒朝廷借兵于回鹘恐引起新的变乱。"忆昨狼狈初"至篇末将马嵬之变与商周变灭比较,赞美在马嵬之变中起到重要作用的陈玄礼将军,认为朝廷善于听取意见,及时更正朝政错误则中兴有望。

《北征》结构上叙议结合,记叙部分写自己还家过程中琐碎的见闻感受,严谨写实,议论部分则针对国家大事而发,慷慨浩叹,似乎凌乱,却以心系天下的拳拳之意贯穿全篇。诗作深广的忧思与细碎平淡的情趣相互统一,使人感受到杜甫面对困顿琐碎的个人生活时仍心系天下、推己及人的真挚情感和仁者胸怀。

思考与交流

1. 诗歌的第二部分,在压抑险恶的环境中突然写到菊花、青云、山果,这部分描写起到什么样的作用?

2. 朱光潜《诗论》中称杜甫是"于悲剧中见诙谐者",能"以'一笑置之'的态度应对人生的缺陷"、"在悲剧中参透人生世相,他的诙谐出入语至性深情,所以表面滑稽而骨子里沉痛",请借鉴此种说法,谈谈你对诗歌中描写小女儿穿着"天吴及紫凤,颠倒在短褐"的补丁衣服,学母亲化妆,弄得"狼藉画眉阔"的生活细节的理解。

3. 爱国是对每个公民的最基本要求,你认为应该如何爱国,封闭自大或仇恨轻视他国是否真的爱国?

(吕 婷)

长恨歌

白居易

汉皇重色思倾国①，御宇多年求不得。

杨家有女初长成，养在深闺人未识。

天生丽质难自弃，一朝选在君王侧。

回眸一笑百媚生，六宫粉黛无颜色。

春寒赐浴华清池②，温泉水滑洗凝脂。

侍儿扶起娇无力，始是新承恩泽时。

云鬓花颜金步摇③，芙蓉帐暖度春宵。

春宵苦短日高起，从此君王不早朝。

承欢侍宴无闲暇，春从春游夜专夜。

后宫佳丽三千人，三千宠爱在一身。

金屋妆成娇侍夜，玉楼宴罢醉和春。

姊妹弟兄皆列土④，可怜光彩生门户⑤。

遂令天下父母心，不重生男重生女。

骊宫高处入青云⑥，仙乐风飘处处闻。

缓歌慢舞凝丝竹，尽日君王看不足。

渔阳鼙鼓动地来⑦，惊破霓裳羽衣曲。

九重城阙烟尘生，千乘万骑西南行⑧。

翠华摇摇行复止，西出都门百余里。

六军不发无奈何，宛转蛾眉马前死⑨。

花钿委地无人收，翠翘金雀玉搔头⑩。

君王掩面救不得，回看血泪相和流。

黄埃散漫风萧索，云栈萦纡登剑阁⑪。

峨嵋山下少人行，旌旗无光日色薄。

蜀江水碧蜀山青，圣主朝朝暮暮情。

行宫见月伤心色，夜雨闻铃肠断声⑫。

天旋日转回龙驭，到此踌躇不能去。

马嵬坡下泥土中，不见玉颜空死处。

君臣相顾尽沾衣，东望都门信马归。

归来池苑皆依旧，太液芙蓉未央柳⑬。

芙蓉如面柳如眉，对此如何不泪垂。

春风桃李花开夜，秋雨梧桐叶落时。

西宫南苑多秋草，落叶满阶红不扫。

梨园弟子白发新，椒房阿监青娥老⑭。

夕殿萤飞思悄然，孤灯挑尽未成眠。

迟迟钟鼓初长夜，耿耿星河欲曙天⑮。

鸳鸯瓦冷霜华重⑯，翡翠衾寒谁与共⑰。

悠悠生死别经年，魂魄不曾来入梦。
临邛道士鸿都客⑱，能以精诚致魂魄。
为感君王展转思，遂教方士殷勤觅。
排空驭气奔如电，升天入地求之遍。
上穷碧落下黄泉⑲，两处茫茫皆不见。
忽闻海上有仙山，山在虚无缥缈间。
楼阁玲珑五云起，其中绰约多仙子。
中有一人字太真，雪肤花貌参差是。
金阙西厢叩玉扃，转教小玉报双成⑳。
闻道汉家天子使，九华帐里梦魂惊。
揽衣推枕起徘徊，珠箔银屏迤逦开㉑。
云鬓半偏新睡觉㉒，花冠不整下堂来。
风吹仙袂飘飘举，犹似霓裳羽衣舞。
玉容寂寞泪阑干㉓，梨花一枝春带雨。
含情凝睇谢君王，一别音容两渺茫。
昭阳殿里恩爱绝，蓬莱宫中日月长。
回头下望人寰处，不见长安见尘雾。
唯将旧物表深情，钿合金钗寄将去㉔。
钗留一股合一扇，钗擘黄金合分钿㉕。
但教心似金钿坚，天上人间会相见。
临别殷勤重寄词，词中有誓两心知。
七月七日长生殿，夜半无人私语时。
在天愿作比翼鸟，在地愿为连理枝。
天长地久有时尽，此恨绵绵无绝期。

作者简介

白居易(772—846)，字乐天，号香山居士。少年时期，曾因藩镇割据流离失所。元和年间，任谏官，力主革除弊政，直言进谏。晚年半官半隐。主张"文章合为时而著，歌诗合为事而作"。在诗歌上，倡导新乐府诗的写作，著有新乐府诗五十篇、秦中吟十篇，都是关心现实和民生疾苦的作品。今存诗近三千首，有《白氏长庆集》。

注释

① 汉皇：借指唐玄宗。 ② 华清池：今陕西临潼骊山上华清宫内的温泉。 ③ 步摇：古代女性插在发髻上的一种首饰，走路时随着步态摇动，因此称"步摇"。 ④ 列土：分封爵位和领地。 ⑤ 可怜：可羡慕。 ⑥ 骊宫：即华清宫。 ⑦ 渔阳鼙鼓：天宝十四载安禄山从渔阳(今河北蓟县)出兵，鼙鼓，骑兵用的小鼓。 ⑧ 西南行：天宝十五载六月，安史叛军攻破潼关，玄宗逃往蜀中。 ⑨ 玄宗逃出长安，到达马嵬坡，军队哗变，玄宗被迫命人将杨贵妃缢死。 ⑩ 花钿、翠翘、玉搔头：古代首饰。 ⑪ 萦纡：曲折迂回。剑阁：剑门关，入蜀要道。 ⑫ 夜雨闻铃：相传玄宗过斜谷，连日阴雨，雨声与栈道上的铃声相应，倍觉凄凉，命伶工张野狐作《雨霖铃》曲，怀念杨贵妃。 ⑬ 太液：汉宫中池塘名。未央：汉宫名，此处泛指宫殿。 ⑭ 椒房：后妃的宫殿。阿监：宫中女官。青娥：宫女。 ⑮ 耿耿：明亮。 ⑯ 鸳鸯瓦：屋瓦一俯一仰，两片扣合，因此称鸳鸯瓦。 ⑰ 翡翠衾：绣有翡翠鸟的被子。 ⑱ 临邛：地名，今四川邛崃县。鸿都：东汉都城洛阳的宫门

名,这里借指长安。 ⑲ 碧落:天空。 ⑳ 小玉、双成:传说中的仙女。这里代指杨贵妃的侍女。 ㉑珠
箔:珍珠作成的帘。迤逦:曲折连绵。 ㉒觉(jué):醒。 ㉓阑干:泪流纵横的样子。 ㉔合:即"盒"。
㉕擘(bāi):同"掰",分开。

导读

  诗歌作于元和元年(806),以唐玄宗与杨贵妃的爱情故事为题材,与诗并行的还有陈鸿作的
《长恨歌传》。白居易作此诗的原因是对李、杨的爱情有所感动,同时又希望能将他们的荒淫生活
导致的变乱作为历史教训加以揭露和讽刺,两者互为矛盾,使诗歌的主题复杂化。
  诗歌从开篇至"尽日君王看不足"为两人爱情的开始,同时以"从此君王不早朝"、"姊妹弟兄
皆列土"为悲剧作了伏笔。第二部分从"渔阳鼙鼓动地来"至"不见玉颜空死处",叙述马嵬事件的
始末。详细记叙了玄宗出逃、杨妃被杀的全过程。第三部分从"君臣相顾尽沾衣"到"魂魄不曾来
入梦"用到蜀地、经马嵬、回皇宫的三种情景烘托渲染玄宗的思念。"临邛道士鸿都客"至篇末为
第四部分,叙述道士在仙界寻找到杨妃的传说,将两人的爱情神化、纯化,极言生死离别之恨的长
久难消。
  《长恨歌》在当时可配乐歌唱,诗歌音韵对称流畅,文字优美而易懂,运用了对偶、顶针、排比
等修辞手法,使诗歌前后贯通、舒卷自如,读来颇有美感。本诗又受中唐流行的传奇的影响,具有
鲜明的人物形象、首尾完整的故事、曲折动人的情感。尤其是通过层层的情节铺叙,对情感进行
了婉转动人、淋漓尽致的描写和渲染,使之细腻而丰富,具有极强的艺术感染力,因此得以广泛流
传,影响深远。

思考与交流

  1. 关于本诗的主题,向来争论不休,大致有三种:一是颂扬李杨的爱情;二是对李杨的荒淫的讽刺;三是
双重主题,讽喻与同情交织。你倾向于哪种?谈谈自己的想法。
  2. 历史上唐玄宗对杨贵妃的感情果真能深刻缠绵到诗中所描写的境地吗,为什么艺术的真实比历史的
真实更具有深入人心的力量?

(吕 婷)

定风波①

苏轼

  三月七日沙湖道中遇雨②。雨具先去,同行皆狼狈③,余独不觉。已而遂晴,故作此词。
  莫听穿林打叶声,何妨吟啸且徐行④。竹杖芒鞋轻胜马⑤,谁怕?一蓑烟雨任平生⑥。
料峭春风吹酒醒⑦,微冷,山头斜照却相迎。回首向来萧瑟处⑧,归去,也无风雨也无晴⑨。

作者简介

  苏轼(1037—1101),字子瞻,又字和仲,号东坡居士,眉州眉山(今属四川)人,与父苏洵、弟

苏辙并称"三苏",同列"唐宋八大家"。苏轼21岁中进士,1080年(元丰三年)因"乌台诗案"受诬陷被贬黄州任团练副使,在黄州四年多曾于城东之东坡开荒种田,故自号"东坡居士"。晚年被贬惠州、儋州。大赦北还,途中病死在常州,追谥文忠公。苏轼是文学史上少见的诗、词、文、书、画皆通的大文豪,他的散文汪洋恣肆,明白畅达,与欧阳修并称"欧苏";他的诗清新豪健,开宋代诗歌新风气,与黄庭坚并称"苏黄";他以诗为词,开豪放一派,扩大了词的境界,与辛弃疾并称"苏辛";他擅长行书、楷书,自创新意,用笔丰腴跌宕,有天真烂漫之趣,与黄庭坚、米芾、蔡襄并称宋四家;他论画主张神似,喜作枯木怪石。诗文有《东坡七集》等,词有《东坡乐府》。

注释

① 定风波:唐教坊曲,后用为词牌名。以五代欧阳炯所作为正格。双调六十二字,平韵仄韵互用。又名《定风流》、《定风波令》、《醉琼枝》。　② 沙湖:《东坡志林·游沙湖》:"黄州东南三十里为沙湖,亦曰螺师店。"　③ 狼狈:喻处境困窘难堪、进退两难。　④ 吟啸:吟诗、长啸。表意态潇散、舒闲。陶渊明《归去来辞》:"登东皋以舒啸,临清流而赋诗。"　⑤ 芒鞋:草鞋。轻胜马:一种自我感受,传达出搏击雨雨,笑傲人生的轻松、淡定和豪迈之情。　⑥ 蓑:草织的雨衣。烟雨:烟波风雨,这里指愁心的事儿。任:担负、应对。　⑦ 料峭:形容风寒袭人。　⑧ 萧瑟:意谓风雨之声,与上片"穿林打叶声"相应相和。　⑨ 风雨:一语双关,既指野外途中所遇风雨,又暗指几乎置他于死地的政治"风雨"和人生险途。此句的意思是世间的风雨阴晴对作者都无所谓,等他们都过去后,就像什么事情也没有发生似的。

导读

苏轼在词史上占有特殊地位,为词开拓了新天地。他以奔放的才情,将词笔深入到社会生活的各个方面,诸如怀古记游、写景咏物、亲情友谊、田园风光以及参禅说理等等,突破"词为艳科"的定见,把词的社会功用提到与诗同等的地位,全方位地表现了文人的生活与精神面貌。

《定风波》作于黄州,元丰五年(1082年)春天,时因"乌台诗案"处境险恶,生活穷困,但他仍旧很坦然乐观。词前有一小序,介绍作者写此词的缘由。三月七日,作者和一些人因事到沙湖,回归途中遇雨,不巧雨具已被先期拿走,同行的人都无法避雨而狼狈不堪,只有苏轼毫不介意,好像什么事也没有发生一样。苏轼因此生发议论,借对自然风雨的应对态度来表达他对人生风雨的处置心态——他准备要以不避坎坷、任其自然的态度来对待眼前和将来的政治风雨和人生风雨,从中我们可以看到作者坦荡的心胸和泰然自处的生活态度。这首词在艺术上最大的特点是用轻松的笔调来写景叙事,反映了诗人乐观自信、飘逸旷达的人格境界,将深邃的人生哲理寓于平常生活小景描写中,弦外之音,令人回味无穷。

思考与交流

1. "一蓑烟雨任平生"刻画了苏轼什么样的形象?
2. "也无风雨也无晴"中的"风雨"和"晴"有什么深层含义,这句话写出了作者怎样的人生感悟?
3. 苏轼旷达的人生态度给你什么启示?

(张莉珊)

大学人文与乡土教育读本

破阵子①

为陈同甫赋壮词以寄之②

辛弃疾

醉里挑灯看剑③,梦回吹角连营④。八百里分麾下炙⑤,五十弦翻塞外声⑥,沙场秋点兵。
马作的卢飞快⑦,弓如霹雳弦惊⑧。了却君王天下事⑨,赢得生前身后名。可怜白发生!

作者简介

辛弃疾(1140—1207),南宋词人。原字坦夫,改字幼安,别号稼轩,历城(今山东济南)人。出生时,中原已为金兵所占。21岁参加抗金义军,不久归南宋。历任湖北、江西、湖南、福建、浙东安抚使等职。平生以气节自负,以功业自许,一生力主抗战。辛弃疾是我国历史上伟大的豪放派词人,爱国者、军事家和政治家,与苏轼齐名,号称"苏辛",与李清照一起并称"济南二安"。被人盛赞为"人中之杰,词中之龙"。其词抒写力图恢复国家统一的爱国热情,倾诉壮志难酬的悲愤,对当时执政者的屈辱求和颇多谴责,也有不少吟咏祖国河山的作品。题材广阔又善化用前人典故入词,风格沉雄豪迈又不乏细腻柔媚之处。作品集有《稼轩长短句》,今人辑有《辛稼轩诗文钞存》。

注释

① 破阵子:词牌,唐教坊曲名,一名《十拍子》,陈旸《乐书》:"唐《破阵乐》属龟兹部,秦王(李世民)所制,舞用二千人,皆画衣甲,执旗旆,外藩镇春衣犒军设乐,亦舞此曲,兼马军引入场,尤壮观也。"按:《秦王破阵乐》为唐开国时所创大型舞乐曲,震惊一世。玄奘往印度取经时,有一国王曾询问及之。见所著《大唐西域记》,此双调小令,当是截取舞曲中之一段为之,尤可想见激壮声容。六十二字,上下片皆三平韵。 ② 陈同甫:陈亮(1143—1194),字同甫,号龙川,婺州永康(今浙江永康)人。著名的布衣豪士,曾多次叩阙上书呈献恢复大计。与辛弃疾是政治上、文学上最知心的密友。淳熙十五年冬天,陈亮不顾路途遥远,到达江西带湖别墅,与正罢职闲居的辛弃疾会面。这次历史性的聚会,因二人曾携手同游铅山县的鹅湖山而被后来的文学史家美称为"鹅湖之会"。辛弃疾这首词就大约写于鹅湖之会前后。 ③ 挑(tiǎo)灯:把油灯的芯挑一下,使它明亮。 ④ 梦回:梦醒。吹角:军队中吹号角。连营:连接成片的军营。 ⑤ 八百里:指牛。古代有一头骏牛,名叫"八百里驳(bò)"。麾(huī)下:指部下将士。麾,古代指军队的旗帜。炙(zhì):烤熟的肉。 ⑥ 五十弦:古代有一种瑟有五十根弦,词中泛指军乐合奏的各种乐器。翻:演奏。塞外声,反映边塞征战的乐曲。 ⑦ 的(dì)卢:一种烈性快马。相传三国时刘备被人追赶,骑"的卢"一跃三丈过河,脱离险境。 ⑧ 霹雳(pī lì):响声巨大的强烈雷电。 ⑨ 了(liǎo)却:完成。天下事:指收复中原。

导读

辛弃疾的这首投赠之作自称"壮词",全篇以"壮"语贯穿始终。前面九句可谓壮词,作者根据他三十年前抗金的战斗经历和他矢志恢复中原的理想,在词里描绘了一个雄壮兵营中沙场点兵的壮盛军容,显示出杀敌的壮志。最后一句使全首词的感情起了变化,使全首词成为悲壮而非雄壮,写出了现实与理想的矛盾,理想在现实生活中的幻灭,显示出壮志难酬的极大愤慨。辛弃疾被称为宋词豪放派的宗师,在这首词中表现为两方面:一是内容感情的雄壮,它的声调、色彩与婉约派的作品完全不同;二是结构布局的奇变。全词一改上下片写景抒情的普遍写法,而是把两片内容紧密关联。末句由想象回归现实,以大转折收笔,矫健有力,酣畅淋漓之外更加重了失望之情,也显示了辛词的豪放风格与独创精神。

思考与交流

1. 结合辛弃疾的人生经历谈谈辛词的独特风格。
2. 说说辛词在宋词发展史上的价值。

(张莉珊)

葬花吟①

曹雪芹

花谢花飞飞满天,红消香断有谁怜?
游丝软系飘春榭,落絮轻沾扑绣帘。
闺中女儿惜春暮,愁绪满怀无着处②。
手把花锄出绣帘,忍踏落花来复去。
柳丝榆荚自芳菲,不管桃飘与李飞。
桃李明年能再发,明年闺中知有谁?
三月香巢③已垒成,梁间燕子太无情!
明年花发虽可啄,却不道人去梁空巢也倾。
一年三百六十日,风刀霜剑严相逼。
明媚鲜妍能几时,一朝漂泊难寻觅。
花开易见落难寻,阶前闷杀葬花人!
独把花锄泪暗洒,洒上空枝见血痕④。
杜鹃无语正黄昏,荷锄归去掩重门。
青灯照壁人初睡,冷雨敲窗被未温。
怪奴底事⑤倍伤神,半为怜春半恼春。
怜春忽至恼忽去,至又无言去未闻。
昨宵庭外悲歌发,知是花魂与鸟魂;
花魂鸟魂总难留,鸟自无言花自羞。
愿奴胁下生双翼,随花飞到天尽头。
天尽头,何处有香丘⑥?
未若锦囊收艳骨,一抔净土掩风流!
质本洁来还洁去,强于污淖⑦陷渠沟。
尔今死去侬收葬,未卜侬身何日丧?
侬今葬花人笑痴,他年葬侬知是谁?
试看春残花渐落,便是红颜老死时。
一朝春尽红颜老,花落人亡两不知!

作者简介

曹雪芹(1715 或 1724—1763 或 1764),名霑,字梦阮,号雪芹、芹圃、芹溪。先世原为汉人,明末入满州正白旗。高祖曹振彦因军功成为内务府包衣,即皇家家奴。曾祖曹玺为皇帝亲信,康熙二年(1663)被任命为江宁织造,其妻为康熙皇帝的乳母。祖父曹寅为康熙侍读,倍受皇帝的信赖与恩宠。从曹玺起到曹寅、曹颙、曹頫,连续三代四人任江宁织造,家世煊赫一时。雍正五年(1727 年),因"织造款项亏空甚多"等罪名,曹頫被革职查办,南京家产全被抄没,只得迁回北京。乾隆年间又遭变故,彻底败落,北迁后以全部精力创作了《红楼梦》,死后遗留《红楼梦》前八十回稿子。另有《废艺斋集稿》。

注释

① 选自《红楼梦》第二十七回。《红楼梦》是中国古代小说发展史上空前的高峰,也是世界现实主义创作的巍峨丰碑。一般认为《红楼梦》有两大系统:一为80 回的抄本,题名《脂砚斋重评石头记》,因有脂砚斋、畸笏叟等人的评语,故称脂评本;二为印本系统,乾隆五十六年(1791)程伟元、高鹗以木活字版印出《新镌全部绣像红楼梦》,通称"程甲本"。乾隆五十七年(1792)程伟元、高鹗又对"程甲本"增删、改动,重新排印了《红楼梦》120 回,世称"程乙本",由于"程甲本"与"程乙本"均为程伟元、高鹗合作校勘,故又称"程高本"。小说写贾宝玉、林黛玉、薛宝钗之间的爱情婚姻悲剧,从中表现了贾、王、史、薛四大家族的兴衰,揭示了封建社会末期渐趋崩溃的社会真实内幕,反映了那个时代对个性解放和人权平等的要求以及初步的民主主义精神。《红楼梦》运用现实主义创作手法,自然、逼真地叙述和描写了丰富的现实社会生活,塑造了一大批典型人物。作者善于在日常生活矛盾中根据人物身份地位刻画人物,又善于以艺术氛围烘托人物内心情绪,又采用对比的方法,将美与丑、虚与实、统治与被统治的描写相互补充,创造出一个含蓄深沉、博大精深的艺术世界。《红楼梦》语言简洁纯净、准确传神而多彩,达到炉火纯青的境界。书中诗词歌赋的运用,对人物塑造、情节展开起了很好的作用。《红楼梦》成就辉煌,对后世家庭社会小说有极大影响。 ② 无着处:程甲本作"无释处"。无着处,没有依靠。 ③ 香巢:燕子的窝。春天燕子啄百花筑巢,故称"香巢"。 ④ 洒上空枝见血痕:这里化用两个传说,一是湘妃哭舜,挥泪沾竹,竹成斑痕;二是望帝化为杜鹃鸟,至春月间则昼夜悲鸣,啼血沾染花枝,花即杜鹃花。 ⑤ 怪奴底事:奴,我。底事,什么事。底,何。 ⑥ 香丘:香坟,指埋葬香花的坟丘。丘,坟墓。以花喻人,所以下句用"艳骨"。 ⑦ 污淖(nào):被污水弄脏。

导读

曹雪芹文学诗词造诣最体现极致处,便是《葬花吟》。黛玉葬花,源于在怡红院中的碰壁。宝玉的丫头晴雯因不满夜深困倦之时还有人访,所以不问来者是谁,将黛玉拒之门外。黛玉以为宝玉无情,便引出了这伤情的葬花一幕。《葬花吟》是林黛玉感叹身世遭遇的全部哀音的代表,也是作者曹雪芹借以塑造这一艺术形象,表现其性格特性的重要作品,它和《芙蓉女儿诔》一样,是作者的神来之笔。曹雪芹以小说中不同的人物、性格、境遇、心理,借主人公之手写诗,并能将诗很好地跟小说融为一体,可谓绝妙。

思考与交流

1. 结合小说情节谈谈宝玉的女性观。
2. 结合《红楼梦》诗词谈谈小说中不同人物的不同性格。

(张莉珊)

《曾国藩家书》三则①

修身篇之致九弟季弟·必须自立自强

沅季弟左右：

沅于人概天概②之说，不甚措意，而言及势利之天下，强凌弱之天下，此岂自今日始哉？盖从古已然矣。从古帝王将相，无人不由自强自立做出；即为圣贤者，亦各有自立自强之道，故能独立不惧，确乎不拔。

余往年在京，好与有大名大位者为仇，亦未始无挺然特立，不畏强御之意。近来见得天地之道，刚柔互用，不用偏废，太柔则靡③，太刚则折，刚非暴戾之谓也，强矫而已。柔非卑弱之谓也，谦退而已。

趋事赴公，则当强矫，争名逐利，则当谦退，开创家业，则当强矫，守成安乐，则当谦退。出与人物应接，则当强矫，入与妻孥享受，则当谦退。若一面建功立业，外享大名，一面求田问舍，内图厚实。二者皆有盈满之象，全无谦退之意，则断不能久，此余所深信，而弟宜默默体验者也。（同治元年五月廿八日）

修身篇之致九弟·必须逆来顺受

沅弟左右：

接李少帅信，知春霆因弟覆奏之片，言省三系与任逆接仗，霆军系与赖逆交锋，大为不平，自奏伤疾举发，请开缺调理。又以书告少帅，谓弟自占地步，弟当此百端拂逆④之时，又添此至交龃龉⑤之事，想心绪益觉难堪。然事已如此，亦只有逆来顺受之法，仍不外悔字诀、硬字诀而已。

朱子⑥尝言："悔字如春，万物蕴蓄初发。吉字如夏，万物茂盛已极。吝字如秋，万物如落。凶字如冬，万物初凋。"又尝以元字配春，享字配夏，利字配秋，贞字配冬，兄意贞字即硬字诀也。弟当此艰危之际，若能以硬字法冬藏之德，以悔字启春生之机，庶几⑦可挽回一二乎？

闻左帅近日亦极谦慎，在汉口气象何如？弟曾闻其大略否？申甫阅历极深，若遇危难之际，与之深谈，渠⑧尚能于恶风骇浪之中，默识把舵之道，在司道中，不可多得也。（同治六年三月初二日）

劝学篇之致诸弟·勉励自立课程

诸位贤弟足下：

九弟到家，偏走各亲戚家、必各有一番景况、何不详以音我？四妹小产，以后生育颇难，然此事最大，断不可以人力勉强，劝渠家只须听其自然，不可过于矜持。又闻四妹起最晏⑨，往往其姑⑩反服侍他；此反常之事，最足折福，天下未有不地之妇而可得好处者，诸弟必须时劝导之，晓之以大义。

诸弟在家读书，不审每日如何用功？余自十月初一日立志自新以来，虽懒惰如故，而每日楷书写日记，每日读史十页，每日记茶余偶谈一则，此三事，未尝一日间断。十月廿一日誓永戒吃水烟，迨⑪今已两月不吃烟，已习惯成自然矣，予自立课程甚多，惟记茶余偶谈，读史十页，写日记楷本此三事者，誓终身不间断也。诸弟每日自立课程，必须有日日不断之功，虽行船走路，须带在身边，予除此三事外，他课程不必能有成，而此三事者将终身行之。

前立志作《曾氏家训》一部，曾与九弟详细道及，后因采择经史，若非经史烂熟胸中，则割裂零碎,毫无线索,至于采择诸子各家之言,尤为浩繁,虽抄数百卷,犹不能尽收,然后知古人作《大学衍义》《衍义补》诸书,乃胸中自有条例,自有议论,而随便引书以证明之,非翻书而偏抄之也。然后知著书之难,故暂且不作《曾氏家训》;若将来胸中道理愈多,议论愈贯串,仍当为之。

现在朋友愈多,讲躬行心得者,则有镜海先生,艮峰前辈,吴竹如、窦兰泉、冯树堂。穷经知道者,则有吴子序、邵慧西。讲诗文字而艺通于道者,则有何子贞。才气奔放,则有汤海秋,英气逼人,志大神静,则有黄子寿。又有王少鹤,名锡振,广西乙未翰要。吴莘畬名尚志,广东人,吴抚台之世兄。庞作人名文寿,浙江人。此四君者,首闻于名而先来拜,虽所造有浅深。要皆有志之上,不甘居于庸碌者也。

京师为人定渊薮⑫,不求则尤之,愈求则愈出,近来闻好友甚多,予不欲先去看别人,恐徒标榜虚声,盖求友以匡己之不逮,此大益也。标榜以盗虚名,是大损也。天下有益之事,即有足损者寓乎其中,不可不辨。

黄子寿近作《选将论》一篇,共六千余字,真奇才也!黄子寿戊戌年始作破题,而六年之中,遂成大学问;此天分独绝,万不可学而至,诸弟不必反而惊之。予不愿诸弟学他,但愿诸弟学吴世兄、何世兄。吴竹如之世兄,现亦学艮峰先生写日记,言有矩,动有法,其静气实实可爱!

何子贞之世兄,每日自朝至夕,总是温书,三百六十日,除作诗文时,无一刻不温书,真可谓有恒者矣。故予从前限功课教诸弟,近来写信寄弟,从不另开课程,但教诸弟有恒而已。盖士人卖书,第一要有志,第二要有识,第三要有恒。有志则断不敢为下流,有识则知学问无尽,不敢以一得自足,如河伯之观海,如井蛙之窥天,皆无识也。有恒则断无不成之事。此三者,缺一不可。诸弟此时惟有识不可以骤几⑬,至于有志不恒,则诸弟勉之而已。予身体甚弱,不能苦思,苦思则头晕,不耐久坐,久坐则倦乏,时时属望,惟诸弟而已。

明年正月,恭逢祖父大人七十大寿,京城以进十为正庆;予本拟在戏园设寿筵,窦兰泉及艮峰先生劝止之,故不复张筵,盖京城张筵唱戏,名曰庆寿,实而打把戏;兰泉之劝止,正以此故。现作寿屏两架,一架淳化笺四大幅,系何子贞撰文并书,字有茶碗口大,一架冷金笺八小幅,系吴子序撰文,予自书。淳化笺系内府用纸,纸厚如钱,光彩耀目,寻常琉璃厂无有也。昨日偶有之,因买四张。子贞字甚古,雅惜太大,万不能寄口,奈何奈何?书不能尽言,惟诸弟鉴察,国藩手草。(道光二十二年十二月二十日)

附课程表:

一、主敬。整齐严肃,无时不惧,无事时心在腔子里,应事时专一不杂。

二、静坐。每日不拘何时,静坐一会,体验静极生阳来复之仁心,正位凝命,如鼎之锁⑭。

三、早起。黎明即起,醒后勿沾恋。

四、读书不二。一书未点完,断不看他书,东翻西阅,都是徇外⑮为人。

五、读史。廿三史每日读十页,虽有事,不间断。

六、写日记。须端楷,凡日间过恶,身过,心过,口过,皆己出,终身不间断。

七、日知其所亡⑯。每日记茶余偶谈一则,分德行门,学问门,经济门,艺术门。

八、月无忘所能。每月作诗文数首,以验积理之金寡,气之盛否。

九、谨言。刻刻留心。

十、养气。无不可对人言之事,气藏丹田。

十一、保身。谨遵大人手谕,节欲,节劳,节饮食。

十二、作字。早饭后作字,凡笔墨应酬,当作自己功课。

十三、夜不出门。旷功疲神,切戒切戒!

作者简介

曾国藩,初名子城,字伯涵,号涤生。晚清重臣,湘军的创立者和统帅者。清朝军事家、理学家、政治家、书法家、文学家,晚清散文"湘乡派"创立人。晚清"中兴四大名臣"之一,官至两江总督、直隶总督、武英殿大学士,封一等毅勇侯,谥曰文正。中国现代史上两位著名人物毛泽东和蒋介石都高度评价过曾国藩。毛泽东青年时期,潜心研究曾氏文集,得出了"愚于近人,独服曾文正"的结论,蒋介石对曾氏更是认为曾国藩为人之道,"足为吾人之师资"。

注释

①《曾国藩家书》是曾国藩的书信集,成书于清咸丰年间。记录了曾国藩在清道光三十年至同治十年前后达30年的翰苑和从武生涯,近1500封。所涉及的内容极为广泛,是曾国藩一生的主要活动和其治政、治家、治学之道的生动反映。曾氏家书行文从容镇定,形式自由,随想而到,挥笔自如,在平淡家常中蕴育真知良言,具有极强的说服力和感召力。尽管曾氏留传下来的著作太少,但仅就一部家书中可以体现他的学识造诣和道德修养,从而赢得了"道德文章冠冕一代"的称誉,并成为中国封建社会最后一尊精神偶像。 这部作品虽名为家书,形式上也是书信的形式,但实际功用如同家训。家训是指对子孙立身处世、持家治业的教诲,是中国传统文化的重要组成部分,也是家谱中的重要组成部分,它在中国历史上对个人的修身、齐家发挥着重要的作用。我国历史上比较著名的家训,有《颜氏家训》、《朱子家训》等。 ② 概:平。 ③ 靡:颓废。 ④ 百端拂逆:百事不顺。 ⑤ 至交龃龉:好朋友产生矛盾。 ⑥ 朱子:指朱柏庐,原名朱用纯,朱熹的嫡系子孙。 ⑦ 庶几:或许。 ⑧ 渠:他。第三人称代词。 ⑨ 晏:迟,晚。 ⑩ 姑:此处指婆母。 ⑪ 洎:到、至。 ⑫ 渊薮:人或事物聚集的地方。 ⑬ 骤几:突然接近。 ⑭ 如鼎之镇:此句意为宁心静气,内心踏实安稳,如鼎镇住一般。 ⑮ 徇外:顺从于身外的客观环境。 ⑯ 亡:无。

导读

《曾国藩家书》涉及内容广泛,但其修身、劝学二篇对我们的启发应该是最大的。曾国藩的祖父自幼教育他们"人以懦弱无刚为大耻,故男儿自立,必须有倔强之气"。正是自幼的这种教育使得曾国藩一生奋发图强,无论为政、为学、治军都强调自强自立。

我们所选三篇,第一篇中曾国藩阐述了自立自强的人生准则,而这种自强绝不仅仅是一味刚强,而是要"刚柔相济"。

第二篇正是曾国藩一生为人处世所秉承的方式、方法。曾国藩终生以"拙诚"、"坚忍"行事,他说:"吾生平长进,全在受挫辱之时。务须咬牙励志,费其气而长其智,切不可徒然自馁也。"这种逆境之中咬牙励志、毫不气馁的"逆来顺受"精神正是我们当下所缺乏的。

第三篇是《曾国藩家书》中最为著名的一篇,文中不但叙述了自立的意义,还制定了自立课程,这一课程制定得详细可行,对今天的家庭教育仍有极强的指导意义。

思考与交流

1. 谈谈你对曾国藩的了解,以及你对湖南人性格的理解。
2. 你怎么理解文中的"逆来顺受",它与我们传统教育中的"刚正不阿"是否矛盾?
3. 曾国藩的自立课程,你能够做到几点?

(常海星)

少年中国说①

梁启超

日本人之称我中国也，一则曰老大帝国，再则曰老大帝国。是语也，盖袭译欧西人之言也②。呜呼！我中国其果老大矣乎？任公曰：恶③！是何言！是何言！吾心目中有一少年中国在。

欲言国之老少，请先言人之老少。老年人常思既往，少年人常思将来。惟思既往也，故生留恋心；惟思将来也，故生希望心；惟留恋也，故保守；惟希望也，故进取。惟保守也，故永旧；惟进取也，故日新。惟思既往也，事事皆其所已经者，故惟知照例；惟思将来也，事事皆其所未经者，故常敢破格。老年人常多忧虑，少年人常好行乐。惟多忧也，故灰心；惟行乐也，故盛气。惟灰心也，故怯懦；惟盛气也，故豪壮；惟怯懦也，故苟且；惟豪壮也，故冒险。惟苟且也，故能灭世界；惟冒险也，故能造世界。老年人常厌事，少年人常喜事。惟厌事也，故常觉一切事无可为者；惟好事也，故常觉一切事无不可为者。老年人如夕照，少年人如朝阳；老年人如瘠牛，少年人如乳虎；老年人如僧，少年人如侠；老年人如字典，少年人如戏文；老年人如鸦片烟，少年人如泼兰地酒；老年人如别行星之陨石，少年人如大洋海之珊瑚岛；老年人如埃及沙漠之金字塔④，少年人如西伯利亚之铁路；老年人如秋后之柳，少年人如春前之草；老年人如死海之潴为泽⑤，少年人如长江之初发源。此老年与少年性格不同之大略也。梁启超曰：人固有之，国亦宜然。

任公曰：伤哉，老大也！浔阳江头琵琶妇，当明月绕船，枫叶瑟瑟，衾寒于铁，似梦非梦之时，追想洛阳尘中春花秋月之佳趣⑥；西宫南内，白发宫娥，一灯如穗，三五对坐，谈开元、天宝间遗事，谱霓裳羽衣曲⑦；青门种瓜人⑧，左对孺人⑨，顾弄孺子⑩，忆侯门似海珠履杂遝之盛事⑪；拿破仑之流于厄蔑⑫，阿剌飞之幽于锡兰⑬，与三两监守吏或过访之好事者，道当年短刀匹马驰骋中原，席卷欧洲，血战海楼⑭，一声叱咤，万国震恐之丰功伟烈，初而拍案，继而抚髀⑮，终而揽镜⑯。呜呼！面皴齿尽⑰，白发盈把，颓然老矣。若是者，舍幽郁之外无心事，舍悲惨之外无天地，舍颓唐之外无日月，舍叹息之外无音声，舍待死之外无事业。美人豪杰且然，而况于寻常碌碌者耶？生平亲友，皆在墟墓，起居饮食，待命于人；今日且过，遑知他日，今年且过，遑恤明年⑱。普天下灰心短气之事，未有甚于老大者。于此人也，而欲望以擎云之手段⑲，回天之事功，挟山超海之意气⑳，能乎不能？

呜呼，我中国其果老大矣乎？立乎今日以指畴昔，唐虞三代㉑，若何之郅治；秦皇汉武，若何之雄杰；汉唐来之文学，若何之隆盛；康乾间之武功，若何之炬赫㉒。历史家所铺叙，词章家所讴歌，何一非我国民少年时代良辰美景、赏心乐事之陈迹哉！而今颓然老矣，昨日割五城，明日割十城，处处雀鼠尽，夜夜鸡犬惊。十八省之土地财产㉓，已为人怀中之肉；四百兆之父兄子弟㉔，已为人注籍之奴㉕。岂所谓"老大嫁作商人妇"者耶？呜呼，凭君莫话当年事，憔悴韶光不忍看㉖。楚囚相对㉗，岌岌顾影；人命危浅㉘，朝不虑夕。国为待死之国，一国之民为待死之民，万事付之奈何，一切凭人作弄，亦何足怪！

任公曰：我中国其果老大矣乎？是今日全地球之一大问题也。如其老大也，则是中国为过去之国，即地球上昔本有此国，而今渐渐灭㉙，他日之命运殆将尽也。如其非老大也，则是中国为未来之国，即地球上昔未现此国，而今渐发达，他日之前程且方长也。欲断今日之中国为老大耶？为少年耶？则不可不先明"国"字之意义。夫国也者，何物也？有土地，有人民，以居于其土地之人民，而治其所居之土地之事，自制法律而自守之；有主权，有服从，人人皆主权者，人人皆服从者。夫如是，斯谓之完全成立之国。地球上之有完全成立之国也，自百年以来也。完全成立者，壮年之事也；未能完全成立而渐进于完全成立者，少年之事也。故吾得一言以断之曰：欧洲列邦在今日为壮年国，而我中国在今日为少年国。

夫古昔之中国者，虽有国之名，而未成国之形也。或为家族之国，或为酋长之国，或为诸侯封建之国，或为一王专制之国。虽种类不一，要之其于国家之体质也，有其一部而缺其一部。正如婴儿自胚胎以迄成童，其身体之一二官支⑫，先行长成，此外则全体虽粗具，然未能得其用也。故唐虞以前为胚胎时代，殷商之际为乳哺时代，由孔子而来至于今为童子时代，逐渐发达，而今乃始将入成童以上少年之界焉。其长成所以若是之迟者，则历代之民贼有窒其生机者也。譬犹童年多病，转类老态，或且疑其死期之将至焉，而不知皆由未完全、未成立也，非过去之谓，而未来之谓也。

且我中国畴昔，岂尝有国家哉？不过有朝廷耳！我黄帝子孙，聚族而居，立于此地球之上者既数千年，而问其国之为何名，则无有也。夫所谓唐、虞、夏、商、周、秦、汉、魏、晋、宋、齐、梁、陈、隋、唐、宋、元、明、清者，则皆朝名耳。朝也者，一家之私产也；国也者，人民之公产也。朝有朝之老少，国有国之老少，朝与国既异物，则不能以朝之老少而指为国之老少明矣。文、武、成、康，周朝之少年时代也⑬；幽、厉、桓、赧，则其老年时代也⑭；高、文、景、武，汉朝之少年时代也⑮；元、平、桓、灵，则其老年时代也⑯。自馀历朝，莫不有之。凡此者，谓为一朝廷之老也则可，谓为一国之老也则不可。一朝廷之老且死，犹一人之老且死也，于吾所谓中国者何与焉？然则吾中国者，前此尚未出现于世界，而今乃始萌芽云尔。天地大矣，前途辽矣，美哉，我少年中国乎！

玛志尼者⑰，意大利三杰之魁也。以国事被罪，逃窜异邦，乃创立一会，名曰"少年意大利"。举国志士，云涌雾集以应之。卒乃光复旧物⑱，使意大利为欧洲之一雄邦。夫意大利者，欧洲第一之老大国也。自罗马亡后，土地隶于教皇，政权归于奥国⑲，殆所谓老而濒于死者矣，而得一玛志尼，且能举全国而少年之，况我中国之实为少年时代者耶？堂堂四百余州之国土，凛凛四百余兆之国民，岂遂无一玛志尼其人者！

龚自珍氏之集有诗一章，题曰《能令公少年行》⑳。吾尝爱读之，而有味乎其用意之所存。我国民而自谓其国之老大也，斯果老大矣；我国民而自知其国之少年也，斯乃少年矣。西谚有之曰："有三岁之翁，有百岁之童。"然则，国之老少，又无定形，而实随国民之心力以为消长者也。吾见乎玛志尼之能令国少年也，吾又见乎我国之官吏士民能令国老大也，吾为此惧！夫以如此壮丽浓郁、翩翩绝世之少年中国，而使欧西、日本人谓我为老大者何也？则以握国权者皆老朽之人也。非哦几十年八股㉑，非写几十年白折㉒，非当几十年差，非捱几十年俸，非递几十年手本㉓，非唱几十年诺㉔，非磕几十年头，非请几十年安，则必不能得一官，进一职。其内任卿贰以上㉕，外任监司以上者㉖，百人之中，其五官不备者，殆九十六七人也，非眼盲，则耳聋；非手颤，则足跛；否则半身不遂也。彼其一身饮食、步履、视听、言语，尚且不能自了，须三四人在左右扶之捉之，乃能度日，于此而乃欲责之以国事，是何异立无数木偶而使之治天下也！且彼辈者，自其少壮之时，既已不知亚细亚、欧罗巴为何处地方，汉祖、唐宗是那朝皇帝，犹嫌其顽钝腐败之未臻其极，又必搓磨之㉗，陶冶之；待其脑髓已涸，血管已塞，气息奄奄，与鬼为邻之时，然后将我二万里山河，四万万人命，一举而畀于其手㉘。呜呼！老大帝国，诚哉其老大也！而彼辈者，积其数十年之八股、白折、当差、捱俸、手本、唱诺、磕头、请安，千辛万苦，千苦万辛，乃始得此红顶花翎之服色㉙，中堂大人之名号㉚，乃出其全副精神，竭其毕生力量，以保持之。如彼乞儿，拾金一锭，虽轰雷盘旋其顶上，而两手犹紧抱其荷包，他事非所顾也，非所知也，非所闻也。于此而告之以亡国也，瓜分也，彼乌从而听之？乌从而信之㉛？即使果亡矣，果分矣，而吾今年既七十矣八十矣，但求其一两年内，洋人不来，强盗不起，我已快活了一世矣。若不得已，则割三头两省之土地奉申贺敬㉜，以换我几个衙门；卖三几百万之人民作仆为奴，以赎我一条老命，有何不可？有何难办？呜呼！今之所谓老后、老臣、老将、老吏者，其修身、齐家、治国、平天下之手段㉝，皆具于是矣。西风一夜催人老，凋尽朱颜白尽头。使走无常当医生㉞，携催命符以祝寿，嗟乎痛哉！以此为国，是安得不老且死，且吾恐其未及岁而殇也㉟。

任公曰:造成今日之老大中国者,则中国老朽之冤业也;制出将来之少年中国者,则中国少年之责任也。彼老朽者何足道,彼与此世界作别之日不远矣,而我少年乃新来而与世界为缘。如傲屋者然⑱,彼明日将迁居他方,而我今日始入此室处。将迁居者,不爱护其窗棂,不洁治其庭庑⑲,俗人恒情,亦何足怪。若我少年者,前程浩浩,后顾茫茫,中国而为牛、为马、为奴为隶,则烹脔鞭箠之惨酷⑳,惟我少年当之;中国如称霸宇内,主盟地球,则指挥顾盼之尊荣,惟我少年享之。于彼气息奄奄、与鬼为邻者何与焉?彼而漠然置之,犹可言也;我而漠然置之,不可言也。使举国之少年而果为少年也,则吾中国为未来之国,其进步未可量也;使举国之少年而亦为老大也,则吾中国为过去之国,其渐亡可翘足而待也㉑。故今日之责任,不在他人,而全在我少年。少年智则国智,少年富则国富,少年强则国强,少年独立则国独立,少年自由则国自由,少年进步则国进步,少年胜于欧洲,则国胜于欧洲,少年雄于地球,则国雄于地球。红日初升,其道大光;河出伏流,一泻汪洋;潜龙腾渊,鳞爪飞扬;乳虎啸谷,百兽震惶;鹰隼试翼㉒,风尘吸张;奇花初胎,矞矞皇皇㉓;干将发硎㉔,有作其芒;天戴其苍,地履其黄;纵有千古,横有八荒㉕;前途似海,来日方长。美哉我少年中国,与天不老!壮哉我中国少年,与国无疆!

"三十功名尘与土,八千里路云和月。莫等闲白了少年头,空悲切。"此岳武穆《满江红》词句也㉖。作者自六岁时即口受记忆,至今喜诵之不衰。自今以往,弃"哀时客"之名,更自名曰:"少年中国之少年。"

作者简介

梁启超(1873—1929),字卓如,号任公,别号饮冰室主人,广东新会县人,人称梁新会。中国近代思想家、政治家、教育家、史学家、文学家。举人出身,1895年赴京参加会试,跟随康有为发动"公车上书",次年在上海主编《时务报》,发表《变法通议》,编辑《西政丛书》。1897年主讲长沙时务学堂,积极鼓吹和推进维新运动,1898年入京,参加"百日维新",戊戌变法事败后出逃。曾倡导文体改良的"诗界革命"和"小说界革命",学术研究涉猎广泛,在哲学、文学、史学、经学、法学、宗教学等领域均有建树,代表性学术著作有《中国近三百年学术史》、《中国历史研究法》等,后合编为《饮冰室合集》。

注释

① 此文原载《清议报》第35册,为光绪二十六年(1900)梁启超旅居日本时所作。文章从驳斥日本和西方列强污蔑中国为"老大帝国"入手,说明中国是一个正在成长的少年中国。本文所说的"国",是理想的资产阶级共和国。 ② 袭译:因袭翻译。欧西:指欧美西方世界。 ③ 恶(wù):感叹词,含有否定的意思。 ④ 金字塔:古代埃及历代帝王墓,方椎形,状如"金"字,故译名"金字塔"。金字塔与下句"西伯利亚之铁路"对举,取其古雅而无实用意。 ⑤ 死海:西亚著名咸水湖名,在约旦与巴勒斯坦之间。因水中含盐量高,鱼类不生,故名。潴(zhū):聚积的水流。 ⑥ "浔阳江头"六句:借用唐代诗人白居易《琵琶行》诗所写的故事,指年色衰的歌女在嫁做商人妇之后,追忆往事,顿生飘零之感。浔阳:在今九江。衾:被褥。洛阳:指长安。 ⑦ "西宫南内"六句:借用白居易《长恨歌》和元稹《行宫》的诗意,指白发宫女只能在回忆往事中消磨时间。霓裳羽衣曲,唐代宫廷舞曲名。 ⑧ 青门种瓜人:指秦末邵平的故事。邵平在秦末曾为东陵侯。秦亡后,在长安东门外种瓜为生。青门,长安东门。 ⑨ 孺人:古代大夫之妻称孺人。 ⑩ 孺子:儿童,指子女。 ⑪ 珠履:用珍珠装饰的鞋子。杂遝(tà):杂乱。 ⑫ 厄蔑:今译厄尔巴岛,位于地中海的科西嘉岛与亚平宁半岛之间。拿破仑于1814年被放逐到这里。 ⑬ 阿刺飞:指埃及民族解放运动领袖阿拉比。在抗击英军时被俘,并囚禁于锡兰。锡兰:今斯里兰卡。 ⑭ 海楼:今开罗,埃及首都。阿拉比曾在此抗击英军。 ⑮ 抚髀(bì):抚股。髀,大腿。 ⑯ 揽镜:对着镜子照看面容。 ⑰ 皴(cūn):皮肤因受冻或受风吹而干裂。

⑱遑恤：无暇忧虑。　⑲挈(ná)云：拿云。李贺《致酒行》诗："少年心事当挈云。"比喻志向远大，能上干云霄。　⑳挟山超海：形容意气豪迈。《孟子·梁惠王上》："挟泰山以超北海。"　㉑唐虞三代：指夏、商、周三代。　㉒郅(zhì)治：治理得强盛太平。郅：极，大。　㉓烜(xuǎn)赫：盛大，显著。　㉔十八省：清初全国共分十八个省。光绪末年增至二十三省，但人们习惯上仍称十八省。　㉕四百兆：即四亿，一百万为一兆。　㉖注籍之奴：注入户籍的奴隶。这里指失去自由的人。　㉗老大嫁作商人妇：白居易《琵琶行》中的诗句。　㉘"凭君"二句：化用唐曹松诗句"凭君莫话封侯事"和南唐李颢词句"还与韶光共憔悴，不堪看"。大意是：请不要再提起过去的事情，美好的青春已经枯槁，不堪再看。　㉙楚囚相对：比喻遇到强敌，窘迫无计。楚囚：俘虏，亡国奴。《晋书·王导传》载，晋元帝时，国家动乱，中州人士纷纷避乱江左。"过江人士，每至暇日，相要出新亭饮宴。周颢中坐而叹曰：'风景不殊，举目有江河之异。'皆相视流涕。惟(王)导愀然变色曰：'当共戮力王室，克复神州，何至作楚囚相对泣邪？'"　㉚"人命危浅"二句：出自李密《陈情表》，原指祖母生命垂危，此处指国势危急。　㉛澌灭：消亡，消失。　㉜官支：五官、四肢。　㉝文、武、成、康：周朝初年的几代帝王。周文王奠定了灭商的基础；周武王灭商建立周朝；成王、康王把国家治理得非常强盛，史称"成康之治"。　㉞幽、厉、桓、赧(nǎn)：指周幽王、厉王、桓王、赧王。幽王宠褒姒，废申后，申侯联合犬戎攻周，幽王被杀，西周灭亡；周厉王暴虐，被流放于彘(今山西霍县)；周桓王时，东周王室衰落；周赧王死后不久，东周灭亡。　㉟高、文、景、武：指汉初四代皇帝。汉高祖灭秦、楚，建立汉王朝；文帝、景帝发展生产，国力强盛，史称"文景之治"；武帝开拓汉朝最大版图，功业辉煌。　㊱元、平、桓、灵：指汉元帝、平帝、桓帝、灵帝。汉元帝时，西汉已开始衰落；汉平帝死后不久，王莽篡国，西汉灭亡；东汉桓帝、灵帝执政期间，外戚、宦官专权，政治黑暗，为东汉灭亡种下了祸根。　㊲玛志尼(1805—1872)：意大利爱国者。罗马帝国灭亡后，意大利受奥地利帝国奴役，玛志尼创立"少年意大利党"，创办《少年意大利报》，发动和组织资产阶级革命，完成意大利的独立统一事业。他与同时期的加里波的、喀富尔并称"意大利三杰"。　㊳旧物：指国家原有的基业。　㊴"自罗马亡后"一句：指罗马帝国曾跨欧亚两洲，后分裂为二。西罗马亡于476年，东罗马亡于1453年。"土地隶于教皇，政权归于奥国"，是指1815年后，意大利分为几个邦国，其中罗马教皇国势力甚大，都受奥地利的控制。　㊵《能令公少年行》：龚自珍诗，收入《龚定庵全集》，诗歌大意是说一个人若不追求名利，放宽胸怀，就能长葆青春。这里取其长葆青春意。　㊶哦：吟。　㊷白折：清代官吏的考卷。按清制，凡翰林出身的低品级官吏，每十年左右奉旨考试，殿试用大卷，朝考用白折，即用工整的楷书写在白纸制的折子上。　㊸手本：明清官场中下级晋见上级或门生拜访座师时用的名帖。　㊹诺：作"喏"。唱诺：旧时男子向人行揖礼时的唱诵词。　㊺卿贰：卿之贰，旧时六部尚书为卿，侍郎为卿之贰。　㊻监司：清代督察府州县的高级官员。　㊼搓磨：磋磨，切磋琢磨。原是精益求精意，这里指磨去棱角、锋芒。　㊽畀(bì)：给予。　㊾红顶花翎：清代大官的帽饰。帽顶上顶珠的颜色、质料，标志着官阶的品级，一品官用红宝石顶珠。花翎：用孔雀翎做的帽饰，以翎眼多者为贵，五品以上用花翎，六品以下用蓝翎。　㊿中堂：明清时对大学士的称呼。明代大学士实际掌握宰相的权力，在内阁办公，中书居东、西两房，大学士居中，故称"中堂"。清代大学士和协办大学士均用此称。　51乌：何，哪里。　52三头两省：闽奥方言，三两个省。　53修身、齐家、治国、平天下：出自《礼记·大学》，为儒家教义。　54走无常：迷信说法，阴司司活人为鬼役，摄取后死者的魂。充当这种鬼差者，称走无常。　55殇：未成年而死。　56僦(jiù)屋：租赁房屋。　57庑(wǔ)：堂下周围的走廊、廊屋。　58烹脔(luán)鞭棰：古时的酷刑。脔：切成小块的肉，这里用作动词，宰割之意。棰：棍杖，用作动词，捶打之意。　59澌亡：河水解冻。翘足：举足，比喻容易且快速。　60鹰隼(sǔn)：指鹰类猛禽。　61矞(yù)矞皇皇：美而盛的样子，指万物生机勃勃。　62干将：古代人名，善铸剑，后泛指宝剑。发硎(xíng)：刀刃新磨。硎，磨刀石。　63有作其芒：形容宝剑剑光芒四射。　64"天戴"二句：指少年中国如苍天之大，如地之广阔。　65八荒：八方荒远之地。　66岳武穆：指岳飞，死后谥号武穆。

 导读

　　本文具有强烈的批判性。梁启超针对日本等帝国主义污蔑中国是"老大帝国"的言论迎头痛击，并以主要篇幅对中国这个"老大帝国"进行逐层解剖。文章紧扣一个"老"字，着力揭示当时手握"国权"的"老朽之人"的卑微人格、空虚灵魂和自私心理。并认为,一个国家的"老"、"少",主要表现在灵魂、精神的"老"、"少",而国家精神的"老"、"少",又主要取决于"握国权者"如何。梁启超以"老"为中心,对清帝国作了深刻的批判,抓住了封建体制的顽疾。另外他也提出了"少年富则国富,少年强则国强,少年独立则国独立"的观点,指出只有靠青少年的发奋努力才能改造社会。

文章形象丰富,大大扩展了传统散文的意象。既善用人们熟知的形象,又引入了很多新形象,诸如"死海"、"金字塔"、"拿破仑"、"阿刺飞"等等事物,这就把读者的目光引向了外界。而这众多的形象中又有主有次,突出了中心形象"握国权"的"老朽之人",给人纷而不乱之感。

在语言上,本文体现了"新文体"的特点。其一表现为"笔锋常带情感"的写法;其二表现为语言平易畅达,并杂以俚语、韵语及外国语法的特点。与此同时梁启超还运用了大量的排比、比喻、对比、对偶等手法,使文章气势恢宏地展示了一幅少年中国的壮丽前景,反映了他渴望祖国繁荣昌盛的爱国思想和积极乐观的民族自信心。

思考与交流

1. 说说你心中"少年中国"的景象。
2. 《少年中国说》对今天青年的成长有什么激励作用?

(郑　颖)

希望①

鲁迅

我的心分外地寂寞。

然而我的心很平安:没有爱憎,没有哀乐,也没有颜色和声音。

我大概老了。我的头发已经苍白,不是很明白的事么? 我的手颤抖着,不是很明白的事么? 那么,我的魂灵的手一定也颤抖着,头发也一定苍白了。

然而这是许多年前的事了。

这以前,我的心也曾充满过血腥的歌声:血和铁,火焰和毒,恢复和报仇。忽而这些都空虚了,但有时故意地填以没奈何的自欺的希望。希望,希望,用这希望的盾,抗拒那空虚中的暗夜的袭来,虽然盾后面也依然是空虚中的暗夜。

然而就是如此,陆续地耗尽了我的青春。我早先岂不知我的青春已经逝去了? 但以为身外的青春固在:星,月光,僵坠的蝴蝶,暗中的花,猫头鹰的不祥之言,杜鹃的啼血,笑的渺茫,爱的翔舞……。虽然是悲凉飘渺的青春罢,然而究竟是青春。

然而现在何以如此寂寞? 难道连身外的青春也都逝去,世上的青年也多衰老了么?

我只得由我来肉薄这空虚中的暗夜了。我放下了希望之盾,我听到 PetǒfiSándor(1823—49)②的"希望"之歌:

希望是什么? 是娼妓:

她对谁都蛊惑,将一切都献给;

待你牺牲了极多的宝贝——

你的青春——她就弃掉你。

这伟大的抒情诗人,匈牙利的爱国者,为了祖国而死在可萨克③兵的矛尖上,已经七十五年了,悲哉死也,然而更可悲的是他的诗至今没有死。

但是,可惨的人生!桀骜英勇如 Petǒfi,也终于对了暗夜止步,回顾着茫茫的东方了。他说:

绝望之为虚妄,正与希望相同④。

倘使我还得偷生在不明不暗的这"虚妄"中,我就还要寻求那逝去的悲凉飘渺的青春,但不妨在我的身外。因为身外的青春倘一消灭,我身中的迟暮也即凋零了。

然而现在没有星和月光,没有僵坠的蝴蝶以至笑的渺茫,爱的翔舞。然而青年们很平安。

我只得由我来肉薄这空虚中的暗夜了,纵使寻不到身外的青春,也总得自己来一掷我身中的迟暮。但暗夜又在那里呢?现在没有星,没有月光以至笑的渺茫和爱的翔舞;青年们很平安,而我的面前又竟至于并且没有真的暗夜。

绝望之为虚妄,正与希望相同!

一九二五年一月一日

作者简介

鲁迅(1881—1936),浙江绍兴人,原名周树人,字豫才,著名文学家、思想家、革命家,中国文化革命的主将,中国现代文学的开拓者和奠基人。代表作品有《呐喊》、《彷徨》、《故事新编》、《朝花夕拾》、《野草》、《华盖集》等。一生写作 600 余万字,饮誉全球。

注释

① 本篇最初发表于 1925 年 1 月 19 日《语丝》周刊第十期。　② PetǒfiSándor:裴多菲·山陀尔(1823—1849),匈牙利诗人、革命家。1849 年 7 月 31 日,在瑟克什堡大血战中同沙俄军队作战时牺牲。主要作品有《勇敢的约翰》、《民族之歌》等,《希望》一诗,作于 1845 年。　③ 可萨克:即哥萨克,原为突厥语,意思是"自由的人"或"勇敢的人",东欧大草原的游牧社群,在历史上以骁勇善战和精湛的骑术著称,沙皇时代多入伍当兵。　④ 绝望之为虚妄,正与希望相同:出自裴多菲 1874 年 7 月 17 日写给友人凯雷尼·弗里杰什的信:"这个月的十三号,我从拜雷格萨斯起程,乘着那样恶劣的驽马,那是我整个旅程中从未碰见过的,……我内心充满了绝望,……但是,我的朋友,绝望是那样地骗人,正如同希望一样。这些瘦弱的马驹用这样快的速度带我飞驰到萨特马尔来,甚至连那些靠燕麦和干草饲养的贵族老爷派头的马也要为之赞赏。我对你们说过,不要只凭外表作判断,要是那样,你就不会获得真理。"

导读

鲁迅先生在《〈野草〉英文译本序》中说:"因为惊异于青年之消沉,作《希望》。"可见,先生意在以此文鼓舞青年一辈,使之勿要绝望。文章的前半部分,作者借用裴多菲的《希望》一诗,表达了希望之虚妄。接下来,作者又借用裴多菲的语句"绝望之为虚妄,正与希望相同",表达了绝望同样不真实,与其绝望不如心怀希望的积极思想,"希望,希望,用这希望的盾,抗拒那空虚中的暗夜的袭来,虽然盾后面也依然是空虚中的暗夜"。通过此文,作者深刻地阐释了"绝望"、"虚妄"及"希望"三者之间的关系,其思想给今人以极大的启迪。

思考与交流

1. 结合大学生活,谈谈《希望》的现实意义。

2. 鲁迅在《故乡》中说:"希望本是无所谓有,无所谓无的。这正如地上的路;其实地上本没有路,走的人多了,也便成了路。"联系本文,谈谈你对这句话的理解。

(刘崇华)

赠与今年的大学毕业生①

胡适

这一两个星期里,各地的大学都有毕业的班次,都有很多的毕业生离开学校去开始他们的成人事业。学生的生活是一种享有特殊优待的生活,不妨幼稚一点,不妨吵吵闹闹,社会都能纵容他们,不肯严格的要他们负行为的责任。现在他们要撑起自己的肩膀来挑他们自己的担子了。在这个国难最紧急的年头,他们的担子真不轻!我们祝他们的成功,同时也不忍不依据我们自己的经验,赠与他们几句送行的赠言,——虽未必是救命毫毛,也许作个防身的锦囊罢!

你们毕业之后,可走的路不出这几条:绝少数的人还可在国内或国外的研究院继续作学术研究;少数的人可以寻着相当的职业;此外还有做官、办党、革命三条路;此外就是在家享福或者失业闲居。第一条继续求学之路,我们可以不讨论。走其余几条路的人,都不能没有堕落的危险。堕落的方式很多,总括起来,约有这两大类:

第一是容易抛弃学生时代的求知识的欲望。你们到了实际社会里,往往所用非所学,往往所学全无用处,往往可以完全用不着学问,而一样可以胡乱混饭吃,混官做。在这种环境里,即使向来抱有求知识学问的决心的人,也不免心灰意懒,把求知的欲望渐渐冷淡下去。况且学问是要有相当的设备的;书籍,试验室,师友的切磋指导,闲暇的工夫,都不是一个平常要糊口养家的人所能容易办到的。没有做学问的环境,又谁能怪我们抛弃学问呢?

第二是容易抛弃学生时代的理想的人生的追求。少年人初次与冷酷的社会接触,容易感觉理想与事实相去太远,容易发生悲观和失望。多年怀抱的人生理想,改造的热诚,奋斗的勇气,到此时候,好像全不是那么一回事,渺小的个人在那强烈的社会炉火里,往往经不起长时期的烤炼就熔化了,一点高尚的理想不久就幻灭了。抱着改造社会的梦想而来,往往是弃甲曳兵而走,或者做了恶势力的俘虏。你在那俘虏牢狱里,回想那少年气壮时代的种种理想主义,好像都成了自误误人的迷梦!从此以后,你就甘心放弃理想人生的追求,甘心做现成社会的顺民了。

要防御这两方面的堕落,一面要保持我们求知识的欲望,一面要保持我们对于理想人生的追求。有什么好法子呢?依我个人的观察和经验,有三种防身的药方是值得一试的。

第一个方子只有一句话:"总得时时寻一两个值得研究的问题!"问题是知识学问的老祖宗;古往今来一切知识的产生与积聚,都是因为要解答问题,——要解答实用上的困难或理论上的疑难。所谓"为知识而求知识",其实也只是一种好奇心追求某种问题的解答,不过因为那种问题的性质不必是直接应用的,人们就觉得这是"无所为"的求知识了。我们出学校之后,离开了做学问的环境,如果没有一个两个值得解答的疑难问题在脑子里盘旋,就很难继续保持追求学问的热心。可是,如果你有了一个真有趣的问题天天逗你去想他,天天引诱你去解决他,天天对你挑衅,笑你无可奈何他,——这时候,你就会同恋爱一个女子发了疯一样,坐也坐不下,睡也睡不安,没工夫也得偷出工夫去陪她,没钱也得撙衣节食去巴结她。没有书,你自会变卖家私去买书;没有仪器，你自会典押衣服去置办仪器；没有师友，你自会不远千里去寻师访友。你只要能时时有疑难问题来逼你用脑子，你自然会保持发展你对学问的兴趣，即使在最贫乏的知识环境中，你也会慢慢的聚起一个小图书馆来，或者设置起一所小试验室来。所以我说：第一要寻问题。脑子里没有问题之日，就是你的知识生活寿终正寝之时！古人说："待文王而兴者，凡民也。若夫豪杰之士，虽无文王犹兴"②。试想葛理略（Galileo）和牛敦（Newton）③有多少藏书？有多少仪器？他们不过是有问题而已。有了问题而后，他们自会造出仪器来解答他们的问题。没有问题的人们，关在图书馆里也不会用书，锁在试验室里也不会有什么发现。

第二个方子也只有一句话："总得多发展一点非职业的兴趣。"

离开学校之后，大家总得寻个吃饭的职业。可是你寻得的职业未必就是你所学的，或者未必是你所心喜的，或者是你所学而实在和你的性情不相近的。在这种状况之下，工作就往往成了苦工，就不感兴趣了。为糊口而作那种非"性之所近而力之所能勉"的工作，就很难保持求知的兴趣和生活的理想主义。最好的救济方法只有多多发展职业以外的正当兴趣与活动。一个人应该有他的职业，又应该有他的非职业的玩艺儿，可以叫做业余活动。凡一个人用他的闲暇来做的事业，都是他的业余活动。往往他的业余活动比他的职业还更重要，因为一个人的前程往往全靠他怎样用他的闲暇时间。他用他的闲暇来打麻将，他就成了赌徒；你用你的闲暇来做社会服务，你也许成个社会改革者；或者你用你的闲暇去研究历史，你也许成个史学家。你的闲暇往往定你的终身。英国十九世纪的两个哲人，弥儿（J. S. Mill）④终身做东印度公司的秘书，然而他的业余工作使他在哲学上、经济学上、政治思想史上都占一个很高的位置；斯宾塞（Spencer）⑤是一个测量工程师，然而他的业余工作使他成为前世纪晚期世界思想界的一个重镇。古来成大学问的人，几乎没有一个不是善用他的闲暇时间的。特别在这个组织不健全的中国社会，职业不容易适合我们性情，我们要想生活不苦痛或不堕落，只有多方发展业余的兴趣，使我们的精神有所寄托，使我们的剩余精力有所施展。有了这种心爱的玩艺儿，你就做六个钟头的抹桌子工夫也不会感觉烦闷了，因为你知道，抹了六点钟的桌子之后，你可以回家去做你的化学研究，或画完你的大幅山水，或写你的小说戏曲，或继续你的历史考据，或做你的社会改革事业。你有了这种称心如意的活动，生活就不枯寂了，精神也就不会烦闷了。

第三个方子也只有一句话："你总得有一点信心。"我们生当这个不幸的时代，眼中所见，耳中所闻，无非是叫我们悲观失望的。特别是在这个年头毕业的你们，眼见自己的国家民族沉沦到这步田地，眼看世界只是强权的世界，望极天边好像看不见一线的光明，——在这个年头不发狂自杀，已算是万幸了，怎么还能够希望保持一点内心的镇定和理想的信任呢？我要对你们说：这时候正是我们要培养我们的信心的时候！只要我们有信心，我们还有救。古人说："信心（Faith）可以移山。"又说："只要工夫深，生铁磨成绣花针。"你不信吗？当拿破仑的军队征服普鲁士占据柏林的时候，有一位穷教授叫做菲希特（Fichte）⑥的，天天在讲堂上劝他的国人要有信心，要信仰他们的民族是有世界的特殊使命的，是必定要复兴的。菲希特死的时候（1814），谁也不能预料德意志统一帝国何时可以实现。然而不满五十年，新的统一的德意志帝国居然实现了。

一个国家的强弱盛衰，都不是偶然的，都不能逃出因果的铁律。我们今日所受的苦痛和耻辱，都只是过去种种恶因种下的恶果。我们要收将来的善果，必须努力种现在的新因。一粒一粒的种，必有满仓满屋的收成，这是我们今日应该有的信心。

我们要深信：今日的失败，都由于过去的不努力。

我们要深信：今日的努力，必定有将来的大收成。

佛典里有一句话："福不唐捐。"⑦唐捐就是白白地丢了。我们也应该说："功不唐捐"！没有一点努力是会白白地丢了的。在我们看不见想不到的时候，在我们看不见想不到的方向，你瞧！你下的种子早已生根发叶开花结果了！

你不信吗？法国被普鲁士打败之后，割了两省地，赔了五十万万法郎的赔款。这时候有一位刻苦的科学家巴斯德(Pasteur)⑧终日埋头在他的试验室里做他的化学试验和微菌学研究。他是一个最爱国的人，然而他深信只有科学可以救国。他用一生的精力证明了三个科学问题：(1)每一种发酵作用都是由于一种微菌的发展；(2)每一种传染病都是由于一种微菌在生物体中的发展；(3)传染病的微菌，在特殊的培养之下，可以减轻毒力，使它从病菌变成防病的药苗。——这三个问题，在表面上似乎都和救国大事业没有多大的关系。然而从第一个问题的证明，巴斯德定出做醋酿酒的新法，使全国的酒醋业每年减除极大的损失。从第二个问题的证明，巴斯德教全国的蚕丝业怎样选种防病，教全国的畜牧农家怎样防止牛羊瘟疫，又教全世界的医学界怎样注重消毒以减少外科手术的死亡率。从第三个问题的证明，巴斯德发明了牲畜的脾热瘟的疗治药苗，每年替法国农家减除了二千万法郎的大损失；又发明了疯狗咬毒的治疗法，救济了无数的生命。所以英国的科学家赫胥黎(Huxley)⑨在皇家学会里称颂巴斯德的功绩道："法国给了德国五十万万法郎的赔款，巴斯德先生一个人研究科学的成绩足够还清这一笔赔款了。"

巴斯德对于科学有绝大的信心，所以他在国家蒙奇辱大难的时候，终不肯抛弃他的显微镜与试验室。他绝没想到他的显微镜底下能偿还五十万万法郎的赔款，然而在他看不见想不到的时候，他已收获了科学救国的奇迹了。

朋友们，在你最悲观最失望的时候，那正是你必须鼓起坚强的信心的时候。你要深信：天下没有白费的努力。成功不必在我，而功力必不唐捐。

作者简介

胡适(1891—1962)，原名嗣穈，学名洪骍，字希疆，后改名胡适，字适之，安徽绩溪人。新文化运动的主将之一，现代著名学者、作家，在文学、哲学、史学、考据学、教育学、伦理学等诸多研究领域均有突出成就。主要著作有《中国哲学史大纲(上)》、《尝试集》、《胡适文存》、《白话文学史》和《胡适论学近著》等。

注释

① 本文是一篇演说稿。1932 年 6 月底，时任北大文学院院长的胡适教授作了题为《赠与今年的大学毕业生》的演说，演说稿初载于 1932 年 7 月 3 日《独立评论》第 7 号，后收入《胡适文存》(第四集第四卷)。　② 待文王而兴者……虽无文王犹兴一句：出自《孟子》，意为：一定要等待有周文王那样的人出现才奋发的人，是平庸之人，至于豪杰之士，即使没有周文王那样的人出现，自己也能奋发有为。　③ 葛理略(Galileo)和牛敦(Newton)：即伽利略和牛顿。　④ 弥儿(J. S. Mill)：指约翰·穆勒(1806—1873)，或译密尔，也译作约翰·斯图亚特·穆勒，英国著名心理学家、哲学家和经济学家，19 世纪影响力很大的古典自由主义思想家。约翰·穆勒 1823 年到 1858 年在不列颠东印度公司工作。　⑤ 斯宾塞(Spencer)：赫伯特·斯宾塞(1820—1903 年)，英国著名哲学家，被誉为"社会达尔文主义之父"。　⑥ 菲希特(Fichte)：约翰·戈特利布·费希特(1762—1814)，德国哲学家、爱国主义者。　⑦ 福不唐捐：原文出自《法华经·观世音菩萨普门品》，指对如来、诸菩萨的善念信力不会是徒劳的，自会福果相应。唐：徒然，空；捐：舍弃。"福不唐捐"，后人逐渐写成了"功不唐捐"。　⑧ 巴斯德(Pasteur)：路易斯·巴斯德(1822—1895)，法国微生物学家、化学家。他的研究奠定了工业微生物学和医学微生物学的基础，并开创了微生物生理学。美国学者麦克·哈特所著的《影响人类历史进程的 100 名人排行榜》中，巴斯德名列第 11 位。　⑨ 赫胥黎(Huxley)：托马斯·赫胥黎(1825—1895)，英国著名博物学家，达尔文进化论最杰出的代表。

胡适认为"在这个困难最紧急的年头",大学毕业生肩头的担子不轻,故"不忍不依据我们自己的经验,赠与他们几句送行的赠言","虽未必是救命毫毛,也许作个防身的锦囊罢"。文中,胡适先生理性地分析了大学生的出路问题,并认为毕业之后的大学生很容易"堕落",会冷淡了求知的欲望,泯灭了对理想的追求。针对这一问题,胡适先生开出三个药方(后人统称为"问题汤"、"兴趣散"和"信心丸"),并教育和鼓励大学生们要坚信,福不唐捐、功不唐捐,有付出定会有回报。

思考与交流

1. 如何理解"福不唐捐、功不唐捐"?
2. 你认为胡适先生的三个方子在今天还有"疗效"吗?
3. 胡适是著名的演说家,你认为此文作为演说词有何特点?

(刘崇华)

人生的境界

冯友兰

哲学的任务是什么?我曾提出,按照中国哲学的传统,它的任务不是增加关于实际的积极的知识,而是提高人的精神境界。在这里更清楚地解释一下这话的意思,似乎是必要的。

我在《新原人》一书中曾说,人与其他动物的不同,在于人做某事时,他了解自己在做什么,并且自觉地在做。正是这种觉解,使他正在做的事对于他有了意义。他做各种事,有各种意义,各种意义合成一个整体,就构成他的人生境界。如此构成各人的人生境界,这是我的说法。不同的人可能做相同的事,但是各人的觉解程度不同,所做的事对于他们也就各有不同的意义。每个人各有自己的人生境界,与其他任何个人的都不完全相同。若是不管那些个人的差异,我们可以把各种不同的人生境界划分为四个等级。从最低的说起,它们是:自然境界、功利境界、道德境界、天地境界。

一个人做事,可能只是顺着他的本能或其社会的风俗习惯。就像小孩和原始人那样,他做他所做的事,然而并无觉解,或不甚觉解。这样,他所做的事,对于他就没有意义,或很少意义。他的人生境界,就是我所说的自然境界。

一个人可能意识到他自己,为自己而做各种事。这并不意味着他必然是不道德的人。他所做的事,其后果可以有利于他人,其动机则是利己的。所以他所做的各种事,对于他,有功利的意义。他的人生境界,就是我所说的功利境界。

还有的人,可能了解到社会的存在,他是社会的一员。这个社会是一个整体,他是这个整体的一部分。有这种觉解,他就为社会的利益做各种事,或如儒家所说,他做事是为了"正其义不谋其利"。他真正是有道德的人,他所做的都是符合严格的道德意义的道德行为。他所做的各种事都有道德的意义。所以他的人生境界,是我所说的道德境界。

最后,一个人可能了解到超乎社会整体之上,还有一个更大的整体,即宇宙。他不仅是社会的一员,同时还是宇宙的一员。他是社会组织的公民,同时还是孟子所说的"天民"①。有这种觉解,他就为宇宙的利益而做各种事。他了解他所做的事的意义,自觉在做他所做的事。这种觉解为他构成了最高的人生境界,就是我所说的天地境界。

这四种人生境界之中,自然境界、功利境界的人,是人现在就是的人;道德境界、天地境界的人,是人应该成为的人。前两者是自然的产物,后两者是精神的创造。自然境界最低,往上是功利境界,再往上是道德境界,最高是天地境界。它们之所以如此,是由于自然境界,几乎不需要觉解;功利境界、道德境界,需要较多的觉解;天地境界则需要最多的觉解。道德境界有道德价值,天地境界有超道德价值。

照中国哲学的传统,哲学的任务是帮助人达到道德境界和天地境界,特别是达到天地境界。天地境界又可以叫做哲学境界,因为只有通过哲学,获得对宇宙的某些了解,才能达到天地境界。但是道德境界,也是哲学的产物。道德行为,并不单纯是遵循道德律的行为;有道德的人也不单纯是养成某些道德习惯的人。他行动和生活,都必须觉解其中的道德原理,哲学的任务正是给予他这种觉解。

生活于道德境界的人是贤人,生活于天地境界的人是圣人。哲学教人以怎样成为圣人的方法。成为圣人就是达到人作为人的最高成就。这是哲学的崇高任务。

在《理想国》中,柏拉图②说,哲学家必须从感觉世界的"洞穴"上升到理智世界。哲学家到了理智世界,也就是到了天地境界。可是天地境界的人,其最高成就,是自己与宇宙同一,而在这个同一中,他也就超越了理智。

中国哲学总是倾向于强调,为了成为圣人,并不需要做不同于平常的事。他不可能表演奇迹,也不需要表演奇迹。他做的都只是平常人所做的事,但是由于有高度的觉解,他所做的事对于他就有不同的意义。换句话说,他是在觉悟状态做自己所做的事,别人是在无明状态做他们所做的事。禅宗有人说,"觉"字乃万妙之源。由觉产生的意义,构成了他的最高的人生境界。

所以中国的圣人是既入世而又出世的,中国的哲学也是既入世而又出世的。随着未来的科学进步,我相信,宗教及其教条和迷信,必将让位于科学;可是人的对于超越人世的渴望,必将由未来的哲学来满足。未来的哲学很可能是既入世而又出世的。在这方面,中国哲学可能有所贡献。

作者简介

冯友兰(1895—1990),字芝生,享有国际声誉的哲学家、哲学史家。冯友兰的哲学著作为中国哲学史的学科建设作出了重大贡献,影响深远,被誉为"现代新儒家"。代表作有《中国哲学史》、《新理学》、《新事论》、《新原人》、《新原道》、《新知言》、《中国哲学史新编》等。

注释

① 天民:明天理,适天性的贤者。　② 柏拉图:(前427—前347),古希腊伟大的哲学家,也是全部西方哲学乃至整个西方文化最伟大的哲学家和思想家之一,他和苏格拉底、亚里士多德并称为古希腊三大哲学家。著作有《理想国》、《法律篇》等。

导读

在本文中,冯友兰认为,人的境界有四种,依照人在行为时的觉解程度不同,从低到高依次划分为自然境界、功利境界、道德境界和天地境界,"前两者是自然的产物,后两者是精神的创造"。哲学的任务就在于使人觉解,提高人的精神境界,帮助人达到道德境界、天地境界,成为贤人、圣人,从这个意义上说,"中国的圣人是既入世而又出世的,中国的哲学也是既入世而又出世的",并且预估"未来的哲学很可能是既入世而又出世的。在这方面,中国哲学可能有所贡献"。

思考与交流

1. 你认为文中的"觉解"是什么意思?
2. 如何理解"将欲取之,必固与之"的人生境界?

(刘崇华)

"慢慢走,欣赏啊!"
——人生的艺术化①

朱光潜

一直到现在,我们都是讨论艺术的创造与欣赏。在收尾这一节中,我提议约略说明艺术和人生的关系。我在开章明义时就着重美感态度和实用态度的分别,以及艺术和实际人生之中所应有的距离,如果话说到这里为止,你也许误解我把艺术和人生看成漠不相关的两件事。我的意思并不如此。

人生是多方面而却相互和谐的整体,把它分析开来看,我们说某部分是实用的活动,某部分是科学的活动,某部分是美感的活动,为正名析理起见,原应有此分别;但是我们不要忘记,完满的人生见于这三种活动的平均发展,它们虽是可分别的而却不是互相冲突的。"实际人生"比整个人生的意义较为窄狭。一般人的错误在把它们认为相等,以为艺术对于"实际人生"既是隔着一层,它在整个人生中也就没有什么价值。有些人为维护艺术的地位,又想把它硬纳到"实际人生"的小范围里去。这般人不但是误解艺术,而且也没有认识人生。我们把实际生活看作整个人生之中的一片段,所以在肯定艺术与实际人生的距离时,并非肯定艺术与整个人生的隔阂。严格地说,离开人生便无所谓艺术,因为艺术是情趣的表现,而情趣的根源就在人生;反之,离开艺术也便无所谓人生,因为凡是创造和欣赏都是艺术的活动,无创造、无欣赏的人生是一个自相矛盾的名词。

人生本来就是一种较广义的艺术。每个人的生命史就是他自己的作品。这种作品可以是艺术的,也可以不是艺术的,正犹如同是一种顽石,这个人能把它雕成一座伟大的雕像,而另一个人却不能使它"成器",分别全在性分与修养。知道生活的人就是艺术家,他的生活就是艺术作品。过一世生活好比做一篇文章。完美的生活都有上品文章所应有的美点。

第一,一篇好文章一定是一个完整的有机体,其中全体与部分都息息相关,不能稍有移动或增减。一字一句之中都可以见出全篇精神的贯注。比如陶渊明的《饮酒》诗本来是"采菊东篱下,悠然见南山",后人把"见"字误印为"望"字,原文的自然与物相遇相得的神情便完全丧失。这种艺术的完整性在生活中叫做"人格"。凡是完美的生活都是人格的表现。大而进退取与,小而声音笑貌,都没有一件和全人格相冲突。不肯为五斗米折腰向乡里小儿,是陶渊明的生命史中所应有的一段文章,如果他错过这一个小节,便失其为陶渊明。下狱不肯脱逃,临刑时还叮咛嘱咐还邻人一只鸡的债,是苏格拉底的生命史中所应有的一段文章,否则他便失其为苏格拉底。这种生命史才可以使人把它当作一幅图画去惊赞,它就是一种艺术的杰作。

其次,"修辞立其诚"是文章的要诀,一首诗或是一篇美文一定是至性深情的流露,存于中然后形于外,不容有丝毫假借。情趣本来是物我交感共鸣的结果。景物变动不居,情趣亦自生生不息。我有我的个性,物也有物的个性,这种个性又随时地变迁而生长发展。每人在某一时会所见到的景物,和每种景物在某一时会所引起的情趣,都有它的特殊性,断不容与另一人在另一时会所见到的景物,和另一景物在另一时会所引起的情趣完全相同。毫厘之差,微妙所在。在这种生生不息的情趣中我们可以见出生命的造化。把这种生命流露于语言文字,就是好文章;把它流露于言行风采,就是美满的生命史。

文章忌俗滥,生活也忌俗滥。俗滥就是自己没有本色而蹈袭别人的成规旧矩。西施患心病,常捧心蹙眉,这是自然的流露,所以愈增其美。东施没有心病,强学捧心蹙眉的姿态,只能引人嫌恶。在西施是创作,在东施便是滥调。滥调起于生命的干枯,也就是虚伪的表现。"虚伪的表现"就是"丑",克罗齐②已经说过。"风行水上,自然成纹",文章的妙处如此,生活的妙处也是如此。在什么地位,是怎样的人,感到怎样情趣,便现出怎样言行风采,叫人一见就觉其谐和完整,这才是艺术的生活。

俗语说得好:"惟大英雄能本色",所谓艺术的生活就是本色的生活。世间有两种人的生活最不艺术,一种是俗人,一种是伪君子。"俗人"根本就缺乏本色,"伪君子"则竭力遮盖本色。朱晦庵③有一首诗说:"半亩方塘一鉴开,天光云影共徘徊。问渠那得清如许?为有源头活水来。"艺术的生活就是有"源头活水"的生活。俗人迷于名利,与世浮沉,心里没有"天光云影",就因为没有源头活水。他们的大病是生命的干枯。"伪君子"则于这种"俗人"的资格之上,又加上"沐猴而冠"的伎俩。他们的特点不仅见于道德上的虚伪,一言一笑、一举一动,都叫人起不美之感。谁知道风流名士的架子之中掩藏了几多行尸走肉?无论是"俗人"或是"伪君子",他们都是生活中的"苟且者",都缺乏艺术家在创造时所应有的良心。象柏格森④所说的,他们都是"生命的机械化",只能作喜剧中的角色。生活落到喜剧里去的人大半都是不艺术的。

艺术的创造之中都必寓有欣赏,生活也是如此。一般人对于一种言行常欢喜说它"好看","不好看",这已有几分是拿艺术欣赏的标准去估量它。但是一般人大半不能彻底,不能拿一言一笑、一举一动纳在全部生命里去看,他们的"人格"观念太淡薄,所谓"好看"、"不好看"往往只是"敷衍面子"。善于生活者则彻底认真,不让一尘一芥妨碍整个生命的和谐。一般人常以为艺术家是一班最随便的人,其实在艺术范围之内,艺术家是最严肃不过的。在锻炼作品时常呕心呕肝,一笔一划也不肯苟且。王荆公作"春风又绿江南岸"一句诗时,原来"绿"字是"到"字,后来由"到"字改为"过"字,由"过"字改为"入"字,由"入"字改为"满"字,改了十几次之后才定为"绿"字。即此一端可以想见艺术家的严肃了。善于生活者对于生活也是这样认真。曾子⑤临死时记得床上的席子是季路的,一定叫门人把它换过才瞑目。吴季札⑥心里已经暗许赠剑给徐君,没有实行徐君就已死去,他很郑重地把剑挂在徐君墓旁树上,以见"中心契合死生不渝"的风谊。象这一类的言行看来虽似小节,而善于生活者却不肯轻易放过,正犹如诗人不肯轻易放过一字一句一样。小节如此,大节更不消说。董狐⑦宁愿断头不肯掩盖史实,夷齐⑧饿死不愿降周,这种风度是道德的也是艺术的。我们主张人生的艺术化,就是主张对于人生的严肃主义。

艺术家估定事物的价值,全以它能否纳入和谐的整体为标准,往往出于一般人意料之外。他能看重一般人所看轻的,也能看轻一般人所看重的。在看重一件事物时,他知道执著;在看轻一件事物时,他也知道摆脱。艺术的能事不仅见于知所取,尤其见于知所舍。苏东坡论文,谓如水行山谷中,行于其所不得不行,止于其所不得不止。这就是取舍恰到好处,艺术化的人生也是如此。善于生活者对于世间一切，也拿艺术的口胃去评判它，合于艺术口胃者毫毛可以变成泰山，不合于艺术口胃者泰山也可以变成毫毛。他不但能认真，而且能摆脱。在认真时见出他的严肃，在摆脱时见出他的豁达。孟敏①堕甑，不顾而去，郭林宗见到以为奇怪。他说："甑已碎，顾之何益？"哲学家斯宾诺莎②宁愿靠磨镜过活，不愿当大学教授，怕妨碍他的自由。王徽之③居山阴，有一天夜雪初霁，月色清朗，忽然想起他的朋友戴逵，便乘小舟到剡溪去访他，刚到门口便把船划回去。他说："乘兴而来，兴尽而返。"这几件事彼此相差很远，却都可以见出艺术家的豁达。伟大的人生和伟大的艺术都要同时并有严肃与豁达之胜。晋代清流大半只知道豁达而不知道严肃，宋朝理学又大半只知道严肃而不知道豁达。陶渊明和杜子美庶几算得恰到好处。

一篇生命史就是一种作品，从伦理的观点看，它有善恶的分别，从艺术的观点看，它有美丑的分别。善恶与美丑的关系究竟如何呢？

就狭义说，伦理的价值是实用的，美感的价值是超实用的，伦理的活动都是有所为而为，美感的活动则是无所为而为。比如仁义忠信等等都是善，问它们何以为善，我们不能不着眼到人群的幸福。美之所以为美，则全在美的形象本身，不在它对于人群的效用（这并不是说它对于人群没有效用）。假如世界上只有一个人，他就不能有道德的活动，因为有父子才有慈孝可言，有朋友才有信义可言。但是这个想象的孤零零的人还可以有艺术的活动，他还可以欣赏他所居的世界，他还可以创造作品。善有所赖而美无所赖，善的价值是"外在的"，美的价值是"内在的"。

不过这种分别究竟是狭义的。就广义说，善就是一种美，恶就是一种丑。因为伦理的活动也可以引起美感上的欣赏与嫌恶。希腊大哲学家柏拉图和亚理士多德讨论伦理问题时都以为善有等级，一般的善虽只有外在的价值，而"至高的善"则有内在的价值。这所谓"至高的善"究竟是什么呢？柏拉图和亚理士多德本来是一走理想主义的极端，一走经验主义的极端，但是对于这个问题，意见却一致。他们都以为"至高的善"在"无所为而为的玩索"（disinterested contemplation）。这种见解在西方哲学思潮上影响极大，斯宾诺莎、黑格尔、叔本华的学说都可以参证。从此可知西方哲人心目中的"至高的善"还是一种美，最高的伦理的活动还是一种艺术的活动了。

"无所为而为的玩索"何以看成"至高的善"呢？这个问题涉及西方哲人对于神的观念。从耶稣教盛行之后，神才是一个大慈大悲的道德家。在希腊哲人以及近代莱布尼兹、尼采、叔本华诸人的心目中，神却是一个大艺术家，他创造这个宇宙出来，全是为着自己要创造，要欣赏。其实这种见解也并不减低神的身分。耶稣教的神只是一班穷叫化子中的一个肯施舍的财主老，而一般哲人心中的神，则是以宇宙为乐曲而要在这种乐曲之中见出和谐的音乐家。这两种观念究竟是哪一个伟大呢？在西方哲人想，神只是一片精灵，他的活动绝对自由而不受限制，至于人则为肉体的需要所限制而不能绝对自由。人愈能脱肉体需求的限制而作自由活动，则离神亦愈近。"无所为而为的玩索"是唯一的自由活动，所以成为最上的理想。

这番话似乎有些玄渺，在这里本来不应说及。不过无论你相信不相信，有许多思想却值得当作一个意象悬在心眼前来玩味玩味。我自己在闲暇时也欢喜看看哲学书籍。老实说，我对于许多哲学家的话都很怀疑，但是我觉得他们有趣。我以为穷到究竟，一切哲学系统也都只能当作艺术作品去看。哲学和科学穷到极境，都是要满足求知的欲望。每个哲学家和科学家对于他自己所见到的一点真理（无论它究竟是不是真理）都觉得有趣味，都用一股热忱去欣赏它。真理在离开实用而成为情趣中心时就已经是美感的对象了。"地球绕日运行"，"勾方加股方等于弦方"一类的科学事实，和《米罗爱神》或《第九交响曲》一样可以摄魂震魄。科学家去寻求这一类的事实，穷到究竟，也正因为它们可以摄魂震魄。所以科学的活动也还是一种艺术的活动，不但善与美是一体，真与美也并没有隔阂。

艺术是情趣的活动，艺术的生活也就是情趣丰富的生活。人可以分为两种，一种是情趣丰富的,对于许多事物都觉得有趣味,而且到处寻求享受这种趣味。一种是情趣干枯的,对于许多事物都觉得没有趣味,也不去寻求趣味,只终日拼命和蝇蛆在一块争温饱。后者是俗人,前者就是艺术家。情趣愈丰富,生活也愈美满,所谓人生的艺术化就是人生的情趣化。

"觉得有趣味"就是欣赏。你是否知道生活,就看你对于许多事物能否欣赏。欣赏也就是"无所为而为的玩索"。在欣赏时人和神仙一样自由,一样有福。

阿尔卑斯山谷中有一条大汽车路,两旁景物极美,路上插着一个标语牌劝告游人说:"慢慢走,欣赏啊!"许多人在这车如流水马如龙的世界过活,恰如在阿尔卑斯山谷中乘汽车兜风,匆匆忙忙地急驰而过,无暇一回首流连风景,于是这丰富华丽的世界便成为一个了无生趣的囚牢。这是一件多么可惋惜的事啊!

朋友,在告别之前,我采用阿尔卑斯山路上的标语,在中国人告别习用语之下加上三个字奉赠:

"慢慢走,欣赏啊!"

作者简介

朱光潜(1897—1986),笔名孟实,安徽桐城人。中国著名美学家、文艺理论家、翻译家。主要著作有《文艺心理学》《悲剧心理学》《谈美》《诗论》《谈文学》《西方美学史》《谈美书简》等。他学贯中西,博古通今,以自己深湛的研究沟通了西方美学和中国传统美学,沟通了"五四"以来中国现代美学和当代美学。他是中国美学史上一座横跨古今、沟通中外的"桥梁",是我国现当代最负盛名并赢得崇高国际声誉的美学大师。

注释

① 本文选自朱光潜的《谈美》一书。《谈美》又叫《给青年的第十三封信》,是朱光潜建立其早期美学理论体系的重要著作之一。全书从"谈美"为"免俗"、"人心净化"的目标出发,顺着美从哪里来、美是什么及美的特点这一脉络层层展开,娓娓道来。该书渗透了作者对艺术与人生关系的深刻体悟。作者以一种与老友交谈的语气平和道出,有如"风行水上,自然成纹"。该书一直被视为"科学性、普及性的经典之作"。 ② 克罗齐(Benedetto Croce, 1866—1952)是意大利著名文艺批评家、历史学家、哲学家。他在哲学、历史学、美学等领域颇有建树。其代表作有《美学原理》《逻辑学》《历史学的理论与实践》《实践活动的哲学》等。 ③ 朱晦庵(1130—1200)即朱熹,南宋著名的理学家、思想家、哲学家、教育家、诗人、闽学派的代表人物,世称朱子,是孔子、孟子以来最杰出的弘扬儒学的大师。 ④ 柏格森(Henri Bergson, 1859—1941),法国著名哲学家。他认为,人的生命是意识之绵延或意识之流,是一个整体,不可分割成因果关系的小单位。他对道德与宗教的看法,主张超越僵化的形式与教条,走向主体的生命活力与普遍之爱。其主要著作有:《直觉意识的研究》《时间与自由意识》《物质与记忆:身心关系论》《笑的研究》等。1927年曾获诺贝尔文学奖。⑤ 曾子(前505—前432),姓曾,名参,字子舆,春秋末年儒家学派的代表人物。十六岁拜孔子为师,他勤奋好学,颇得孔子真传。积极推行儒家主张,传播儒家思想。孔子的孙子孔伋(子思)师从之,又传授给孟子。因此,曾参上承孔子之道,下启思孟学派,对孔子的儒学既有继承,又有发展。著述有《大学》《孝经》等,后世儒家尊他为"宗圣"。 ⑥ 吴季札(前577—前485),吴王梦寿第四子,春秋吴国贤士。"季札挂剑"事见《史记·吴太伯世家》,又见刘向《新序》。 ⑦ 董狐,春秋晋国太史,亦称史狐。周大史辛有的后裔,因董督典籍,故姓董氏。董狐秉笔直书的事迹,实开我国史学直笔传统的先河。 ⑧ 夷齐,伯夷和叔齐的并称。据《史记·伯夷列传》记载,"伯夷、叔齐,孤竹君之二子也。"时武王伐纣,伯夷、叔齐曾"叩马而谏",后入首阳山隐居。武王平殷乱,天下宗周,"伯夷、叔齐耻之,义不食周粟",遂饿死。 ⑨ 孟敏,字叔达,东汉名士。据《后汉书·孟敏传》记载,孟敏曾荷甑(古代蒸饭的一种瓦器)堕地,不顾而去。郭泰见而问其意。对曰:"甑以破矣,视之何益?"泰以此异之,因劝令游学。十年闻名于世,三公征召授予官职,不从。 ⑩ 斯宾诺莎(Baruch

第一编 人文精神

Spinoza，1632—1677），荷兰著名哲学家，西方近代哲学史重要的欧陆理性主义者，与法国的笛卡尔和德国的莱布尼茨齐名。其著作有《几何伦理学》(简称《伦理学》)、《神学政治论》、《政治论》、《哲学原理》等。　⑪ 王徽之(338？—386)，字子猷，东晋名士，东晋书法家，王羲之第五子。其书法成就在王氏兄弟中仅次于其弟王献之。传世书帖有《承嫂病不减帖》、《新月帖》等。

导读

　　本文的主题是"人生的艺术化"。它从艺术与现实生活的联系性论述入手，确认"人生本来就是一种较广义的艺术。每个人的生命史就是他自己的作品"，"过一世生活好比做一篇文章。完美的生活都有上品文章所应有的美点"。然后，依次就文章的完整性与人格、文章的特色与人格个性、艺术生活的情趣丰富性以及美与真善的联系和区别等问题作了明了而精辟的分析，不仅让人获得了美学的滋养，加深了对美学人生指导性的理解，而且使人体悟到作者严谨说理的逻辑穿透力。

思考与交流

　　1. 追求人生的艺术化，应当从哪些方面去努力？
　　2. 现代生活节奏越来越快，人们不停地奔波、寻找，忽视了生活过程的乐趣，总以为前面有一个巨大的幸福在等待。朱光潜先生的"慢慢走，欣赏啊"的谆谆告诫能够给我们什么样的人生启迪？

（吴　俊）

旅行的享受①

林语堂

　　旅行在从前是行乐之一，但现在已变成一种实业。旅行在现代确已比在一百年前便利了不少。政府和所设的旅行机关，已尽力下了一番工夫以提倡旅行；结果是现代的人大概都比前几代的人多旅行了一些。不过旅行到了现代，似乎已是一种没落的艺术。我们如要了解何以谓之旅行，我们必须先能辨别其实不能算是旅行的各种虚假旅行。

　　第一种虚假旅行，即旅行以求心胸的必进。这种心胸的必进，现在似乎已行之过度；我很疑惑一个人的心胸，是不是能够这般容易地改进。无论如何，俱乐部和演讲会对此的成绩都未见得良好。但我们既然这样专心于改进我们的心胸，则我们至少须在闲暇的日子，让我们的心胸放一天假，休息一下子。这种对旅行的不正确的概念，产生了现代的导游者的组织。这是我所认为无事忙者令人最难忍受的讨厌东西。当我们走过一个广场或铜像时，他们硬叫我们去听他讲述生于一七七二年四月二十三日，死于一八五二年十二月二日等。我曾看见过女修道士带着一群学校儿童去参观一所公墓，当她们立在一块墓碑前面时，一个修道士就拿出一本书来，讲给儿童听，死者的生死月日，结婚的年月，他的太太的姓名，和其他许多不知所云的事实。我敢断定这种废话，必已使儿童完全丧失了这次旅行的兴趣。成年人在导游的指引之下，也变成了这样的儿童，而有许多比较好学不倦的人，竟还会拿着铅笔和日记簿速记下来。中国人在有许多名胜地方旅行时，也受到同样的麻烦。不过中国的导游不是职业人员，而只是些水果小贩、驴夫，和农家的童子，性情略比职业导游活泼，但所讲的话则不像职业导游那么准确。某一天，我到苏州去浏览虎

大学人文与乡土教育读本

丘山，回来时，脑筋中竟充满了互相矛盾的史实和年代，因为据引导我的贩橘童子告诉我，高悬在剑池四十尺之上的那座石桥，就是古美人西施的晨妆处（实则西施的梳妆台远在十里之外）。其实这童子只不过想向我兜卖一些橘子，但因此居然使我知道民间传说怎样会渐渐地远高事实，而变为荒诞不经。

第二种虚假的旅行，即为了谈话资料而旅行，以便事后可以夸说。我曾在杭州名泉和名茶的产地虎跑，看见过旅行者将自己持杯饮茶时的姿势摄入照片。拿一张在虎跑品茶的照片给朋友看，当然是一件很风雅的事情，所怕的就是他将重视照片，而忘却了茶味。这种事情很易使人的心胸受到束缚，尤其是自带照相机的人，如我们在巴黎或伦敦的游览事中所见者。他们的时间和注意力已完全消耗于拍摄照片之中，以致反而无暇去细看各种景物了。这种照片固然可供他们在空闲的时候慢慢地阅看，但如此的照片，世界各处哪里买不到，又何必巴巴地费了许多事特地自己跑去拍摄呢。这类历史的名胜，渐渐成为夸说资料，而不是游览资料。一个人所到的地方越多，他所记忆者也越丰富，因而可以夸说的也越多。这种寻求学问的驱策，使人在旅行时不能不于一日中，求能看到最可能的多数的名胜地。他手里拿着一张游览地点程序表，到过一处，即用铅笔划去一个名字。我疑心这类旅行家在假期中，也是讲究效能的。

这种愚拙的旅行，当然产生了第三种的虚伪旅行家：即定了游览程序的旅行家。他们在事先早已能算定将在奥京或罗京耽搁多少时候。他们都在起程之前，先预定下游览的程序，临时如上课一般的切实遵时而行。他们正好似在家时一般，在旅行时也是受月份牌和时钟的指挥的。

我主张真正的旅行动机，应完全和这些相反。第一，旅行的真正动机应为旅行以求忘其身之所在，或较为诗意的说法，旅行以求忘却一切。凡是一个人，不论阶级比他高者对他的感想怎样，但在自己的家中，总是惟我独尊的。同时他须受种种俗尚、规则、习惯和责任的束缚。一个银行家总不能做到叫别人当他是一个寻常人看待，而忘却自己是一个银行家。因此在我看来，旅行的真正理由实是在于变换所处的社会，使他人拿他当一个寻常人看待。介绍信于一个人做商业旅行时，是一件有用之物，但商业旅行是在本质上不能置于旅行之列的。一个人倘在旅行时带着介绍信，他便难于期望恢复他的自由人类的本来面目，也难于期望显出他于人造的地位之外的人类天然地位。我们应知道一个人到了一处陌生地方时，除了受朋友的招待，和介绍到同等阶级的社会去周旋的舒适外，还有比这更好的，由一个童子领着到深山丛林里去自由游览的享受。他有机会去享受在餐馆里做手势点一道薰鸡，或向一个东京警察做手势问道的乐趣。得过这种旅行经验的人，至少在回到家里后，可以不必如平时地一味依赖他的车夫和贴身侍者了。

一个真正的旅行家必是一个流浪者，经历着流浪者的快乐、诱惑和探险意念。旅行必须流浪式，否则便不成其为旅行。旅行的要点于无责任、无定时、无来往信札、无嚅嚅好问的邻人、无来客和无目的地。一个好的旅行家绝不知道他往哪里去，更好的甚至不知道从何处而来。他甚至忘却了自己的姓名。屠隆[②]曾在他所著的《冥寥子游》中很透彻地阐明这一点。——这游记我译引在下文里边。他在某处陌生的地方并无一个朋友，但恰如某女尼所说："无所特善视者，尽善视普世人也。"没有特别的朋友，就是人尽可友，他普爱世人，所以就处身于其中，领略他们的可爱处，和他们的习俗。这种好处是坐着游览汽车看古迹的旅行家所无从领略的。因为他们只有在旅馆里边，和从本国同来的游伴谈天的机会。最可笑的是有许多美国旅行家，他们到巴黎之后，必认定到同游者都去吃的餐馆中去吃饭，好似藉此可以一见同船来的人，并可以吃到和在家时所吃一样的烘饼。英国人到了上海之后必住到英国人所开设的旅馆里边去，在早餐时照常吃着火腿煎蛋，和涂着橘皮酱的面包，闲时在小饮室里坐坐，遇到有人邀他坐一次人力车时，必很羞缩地拒绝。他们当然是极讲究卫生的，但又何必到上海去呢？如此的旅行家，绝没有和当地的人士在精神上融合的机会。因此也就丧失了一种旅行中最大的益处。

流浪精神使人能在旅行中和大自然更加接近。所以这一类旅行家每喜欢到阒无人迹的山中去，以便可以幽然享受和大自然融合之乐。所以这些旅行家在预备出行时，绝不会到百货公司去费许多时刻选购一套红色或蓝色的游泳衣，买唇膏尚可容许，因为旅行家大概都是崇奉唇骚者，喜欢色色自然，而一个女人如若没有了好唇膏，便会不自然的。但这是终究为了他们乃是到人所共赴的避暑地方或海滨去的缘故，而在这种地方是完全得不到和大自然发生更深的关系的益处的。往往有人到了一处名泉欣然自语说："这可真是幽然独处了。"但是在旅馆吃过晚饭在起居室内拿起一张报纸随便看看时，即看见上面载着某甲夫人曾在星期一到过这地方。次日早晨他去"独"步时，又遇到隔夜方到的某乙全家。星期四的晚上，他又很快乐地知道某丙夫妇也将要到这幽静的山谷中来度夏。接着就是某甲夫人请某乙全家吃茶点，某乙请某丙夫妇打牌。你并能听见某丙夫人喊着说："奇啊，这不是好像依旧在纽约吗？"

我以为除此以外，另有一种旅行，不为看什么事物，也不为看什么人的旅行，而所看的不过是松鼠、麝鼠、土拨鼠、云和树。我有一位美国女友曾告诉我，有一次，她怎样被几个中国朋友邀到附近杭州的某山去看"虚无一物"。据说，那一天早晨雾气很浓。当她们上山时，雾气越加浓厚，甚至可以听得见露珠滴在草上的声音。这时除了浓雾之外，不见一物。她很失望。"但你必须上去，因为顶上有奇景可见呢。"她的中国朋友劝她说。于是她再跟着向上走去。不久，只看见远处一块被云所包围的怪石，别人都视作好景。"那里是什么？"她问。"这就是倒植莲花。"她的朋友回答。她很懊恼，就想回身。"但是顶上还有更奇的景致哩。"她的朋友又劝说。这时她的衣服已半潮，但她已放弃反抗，所以依旧跟着别人上去。最后，她们已达山顶，四围只见一片云雾，和天边隐约可见的山峰。"但这里实在没有什么可看啊。"她责问说。"对了，我们特为上来看虚无一物的。"她的中国朋友回答她说。

观看景物和观看虚无，有极大的区别。有许多特去观看景物的，其实并没有看到什么景物，但有许多去观看虚无的倒反而能看到许多事物。我每听到一位作家到外国去"搜集新著作的资料"时，总在暗暗地好笑，难道他的本乡本国中，其人情和风俗上已没有了可供他采集的资料吗？难道他的论文资料竟已穷尽吗？纺织区难道是太缺乏浪漫性吗？格恩赛岛太沉寂，不足以为一部杰出小说的背景吗？所以我们须回到"旅行在于看得见物事的能力之哲学问题"，这就可使到远处去旅行和下午在田间闲步之间，失去它们的区别。

依金圣叹②之说，两者是相同的。旅行者所必需的行具就是如他在著名的剧曲《西厢记》的评语中所说："胸中的一副别才。眉下的一副别眼。"其要点在于此人是否有易觉的心，和能见之眼。倘若他没有这两种能力，即使跑到山里去，也是白费时间和金钱。在另一方面，倘若他有这两种能力，则不必到山里去，即坐在家里远望，或步行田间去观察一片行云、一只狗、一道竹篱或一棵树，也能同样享受到旅行的快乐的。

作者简介

林语堂（1895—1976），原名和乐，后改玉堂，又改语堂。中国现当代著名学者、文学家、语言学家。1912年入上海圣约翰大学，毕业后在清华大学任教。1919年秋赴美哈佛大学文学系。1922年获文学硕士学位。同年转赴德国入莱比锡大学，专攻语言学。1923年获博士学位后回国，任北京大学教授、北京女子师范大学教务长和英文系主任。1924年后为《语丝》主要撰稿人之一。1926年到厦门大学任文学院院长。1927年任外交部秘书。1932年主编《论语》半月刊，1934年创办《人间世》，1935年创办《宇宙风》，提倡"以自我为中心，以闲适为格调"的小品文。一生著述颇丰，主要有《吾国与吾民》、《京华烟云》、《风声鹤唳》、《生活的艺术》、《苏东坡传》等。

注释

① 本文节选自林语堂《生活的艺术》一书。该书是林语堂继《吾国与吾民》之后再获成功的又一英文作品，于1937年在美国出版，次年便居美国畅销书排行榜榜首达52周，且接连再版四十余次，并被翻译成十余种文字。林语堂在书中谈了庄子的淡泊，赞赏了陶渊明的闲逸，以及中国人如何品茗，如何行酒令，如何观山，如何玩水，如何看云，如何鉴石等。作者在本书《自序》中写道："本书是一种私人的供状，供认我自己的思想和生活所得的经验。我不想发表客观意见，也不想创立不朽真理。我实在瞧不起自许的客观哲学；我只想表现我个人的观点。" ② 屠隆（1543—1605），字长卿、纬真，号溟涬子、冥寥子等。明代学者，万历五年进士。他一生著述宏丰，流传至今的有诗文集《由拳集》、《白榆集》等。 ③ 金圣叹（1608—1661），名采，字若采，明亡后改名人瑞，字圣叹。明末清初文学家、文学批评家。其主要成就在于文学批评，对《水浒传》、《西厢记》、《左传》等书都有评点。

导读

旅行给人快乐，给人享受，然而，古往今来并非所有的人都懂得旅行的真谛和妙趣。林语堂先生在本文中对各种虚假旅行进行了娓娓道来的分析："第一种虚假旅行，即旅行以求心胸的必进"，"第二种虚假的旅行，即为了谈话资料而旅行，以便事后可以夸说……这种愚拙的旅行，当然产生了第三种的虚伪旅行家：即定了游览程序的旅行家"。在此基础上，作者提出真正的旅行应当以求忘却一切，摆脱各种功利的羁绊，追求"流浪精神"化的旅行，享受和大自然的融合之乐。他主张："一个真正的旅行家必是一个流浪者，经历着流浪者的快乐、诱惑和探险意念。"林语堂先生是我们人生的良师益友，他对各种"虚假旅行"提出的批评以及关于"真正旅行"的良好建议，具有极大的现实指导性。它将触动我们的心灵，促使人们对当今社会上流行的各种各样追求功利目的的旅游进行反思，最终达到旅游纠偏的目的，实现生活的艺术化。林语堂的文章向来以语言平和、具有幽默感著称，这一语言风格在本文中亦得以显现。

思考与交流

1. 根据本文的提示，你认为当今人们的旅游主要存在哪些问题？
2. 你认为旅游的目的是什么，个人旅游追求的最高境界是什么？

（吴　俊）

说笑①

钱钟书

自从幽默文学提倡以来，卖笑变成了文人的职业。幽默当然用笑来发泄，但是笑未必就表示着幽默。刘继庄《广阳杂记》②云："驴鸣似哭，马嘶如笑。"而马并不以幽默名家，大约因为脸太长的缘故。老实说，一大部分人的笑，也只等于马鸣萧萧，充不得什么幽默。

把幽默来分别人兽，好像亚理士多德是第一个。他在《动物学》里说："人是唯一能笑的动物。"近代奇人白伦脱（W. S. Blunt）有《笑与死》的一首十四行诗，略谓自然界如飞禽走兽之类，喜怒爱惧，无不发为适当的声音，只缺乏表示幽默的笑声。不过，笑若为表现幽默而设，笑只能算是废物或者奢侈品，因为人类并不都需要笑。禽兽的鸣叫，尽够来表达一般人的情感，怒则狮吼，悲则猿啼，争则蛙噪。遇冤家则如犬之吠影，见爱人则如鸠之呼妇（Cooing）。请问多少人真有幽默，需要笑来表现呢？然而造物者已经把笑的能力公开地分给了整个人类，脸上能做出笑容，嗓子里能发出笑声；有了这种本领而不使用，未免可惜。所以，一般人并非因为幽默而笑，是会笑而借笑来掩饰他们的没有幽默。笑的本意，逐渐丧失；本来是幽默丰富的流露，慢慢地变成了幽默贫乏的遮盖。于是你看见傻子的呆笑，瞎的趁淘笑——还有风行一时的幽默文学。

　　笑是最流动、最迅速的表情，从眼睛里泛到口角边。东方朔③《神异经·东荒经》载东王公投壶不中，"天为之笑"，张华注说天笑即是闪电，真是绝顶聪明的想象。据荷兰夫人（Lady Holland）的《追忆录》，薛德尼斯密史（Sudney Smith）也曾说："电光是天的诙谐（Wit）。"笑的确可以说是人面上的电光，眼睛忽然增添了明亮，唇吻间闪烁着牙齿的光芒。我们不能扣留住闪电来代替高悬普照的太阳和月亮，所以我们也不能把笑变为一个固定的、集体的表情。经提倡而产生的幽默，一定是矫揉造作的幽默。这种机械化的笑容，只像骷髅的露齿，算不得活人灵动的姿态。柏格森《笑论》说，一切可笑都起于灵活的事物变成呆板，生动的举止化作机械式。所以，复出单调的言动，无不惹笑，像口吃，像口头习惯语，像小孩子的有意模仿大人。老头子常比少年人可笑，就因为老头子不如少年人灵变活动，只是一串僵化的习惯。幽默不能提倡，也是为此。一经提倡，自然流露的弄成模仿的，变化不居的弄成刻板的。这种幽默本身就是幽默的资料，这种笑本身就可笑。一个真有幽默的人别有会心、欣然独笑，冷然微笑，替沉闷的人生透一口气。也许要在几百年后、几万里外，才有另一个人和他隔着时间空间的河岸，莫逆于心，相视而笑。假如一大批人，嘻开了嘴，放宽了嗓子，约齐了时刻，成群结党大笑，那只能算下等游艺场里的滑稽大会串。国货提倡尚且增添了冒牌，何况幽默是不能大批出产的东西。所以，幽默提倡以后，并不产生幽默家，只添了无数弄笔墨的小花脸。挂了幽默的招牌，小花脸当然身价大增、脱离戏场而混进文场；反过来说，为小花脸冒牌以后，幽默品格降低，一大半文艺只能算是"游艺"。小花脸也使我们笑，不错！但是他跟真有幽默者绝然不同。真有幽默的人能笑，我们跟着他笑；假充幽默的小花脸可笑，我们对着他笑。小花脸使我们笑，并非因为他有幽默，正因为我们自己有幽默。

　　所以，幽默至多是一种脾气，决不能标为主张，更不能当作职业。我们不要忘掉幽默（Humour）的拉丁文原意是液体；换句话说，好象贾宝玉心目中的女性，幽默是水做的。把幽默当为一贯的主义或一生的衣食饭碗，那便是液体凝为固体，生物制成标本。就是真有幽默的人，若要卖笑为生，作品便不甚看得，例如马克·吐温，自十八世纪末叶以来，德国人好讲幽默，然而愈讲愈不相干，就因为德国人是做香肠的民族，错认幽默也像肉末似的，可以包扎得停停当当，作为现成的精神食料。幽默减少人生的严重性，决不把自己看得严重。真正的幽默是能反躬自笑的，它不但对于人生是幽默的看法，它对于幽默本身也是幽默的看法。提倡幽默作为一个口号、一种标准，正是缺乏幽默的举动；这不是幽默，这是一本正经的宣传幽默，板了面孔的劝笑。我们又联想到马鸣萧萧了！听来声音倒是笑，只是马脸全无笑容，还是拉得长长的，像追悼会上后死的朋友，又像讲学台上的先进的大师。

　　大凡假充一桩事物，总有两个动机。或出于尊敬，例如俗物尊敬艺术、就收集骨董，附庸风雅。或出于利用，例如坏蛋有所企图，就利用宗教道德，假充正人君子。幽默被假借，想来不出这两个缘故。然而假货毕竟充不得真。西洋成语称笑声清扬者为"银笑"，假幽默像掺了铅的伪币，发出重浊呆木的声音，只能算铅笑、不过"银笑"也许是卖笑得利，笑中有银之意，好比说"书中有黄金屋"；姑备一说，供给辞曲学者的参考。

作者简介

　　钱钟书(1910—1998),字默存,号槐聚,中国现代著名作家、文学研究家。主要作品有《写在人生边上》、《人·兽·鬼》、《围城》、《谈艺录》、《管锥编》等。书评家夏志清先生认为小说《围城》是"中国近代文学中最有趣、最用心经营的小说,可能是最伟大的一部"。钱钟书在文学、国故、比较文学、文化批评等领域均取得卓越成就,其学问被推崇者冠以"钱学"。

注释

　　① 本文选自钱钟书散文集《写在人生边上》。该散文集收文十篇。作者带着"一种业余消遣者的随便和从容",以旁观者的姿态对世道人生发表看法,旁征博引,睿智幽默,在中国现代散文史上具有独特的地位。② 刘继庄(1648—1695),名刘献廷,别号广阳子,清初地理学家。他主张做学问要经世致用,并注重实地考察,对历法、数学、音韵等都有贡献,在地理方面尤大。据《广阳杂记》记载,他对古今气候变迁、各地物候的异同、河流侵蚀作用、地理位置对城市发展的影响等,都有独到见解。有人称以他为代表的学派为"广阳学派"。著作多佚,仅存《广阳杂记》5 卷。　　③ 东方朔(前 154—前 93),本姓张,字曼倩,西汉著名词赋家。在政治方面颇具天赋,他曾言政治得失,陈农战强国之计,但汉武帝始终把他当俳优看待,不得重用。《史记·滑稽列传》称之"以好古传书,爱经术,多所博观外家之语"。东方朔一生著述甚丰,后人汇为《东方太中集》。

导读

　　本文是针对上个世纪 30 年代林语堂等人提倡"幽默文学"所发的议论。认为"自从幽默文学提倡以来,卖笑变成了文人的职业。幽默当然用笑来发泄,但是笑未必就表示着幽默","经提倡而产生的幽默,一定是矫揉造作的幽默。这种机械化的笑容,只像骷髅的露齿,算不得活人灵动的姿态"。真正的幽默不是制造出来的,它是一种高级的智慧和高尚的人生态度的自然流露;如果人为地去制造,就容易变成无聊的滑稽表演。钱钟书先生半个多世纪前批判的低俗化的艺术现象并未消除,反而在消费主义盛行的当下愈演愈烈,进而主宰着许多人的精神生活。因此,《说笑》既是一篇充满睿智、幽默的文艺性杂文,也是一篇推理严密、论证透辟的战斗檄文,具有极大的现实意义。

思考与交流

　　1. 钱钟书认为,笑并不等于幽默。请问,你理解的幽默是什么?

　　2. 有人说:"幽默是人生的一剂良药。"你是否认同这一观点?为什么?

　　3. 春节联欢晚会上受人追捧、给人带来开怀大笑的小品,是否都具有幽默性?

(吴　俊)

乐观与悲观①

贺　麟

　　乐观与悲观代表两种不同的人生态度,两种对人生不同的看法。要知道一个人的人生观,主要的就是要知道他对人生是抱乐观或是抱悲观的态度。所以我们讨论乐观与悲观,也就是在讨论一般人所最关心的人生观问题。

乐观与悲观的"观"字，代表一种对世界和人生的总看法，也代表决定行为的方向和做人的态度的根本看法。这种看法普遍多叫做"直观"或"洞见"。这其中当然包含有知识和见解的成分。一个人的任何行为，都是以知识为主宰，以见解为指导。假如看法错误，行为自然也随之错误。假如见解正确，则受其指导的行为，必然也趋于正轨。观与行或知与行是永远合一而不能分的。盲目者必冥行，无知者必妄为。真切笃实之知与明觉精察之行，永远是合一而不分的。悲观与乐观问题之所以重要，就是因为这两种不同的看法，直接产生不同的行为，影响不同的生活。

乐与悲是人类共有的情绪。乐观与悲观就是以乐同悲的情绪相伴相辅助去观察人生和世界，所以又包含有情绪的成分。无论悲观或乐观皆可叫做"情绪观"。与纯理智的抽象的科学的看法不同。抽象的理智的看法对于实际行为比较不容易发生直接迅速的影响。而抱有情感作用的看法或见解，为情绪所渲染，生动、活泼、具体，容易产生直接行为，支配实际生活。

悲观与乐观既然都是有情绪伴随辅助的看法，当然都是主观的，随个人的感触、性情、态度、环境而变易的。因此也可以说悲观与乐观皆是不好的看法，我们最好是不悲观不乐观，实事求是，不动感情，受纯理智的指导，勿陷于主观。但在某意义下，悲观与乐观仍然可以说是客观的，因为悲和乐的情绪也可以有普遍必然性，因此也有客观性。凡人皆有人情，一个人虽欲不乐观亦不悲观也不可能。而且情感之出于本心发抒得其正者曰正情、真情。基于正情真情而出发的乐观或悲观，于观认外物、调理生活，亦有很大的价值。不过，基于悲乐的情绪来看人生和世界而得的知识，同基于理智来看人生和世界所得的知识，性质上有些两样罢了。

根据上面对于乐观和悲观性质的解释，我们可以进一步说明，"悲观"不是"观悲"。对于一个人悲哀的情绪，尽可以用科学方法研究。如像心理学家分析悲哀情绪的状态，穷究悲哀心理的来源，考察悲哀事实在神经上所发生的作用。在做这种研究工作的时候，心理学家本人并不"悲观"，他乃是在"观悲"。又如社会学家对于劳苦大众的贫穷愁苦，加以事实的统计，科学的调查，也是"观悲"，而不是"悲观"。甚至当我们于敌机轰炸、敌骑蹂躏之后，去巡视灾区，慰问难胞，我们诚不免洒同情之泪，我们观悲了，同时又有悲哀的情绪了，然而我们对抗战的前途，复仇的决心，却并不悲观。悲观乃是对于众人目前认为快乐的事情，于其将来的前途怀隐忧，感痛苦。乃是基于情绪的一种看法，即不仅是主观的情绪，亦不是对于客观事实研究的报告。根据同样的道理我们可以分辨"乐观"不是"观乐"。譬如，参加盛宴，进戏园，看热闹，都可以说是"观乐"，但却并不一定是"乐观"。因为赴宴会看热闹的人，心中也许感得异常孤寂悲哀，或兴"良辰不再"之叹，或有"众醉独醒"之感。足见乐观的人并不一定是参加快乐场合，自己享受快乐，而每每是对于众人认为痛苦悲哀没有办法的状况抱乐观态度。所以乐观多少包含有主观上轻蔑痛苦、超越悲哀的态度，而并不是事实上否认痛苦和悲哀的客观现象。

乐观和悲观既然是主观的态度，所以一个人之抱乐观或抱悲观并不一定为客观事实所决定，而是随个人痛苦或快乐的经验为转移。许多聪明的年轻人，家境甚好，涉世甚浅，然而每每稍受挫折，便容易陷于悲观。而饱经忧患、备尝艰苦的人，对于人生倒反而取乐观的态度。又如自抗战以来，许多安处在后方，从来没有经历过战争痛苦的人，或是住在租界上当寓公的人，往往对于抗战前途，深抱悲观。而在前线作战的将士，在医院治疗的伤兵，从作战的痛苦经验中，对于抗战的前途，反而养成乐观的展望。由此足见真正乐观的人并不一定志得意满，快乐舒服，生活上毫无痛苦。同样，悲观的人也不一定垂头丧气，自苦自杀。当曹操以一世之雄，破荆州下江陵，横槊赋诗的时候，他所发出来的诗歌，却是"忧思难忘"、"杜康解忧"的悲观情调。叔本华[②]是著名的悲观主义的哲学家，然而他最怕死，最反对自杀。抱悲观主义的人不仅不自杀，有时愈悲观愈享乐，愈纵情肆欲，酣歌宴饮，以求目前一时的快感。在相反的方面，乐观的人往往能够不怕死、肯牺性。历史上许多忠臣烈士、先知先觉,到了生死关头,慷慨就义,然而他们精神上仍是乐观的。耶稣上十字架,仍然祷告上帝,宽恕世人。苏格拉底始终相信善人快乐、恶人痛苦,当他被群众判处死刑时,他还说:"我去死,你们去活。究竟谁好,只有上帝知道。"其实许多圣贤豪杰在动心忍性困心衡虑的艰苦生活中,仍不减少其奋斗的勇气,大抵都由于他们精神上修养达到了一种乐观的态度,在那里支持着、鼓舞着他们的大无畏精神。

大概讲来,除非到了颓唐衰乱、人心已死、生机毫无的末世,世界上的人最大多数都是乐观者。不过多数人的乐观,只是天真素朴不知人世艰险的乐观,而不是真正的批评的理想的基于学养的乐观。悲观论可以说是恰好对于天真素朴的乐观论加以否定。悲观论者提出问题,指出困难,揭出艰险,显出人世狰狞面目的真相,使肤浅轻易的乐观论者,遭受严重的打击,因而趋于深刻化。因为肤浅轻易的乐观论者,往往忽视现实,把人世看得太单纯,把事情看得太容易,每致陷于懒惰懈怠,喜苟安,不紧张,不知盘根错节,艰难困苦,甚至处于覆巢积薪之下,做了釜底游鱼,犹恬然自嬉,不知危惧。对于这种最坏意义的乐观和对于这种素朴的乐观的流弊,悲观论确有补偏救弊的好处。悲观论在这种意义下乃是盛世的危言,能给恬嬉自满者以警惕和忠告。不过我们须知警惕世人,向盛世贡献危言和忠告,乃出于圣贤淑世的苦心,并不能算作悲观主义。如果,警惕和忠告可算作悲观论,那么也只有这种具苦心有深意的悲观论,才是比较健康无弊,可以为我们所承认的悲观论。同时,我们又须知道,肤浅轻易恬嬉苟安的乐观乃是出于愚昧无知,不能说是真正的"观",更说不上是"乐观"。

真正的乐观,根据上文所说,应是基于真纯的快乐的情绪的看法。人类最高尚、最纯洁、最普遍、且与快乐最不可分的情绪,就是"爱"或"仁爱",也可以说是同情心或恻隐之心。人生最真纯的快乐,既出于仁爱,则在此意义下,人生真正的乐观应是"仁爱观"或"同情观"。一个人用同情的了解、仁爱的态度,来观察人生、欣赏事物,就是真正的乐观者。谚语常说,"为善最乐",其实亦可说是仁者最乐,仁爱为快乐之本。因为仁者能够本仁爱的态度来观察宇宙人生,他自然可以发现"堂前春草,生意一般",并体验到"万物静观皆自得,四时佳兴与人同"的境界。《论语》又说:"仁者不忧不惧。"所谓不忧不惧,就多少含有不悲观的意思。美国诗人兰利尔有一首寓言诗,题目叫做"仁爱如何寻求地狱?"诗里的大意是说:有一个王子名叫"仁爱"。他有两个臣子,一个名叫"感觉",一个名叫"理智"。有一天王子听见人讲述地狱可怕的情形。他想知道到底地狱是怎样的状况。他先派臣子"感觉"去调查。"感觉"回来说,在人类社会间四处都布满了阴霾,地狱就在人类的行为里。王子不十分相信,又派臣子"理智"去察看。"理智"回来报告道,地狱即在人类的内心中,即在罪犯的灵魂里。这王子"仁爱"仍然不大相信,决定亲自去视察。结果他看见世人尽皆满面春风,和睦可亲,罪犯也从忏悔里得解救,心安理得,复有生机。他寻来寻去终于寻不着地狱。这诗最足以代表美国人的乐观态度。因为美国人得天独厚,只知人之可爱,世界之可欣赏。从这诗的含义看来,有仁爱的人必然抱乐观。单凭理智或感觉来看人生,便难免不陷于悲观了。仁爱就好像光明,光明一到,黑暗消散,仁爱所至,悲苦绝迹。俗话常有"情人眼里出西施"的说法,这也许道出了普遍的爱情心理。一个人有了爱情,有时可以化丑为美,把他爱的对象认作美的对象。同样,一个人有了仁爱,他就可以化恶为善,化险为夷;看得见人性中最光明的一面,因而养成乐观的心境。所以乐观实与仁爱不可分。至圣至仁就是至乐观之人,未有不仁的人而会成为真正的乐观论者。

乐观又可以叫做"信心观"。所谓信心包含三方面,就是对自己有信心,对别人有信心,对天道或宇宙法则有信心。凡对自己有信心的人必然是乐观的人。他俯仰无愧,内省不疚。自觉足跟站得稳实,根本没有动摇,无论在如何艰险困苦的境地中,他不会失掉自信力。他努力不懈,相信自己有转败为胜,转恶为善,转不幸为幸的权衡。所谓对他人有信心就是相信人性本来是善的,相信人同此心、心同此理,人心是有公道的。相信不善的人终是可以感化转变的。还有,对人有信心,也就是勿猜疑、勿怀疑别人的动机，勿以小人之心，去揣度他人行为的动机，这也就是古人所谓"不逆诈，不臆不信"。所谓相信天道，就是相信天道是公正的，相信在全宇宙的法则里，善人终必战胜恶人，理性终必战胜无理性，公理终必战胜强权。有了这种由体验、由学养而达到的信心，就是乐观态度的出发点。

"信心观"实际上也可以说是"希望观"。一个人对于自己和别人的前途乃至世界的将来有信心，也就是说他具有希望。对于将来的无穷的信心与希望，自然会形成对于世界与人生的乐观的看法。譬如，即就青年生活而论，假如我们只从表面部分去看见青年所表现的嚣张、颓废、懒惰、浮嚣、幼稚、狂妄种种弱点，自然不免悲观，因而会减少我们对于教育效能的信心。然而当我们想到青年的迷途是一时的，是可以改善的，并想到青年将是社会的柱石，国家的主人翁，一切实业、政治、学术界领袖的候补人，换言之，用"后生可畏"的眼光来看青年，以希望、信心来看青年，那就自然会趋于乐观，因而可以相信教育的效能，增加教育的兴趣了。

由此可以推知，与乐观正相反的悲观，就是一种"无情观""不仁观"，以别于同情观、仁爱观；悲观是一种"冷眼观""怀疑观""绝望观"，以别于乐观之为信心观、希望观。我们真可以说乐观是精神发皇蓬蓬勃勃的"朝气观"，悲观是志气消沉衰老颓丧的"暮气观"。所谓悲观几可以说是随处取吹毛求疵的态度以观人论事，无论论人论事都从最坏的方面去着想。持这样态度的人，对人对事，当然没有同情，没有信心，没有希望。但须知稍有人世经验的人，当不难体察到，或以人心的奸诈，或以环境的险恶，或以误解与仇恨，或以忌妒与倾轧，仁爱时受创伤，信心每易动摇，希望亦常趋幻灭。要想克服悲观，赢得乐观，实是难事。所以真正的乐观，必然是生活过程中再接再厉所达到的境界。它是弥补了创伤的仁爱，稳定了动摇的信心，恢复了幻灭的希望，而后坚持着的一种观点。

乐观也可以说是进化观。假如一个人能够在变动生长的过程中，看出发展的阶段，进步的程序，他就会养成一种逐渐向上、日新不已的乐观态度。近代西洋进化思想的盛行，不论是达尔文生物学上的进化论，或是黑格尔辩证法和逻辑上矛盾进展的进化论，都带有强烈的乐观色彩。中国数千年来大都在"退化观"的思想笼罩之下，一般人大都把黄金时代放在远古，认为历史的演变，总是一代不如一代。所谓魏碑不如汉碑，唐碑不如魏碑，宋碑不如唐碑，这种种退化的看法，使得我们无论在政治上、道德上、文学艺术上，都觉得今人不如古人，后人不如前人。甚至在个人生活上，也感觉好像是一天不如一天地在退化，有如黄山谷诗所谓："老色日上面，欢悰日去心，今既不如昔，后当不如今。"类似这种彻底普遍的退化观，无形中养成一种极端消极的悲观论。足见进化观与退化观不仅是近代精神与中古精神的分水岭，而且是划分乐观论与悲观论的最大关键。

当然，要抱进化观也不是一件容易的事。因为事实上的确有许多今不如古的客观现象。特别在中国历史上，无论哪一朝的帝王，除了创业的帝王英雄神武外，以后照例一代不如一代，依次递退，直至亡国为止。这样铁一般的退化的事实，又怎么能够勉强加以乐观进化的解释呢？然而，历史是长久的，文化是多方面的。受过进化论洗礼的历史学家，当不难寻出历史发展的线索，看出逐渐进化的阶段。自从新文化运动以来，对于中国文学史方面进化发展的研究解释，似已有相当的收获，不过似尚没有推进到别的部门罢了。而且安知道过去历史之总是有一代不如一代之退步的事实，不是多少由于思想为退化观所支配，而乏超迈前修努力创进的精神有以使然呢？退化观有使人沉滞不思上进的影响，进化观有鼓励人努力创进的效力，恐怕谁也不能否认吧。

根据以上的讨论则乐观与悲观两种看法，性质之异同，价值之高下，何去何取，显而易明，不难决定了。不过须知悲观论亦有其相当价值。悲观论足以否定浅薄轻易、恬嬉自满、不学无术的乐观。并且须知悲观主义每挟现实以俱来，其传染于人有如疾病，亦非可轻易摒除。同情心稍有不丰，仁爱稍有不诚，信心稍有不坚，希望稍有不真，而为退化观的旧说所动，则悲观思想便乘虚而入，无能自拔。更须知乐观亦非轻易可得，必须基于学问修养，经验阅历，有眼光，有毅力，能克服恶劣险阻的环境，战胜悲观，方可达到真正健全而无流弊的乐观思想。

作者简介

贺麟(1902—1992),哲学家、教育家、翻译家。在中国哲学方面有极高造诣,是"新心学"的创建者,被尊为现代新儒学八大家之一。代表作有《近代唯心主义简释》、《文化与人生》、《当代中国哲学》等。

注释

① 本文选自《文化与人生》。《文化与人生》是贺麟撰写于抗战时期的论文集,大都为对中国当时迫切的文化问题、伦理问题和人生问题的所思所感,代表贺麟先生的前期思想,王元化先生评价此书说:"重在蕴藉,而不事雕饰,深意往往出于微言,书中各篇,率多此类。" ② 叔本华(1789—1860),德国著名哲学家,"唯意志论"的代表人物,代表著作有《作为意志和表象的世界》等。

导读

"两个人从监狱的铁窗往外看,一个人看见烂泥,一个人看见星星。"他们之所以留心的是两种完全不同的事物,主要是因为他们的人生观不同。乐观和悲观是人类对世界和未来的两种不同的思考模式。作者凭着丰富的学养,对乐观与悲观这两种人生态度进行了深刻而辩证的分析。在对乐观与悲观性质之异同、价值之高下进行讨论之后,作者并没有一味地肯定乐观,盲目地否定悲观,"须知悲观论亦有其相当价值"。对于我们每个人来说,一味乐观并不保证拥有成功的人生,悲观也并不等于陷入负面情绪。如果你是一个乐天派,不必太过自信,否则不易看到自身面临的危机,误以为自己可以掌控一切,可能脱离现实;如果你是一个悲观者,请不要自怨自艾,通过对焦虑的调控,你同样拥有成功的机会。

思考与交流

1. 作者所言的乐观是一种什么样的人生态度,悲观呢?

2. 不属乐观派的人,是否当属悲观派,乐观与悲观的联系与区别是什么?

3. 结合本文,谈谈你对"辛弃疾、陆游忠贞报国,虽然心灵备受煎熬,但其人生观依然是乐观的。而李白、苏轼等人,虽诗词风格豪放,充满激情,但其实内心倒是苦的,心态未必乐观,为了掩饰其苦,只能强作欢颜。即所谓大乐观者有时也是大悲观者"的理解。

(杨兴萍)

"文明的冲突"与"文明的共存"(节选)①

汤一介

中国文化要希望对当今人类社会的"文明的共存"作出贡献,必须对自身文化有所了解,这就是要对自身文化有一个"自觉"。所谓"文化自觉"是指在一定文化传统的人群对其自身的文化来历、形成过程的历史以及其特点(包括优点和缺点)和发展的趋势等等能作出认真的思考和反省。应该说,中华民族正处在民族复兴的前夜,因此我们必须对中国文化有个自觉的认识,必须给中国传统文化一个恰当的定位,认真发掘我们古老文化的真精神所在,以便把我们优秀的文化贡献给当今人类社会;认真反省我们自身文化所存在的缺陷,以便我们更好的吸取其他国家和民族的文化精华,并在适应现化社会发展的总趋势下给中国文化以现代的诠释,这样我们的国家才能真正地走在世界文化发展的前列,与其他各种文化一起共同创造美好的新世界。

中国传统文化中主要是儒、道两家,而且我们常说中国文化是儒、道互补的,当然印度佛教传入中国后,它对中国社会和中国文化也发生着重要影响。现在我想讨论一下儒、道两家的思想理论是否能对"文明的共存"提供有意义的资源。

(1) 儒家的"仁学"为"文明的共存"提供了有积极意义的资源

《郭店竹简·性自命出》[2]中说:"道始于情。"这里的"道"说的是"人道",即人与人的关系的原则,或者说社会关系的原则,它和"天道"不同,"天道"是指自然界的运行规律或宇宙的运行法则。人与人的关系是从感情开始建立的,这正是孔子"仁学"的基本出发点。孔子的弟子樊迟问"仁",孔子回答说:"爱人。"这种"爱人"的思想从何而有呢?《中庸》引孔子的话说:"仁者,人也,亲亲为大。""仁爱"的精神是人自身所具有的,而爱自己的亲人最根本。但是"仁"的精神不能只停止于此,《郭店竹简》中说:"爱而笃之,爱也;爱父,其继之爱人,仁也。"非常爱自己的亲人,这只是爱,爱自己的父亲,再扩大到爱别人,这才叫作"仁"。"孝之放,爱天下之民"。对父母的孝顺要放大到爱天下的老百姓。这就是说,孔子的"仁学"是要由"亲亲"扩大到"仁民",也就是说要"推己及人",要做到"老吾老以及人之老","幼吾幼以及人之幼",才叫作"仁"。做到"推己及人"并不容易,必须把"己所不欲,勿施于人","己欲立而立人,己欲达而达人"的"忠恕之道"作为"为仁"的准则。(朱熹《四书集注》:"尽己之谓忠,推己之谓恕。")如果要把"仁"推广到整个社会,这就是孔子说的:"克己复礼曰仁,一日克己复礼,天下归仁焉。为仁由己,其由人乎?"自古以来把"克己"和"复礼"解释为两个平行的方面,我认为这不是对"克己复礼"的好的解释。所谓"克己复礼曰仁"是说,只有在"克己"的基础上的"复礼"才叫作"仁"。费孝通先生对此也有一解释,他说:"克己才能复礼,复礼是取得进入社会,成为一个社会人的必要条件。扬己和克己也许正是东西方文化的差别的一个关键。"我认为这话是很有道理的。朱熹对"克己复礼曰仁"的解释说"克,胜也。己,谓身之私欲也。复,反也。礼者,天理之节文也"云云。这就是说,要克服自己的私欲,以便使之合乎礼仪制度规范。"仁"是人自身内在的品德("爱生于性");"礼"是规范人的行为的外在的礼仪制度,它的作用是为了调节人与人之间的关系使之和谐相处,"礼之用,和为贵"。要人们遵守礼仪制度必须是自觉的,出乎内在的"爱人"之心,才符合"仁"的要求,所以孔子说:"为仁由己,其由人乎?"对"仁"和"礼"的关系,孔子有非常明确的说法:"人而不仁如礼何? 人而不仁如乐何?"没有仁爱之心的礼乐那是虚伪的,是为了骗人的。所以孔子认为,有了追求"仁"的自觉要求,并把这种"仁爱之心"按照一定的规范实现于日常社会之中,这样社会就会和谐安宁了,"一日克己复礼,天下归仁焉。"我认为,孔子和儒家的这套思想,对于一个国家的"治国"者,对于现在世界上的那些发达国家(特别是美国)的统治集团不能说是没有意义的。"治国、平天下"应该行"仁政",行"王道",不应该行"霸道"。行"仁政"、"王道"可以使不同文化得以共同存在和发展;行"霸道"将引起文明的冲突,而使文化走向单一化,形成文化霸权主义。如果把孔子的"仁学"理论用于处理不同文明之间的关系,那么在不同文明之间就不会引起冲突,以至于战争,而实现"文明的共存"。

当然,孔子的这套"仁学"理论虽然不能解决当今人类社会存在的"文化的共存"的全部问题,但它作为一种建立在以"仁"为本之上的"律己"的道德要求,作为调节不同文化之间关系的一条准则,使不同文化得以和谐相处无疑仍有一定的现实意义。

要使"不同文化之间"和谐相处,从而使不同文化传统的国家、民族能和平共存,并不是一件容易的事,也许孔子提倡的"和而不同"可以为我们提供极有意义的资源,他说"君子和而不同,小人同而不和"的主张。他认为,以"和为贵"而行"忠恕之道"的有道德有学问的君子应该作到能在不同中求得和谐相处;而不讲道德没有学问的人往往强迫别人接受他的主张而不能和谐相处。如果我们把"和而不同"用作处理不同文化之间关系的原则,它对于解决当今不同国家与民族之间的纷争应有非常积极的意义,特别是在不同国家与民族之间,因文化上的不同(例如宗教信仰不同,价值观念上的不同)而引起的矛盾、冲突,把"和而不同"作为解决纷争的原则应更有意义。

　　在中国历史上一向认为"和"与"同"是不同的两个概念,有所谓"和同之辨"。《左传·昭公二十年》记载:"公曰:唯据与我和夫? 晏子对曰:据亦同也,焉得为和? 公曰:和与同异乎? 对曰:异。和如羹焉,水火醯醢盐梅以烹鱼肉,燀之以薪。宰夫和之,齐之以味,济其不及,以泄其过。君子食之,以平其心。君臣亦然。……今据不然,君所谓可,据亦曰可。君所谓否,据亦曰否。若以水济水,谁能食之? 若琴瑟之专一,谁能听之? 同之不可也如是。"(齐侯说:只有据跟我很和谐啊! 晏子回答说:据也只不过和你相同而已,哪里说得上和谐呢! 齐侯说:和(谐)和(相)同不一样吗? 晏子回答说:不一样。和谐好像作羹汤一样,用水、火、醋、酱、盐、梅,来烹调鱼和肉,再用柴烧煮,厨子加工以调和,使味道适中,味道太浓就加水冲淡。君子食用这样的羹汤,内心平静。君臣之间也是这样。……现在据不是这样。国君认为对的,他也认为对;国君认为不对的,他也认为不对。这就像用水去调剂水,谁能吃它呢? 如同琴瑟老弹一个声音,谁能听它呢? 不应该同的道理就像这样。)《国语·郑语》②:"(史伯曰:)夫和实生物,同则不继。以他平他谓之和,故能丰长而物归之;若以同裨同,尽乃弃之。故先王以土、与金、木、水、火杂,以成百物。"(实际上和谐才能生长万物,同一就不能发展。把不同的东西加以协调平衡叫作和谐,才能使万物丰盛发展而有所归属;如果把相同的东西相加,用尽之后就只能被抛弃。所以先王把土和金、木、水、火配合起来,作成千百种东西。)可见"和"与"同"是两个不同的概念。"以他平他",是以相异和相关为前提,相异的事物相互协调并进,就能发展;"以同裨同",则是以相同的事物叠加,其结果只能窒息生机。中国传统文化的最高理想是"万物并育而不相害,道并行而不相悖"。"万物并育"和"道并行"是"不同";"不相害"、"不相悖"则是"和"。这种思想为多元文化共处提供了取之不尽的思想源泉。

　　现在西方国家的有识之士都认识到不同文明之间应能共存,而不应因文化上的不同而引起冲突,以至于战争。他们认为,不同的民族和国家应该可以通过文化的交往与对话,在对话(商谈)和讨论中取得某种"共识",这是一由"不同"到某种意义上的相互"认同"的过程。这种相互"认同"不是一方消灭一方,也不是一方"同化"一方,而是在两种不同文化中寻找交汇点,并在此基础上推动双方文化的发展,这正是"和"的作用。不同民族和不同国家之间由于地理的、历史的和某些偶然的原因,而形成了不同的文化传统,正因为有文化上的不同,人类文化才是丰富多彩的,而且才在人类历史的长河中形成了互补和互动的格局。文化上的不同可能引起冲突,甚至战争,但并不能认为"不同"就一定会引起冲突和战争。特别是在今天科学技术高度发展的情况下,如果发生大规模的战争也许人类将毁灭人类自身。因此,我们必须努力追求在不同文化之间通过对话,实现和谐相处。现在中西许多学者都认识到,通过对话沟通不同文化之间的相互理解的重要性。例如哈贝马斯提出"正义"和"团结"的观念。我认为,把它们作为处理不同民族文化之间关系的原则,是有意义的。哈贝马斯的"正义原则"可理解为,要保障每一种民族文化的独立自主,按照其民族的意愿发展的权利;"团结原则"可理解为,要求对其他民族文化有同情理解和加以尊重的义务。只有不断通过对话和交往等途径,总可以在不同民族文化之间形成互动中的良性循环。不久前去世的德国哲学家伽达默尔提出,应把"理解"扩展到"广义对话"层面。正因为"理解"被提升到为"广义对话",主体与对象(主观与客观或主与宾)才得以从不平等地位过渡到平等地位;反过来说,只有对话双方处于平等地位,对话才可能真正进行并顺利完成。可以说,伽达默尔所持的主体——对象平等意识和文化对话论,正是我们这个时代所需要的重要理念。这种理念,对我们今天如何正确而深入地理解中外文化关系、民族关系等等,具有重要的启示。但是,无论哈贝马斯的"正义"和"团结"原则,或者是伽达默尔的"广义对话论"都要以承认"和而不同"原则为前提,只有承认不同文化传统的民族和国家通过对话可以和谐相处,不同的文化传统的民族与国家才能获得平等的权利和义务,"广义对话"才能"真正进行并顺利完成"。因此儒家以"和为贵"为基础的"和而不同"原则应成为处理不同文化之间的一条基本原则。用"和而不同"原则处理不同文化传统国家与民族之间的关系,不仅对消除矛盾、冲突甚至战争有着正面的积极意义,而且也是推动各国家、各民族文化在交流中促使其发展的动力,所以罗素说:"不同文明之间的交流过去已经多次证明是人类文明发展的里程碑。"当今人类社会需要的是不同文化能在相互吸收和融合中发展不同的文化传统的特色,以期达到在新的基础上的"文化的共存"。

（2）道家的"道论"能为防止"文明的冲突"提供有意义的资源

如果说孔子是一位"仁者",那么老子则是一位"智者"。老子《道德经》一书中,"道"是其基本概念,而"自然无为"（顺应自然的规律,不做违背自然规律的事）是"道"的基本特性,王充《论衡·初禀》①:"自然无为,天之道也。"今日人类社会之所以存在着种种纷争,无疑是由于贪婪地追求权力和金钱引起的。那些强国为了私利,扩张自己的势力,掠夺弱国的资源,实行强权政治,正是世界混乱无序的根源。也就是说帝国霸权正是"文明冲突"的根源。老子提倡"自然无为"我们可以理解为:不要做（无为）违背人们愿望的事,这样社会才会安宁,天下才会太平。老子说:古代圣人曾经说过:"我无为而民自化,我好静而民自正,我无事而民自富,我无欲而民自朴。"这段话的意思是说:掌握权力的统治者不应该对老百姓作过多的干涉（无为）,不要扰乱老百姓的正常生活（好静）,不要作违背老百姓意愿的事（无事）,不要贪得无厌的盘剥老百姓（无欲）,这样老百姓就会自己教化自己（自化）,自己走上正轨（自正）,自己富足起来（自富）,自己生活朴素。如果我们对这一段话给以现代诠释,那就不仅可以使一个国家内部安宁,而且对消除不同文明之间的冲突无疑有着重要意义。对这段话我们可以作如下诠释:在国与国之间对别国干涉越多,世界必然越加混乱。大国强国动不动用武力或武力相威胁,世界越是动荡不安和无序。大国强国以帮助弱国小国为名而行掠夺之实,弱国小国越加贫穷。发达国家以越来越大的欲望争夺世界财富和统治权,世界就会成为一个无道德的恐怖世界。据此,我认为"无为"也许对新帝国的领导者是一付治病良方,如果他们能接受,将会使世界得以和平和安宁。然而"新帝国"往往以干涉、掠夺、武力等等"有为"（为所欲为）手段来对待其他国家与民族,这无疑都是由其帝国贪欲本性造成的。老子认为:"祸莫大于不知足,咎莫大于欲得,知足之足,常足矣。"（祸害没有比过于不知道满足的了,罪过没有比过于贪得无厌的了,知道满足的人,永远是满足的。）"新帝国"不正是"不知道满足的"、"贪得无厌"的吗? 老子还说:"天之道,其犹张弓欤? 高者抑之,下者举之;有余者损之,不足者补之。天之道,损有余而补不足,人道则不然,损不足以奉有余。"（"天道"不就像张弓射箭吗? 高了就把它压底一点,低了就把它升高一点,有余的加以减少,不足的加以补充。"天道"的规律是减少有余的,用来补充不足的。"人道"则不一样啊,往往要剥夺不足的,而用来供奉有余的）。为什么今日世界人类社会处在一种十分混乱不安定的状态? 这完全是由人自身造成的,特别是那么"新帝国"的领导者造成的,他们违背了"天道",他们失去了"人心",他们奉行的是"损不足以奉有余",这不正是今日世界不断发生矛盾、冲突、战争的根源吗? 从这里我们可以看到,"文明冲突"论与其背后所隐蔽的"新帝国"论是有着密切联系的。

为了社会的和平和安宁,老子强烈地反对战争。《道德经》第三十一章中说:"夫兵者,不祥之器,物或恶之,故有道者不处。"（打仗用兵是不吉祥的东西,大家都厌恶它,所以有道德的人不使用它。)战争总要死人,总要破坏生产,总要使社会秩序被破坏,所以老子认为它不是什么好东西,老百姓都讨厌它,有道德的国家领导人是不使用战争的办法解决问题的。老子又说:"以道佐人主者,不以兵强天下,其事好还。师之所处,荆棘生焉,大军之后,必有凶年。"(我们应该用道德来告诫领导者,不要用兵力逞强于天下。用兵这件事一定会得到报应。军队所到的地方,就会破坏一切,使荆棘丛生。大战之后,一定会是荒年。)我们反观各国历史,无不如此,在我国每次大战之后往往出现,人口大量减少,土地荒芜,生产破坏,盗贼多有。两次世界大战的结果是如此,当前的中东地区的战争也是如此。哪个新帝国的领导者到处发动战争,其结果处处陷入被动,这是因为被征服的国家的老百姓不服,他们会用不怕死来抗争,所以老子说:"民不畏死,奈何以死惧。"(老百姓不怕死,用死来威胁他们又有什么用呢?)所以老子说:"夫乐杀人者,则不可得志于天下矣。"(喜欢杀人的人,就不能在天下成功。)我们从历史上看到,发动战争的人,虽然一时可以得逞,但最终总要失败,而落得身败名裂,希特勒是一个例子,日本军国主义也是一个例子。老子是一个"智者",他用他的智慧能看到事物的相反方面,他说:"祸兮,福之所倚;福兮,祸之所伏。"(灾难,好运常常紧靠在它旁边;好事,灾祸往往会潜伏在它里面。)现在有些国家的人民正在受着苦难,这也就正是为他们将来的民族复兴准备了条件。从我们国家的百年历史来看,正是我们在处处挨打之后,我国的人民才有了觉醒,今天我们才可以说,中华民族正处在民族复兴的前夜。我想,世界各国、特别新帝国的领导者应从《道德经》中吸取智慧,认识强权政治、霸权主义从长期的世界历史发展看是没有前途的。因此,我认为老子思想对消解"文明的冲突"论、新"帝国论"是十分有价值的理论。我们拥护"文明的共存"论、赞成老子的"无为"思想,以期待今日人类社会能处在一和平、安宁、共同发展、共同富裕的大同世界之中。当然,两千多年前的老子思想不可能全然解决当今人类社会的问题(包括、各民族之间的矛盾、冲突等等问题),但是他的智慧之光对我们应有重要启示。我们应该作的事,是如何把他的思想中的精华加以发掘和发挥,并给以现代的诠释,使之有利于人们从古代的思想文化的宝库中得到某些宝贵启示。

在不同民族和国家之间,由于宗教信仰的不同、价值观念的不同、思维方式的不同可以引起冲突,甚至可以由冲突导致战争。但是,是否必然要引起冲突,能不能化解冲突、使之不因文化的不同而导致战争,这就需要我们从各个不同民族的文化中找出可以使文明共存的资源,用以消解不同文明之间可以引起冲突的文化因素。如上所述,中国文化中的儒道两家可以为化解文明的冲突,并能为"文明的共存"提供有意义的资源。我相信,在各民族、各国家的文化中同样可以为化解"文明的冲突",并能为"文明的共存"提供有价值的资源。在人类文明进入到二十一世纪之时,是用"文明冲突"的理论来处理各民族、各国家之间的问题,还是用"文明共存"的理论来引导人类社会走向和平共处,这是我们当前必须认真考虑和慎重选择的问题。反对"文明冲突"论,倡导"文明共存"论,这无疑是人类社会的福祉。《尚书·尧典》⑥中说:"协和万邦。"中华民族和其他许多民族一样是一伟大的民族,有着很长灿烂光辉的历史文化传统,它的文化对人类社会无疑是极为宝贵的财富。我们对这笔财富应善于利用它,使之对当前人类社会争取"和平共处",实现不同文化之间的协调共存,推进世界各种文化之间的交流,作出应有的贡献。

作者简介

汤一介(1927—),北京大学哲学系教授、中国哲学与文化研究所所长、博士生导师。1951年毕业于北京大学哲学系,1990年获加拿大麦克玛斯特大学(McMaster University)荣誉博士学位。著有《郭象与魏晋玄学》、《魏晋南北朝时期的道教》、《中国传统文化中的儒道释》、《儒道释与内在超越问题》、《在非有非无之间》、《汤一介学术文化随笔》、《非实非虚集》、《昔不至今》、《郭象》、《佛教与中国文化》、《生死》等。

注释

　　① 本文节选自汤一介先生在 2004 年"北京论坛"世纪大讲堂上作的演讲《"文明的冲突"与"文明的共存"》。我们节选的是其中第三部分,主要讲的是中国的传统文化能否为文明的共存作出贡献。　　② 郭店竹简:1993 年 10 月,在湖北省荆门市郭店村,郭店一号楚墓 M1 发掘出竹简,共 804 枚,为竹质墨迹。其中有字简 730 枚,共计 13000 多个汉字,楚简包含多种古籍,其中两种是道家学派的著作,其余多为儒家学派的著作。　　③《国语》:中国最早的一部国别史著作。记录了周朝王室和鲁国、齐国、晋国、郑国、楚国、吴国、越国等诸侯国的历史。　　④《论衡》:东汉王充(27—97 年)所作,大约作成于汉章帝元和三年(86 年),现存文章有 85 篇(其中的《招致》仅存篇目,实存 84 篇)。　　⑤《尚书》:又称《书》、《书经》,为一部多体裁文献汇编,是中国现存最早的史书。分为《虞书》、《夏书》、《商书》、《周书》。

导读

　　当下的中国掀起了一股国学热潮,学习中国传统文化成为时尚。中国传统文化的基本面貌如何,它在当今中国文化的建构以及世界文明的发展中到底能起到什么作用? 在这一篇文章中,汤一介先生对此进行了讨论。他认为中国传统文化中主要是儒、道两家,而且中国文化是儒、道互补的。中国文化中的儒、道两家的思想资源可以化解文明的冲突,促进文明的共存。在人类文明进入到 21 世纪之时,是用"文明冲突"的理论来处理各民族、各国家之间的问题,还是用"文明共存"的理论来引导人类社会走向和平共处,这是我们当前必须认真考虑和慎重选择的问题。反对"文明冲突"论,倡导"文明共存"论,这无疑是人类社会的福祉。

思考与交流

1. 你怎么看待中国现代文化?
2. 怎么看待亨廷顿的"文明的冲突"理论,这一理论与"中国威胁论"有什么关系?

(常海星)

承担,独立,自由,创造
——从《民国那些人》谈起(节选)①

钱理群

"铁肩担道义":对社会、历史、民族的承担

　　这本书写到了几位以身殉道、殉职的学人、报人,其中就有因拒收张作霖三十万元"封口费"而惨遭杀害的民国名记者邵飘萍。他有一句座右铭:"铁肩担道义,辣手著文章。"我想,"铁肩担道义"是可以概括这一代人共同的"不可夺"之"志"的,也是他们对国家、民族、人类、对历史、时代、社会、人民的承担意识的集中体现。这也是对自我在社会、历史中的角色、立场的一个选择、认定,用今天的话来说,他们都自命为"公共知识分子",他们代表的,不是某个利益集团的利益,更不是一己的私利,而是社会公共利益,是时代的正义和良知的代表,即所谓"铁肩担道义"。

本书在写到被公认为"宋史泰斗"的北大历史系教授邓广铭时，特地提到他的老友季羡林先生在回忆文章中所提到的一个词："后死者"——这是一个极其深刻的概念。这里讨论的是一个学者，特别是历史研究者，他和他的研究对象的关系：不仅是"研究者"与"被研究者"的关系，更是"后死者"与"先行者"的关系。因此，先行者对后死者有"托付"，后死者对先行者有"责任"和"承担"，后死者不仅要研究、传播先行者的思想、功业，还负有"接着往下讲，往下做"的历史使命。在这里，我可以向诸位坦白我的一个追求：我研究鲁迅，不仅要"讲鲁迅"，而且要"接着鲁迅往下讲，往下做"（鼓掌）。这就是一种历史的承担意识；在我看来，这才是一个历史学者，一个知识分子，他所从事的历史研究的真正意义和价值所在。

知识分子，学者，对社会、国家、民族、人类的承担，我觉得在两个时刻，特别显得重要。一个是民族危难的时刻。本书写到曾任辅仁大学校长、北京师范大学校长和故宫博物院图书馆馆长的史学大师陈垣老先生，在北平沦陷时期就这样对启功先生说："一个民族的消亡，从民族文化开始。我们要做的是，在这个关键时刻，保住我们的民族文化，把这个继承下去。"另一位复旦大学的老校长马相伯在抗战时期逝世，弟子于右任的挽联中赞誉他"生死护中华"，说的就是他在民族危亡中对民族文化的承担。

在社会道德失范的时候，在某种意义上，也是一种民族危难的时刻，所以我们的国歌"中华民族到了最危险的时候"，是时刻有着警醒的意义和作用的。危难中显本色，越是社会道德失范，知识分子就越应该承担"精神坚守"的历史责任，大学，也包括北京大学，就越应该发挥"转移社会一时之风气"的"精神堡垒"、"圣地"的作用。但现实却恰恰相反，许多令人痛心的丑闻都发生在大学校园里。因此，那些有节操，甚至有洁癖的老一代学者，就特别令人怀想。在林庚先生九五华诞时，我写过一篇文章，题目就叫《那里有一方心灵的净土》。我这样写道："无论如何，老人们仍然和我们生活在这个世界上，这个事实确实能够给人以温暖"，"因为这个越来越险恶，越来越令人难以把握的世界，太缺少他这样的人了——这样的好人，这样的可爱的人，这样的有信仰的，真诚的，单纯的人了"，因为"经不起各种磨难，我们心中的'上帝'已经死了，我们不再有信仰，也不再真诚和单纯，我们的心早就被油腻和灰尘蒙蔽了。"这就是北大校园里的林庚和他那一代人的意义："幸而还有他，不然，我们就太可怜，太可悲了。当我陷入浮躁，陷入沮丧，颓废，绝望时，想起燕南园那间小屋里那盏灯，我的心就平静起来，有了温馨与安宁，有了奋进的力量。是的，那里有一方心灵的净土。"（全场动容）

"把心思用在自己怎么看待自己"：对自我生命的承担

这本书给我印象最深刻的，是作者所叙述的三位教授的三堂课，我想称之为"最迷人的课"。

第一堂课，是西南联大的刘文典教授开设的《文选》课。刘老先生讲课不拘常规，常常乘兴随意，别开生面。有一天，他讲了半小时课，就突然宣布要提前下课，改在下星期三晚七点半继续上课。原来那天是阴历五月十五，他要在月光下讲《月赋》。——同学们不妨想象一下：校园草地上，学生们围成一圈，他老人家端坐其间，当着一轮皓月，大讲其《月赋》，俨如《世说新语》里的魏晋人物，这将是怎样的一番情景！

第二堂绝妙的课是四川大学教授蒙文通的考试课：不是先生出题考学生，而是学生出题问先生，往往考生的题目一出口，先生就能知道学生的学识程度。如学生的题目出得好，蒙先生总是大笑不已，然后点燃叶子烟猛吸一口，开始详加评论。（笑）考场不在教室，而在川大旁边望江楼公园竹丛中的茶铺里，学生按指定分组去品茗应试，由蒙先生招待吃茶。（大笑）

这样的课，绝就绝在它的不拘一格，它的随心所欲，显示的是教师的真性情，一种自由不拘的生命存在方式、生命形态。因此，它给予学生的，就不只是知识，更是生命的浸染、熏陶。在这样的课堂里,充满了活的生命气息,老师与学生之间,学生与学生之间,生命相互交流,沟通,撞击,最后达到了彼此生命的融合与升华。这样的生命化的教育的背后,是一种生命承担意识。(全场活跃)

而将这样的意识提升到理论高度的,是我亲自聆听的林庚先生的"最后一课"。当时我刚留校当助教,系主任严家炎老师要我协助组织退休的老教授给全系同学开讲座。林先生欣然同意,并作了认真的准备,花了一个多月的时间,反复琢磨,讲课的题目都换了好几次。最后那天上课了,先生穿着整洁而大方,一站在那里,就把大家震住了。然后,他缓缓地朗声说道:"什么是诗?诗的本质就是发现;诗人要永远像婴儿一样,睁大了好奇的眼睛,去看周围的世界,去发现世界的新的美。"顿时,全场肃然,大家都陷入了沉思。先生又旁征博引,任意发挥,足足讲了两个小时,还意犹未尽,学生们也听得如痴如醉,全然忘记了时间。但我扶着先生回到家里,先生就病倒了。先生是拼着生命的全力上完这最后一课的,这真是"天鹅的绝唱"。(鼓掌)

我们现在再来仔细体会林庚先生的这段话:这是他一生做人、治学、写诗经验的凝结,是道出了文学艺术、学术研究、科学、教育、学习,以至人生的秘密与真谛的。这里的关键词是"好奇"和"发现":首先要保持婴儿那样第一次看世界的好奇心,用初次的眼光和心态,去观察,倾听,阅读,思考,去上你已经上了无数次的课,去写已经成为你的职业任务的文章,你就会不断产生发现的渴望与冲动,而且你果真会不断有新的发现,新的创造。这样,你就会有古人说的"苟日新,日日新,又日新"的感觉,也就是每日每时每刻都在进入生命的新生状态。长期保持下去,也就有了一颗"赤子之心"。你们看,我们前面说到的老人,无论是曾昭抡、还是刘文典、蒙文通,以及所有的"民国那些人",哪一个不是终生都完整地保持着生命的"赤子"状态?我曾经说过:北大"大"在哪里?就"大"在有一批大学者。大学者"大"在哪里?就"大"在他们始终葆有赤子般的纯真、无邪,对世界、社会、学术永远有好奇心与新鲜感,因而具有无穷无尽的创造力。这就是别人评价沈从文说的"星斗其文,赤子其人"!(长时间的鼓掌)

这是能够给我们以启示的:那一代人,无论做学问、讲课、做事情,都是把自己的生命投入进去的,学问、工作,都不是外在于他的,而是和自我生命融为一体。这样,他们所做的每一件事情,都会使他自身的生命不断获得新生和升华,从中体会、体验到自我生命的意义、价值和欢乐。本书就记述了这样一个很有名的故事:金岳霖教授在西南联大讲逻辑学,有学生(我记得这是后来成为巴金夫人的萧珊)觉得这门学问很枯燥,就问先生:"你为什么要搞逻辑?"金教授答:"好玩。"(笑)大语言学家赵元任也是对他的女儿说,自己研究语言学是为了"好玩儿"。诚如作者所说,"在今人看来,淡淡一句'好玩儿'背后藏着颇多深意。世界上许多大学者研究某种现象或理论时,他们自己常常是为了好玩。'好玩者,不是功利主义,不是沽名钓誉,更不是哗众取宠,不是一本万利'"②还可以补充一句:不是职业式的技术操作,不是仅仅为了谋生,而是为了自我生命的欢乐与自由。

当然,这绝不是要否定谋生的意义,如鲁迅所说,"一要生存,二要温饱,三要发展",人对物质利益、金钱的追求都是人应有的权利,所谓"安贫乐道",如鲁迅所说,那是一种统治术,鼓吹者自己是不准备实行的。对这样的说教者,年轻人应该保持必要的警惕。但在生存、温饱基本解决,即达到衣食无虞以后,人在精神与物质上应有什么追求,就是一个大问题。我们所讨论的这些学者、教授,他们显然更注重精神对人的生命的意义,他们追求的是"简单的物质生活与丰裕的精神生活"。他们不追求外在于自我生命的东西,因此,就能如孔夫子所说,"不义而富且贵,于我如浮云":那都是身外之物,是应该而且可以淡然看之的。

本书特地提到了费孝通先生对他的老师潘光旦的评价:"我们这一代很看重别人怎么看待自己,潘先生比我们深一层,就是把心思用在自己怎么看待自己。"——这话颇值得琢磨:"看重别人怎么看自己",在意的是身外的评价,地位,那其实都是虚名;而"心思用在自己怎么看待自己",在意的是自己对不对得住自己,是自我生命能不能不断创造与更新,从而获得真价值,真意义。我们一再说,对自我生命要有承担,讲的就是这个意思。而我们的问题,也恰恰在这里:许多人好像很看重自己,其实看重的都是一时之名利,对自己生命的真正意义、价值,反而是不关心,不负责任的,因而也就无法享受到"民国那一代"人所特有的生命的真正欢乐。"自己对不起自己":这才是真正的大问题。

作者简介

钱理群,1939 年 1 月生于重庆,祖籍浙江杭州。著名人文学者,鲁迅、周作人研究专家。1956 年考入北京大学,后并入中国人民大学新闻系,1960 年毕业。1960—1978 年先后在贵州省安顺地区卫生学校、师范学校任教。1978 年考取北京大学中文系研究生,师从王瑶、严家炎先生攻读现代文学,1981 年毕业,获文学硕士学位。同年留校任教,先后任北京大学中文系教授,现代文学专业博士生导师。主要从事中国现代文学的研究与教学。著有《心灵的探寻》、《中国现代文学三十年》(合著)、《与鲁迅相遇》、《周作人传》、《1948:天地玄黄》、《致青年朋友》等。

注释

① 本文为钱理群先生 2007 年 9 月 13 日在北大"我们社"和出版社主持的《民国那些人》座谈会上的讲话,全文分十一个部分,本文节选其中关于"担当"的两个部分。 ② 好玩者一句:引自徐百柯《民国那些人》之《赵元任:多"好玩儿"的语言》。

导读

钱理群先生数年来坚持与青年学子保持着最密切的联系,以演讲或通信的方式,和青年朋友一起探讨种种社会问题,用自己的生命去体会和言说他所敢于直面的世界,他对青年真诚、平等、尊重、亲切的态度,他敏锐的思想、澎湃的激情以及对理想的坚守,影响感染着无数的青年。

钱理群先生以温厚平和的情感、睿智的思想,从民国时期"有承担的一代学人","独立、自由、创造精神的一代知识分子"身上,重温了一个时代的精神。特别从对社会、历史、民族的承担,对自我生命的承担和对学术的承担几个方面,对青年学子乃至当代知识分子提出了殷切的希望。

在"对社会、历史、民族的承担"一节中,作者认为"公共知识分子"代表的,应是时代的正义和良知,即所谓"铁肩担道义"。知识分子应勇于承担起"精神坚守"的历史责任,发挥"转移社会一时之风气"的"精神堡垒"作用。在"对自我生命的承担"一节中,从三堂"最迷人的课"延展出"心思用在自己怎么看待自己",这是一种对自我生命的承担。

思考与交流

1. 谈谈你对"公共知识分子"的理解。

2. 钱理群先生强调知识分子对社会、国家、民族、人类的承担,作为一名大学生,你打算怎样去实现?

3. 文中提到"民国那些人"追求的是"简单的物质生活与丰裕的精神生活",你怎样看待"物质生活"与"精神生活"之间的关系?

(张 雪)

第一编 人文精神

智慧的诞生①

周国平

一

许多年里，我的藏书屡经更新，有一本很普通的书却一直保留了下来。这是一册古希腊哲学著作的选辑。从学生时代起，它就跟随着我，差不多被我翻破了。每次翻开它，毋须阅读，我就会进入一种心境，仿佛回到了人类智慧的源头，沐浴着初生哲学的朝晖。

古希腊是哲学的失去了的童年。人在童年最具纯正的天性，哲学也是如此。使我明白何谓哲学的，不是教科书里的定义，而是希腊哲人的懿言嘉行。雪莱②曾说，古希腊史是哲学家、诗人、立法者的历史，后来的历史则变成了国王、教士、政治家、金融家的历史。我相信他不只是在缅怀昔日精神的荣耀，而且是在叹息后世人性的改变。最早的哲学家是一些爱智慧而不爱王国、权力和金钱的人，自从人类进入成年，并且像成年人那样讲求实利，这样的灵魂是愈来愈难以产生和存在了。

一个研究者也许要详析希腊各个哲学家之间的差异和冲突，把他们划分为不同的营垒。然而，我只是一个欣赏者。当我用欣赏的眼光观看公元前五世纪前后希腊的哲学舞台时，首先感受到的是哲学家们一种共同的精神素质，那就是对智慧的热爱，从智慧本身获得快乐的能力，当然，还有承受智慧的痛苦和代价的勇气。

二

在世人眼里，哲学家是一种可笑的人物，每因其所想的事无用、有用的事不想而加嘲笑。有趣的是，当历史上出现第一个哲学家时，这样的嘲笑即随之发生。柏拉图③记载："据说泰勒斯④仰起头来观看星象，却不慎跌落井内，一个美丽温顺的色雷斯侍女嘲笑说，他急于知道天上的东西，却忽视了身旁的一切。"

我很喜欢这个故事。由一个美丽温顺的女子来嘲笑哲学家的不切实际，倒是合情合理的。这个故事必定十分生动，以致被若干传记作家借去安在别的哲学家头上，成了一则关于哲学家形象的普遍性寓言。

不过，泰勒斯可不是一个对于世俗事务无能的人，请看亚里士多德⑤记录的另一则故事："人们因为泰勒斯贫穷而讥笑哲学无用，他听后小露一手，通过观察星象预见橄榄将获丰收，便低价租入当地全部橄榄榨油作坊，到油坊紧张时再高价租出，结果发了大财。"他以此表明，哲学家要富起来是极为容易的，如果他们想富的话。然而这不是他们的兴趣所在。

哲学家经商肯定是凶多吉少的冒险，泰勒斯成功靠的是某种知识，而非哲学。但他总算替哲学家争了一口气，证明哲学家不爱财并非嫌葡萄酸。事实上，早期哲学家几乎个个出身望族，却蔑视权势财产。赫拉克利特⑥、恩培多克勒⑦拒绝王位，阿那克萨戈拉⑧散尽遗产，此类事不胜枚举。德谟克利特⑨的父亲是波斯王的密友，而他竟说，哪怕只找到一个原因的解释，也比做波斯王好。

据说"哲学"（philosophia）一词是毕达哥拉斯⑩的创造，他嫌"智慧"（sophia）之称自负，便加上一个表示"爱"的词头（Philo），成了"爱智慧"。不管希腊哲人对于何为智慧有什么不同的看法，爱智慧胜于爱世上一切却是他们相同的精神取向。在此意义上，柏拉图把哲学家称作"一心一意思考事物本质的人"，亚里士多德指出哲学是一门以求知而非实用为目的的自由的学问。遥想当年泰勒斯因为在一个圆内画出直角三角形而宰牛欢庆，毕达哥拉斯因为发现勾股定理而举行百牛大祭,我们便可约略体会希腊人对于求知本身怀有多么天真的热忱了。这是人类理性带着新奇的喜悦庆祝它自己的觉醒。直到公元前三世纪,希腊人的爱智精神仍有辉煌的表现。当罗马军队攻入叙拉古城的时候,他们发现一个老人正蹲在沙地上潜心研究一个图形。他就是赫赫有名的阿基米德。军人要带他去见罗马统帅,他请求稍候片刻,等他解出答案,军人不耐烦,把他杀了。剑劈来时,他只来得及说出一句话:"不要踩坏我的圆!"

三

凡是少年时代迷恋过几何解题的人,对阿基米德大约都会有一种同情的理解。刚刚觉醒的求知欲的自我享受实在是莫大的快乐,令人对其余一切视而无睹。当时的希腊,才告别天人浑然不分的童稚的神话时代,正如同一个少年人一样惊奇地发现了头上的星空和周遭的万物,试图凭借自己的头脑对世界作出解释。不过,思维力的运用至多是智慧的一义,且是较不重要的一义。神话的衰落不仅使宇宙成了一个陌生的需要重新解释的对象,而且使人生成了一个未知的有待独立思考的难题。至少从苏格拉底①开始,希腊哲人们更多地把智慧视作一种人生觉悟,并且相信这种觉悟乃是幸福的惟一源泉。

苏格拉底,这个被雅典美少年崇拜的偶像,自己长得像个丑陋的脚夫,秃顶,宽脸,扁阔的鼻子,整年光着脚,裹一条褴褛的长袍,在街头游说。走过市场,看了琳琅满目的货物,他吃惊地说:"这里有多少东西是我用不着的!"

是的,他用不着,因为他有智慧,而智慧是自足的。若问何为智慧,我发现希腊哲人们往往反过来断定自足即智慧。在他们看来,人生的智慧就在于自觉限制对于外物的需要,过一种简朴的生活,以便不为物役,保持精神的自由。人已被神遗弃,全能和不朽均成梦想,惟在无待外物而获自由这一点上尚可与神比攀。苏格拉底说得简明扼要:"一无所需最像神。"柏拉图理想中的哲学王既无恒产,又无妻室,全身心沉浸在哲理的探究中。亚里士多德则反复论证哲学思辨乃惟一的无所待之乐,因其自足性而是人惟一可能过上的"神圣的生活"。

但万事不可过头,自足也不例外。犬儒派②哲学家偏把自足推至极端,把不待外物变成了拒斥外物,简朴变成了苦行。最著名的是第欧根尼③,他不要居室食具,学动物睡在街面,从地上拣取食物,乃至在众目睽睽下排泄和做爱。自足失去向神看齐的本意,沦为与兽认同,哲学的智慧被勾画成了一幅漫画。当第欧根尼声称从蔑视快乐中所得到的乐趣比从快乐本身中所得到的还要多时,再粗糙的耳朵也该听得出一种造作的意味。难怪苏格拉底忍不住要挖苦他那位创立了犬儒学派的学生安提斯泰④说:"我从你外衣的破洞可以看穿你的虚荣心。"

学者们把希腊伦理思想划分为两条线索,一是从赫拉克利特、苏格拉底、犬儒派到斯多噶派⑤的苦行主义,另一是从德谟克利特、昔勒尼派⑥到伊壁鸠鲁派⑦的享乐主义。其实,两者的差距并不如想象的那么大。德谟克利特和伊壁鸠鲁都把灵魂看作幸福的居所,主张物质生活上的节制和淡泊,只是他们并不反对享受来之容易的自然的快乐罢了。至于号称享乐学派的昔勒尼派,其首领阿里斯底波同样承认智慧在大多数情况下能带来快乐,而财富本身并不值得追求。当一个富翁把他带到家里炫耀住宅的华丽时,他把唾沫吐在富翁脸上,轻蔑地说道,在铺满大理石的地板上实在找不到一个更适合于吐痰的地方。垂暮之年,他告诉他的女儿兼学生阿莱特,他留下的最宝贵的遗产乃是"不要重视非必需的东西"。

对于希腊人来说,哲学不是一门学问,而是一种以寻求智慧为目的的生存方式,质言之,乃是一种精神生活。我相信这个道理千古不易。一个人倘若不能从心灵中汲取大部分的快乐,他算什么哲学家呢?

四

当然，哲学给人带来的不只是快乐，更有痛苦。这是智慧与生俱来的痛苦，从一开始就纠缠着哲学，永远不会平息。

想一想普罗米修斯窃火的传说或者亚当偷食智慧果的故事吧，几乎在一切民族的神话中，智慧都是神的特权，人获得智慧都是要受惩罚的。在神话时代，神替人解释一切，安排一切。神话衰落，哲学兴起，人要自己来解释和安排一切了，他几乎在踌躇满志的同时就发现了自己力不从心。面对动物或动物般生活着的芸芸众生，觉醒的智慧感觉到一种神性的快乐。面对宇宙大全，它却意识到了自己的局限，不得不承受由神性不足造成的痛苦。人失去了神，自己却并不能成为一个神，或者，用爱默生®的话说，只是一个破败中的神。

所谓智慧的痛苦，主要不是指智慧面对无知所感觉到的孤独或所遭受到的迫害。在此种情形下，智慧毋宁说更多地感到一种属于快乐性质的充实和骄傲。智慧的痛苦来自内在于它自身的矛盾。希腊哲人一再强调，智慧不是知识，不是博学。再博学的人，他所拥有的也只是对于有限和暂时事物的知识。智慧却是要把握无限和永恒，由于人本身的局限，这个目标永远不可能真正达到。

大多数早期哲学家对于人认识世界的能力都持不信任态度。例如，恩培多克勒说，人"当然无法越过人的感觉和精神"，而哲学所追问的那个"全体是很难看见、听见或者用精神掌握的"。德谟克利特说："实际上我们丝毫不知道什么，因为真理隐藏在深渊中。"请注意，这两位哲学家历来被说成是坚定的唯物论者和可知论者。

说到对人自己的认识，情形就更糟。有人问泰勒斯，世上什么事最难，他答："认识你自己。"苏格拉底把哲学的使命限定为"认识你自己"，而他认识的结果却是发现自己一无所知，于是得出结论"人的智慧微乎其微，没有价值"，而认识到自己的智慧没有价值，也就是人的最高智慧之所在了。

当苏格拉底承认自己"一无所知"时，他所承认无知的并非政治、文学、技术等专门领域，而恰恰是他的本行——哲学，即对世界和人生的底蕴的认识。其实，在这方面，人皆无知。但是，一般人无知而不自知其无知。对于他们，当然就不存在所谓智慧的痛苦。一个人要在哲学方面自知其无知，前提是他已经有了寻求世界和人生之根底的热望。而他之所以有这寻根究底的热望，必定对于人生之缺乏根底已经感到了强烈的不安。仔细分析起来，他又必定是在意识到人生缺陷的同时即已意识到此缺陷乃是不可克服的根本性质的缺陷，否则他就不至于如此不安了。所以，智慧从觉醒之日起就包含着绝望。

以爱智慧为其本义的哲学，结果却是否定智慧的价值，这真是哲学的莫大悲哀。然而，这个结果命中注定，在劫难逃。哲学所追问的那个一和全、绝对、终极、永恒，原是神的同义语，只可从信仰中得到，不可凭人的思维能力求得。除了神学，形而上学如何可能？走在寻求本体之路上的哲学家，到头来不是陷入怀疑主义，就是倒向神秘主义。在精神史上，苏格拉底似乎只是荷马与基督之间的一个过渡人物。神话的直观式信仰崩溃以后，迟早要建立宗教的理智式信仰，以求给人类生存提供一个整体的背景。智慧曾经在襁褓中沉睡而不知痛苦，觉醒之后又不得不靠催眠来麻痹痛苦，重新沉入漫漫长夜。到了近代，基督教信仰崩溃，智慧再度觉醒并发出痛苦的呼叫，可是人类还能造出什么新式的信仰呢？

不过，尽管人的智慧有其局限，爱智慧并不因此就属于徒劳。其实，智慧正是人超越自身局限的努力，惟凭此努力，局限才显现了出来。一个人的灵魂不安于有生有灭的肉身生活的限制，寻求超越的途径，不管他的寻求有无结果，寻求本身已经使他和肉身生活保持了一个距离。这个距离便是他的自由、他的收获。智慧的果实似乎是否定性的：理论上——"我知道我一无所知"；

实践上——"我需要我一无所需"。然而,达到了这个境界,在谦虚和淡泊的哲人胸怀中,智慧的痛苦和快乐业已消融为一种和谐的宁静了。

五

人们常说:希腊人尊敬智慧,正如印度人尊敬神圣,意大利人尊敬艺术,美国人尊敬商业一样;希腊的英雄不是圣者、艺术家、商人,而是哲学家。这话仅在一定程度上是对的。例如,泰勒斯被尊为七贤之首,名望重于立法者梭伦⑩,德谟克利特高龄寿终,城邦为他举行国葬。但是,我们还可找到更多相反的例子,证明希腊人迫害起哲学家来,其凶狠决不在别的民族之下。雅典人不仅处死了本邦仅有的两位哲学家之一、伟大的苏格拉底,而且先后判处来自外邦的阿那克萨戈拉和亚里士多德死刑,迫使他们逃亡,又将普罗塔戈拉⑪驱逐出境,焚毁其全部著作。毕达哥拉斯和他的四十余名弟子,除二人侥幸逃脱外,全部被克罗托内城的市民捕杀。赫拉克利特则差不多是饿死在爱非斯郊外的荒山中的。

希腊人真正崇拜的并非精神上的智者,而是肉体上的强者——运动员。四年一届的奥林匹克运动会上的优胜者不但可获许多奖金,而且名满全希腊,乃至当时希腊历史纪年也以他们的名字命名。克塞诺芬尼⑫目睹此情此景,不禁提出抗议:"这当然是一种毫无根据的习俗,重视体力过于重视可贵的智慧,乃是一件不公道的事情。"这位哲学家平生遭母邦放逐,身世对照,自然感慨系之。仅次于运动员,出尽风头的是戏剧演员,人们给竞赛获奖者戴上象牙冠冕,甚至为之建造纪念碑。希腊人实在是一个爱娱乐远胜于爱智慧的民族。然而,就人口大多数言,哪个民族不是如此?古今中外,老百姓崇拜的都是球星、歌星、影星之类,哲学家则难免要坐冷板凳。对此不可评其对错,只能说人类天性如此,从生命本能的立场看,也许倒是正常的。

令人深思的是,希腊哲学家之受迫害,往往发生在民主派执政期间,通过投票作出判决,且罪名一律是不敬神。哲人之为哲人,就在于他们对形而上学问题有独立的思考,而他们思考的结果却要让从不思考这类问题的民众来表决,其命运就可想而知了。民主的原则是少数服从多数,哲学家却总是少数,确切地说,总是天地间独此一人,所需要的恰恰是不服从多数也无需多数来服从他的独立思考的权利,这是一种超越于民主和专制之政治范畴的精神自由。对于哲学家来说,不存在最好的制度,只存在最好的机遇,即一种权力对他的哲学活动不加干预,至于这权力是王权还是民权好像并不重要。

在古希腊,至少有两位执政者是很尊重哲学家的。一位是雅典民主制的缔造者伯里克利,据说他对阿那克萨戈拉怀有"不寻常的崇敬和仰慕",执弟子礼甚勤。另一位是威震欧亚的亚历山大大帝,他少年时师事亚里士多德,登基后仍尽力支持其学术研究,并写信表示:"我宁愿在优美的学问方面胜过他人,而不愿在权力统治方面胜过他人。"当然,事实是他在权力方面空前地胜过了他人。不过,他的确是一个爱智慧的君主。更为脍炙人口的是他在科林斯与第欧根尼邂逅的故事。当时第欧根尼正躺着晒太阳,大帝说:"朕即亚历山大。"哲人答:"我是狗崽子第欧根尼。"问:"我能为你效什么劳?"答:"不要挡住我的太阳。"大帝当即叹道:"如果我不是亚历山大,我便愿意我是第欧根尼。"

如果说阿那克萨戈拉和亚里士多德有幸成为王者师,那么,还有若干哲学家则颇得女人的青睐。首创女校和沙龙的阿斯帕西娅是西方自由女性的先驱,极有口才,据说她曾与苏格拉底同居并授以雄辩术,后来则成了伯里克利的伴侣。一代名妓拉依斯,各城邦如争荷马一样争为其出生地,身价极高,但她却甘愿无偿惠顾第欧根尼。另一位名妓弗里妮,平时隐居在家,出门遮上面纱,轻易不让人睹其非凡美貌,却因倾心于柏拉图派哲学家克塞诺克拉特之清名,竟主动到他家求宿。伊壁鸠鲁的情妇兼学生李昂馨,也是一位多才多艺的妓女。在当时的雅典,这些风尘女子是妇女中最有文化和情趣的佼佼者，见识远在一般市民之上，遂能慧眼识哲人。

如此看来，希腊哲学家的境遇倒是值得羡慕的了。试问今日有哪个亚历山大会师事亚里士多德，有哪个拉依斯会宠爱第欧根尼？当然，你一定会问：今日的亚里士多德和第欧根尼又在哪里？那么，应该说，与后世相比，希腊人的确称得上尊敬智慧，希腊不愧是哲学和哲学家的黄金时代。

作者简介

周国平（1945—　），中国社会科学院哲学研究所研究员，在尼采思想的研究和尼采著作的翻译方面卓有建树。他兼事哲学和文学，影响不限于学术界，除学术论著外，还写了大量哲理散文。其主要作品有学术专著《尼采：在世纪的转折点上》、《尼采与形而上学》；散文集《守望的距离》、《各自的朝圣路》、《安静》等，纪实作品《妞妞：一个父亲的札记》等，随感集《人与永恒》等，诗集《忧伤的情欲》等，译有《尼采美学文选》、《尼采诗集》、《偶像的黄昏》等。

注释

① 本文选自《周国平自选集》。　② 雪莱（Percy Bysshe Shelley, 1792—1822）：英国 19 世纪伟大的浪漫主义诗人，其代表作有《赞智力美》、《勃朗峰》、《致大法官》等。　③ 柏拉图（Plato，约前 427—前 347），古希腊哲学家，全部西方哲学乃至整个西方文化最伟大的哲学家和思想家之一，其著作有《理想国》等。　④ 泰勒斯（Thales，约前 624—前 547），古希腊哲学家，米利都学派的创始人，希腊七贤之一，西方思想史上第一个有名字留下来的哲学家。　⑤ 亚里士多德（Aristotle，前 384—前 322 年），世界古代史上最伟大的哲学家，科学家和教育家之一，在伦理学、心理学、逻辑学、修辞学、政治学、形而上学、生物学等领域都作出了巨大贡献，是一位百科全书式的思想家。　⑥ 赫拉克利特（Heracleitus，约前 540—前 480），古希腊哲学家，爱非斯学派的创始人，认为"火"是万物的本原，提出"一切皆流，无物常住"的观点，认为世界万物都处在永恒的运动变化之中。　⑦ 恩培多克勒（Empedocles，约前 495 或 492 或 490—前 435 或 432 或 430），古希腊哲学家，原子论的前驱，认为土、气、火、水是万物本原。　⑧ 阿那克萨戈拉（Anaxagoras，前 488—前 428），古希腊哲学家，原子论的先驱，认为构成物质的最初元素是数目无限多、体积无限小、具有各种不同性质的"种子"。　⑨ 德谟克利特（Demokritos，约前 460—前 370），古希腊哲学家，原子论学说的创始人之一，认为万物的本原是原子和虚空。　⑩ 毕达哥拉斯（Pythagoras，约前 580—前 500），古希腊著名的哲学家、数学家、天文学家，毕达哥拉斯学派创始人，认为数是万物的本原。　⑪ 苏格拉底（Socrates，前 469—前 399），著名的古希腊哲学家，他和他的学生柏拉图及柏拉图的学生亚里士多德被并称为"希腊三贤"。被后人广泛认为是西方哲学的奠基者。　⑫ 犬儒派是古希腊的一个哲学流派，因常在希腊郊外名为"白犬之地"的运动场活动而得名，其创始人是苏格拉底的学生安提斯泰。犬儒学派的名字象征道德上的警觉性，总是狗吠似地提醒人们节制禁欲，同时也表明他们宣扬一种最简单、粗鄙的生活方式。　⑬ 第欧根尼（Diogenes，前 404—前 323），犬儒学派代表人，他建立了一种落拓不羁，最粗鄙贫穷的生活方式，认为善是遵从自然，抑制一切人为的欲望追求。　⑭ 安提斯泰（Antisthens，约前 446—前 336），犬儒学派创始人，认为追求奢侈的生活是家庭和城邦败落的原因，同苏格拉底一样崇尚理智，主张道德兴邦。　⑮ 斯多噶派的名字源于 Stoa poikile（屋顶的柱廊），因其在雅典的一处画廊集会讲学而得名，其创始人是芝诺（Zeno，约前 336—前 264）。斯多噶学派认为宇宙是理性的，最好的生活方式就是认识宇宙的理性，淡泊寡欲，从而合理生活。　⑯ 昔勒尼派与犬儒派相似，也把善看作个体的主观自由和独立，但不像犬儒派把善消极地规定为节制欲望，而是将其规定为个体的快乐。　⑰ 伊壁鸠鲁派是古希腊哲学家伊壁鸠鲁（Epicurus，前 341—前 270）创立的哲学派别，它宣扬无神论，认为人死魂灭，同时提倡寻求快乐和幸福。但他们所主张的快乐决非肉欲物质享受之乐，而是排除情感困扰后的心灵宁静之乐。　⑱ 爱默生（Ralph Waldo Emerson, 1803—1882），美国思想家、文学家，确立美国文化精神的代表人物。　⑲ 梭伦（Solon，前 638—前 559），古代雅典的政治家、立法者、诗人，古希腊

七贤之一。梭伦在前594年出任雅典城邦的第一任执政官,制定法律,进行改革,史称"梭伦改革"。 ⑳ 普罗塔戈拉(Protagoras,约前490或480—前420或410),希腊哲学家,智者派的主要代表人物,论辩术的奠基人。 ㉑ 克塞诺芬尼(Xenophanes,约前565—前473)古希腊游吟诗人,第一个提出一切是"一"的哲学家,爱利亚学派的先驱。

导读

《智慧的诞生》一文讲述了古希腊时期希腊哲人对智慧的热爱,以及由此所获得的至高快乐,所承受的常人无法理解的痛苦和所遭受的各种待遇。全文最后以两个疑问结尾,使人感慨爱智慧这一传统的没落,读来颇有感触、发人深思。在这个物欲横流的世俗中,我们如何拿捏物质与精神的平衡,如何持守精神的独立自主,又如何追求和享有灵魂的宁静与自由呢?这些都是《智慧的诞生》遗留给我们所要深思的问题。

思考与交流

1. 请感受古希腊哲人爱智慧的精神,并思考其中对智慧的热爱到底指的是什么?

2. 希腊哲人爱智慧的精神中的智慧与人们日常所理解的智慧相同吗,大学究竟应该赋予人们怎样的智慧?

3. 请结合全文,思考最后一段提出的问题。我们除了关注物质生活,关注名利欲望外,是否还能有其他的追求,用以慰藉疲惫不堪的灵魂,甚至实现灵魂的自由?

(周 江)

全球化时代的"大学之道"①

陈平原

国人都说,都全球化时代了,我们不能再沉默,一定要发出中国人自己的声音。否则,我们将被日渐边缘化。面对如此宏论,我"欣然同意"。只是如何落实,实在心里没底。比如,什么是中国人"自己"的声音,如何"发出"这声音,还有这"声音"是否美妙,都没把握。不提别的,单说"全球化时代的'大学之道'",感觉上便是危机四伏。

在西方,大学已经定型了,路该怎么走,大致已经确定;作为个体的知识分子,你可以发言,但说了基本上等于白说。而中国却不一样。有那么多读书人都愿意暂时搁置自己的专业,争相谈论大学问题。那是因为他们相信,大学问题还在自己努力的范围内,今天的"百家争鸣",也许会影响到日后中国大学的发展方向。

至于我个人,既研究过去百年的"大学史",也关注"当代中国大学"。我心目中的"当代中国大学",是着眼于邓小平南巡以后,1993年中共中央、国务院颁布《中国教育改革和发展纲要》之后,这15年中国大学所走过的路。我曾用了十个"关键词"来观察、描述、阐释这15年的中国大学。那就是:大学百年、大学排名、大学合并、大学分等、大学扩招、大学城、大学私立、北大改革、大学评估和大学故事。

具体的我不想多说,就说一句:此前一千年,大学作为一种组织形式,为人类文明作出了巨大贡献；以后一千年，大学将继续展现其非凡魅力，只是表现形式可能会有很大变化。至于中国大学，仍在转型过程中，更是有很多问题需要我们勇敢面对。

一、"世界一流"的焦虑

在科技及文化领域，中国人有好几个梦。比如，奥运金牌第一，获得诺贝尔奖，还有创建世界一流大学。通过倾全国之力，在北京举办一次"无与伦比"的奥运会，第一个梦想已经实现了；第二个呢，不管是文学还是物理、化学、经济学，还没有一个持中国护照的学者或文人获得过诺贝尔奖。不过，这是迟早的事；而且，我以为不会太遥远。相对来说，建设一所能体现一国学术文化整体水平的"世界一流大学"，反而有点"悬"。

当今中国，各行各业，最时尚的词，莫过于"世界一流"，可见国人的视野和胸襟确实大有长进。提及"中国大学"，不能绕开两个数字，一是"211"，一是"985"，而且都叫"工程"。在21世纪，培育100所世界著名的中国大学，这自然是大好事。可国家毕竟财力有限，这目标也太宏大了点。于是，政府做了调整，重点支持北大、清华等"985"工程大学。此后，我们开始以欧美的一流大学为追赶目标。

其实，从晚清开始，中国人办现代大学，就是从模仿起步的。一开始学的是日本和德国，上世纪二十年代转而学美国，五十年代学前苏联，八十年代以后又回过头来学美国。现在，谈大学制度及大学理念的，几乎言必称哈佛、耶鲁。连牛津、剑桥都懒得提了，更不要说别的名校。俨然，大学办得好不好，就看与哈佛、耶鲁的差距有多大。在我看来，这已经成为一种新的"迷思"。过去，强调东西方大学性质不同，拒绝比较，必定趋于固步自封；现在，反过来，一切惟哈佛、耶鲁马首是瞻，忽略养育你的这一方水土，这同样有问题。

我常说，中国大学不是"办在中国"，而是"长在中国"。各国大学的差异，很大程度上是历史形成的，不是想改就能改的，因为我们只能在历史提供的舞台上表演。而就目前中国大学的现状而言，我们首先要明白自己所处的历史舞台，寻找适合自己发展的道路，而不是忙着制订进入"世界一流"的时间表。

再说，"大学"是否"世界一流"，除了可见的数字（科研经费、获奖数目、名家大师、校园面积、师生比例等）外，还得看其对本国社会进程的影响及贡献。北大百年校庆时，我说了好多话，有的被严厉批判，有的则得到广泛赞许，下面这一句，倒被不断"传抄"——"就教学及科研水平而言，北大现在不是、短时间内也不可能是'世界一流'；但若论北大对于人类文明的贡献，很可能是不少世界一流大学所无法比拟的。因为，在一个东方古国崛起的关键时刻，一所大学竟然曾发挥如此巨大的作用，这样的机遇，其实是千载难求的。"我这么说，并非否认中国大学，尤其是我所在的北京大学。我只是不喜欢人家整天拿"世界一流"说事，要求你按"排行榜"的指标来办学。

我在好多文章中批评如今热闹非凡的"大学排名"。我认定，大学排行榜对于中国大学的发展，弊大于利。因为排名只能依靠数字，而数字是很容易造假的。以为读书人都讲"仁义礼智信"，那是低估了造假的巨大收益，而高估了道德的约束力。即便是老实人，拒绝弄虚作假，可当潜意识里着力于生产"有效的"数字时，也必定会扭曲办学方向。

大学排行榜的权威一旦建立，很容易形成巨大的利益链条，环环相扣，不容你置身事外。在我看来，此举将泯灭上下求索、特立独行的可能性。因为好大学必须有个性，但它的那些"与众不同"的部分，恰好无法纳入评价体系。"趋利避害"是人的天性，大学也不例外。久而久之，大学将日益趋同。差的大学可能得到提升，而好的大学将因此而下降。这就好像辩论比赛。裁判称，按照规则，去掉一个最高分，去掉一个最低分，其余的平均。这被抹去的"最高分"，可能是偏见，也可能是创见。当你一次次被宣布"工作无效"，不计入总成绩，自然而然的，你就会转向，变得日渐随和起来。当然,你也可以固执己见,可那就有可能成为"烈士"了。

所谓争创"世界一流",这么一种内在兼外在的压力,正使得中国大学普遍变得躁动不安、焦虑异常。其好处是,举国上下全都努力求新求变;缺点则是大学不够自信,难得有发自内心的保守与坚持。其实,所有理想型的论述,在实际操作中都将打折扣。所谓"非此即彼"或"不全宁无",只适合于纸上谈兵。今天中国,不仅仅是"开放"与"保守"之争,在"接轨"与"闭关"之外,应该还有第三、第四条路可供选择。

全球化时代的大学,并非"自古华山一条路",而很可能是"条条大路通罗马"。外有排行压力,内有部门管理,中国大学自由发展的空间正日趋缩小。对此,我们必须保持必要的警惕。如果连标榜"独立"与"创新"的大学,都缺乏深刻的自我反省能力,那就太可怕了。

二、"教学优先"的失落

我之所以对各式排行榜心存忌惮,很大程度基于我对大学功能的理解。在我看来,大学不同于研究院。即便是研究型大学,"教书育人"依旧是我们最重要的任务。学校办得好不好,除了有可以量化的论文、专利、获奖等,还得看这所大学教师及学生的精神状态。好大学培养出来的学生,有明显的精神印记。不管你是培养"英国绅士",还是"共产主义新人",都要把人的精神面貌放在第一位,关注的是心智,而非专业技能。而所谓的"心智"或"精神",都是以人为中心,注重长时段的影响,而非一朝一夕、一时一地的表现,故无法落实在各种硬指标上。

自从有了"世界一流"的奋斗目标,加上各种"排行榜"的诱惑与催逼,大学校长及教授们明显地重科研而轻教学。理由很简单,教学(尤其是本科教学)的好坏,无法量化,不直接牵涉排名。不管是对教师的鉴定,还是对大学的评估,都是"对科研很实,对教学则很虚"。其实,当老师的都知道,在大学里教好书,获得学生们的衷心拥戴,很不容易。我这里所指的不是课堂效果,因为那取决于专业、课程、听众以及教师的口才等;我觉得更重要的方面是老师用心教书,对学生负责,以及真正落实教学目标。

今天的中国大学,教授们普遍不愿在学生身上花太多的时间。其原因是,这在各种评鉴中都很难体现出来。这是一个很糟的结果。我甚至认为,高悬"世界一流"目标,对那些实力不够的大学来说,有时不啻是个灾难。这很可能使得学校好高骛远,挪用那些本该属于学生(尤其是本科生)的资源,投向那个有如肥皂泡般五光十色的"世界一流"幻境。结果呢,连原本可以做好的本科教学都搞砸了。

这让我想起西南联大②的故事。今天,大家都在怀念炮火纷飞中联大师生的"弦吹弦诵"。毫无疑问,这个生存在战争年代的大学,"生产"了很多著名人物,包括诺贝尔奖得主杨振宁③、李政道④,还有众多"两弹一星"的元勋。但请大家注意,联大校友中,理科方面的著名人物绝大多数都留过洋。事实上,西南联大最大的"学术成就",是成功的本科教育。

现在大家谈西南联大,有点过高估计了他们的学术水平。杨振宁、何炳棣⑤都再三说,西南联大的学生到美国念研究院,比美国最好的大学一点都不差。这话有道理,但必须加注。当年西南联大的学术水平,和美国著名大学之间,是有较大落差的。但西南联大培养出来的学生,与美国学生的差距并不大,原因是什么?第一,大学经费有限,无力发展研究院,西南联大9年培养出来的研究生总数不超过100人,还没有今天一个院系一年培养的多;第二,因当时学校实验设备等教学硬件实在太差,教授们没有能力从事专深研究(我说的是理工科)。因此,无论校方和教授们,全都专注于本科教学。根据我翻查的很多史料,包括当年的各种教材、教师薪水表、图书馆资料、仪器设备,还有当事人的日记和回忆录等,确认西南联大的学术环境实在很糟糕。可另一方面,当一所大学的所有著名教授都把主要精力投入到本科教学里面,这个大学培养出来的本科生,水平一定高。

如今回过头来看日渐成为神话的西南联大,确实有很多感人的故事。包括吴大猷⑥教授如何发现李政道,扶上马再送一程。根据杨振宁回忆:"当时,西南联大老师中有学问的人很多,而同时他们对于教书的态度非常认真。"李政道则称:"他们看见有一个优秀的学生,都是全副精神要培养的。"为什么会这样?我的理解是,除了教书育人的共同理念,一个重要原因是当时大学没有能力大规模发展研究生教育,没条件强调学术成果。但这一缺陷,反而成全了西南联大的本科教学。

而今天,所有的中国大学,稍微有点样子的,都在拼命发展研究院,不愿意把主要精力放在本科生身上。说好听点,大家都在努力迈向"研究型大学";说得再透彻点,那就是教授们都在拼自己的业绩。

本科教学不受重视,这是今天中国大学一个很严重的问题。很多著名教授不愿意给本科生上课,其中存在制度方面的原因。比如,在大学里教书,只有论文或著作才能体现教师的学术水平,至于教学方面的要求则是很虚很虚。每次晋升职称,因教学好而被评上、或因教学不好而被卡住的,极少极少。加上很多不太自信的大学,会把每年发表多少论文作为一个硬杠杆,那就更促使老师们不愿意在本科教学上用心了。

所谓"教学"与"科研"可以互相扶持,且相得益彰,我认为,那是一种"理想状态",缺乏实验数据的支持。确实有既长讲课又擅科研的,但即便是如此完美的教授,其备课、讲课及辅导学生,同样会影响科研工作——毕竟,我们一天都只有二十四小时。而更多的教师则是学有偏胜,或长于教学,或长于著述。假如我们认定,大学的核心任务是"教书育人",那么,如何让长于教学的教师发挥更大的作用,而不是硬逼着他/她们去写那些不太管用的论文,是个亟需解决的难题。在我看来,大学教师的"育人",不仅是义务,也是一种成果——只不过因其难以量化,不被今天的各种评估体系承认。

三、"提奖学术"的困境

我的基本判断是:中国大学——尤其是"985"工程大学,可利用的资源会越来越多;可随之而来的是,工作压力也会越来越大。上世纪八十年代,我们很穷,但有很多可自由支配的闲暇时间,供你潜心读书做学问——那是最近三十年中国学术得以迅速崛起的重要因素。可现在不一样了,大学教师诱惑很多,要求大家都"安贫乐道",很不现实。以后大家收入还会逐渐增加,但工作会越来越忙,可能忙得四脚朝天。我们必须适应这个变化了的世界,但不一定非"随风起舞"不可。对于大学教师来说,单说"支持"而不讲"责任",那不公平;我只是希望这种压力,不是具体的论文指标,而是一种"氛围"以及无言的督促。现在都主张"奖励学术",可如果缺乏合适的评价标准,奖励不当,反而徒增许多困扰。因此,我们必须逐步摸索,建立一套相对合理的考核与评价体系。

去年初,我在《人民日报》上撰文,提及中国的学术著作出版那么多,但绝大部分都是半成品。我所说的"半成品",意思就是作品立意好,作者也下了工夫,但火候未到,还没打磨好,就急匆匆出来了。之所以"精品不精",主要原因是打磨不够,背后因素则是市场的诱惑,以及教育部的评奖机制,剥夺了学者们本该有的从容、淡定和自信。

以我的观察,最近三十年,好的人文学方面的著作,大体上有三个特征:第一,个人撰写;第二,长期经营;第三,基本上没有资助。我对人文学领域的大兵团作战,不太以为然。动辄四五十人,真的能"强强联合"吗?我怀疑其实际效果。强大的经费支持,对人文学者来说,不是最关键的,有时甚至还坏事。为什么?因为拿人家的钱,就得急着出成果,不允许你慢工出细活。目前的这套项目管理机制,是从理工科延伸到社会科学,再拷贝到人文学。延伸到社会科学,还有道理;最不适应这套管理机制的,是人文学。

现在提"奖励学术",都说要以课题为主,尤其是有关国计民生、人多势众的"重大课题"。我不太同意这一思路。如果是奖励人文学,我主张"以人为本",而不以工程、计划为管理目标。原因是,人文学的研究,大都靠学者的学术感觉以及长期积累,逐渐摸索,最后才走出来的。还没开工,就得拿出一个完整的研究计划,你只能瞎编。如此一来,培养出一批擅长填表的专家,学问做不好,表却填得很漂亮。而且,我们还以项目多少作为评价人才的标准。我建议政府改变现有的这套评价体制。

外面传说,北大有一个规定,两个人同样评教授,一个人有课题,一个人没课题,如果成果一样,那就应该给那没课题的。因为,没有政府的经费支持,还和你做得一样好,可见他的学术水平更高。这属于美好的误会,北大其实没那么"另类"。最近学校开会,还在提醒我们尽量争取课题。只不过,北大的教授们,确实不太愿意申请各种各样的课题,越有名的教授越是如此。我觉得,管理部门应该反省一下,为什么会有那么多好学者不愿意做课题。我的建议是,允许学者不做课题,但出了成果摆在那里,请专家鉴定,真好的话,值多少钱,10万、20万、50万,你给我,我继续做研究,至于怎么做,我自己决定。在国外,也有这种情况,奖励你科研经费,后面的活,你自己做。这样的话,什么时候发论文,什么时候出书,我来把握。现在的状况是:按工程进度,一年或三年,必须结项。做不出来,你也必须硬撑,送上一堆夹生饭。对人文学者来说,每天忙着填表,不是好事情。恕我直言,今天的中国大学很有钱,但学术环境及整体氛围不如80年代。

在《当代中国人文学之"内外兼修"》(《学术月刊》2007年11期)中,我曾谈及,当代中国人文学的最大危机,很可能还不是在社会上被边缘化、在大学中地位急剧下降,而是被教育主管部门按照工科或社会科学的模样进行"卓有成效"的改造。经过这么一番"积极扶持",大学里的人文学者,钱多了,气顺了,路也好走了。可没有悠闲,没有沉思,没有诗意与想象力,对于人文学来说,这绝对是致命的。原本强调独立思考,注重个人品味,擅长沉潜把玩的"人文学",如今变得平淡、僵硬、了无趣味,实在有点可惜。在我心目中,所谓"人文学",必须是学问中有"人",学问中有"文",学问中有"精神"、有"趣味"。但在一个生机勃勃而又显得粗糙平庸的时代,谈论"精神超越"或"压在纸背的心情",似乎有点奢侈。

作者简介

陈平原(1954—),广东潮州人,文学博士,北京大学中文系教授及系主任,教育部长江学者特聘教授,北大二十世纪中国文化研究中心主任,中国俗文学学会会长。先后出版《中国小说叙事模式的转变》、《千古文人侠客梦》、《中国现代学术之建立》、《触摸历史与进入五四》、《大学何为》等著作。

注释

①本文选自《高等教育》2009年第5期,是陈平原教授在复旦大学的演讲。 ②西南联大:即国立西南联合大学,是中国抗日战争期间设于昆明的一所综合性大学,由国立北京大学、国立清华大学和私立南开大学联合而成。 ③杨振宁(1922—),生于安徽合肥,著名美籍华裔科学家,1957年因与李政道一起发现"弱相互作用中宇称不守恒"而共同获得诺贝尔物理学奖。 ④李政道(1926—),江苏苏州人,美籍华裔科学家,诺贝尔物理学奖得主。 ⑤何炳棣(1917—2012),浙江金华人,旅美华裔史学家,代表作:《明初已降人口及其相关问题》、《明清社会史论》、《东方的摇篮》、《读史阅世六十年》等。 ⑥吴大猷(1907—2000),著名物理学家,被誉为中国物理学之父,历任国立北京大学物理学教授、国立西南联合大学教授、国科指导会主任委员等职。

本文讲述了中国大学在全球化潮流之中所面临的发展问题。与西方早已成型的大学传统比较,中国大学的发展不能只着眼于在量化指标上向西方大学看齐,而更应该着眼于大学的内涵;不应该以统一的标准来建造模式化的千篇一律的大学,而应该着眼于自身性质来塑造能体现民族传统的大学精神;也不宜在各个学科门类中,施行统一的衡量标准而抹杀了具体学科的特殊性,而应该立足各门学科的特点,发挥具体学科的自主性、创造性;而更根本的是,不要遗忘了大学的核心任务和根本目标,这样我们才能守住大学的根基。然而遗憾的是,在这样一个躁动不安的时代里,面对汹涌而来的滚滚红尘,谁还能静下心来,关注大学的真正精神,体认大学的核心理念,固守大学那超越性的人文关怀!

思考与交流

1. 请结合自己的实际情况,谈谈你对大学的期望?

2. 请从一个大学生的角度思考:中国当代大学应当怎样发展,应当以何为目标?

3. 你如何理解文中所提到的大学的核心任务:教书育人。在你所经历的学校教育中,它们的目标是什么,而你接受教育的目的又是什么,它们是否偏离了教育的本质?

(周　江)

哥本哈根精神①

杨福家

一

杨振宁教授在《基本粒子发现简史》一书(1962)中,为了说明现代科学研究中出现的合作精神,曾选列了一篇文章的首页,那里的署名作者有 36 个之多。这样的例子,在今天已屡见不鲜了。例如,在杨振宁的书出版 21 年后,在发现 Z^0 粒子的文章中,署名作者就多达 138 个!尼耳斯·玻尔②似乎早已预见到了科学合作的重要性。如果说,在玻尔的 57 年(1905—1962)科学生涯中,头十年的光辉成就是发表划时代的三部曲《原子和分子结构》,那末,在第二个十年中,玻尔并没有一二篇文章可以表征这个时期的成果,但是,他在这时期对科学的贡献绝不比前十年逊色。正是在这个时期内,他以自己的威望在他周围汇集了一批杰出的物理学家,形成了哥本哈根学派,以集体合作的方式对量子力学的建立作出了卓越的贡献。1921 年成立的丹麦哥本哈根大学理论物理研究所(1965 年改名为尼耳斯·玻尔研究所),对近代物理的贡献是难以估量的,但是,它给国际物理学界留下的最深刻的印象则是它的"气氛"——被世人美喻的"哥本哈根精神"。

二

什么是哥本哈根精神?正像玻尔的互补原理一样,似乎很难找到一个确切的定义。

玻尔的知友、著名的物理学家罗森菲耳德(L. Rosenfield)对哥本哈根精神的定义是:完全自由的判断与讨论的美德。

英国科学记者克劳瑟(J. G. Crowther)认为:"哥本哈根精神是玻尔思想的一种表达,它既具有不可超越的想像力,又具有极大的灵活性和完整的智慧鉴赏能力,他能无比迅速地领悟任何新思想的关键和价值。"

澳大利亚物理杂志的编辑罗伯逊(P. Robertson)的看法是:"哥本哈根精神或许可以很好地被表征为玻尔给人的一种鼓舞和指导,它与聚集在周围的青年物理学家的才华相结合,体现了领袖与群众的互补关系。""玻尔依靠他的洞察力和鼓舞力量,把他周围的人的聪明才智充分发挥出来。"

传记作家穆尔(R. Moore)则认为,哥本哈根精神是"高度的智力活动、大胆的涉险精神、深奥的研究内容与快活的乐天主义的混合物"。

可以认为,哥本哈根精神的核心,是在玻尔创导下形成的"平等、自由地讨论和相互紧密地合作的浓厚的学术气氛"。

三

抽象的定义与具体的例子总是互为补充的。下面让我们来看几个具体的例子。

例一:

1922 年 6 月,玻尔应邀赴德国格廷根讲学,德国一些著名的学者都前来听讲,盛况空前(后被称为"玻尔节")。当时年仅 20 岁的大学生海森堡③也随其导师索末菲从慕尼黑专程赶来聆听玻尔的演说。在玻尔的每次演讲末了,照例总有一段时间供大家讨论、提问。有一次,那位在大学里只读了 4 个学期的海森堡,对玻尔的一些看法提出了强烈的异议。玻尔一眼就看出,这些异议是经过仔细研究后提出来的,于是,这位在当时已享盛名的教授,在当天下午就邀请海森堡到附近山区散步,以便能对问题作深入讨论。在讨论中,玻尔既肯定海森堡的很多想法,又十分坦率地谈了自己的认识过程,还承认"我今天上午说得不够小心",既讨论科学,又谈家常,使人感到十分亲切。最后,玻尔邀请海森堡到哥本哈根工作一段时间。

海森堡后来回忆说:"这是我记得起的、对近代原子理论的物理内容和哲学问题所进行的第一次最为透彻的讨论,它显然对我今后的科学生涯产生了决定性的影响","我真正的科学生涯是从这次散步开始的。"

玻尔则认为,他到格廷根讲学的最大收获是第一次遇到了两位有才华的青年人——海森堡和泡利④。

海森堡接受邀请于 1924 年来到丹麦。不久,玻尔就陪他到哥本哈根北部小城旅行,欣赏丹麦西兰岛的优美风景。这位诺贝尔物理学奖的获得者,与刚从大学毕业的海森堡一起,背着小包,睡在小客栈里,从政治、地理讨论到哲学、物理。这就是玻尔研究所内师生关系的生动写照、"哥本哈根精神"的具体体现。

例二:

玻尔靠了非凡的直觉能力,早在 1921 年,量子力学建立之前,甚至更为惊人的,是在泡利提出不相容原理(1925)之前,就用原子的量子论解释了元素周期表,预告第 72 号元素的存在。玻尔曾自信地说过:"我们必须期望第 11 个电子(钠)跑到第三个轨道上去。"可是,索末菲的学生、比海森堡大一岁的泡利,一点也不喜欢这种牵强的解释。他用了有两个惊叹号的句子加以批注:"你从光谱得出的结论一点也没有道理啊!!"泡利对玻尔的批评不讲情面,但是,玻尔却能"认真地对待这种含蓄的批评,决不因为受到挖苦而气馁"(罗森菲耳德语)。

泡利的可贵之处就是敢于提出非常尖锐的批评,他后来成了近代物理学中最著名的评论家。他不管你有没有名望,都毫不客气地进行批评,有时甚至挖苦、讽刺、态度粗暴。海森堡曾说:"不知多少次,他(泡利)骂我'你这个笨蛋',或者类似的话,这对我很有帮助。可是,我们总是好朋友，我们相互批评，从不见怪。"这个泡利，就是海森堡终身的朋友和科学上的批评者。

在玻尔的邀请下，泡利在玻尔访问格廷根后就来到哥本哈根。玻尔让他评论研究所的各项工作，并高度评价泡利的作用，不管大事小事，总要去找泡利聊一聊。虽然研究所里很多人都怕泡利，但是，逐渐地，大家都开始珍视泡利的批评。甚至在泡利离开哥本哈根之后，他的每次来信都被看作是一件大事，在所内广为传阅。

无疑地，玻尔、海森堡、泡利之间的合作对量子力学的发展起了不可估量的作用。正是他们，形成了哥本哈根学派的核心。

例三：

1939年，哈恩⑤发现裂变现象不久，玻尔就到美国去了。在那里，他与惠勒⑥合作研究裂变理论。他们的研究结果表明，只有占天然铀千分之七的铀235能在热中子作用下引起裂变。这是一个十分重要的结论。为了从实验上加以证实，玻尔跑到纽约哥伦比亚大学去找费米⑦，恰巧费米不在，但遇到了一位名叫赫·安德森的研究生。对于这样一位"纤细而恬静，还像孩子刚要成年时那么纤弱"（费米夫人语）的青年人，玻尔却能耐心地、不厌其烦地向他解释裂变现象的理论。玻尔的崇高威望和慈祥的态度对这位青年产生了巨大的影响：不仅激起了他对原子核的极大兴趣，而且通过他，使费米在终止了5年之后又开始了实验学家的生涯，并第一次在回旋加速器上进行实验。

费米开始并不相信铀235在裂变中占主导作用，而倾向于铀238。玻尔首先看到铀235的重要性，但由此认为，在天然铀中要实现链锁反应是不可能的。费米的实验很快证明了玻尔的理论是正确的，铀235确是天然铀中能由热中子引起裂变的成分。但是，费米并不到此为止，他进而想出了巧妙的办法使天然铀的链锁反应得以实现。两位科学巨人互相取长补短，为原子能的人工释放迈出了决定性的一步，原子反应堆诞生了！可是，谁也没有想到，在这个重大问题上，在他们之间搭桥的却是一位青年学生，他是在哥本哈根精神的感召下跨入原子核王国的，后来成为发明原子反应堆的第二号人物。

这些例子，以及还有许许多多例子，算是老生常谈了。甚至到了六十年代初，笔者在玻尔研究所内还从不同人那里至少听了好几遍，但却是百听不厌！它们确是哥本哈根精神最生动的体现。

四

哥本哈根精神是怎样产生的呢？为了回答这一问题，有必要回顾一下尼耳斯·玻尔是怎样创建玻尔研究所的。

在1913年玻尔发表划时代的三部曲《原子和分子结构》之后，邀请书纷纷来到了玻尔的手中。例如，1916年，美国加州大学邀请玻尔去工作，英国曼彻斯特大学校长聘请玻尔去任职。1918年，卢瑟福写出"私人信件，本人亲启"的邀请信，以"把曼彻斯特办成现代物理研究中心"、"年薪200英镑（相当于玻尔在丹麦收入的两倍）"为前提，再次请玻尔去英国任职。导师和挚友卢瑟福的邀请，对于玻尔当然具有很大的吸引力，但是玻尔回信道：

"我非常喜欢再次到曼彻斯特去。我知道，这对我的科学研究会有极大的帮助。但是我觉得不能接受您提到的这一职务，因为哥本哈根大学已经尽全力来支持我的工作，虽则它在财力上、在人员能力上和在实验室的管理上，都达不到英国的水平。……我立志尽力帮助丹麦发展自己的物理学研究工作，……我的职责是在这里尽我的全部力量。"

1920年，玻尔又婉拒了来自柏林的邀请，那里的普朗克⑧愿意为他提供一个与爱因斯坦相当的职位。

玻尔一心一意致力于在自己的国土上建立一个物理研究所。果然，在近代物理史上有重大影响的玻尔研究所终于在 1921 年 3 月 3 日宣告成立。在成立大会上，35 岁的所长——玻尔说道：

"……极端重要的是，不仅仅要依靠少数科学家的才能，而且要不断吸收相当数量的年轻人，让他们熟悉科学研究的结果与方法。只有这样，才能在最大程度上不断地提出新的问题；更重要的是，通过青年人自己的贡献，新的血液和新的思想就不断涌入科研工作。"

正如澳大利亚学者罗伯逊所指出的："这些话，在很大程度上抓住了研究所在今后岁月中应起的主要作用。年轻的丹麦和外国物理学家所带来的新思想和新朝气，在玻尔及其周围有经验的一批合作者的指导下，不久就转化为丰硕的成果。"在人口不到 500 万的一个小国里，出现了与英、德齐名的国际物理中心，并一直被许多物理学家誉为"物理学界的朝拜圣地"。

这个圣地的中心人物，当然是尼耳斯·玻尔。他事业性极强，日以继夜地工作，但又幽默好客，不摆架子。他爱才如命，到处物色有希望的青年人来所工作。他积极提倡国际合作，以致被人誉为"科学国际化之父"。

在他的研究所里，既有 22 岁当讲师、27 岁当教授的海森堡和作为"上帝的鞭子"的泡利，又有开玩笑不讲分寸的朗道⑨，以及"几乎把画漫画、作打油诗作为主要职业，而把物理倒变成副业"的伽莫夫⑩。

哥本哈根的气氛使人感到繁忙、激动、活泼、欢快、无拘无束、和蔼可亲。哥本哈根精神随着量子力学的诞生而诞生，并成了物理学界最宝贵的精神财富。

作者简介

杨福家（1936—　），浙江宁波人。1963 年 9 月至 1965 年 8 月到丹麦玻尔研究所做访问学者，亲身感受到了什么是"哥本哈根精神"。1991 年当选为中国科学院院士，1993 年任复旦大学校长，2001 年任英国诺丁汉大学校长，现任宁波诺丁汉大学校长。他对复杂能级的衰变规律的研究颇为深入，给出的衰变一般公式概括了国内外已有的各种公式。

注释

① 本文选自《自然杂志》1985 第 8 期，是作者为纪念玻尔诞辰 100 周年所作。文中的哥本哈根精神已经成为学术自由与亲密协作的代名词。　② 尼耳斯·玻尔（Niels Henrik David Bohr, 1885—1962），丹麦物理学家，哥本哈根学派的创始人。他通过引入量子化条件，提出了玻尔模型来解释氢原子光谱，提出互补原理和哥本哈根诠释来解释量子力学，对二十世纪物理学的发展有深远的影响。　③ 海森堡（Werner Heisenberg, 1901—1976），德国理论物理和原子物理学家、量子力学的创立者，1932 年诺贝尔物理学奖获得者，"哥本哈根学派"代表性人物。他对物理学的主要贡献是给出了量子力学的矩阵形式（矩阵力学），提出了"测不准原理"和 S 矩阵理论等。　④ 泡利（Wolfgang E. Pauli, 1900—1958），奥地利物理学家，1945 年诺贝尔物理奖获得者。1925 年提出"泡利不相容原理"，为原子物理的发展奠定了重要基础。他是旧量子理论最严厉的批评家，被物理学界戏称为"上帝之鞭"。　⑤ 哈恩（Otto Hahn, 1879—1968），德国放射化学家和物理学家。他发现了多种放射性物质，并与斯特拉斯曼一起发现了核裂变现象，揭示了利用核能的可能性。　⑥ 惠勒（John Archibald Wheeler, 1911—2008），美国著名的物理学家、物理学思想家和物理学教育家。　⑦ 费米（Enrica Fermi, 1901—1954），美国物理学家。他在理论和实验方面都有一流建树，被誉为"中子物理学之父"。　⑧ 普朗克（Max Karl Ernst Ludwig Planck, 1858—1947），德国物理学家，量子力学的创始人，二十世纪最重要的物理学家之一，1918 年诺贝尔物理学奖获得者。　⑨ 朗道（Lev Davidovich Landau, 1908—1968），前苏联物理学家，1962 年诺贝尔物理奖获得者。　⑩ 伽莫夫（G·Gamov, 1904—1968），俄国著名物理学家和天文学家。

《哥本哈根精神》一文叙述了什么是哥本哈根精神,哥本哈根精神的具体表现,以及哥本哈根精神的起源,为人们勾勒出一种理想的学术和工作氛围。在这种氛围中,人们平等地交流、亲密地合作、尽情地显露才华,所有人都在紧张地忙碌着,却又无拘无束、激动快乐。

思考与交流

1. 谈谈你所理解的哥本哈根精神。请问,哥本哈根精神与大学精神有着怎样的关联,你是否希望在这样的氛围中学习、生活、工作?

2. 哥本哈根精神是一种源于学术领域的科研和工作精神。请结合你的生活,谈谈这种精神能否超越学术领域,成为弥漫于各种工作领域的理想氛围?如果不能,是什么阻挡了它?如果能,将如何实现?

(周　江)

哈姆雷特(节选)①

莎士比亚

生存还是毁灭,这是一个值得考虑的问题;默然忍受命运的暴虐的毒箭,或是挺身反抗人世的无涯的苦难,通过斗争把它们扫清,这两种行为,哪一种更高贵?

死了;睡着了;什么都完了;要是在这一种睡眠之中,我们心头的创痛,以及其他无数血肉之躯所不能避免的打击,都可以从此消失,那正是我们求之不得的结局。

死了;睡着了;睡着了也许还会做梦;嗯,阻碍就在这儿:因为当我们摆脱了这一具朽腐的皮囊以后,在那死的睡眠里,究竟将要做些什么梦,那不能不使我们踌躇顾虑。

人们甘心久困于患难之中,也就是为了这个缘故;谁愿意忍受人世的鞭挞和讥嘲、压迫者的凌辱、傲慢者的冷眼、被轻蔑的爱情的惨痛、法律的迁延、官吏的横暴和费尽辛勤所换来的小人的鄙视,要是他只要用一柄小小的刀子,就可以清算他自己的一生?

谁愿意负着这样的重担,在烦劳的生命的压迫下呻吟流汗,倘不是因为惧怕不可知的死后,惧怕那从来不曾有一个旅人回来过的神秘之国,是它迷惑了我们的意志,使我们宁愿忍受目前的磨折,不敢向我们所不知道的痛苦飞去?这样,重重的顾虑使我们全变成了懦夫,决心的赤热的光彩,被审慎的思维盖上了一层灰色,伟大的事业在这一种考虑之下,也会逆流而退,失去了行动的意义。

且慢! 美丽的奥菲利娅! ——女神,在你的祈祷之中,不要忘记替我忏悔我的罪孽。

作者简介

威廉·莎士比亚(1564—1616),文艺复兴时期英国伟大的戏剧家和诗人,一生创作了37部戏剧,154首14行诗,两首长诗和其他诗歌。莎氏作品的基本思想为人文主义,作品集中反映了新兴资产阶级的生活和理想,深刻揭示了此时期英国的社会现实,代表了整个欧洲文艺复兴文学的最高成就。

注释

① 本文选自《哈姆雷特》第三幕。

导读

　　这是莎士比亚四大悲剧之一《哈姆雷特》中哈姆雷特的一段经典独白。作者将一个普通的宫廷复仇故事赋以新的人文主义思想,把哈姆雷特塑造成为一个将为父报仇与"重整乾坤"的重任合而为一的人文主义者的形象。哈姆雷特明白自己肩上的任务,但却不知道具体怎么实现目标,因而陷入深沉的思考之中。迫于危急的情况,他用装疯伪装自己,保护自己,暗中观察情势走向,思考自己面临的形势及对策。观众读者从这段独白可以看出此时人物内心思考的内容、矛盾和深度,这对我们理解作为"一个新兴资产阶级人文主义者典型"的哈姆雷特所具备的积极品格和性格特征,起到很好的参考辅助作用。

思考与交流

1. 如果面对哈姆雷特的困惑,你会怎么办?
2. 哈姆雷特思考的这些问题与人文主义思想有何关联?
3. 为什么说"有一千个读者,就有一千个哈姆雷特"?

（杜望舒）

浮士德（节选）①
宫中的广大前庭

火炬照耀

墨菲斯托（站在前面任监工）	上前,上前! 进来,进来! 你们这些死鬼幽灵,摇摇摆摆, 是用筋骨和韧带, 联缀起来的残缺形骸!
死灵们（合唱）	我们才听到一半召唤, 立即赶来供你驱遣; 大约有广大的土地, 等待我们前来料理。 尖头木桩已经停当, 长链条可供丈量; 为啥召唤我们前来, 我们已经把它忘怀。
墨菲斯托	这儿用不着过费周章; 只须把本身当作度量:

	最长的一个顺着躺在地上, 其余的四周破土相帮! 就象埋葬咱们的祖先那样, 要挖出一个墓穴的长方! 从宫殿来到这狭隘的幽圹, 到头来只落得这愚蠢的下场。
死灵们(用嘲弄的表情掘穴)	年轻时乐生又求爱, 甜密的味儿时在怀, 每逢寻欢取乐地, 我的脚板跑得快。 那知年岁不容情, 拐杖劈头打下来; 一跤摔在墓门前, 墓门恰巧大张开!
浮士德(从宫中出来,摸索门柱)	铁锹声多么使我心旷神怡! 这是那些群众在为我服役, 他们保护陆地不使倾圯, 对汹涌的波涛加以限制, 用紧密的长带将大海围起。
墨菲斯托(旁白)	你筑起塘堰和堤防, 无非是为他人作嫁衣裳; 因为你为海神纳普东 已经准备好盛宴一场。 总而言之,你们已经完蛋;—— 四大元素和我们连在一边, 一切终归要烟消云散。
浮士德	监工!
墨菲斯托	有!
浮士德	尽可能用各种方法, 征募一批又一批的工人, 宽猛相济,恩威并行; 给以报酬、引诱甚而强逼! 我每天都要得到消息: 开掘的濠沟延长到哪里。
墨菲斯托(压低声音)	据我接到的消息说: 没有挖濠沟而是在掘坟墓。
浮士德	有一片泥沼延展在山麓, 使所有的成就蒙垢受污; 目前再排泄这块污潴, 将是最终和最高的任务。 我为千百万人开疆辟土,

虽然还不安定,却可以自由活动而居住。

原野青葱,土壤膏腴!

人畜立即在崭新的土地上各得其趣。

勇敢勤劳的人筑成那座丘陵,

向旁边移植就可以接壤比邻!

这里边是一片人间乐园,

外边纵有海涛冲击陆地的边缘,

并不断侵蚀和毁坏堤岸,

只要人民同心协力即可把缺口填满。

不错! 我对这种思想拳拳服膺,

这是智慧的最后结论:

人必须每天每日去争取生活与自由,

才配有自由与生活的享受!

所以在这儿不断出现危险,

使少壮老都过着有为之年。

我愿看见人群熙来攘往,

自由的人民生活在自由的土地上!

我对这一瞬间可以说:

你真美呀,请你暂停!

我有生之年留下的痕迹,

将历千百载而不致湮没无闻。——

现在我怀着崇高幸福的预感,

享受这至高无上的瞬间。

浮士德向后倒下,死灵们将他扶起,放在地上。

墨菲斯托　　　　没有快乐使他称心,没有幸福令他满足,

他不断追求变换不停的东西;

连这晦气而又空虚的最后瞬间,

这个可怜人也想紧握在手里。

他一直顽强地对我抗拒,

可是时间占了上风,老翁倒毙在地。

时钟停止——

合唱　　　　　　停止! 象深夜一般寂静。

指针下落——

墨菲斯托　　　　下落! 大功圆满告成。

合唱　　　　　　事情过去了。

墨菲斯托　　　　过去了! 这是一句蠢话。

为什么说过去?

过去和全无,完全是一样东西!

永恒的造化何补于我们?

不过是把创造之物又向虚无投进。

"事情过去了"! 这意味着什么?

这就等于从来未曾有过，
又似乎有，翻来覆去兜着圈子，
我所爱的却是永恒的空虚。

作者简介

约翰·沃尔夫冈·冯·歌德(1749—1832)，德国小说家、剧作家、诗人、思想家。歌德在文学上的成就是多方面的，其创作包括抒情诗、长篇叙事诗、历史诗、诗剧、散文等各种体裁的文学作品。最著名的是书信体小说《少年维特的烦恼》、诗剧《浮士德》和长篇小说《威廉·迈斯特》。作为德国民族文学最杰出的代表，歌德对欧洲文学的发展作出了巨大的贡献。

注释

① 本文选自歌德《浮士德》第二部第五幕中的第五场。诗剧主要讲述了浮士德为了寻求新生活，和魔鬼墨菲斯托订约：把自己的灵魂抵押给魔鬼，而魔鬼要满足浮士德的一切要求。如果他尝尽人生的一切感受后，最终承认自己满足了，并决定放弃永恒的奋斗，那么他的灵魂即归魔鬼所有。于是，墨菲斯托想尽一切办法来引诱浮士德。先是让浮士德喝了女巫的魔汤而返老还童，品尝爱情的欢乐与辛酸，然后在治理国家中显过身手，在沙场上立过奇功，又想在一片沙滩上建立起人间乐园……就在他沉醉在对美好未来的憧憬中时，他不由自主地呼唤这美好的瞬间停留一下。按照约定魔鬼将收去他的灵魂，但是，天帝却派"光明圣母"将其灵魂接到天堂。

导读

《浮士德》是一部颇富哲学意味的诗剧，分上下两部，从构思到完成，前后经历六十年，贯穿于歌德的全部写作生涯。作品取材于16世纪德国的民间传说，以文艺复兴以来的德国和欧洲社会为背景，描写浮士德不断追求的一生，知识追求、爱情生活、从政生涯、艺术追求、创造事业构成诗剧的主要内容。作者通过浮士德几个阶段的追求，对文艺复兴至19世纪初300年来欧洲新兴资产阶级进步人士的精神发展历程作了深刻的回顾与总结，是一部现实主义和浪漫主义完美结合的诗剧。

主人公浮士德既是人类精神的象征，也是当时欧洲先进知识分子的化身。他屡遭挫折，但仍坚信正义和善良，具有自强不息、不甘堕落、永不满足、勇于探索的追求精神，即"浮士德精神"。本书所选的"宫中的广大前庭"，写百岁高龄的浮士德听到死灵挖墓的铁锹声的感想，他死到临头仍然没有停止精神追求，终于领悟到人生哲理，作者把浮士德那种至死不休的精神追求写到了极致。从这个片断中，我们可以看到"浮士德精神"的崇高与可敬。

思考与交流

1. 结合"宫中的广大前庭"这一片段，谈一谈你对主人公身上体现出来的"浮士德精神"的认识。

2. 人们有句俗语"知足常乐"，谈谈你对这句话的理解。

3. 在《浮士德》中，我们可以读到浮士德倾诉生命追求的诗句：用灵智去领悟至高至深，把人类的哀乐集于一身，小我便扩入人类的大我，和人类一样也最后消尽。如何理解浮士德的"小我"和"大我"，谈谈在现实社会生活中该如何处理"小我"和"大我"的关系。

(刘立辰)

玩偶之家(节选)①

易卜生

娜　拉　(看自己的表)时间还不算晚。托伐,坐下,咱们有好些话要谈一谈。(她在桌子一头坐下)

海尔茂　娜拉,这是什么意思? 你的脸色铁板冰冷的——

娜　拉　坐下。一下子说不完。我有好些话跟你谈。

海尔茂　(在桌子那一头坐下)娜拉,你把我吓了一大跳。我不了解你。

娜　拉　这话说得对,你不了解我,我也到今天晚上才了解你。别打岔。听我说下去。托伐,咱们必须把总账算一算。

海尔茂　这话怎么讲?

娜　拉　(顿了一顿)现在咱们面对面坐着,你心里有什么感想?

海尔茂　我有什么感想?

娜　拉　咱们结婚已经八年了。你觉得不觉得,这是头一次咱们夫妻正正经经谈谈话?

海尔茂　正正经经! 这四个字怎么讲?

娜　拉　这整整的八年——要是从咱们认识的时候算起,其实还不止八年——咱们从来没有在正经事情上头谈过一句正经话。

海尔茂　难道要我经常把你不能帮我解决的事情麻烦你?

娜　拉　我不是指着你的业务说。我说的是,咱们从来没坐下来正正经经细谈过一件事。

海尔茂　我的好娜拉,正经事跟你有什么相干?

娜　拉　咱们的问题就在这儿! 你从来就没了解过我。我受尽了委屈,先在我父亲手里,后来又在你手里。

海尔茂　这是什么话! 你父亲和我这么爱你,你还说受了我们的委屈!

娜　拉　(摇头)你们何尝真爱过我,你们爱我只是拿我消遣。

海尔茂　娜拉,这是什么话!

娜　拉　托伐,这是老实话。我在家跟父亲过日子的时候,他把他的意见告诉我,我就跟着他的意见走。要是我的意见跟他不一样,我也不让他知道,因为他知道了会不高兴。他叫我"泥娃娃孩子",把我当作一件玩意儿,就像我小时候玩我的泥娃娃一样。后来我到你家来住着——

海尔茂　用这种字眼形容咱们的夫妻生活简直不像话!

娜　拉　(满不在乎)我是说,我从父亲手里转移到了你手里。跟你在一块儿,事情都归你安排。你爱什么我也爱什么,或者假装爱什么——我不知道是真还是假——也许有时候真,有时候假。现在我回头想一想,这些年我在这儿简直像个要饭的叫花子,要一口,吃一口。托伐,我靠着给你耍把戏过日子。可是你喜欢我这么做。你和我父亲把我害苦了。我现在这么没出息都要怪你们。

海尔茂　娜拉,你真不讲理,真不知好歹! 你在这儿过的日子难道不快活?

娜　拉　不快活。过去我以为快活,其实不快活。

海尔茂　什么! 不快活!

娜　拉　说不上快活,不过说说笑笑凑个热闹罢了。你一向待我很好。可是咱们的家只是一个玩儿的地方,从来不谈正经事。在这儿我是你的"玩偶老婆",正像我在家里是我父亲的

"玩偶女儿"一样。我的孩子又是我的泥娃娃。你逗着我玩儿,我觉得有意思,正像我逗孩子们,孩子们也觉得有意思。托伐,这就是咱们的夫妻生活。

海尔茂　你这段话虽然说得太过火,倒也有点道理。可是以后的情形就不一样了。玩耍的时候过去了,现在是受教育的时候了。

娜　拉　谁的教育?我的教育还是孩子们的教育?

海尔茂　两方面的,我的好娜拉。

娜　拉　托伐,你不配教育我怎样做个好老婆。

海尔茂　你怎么说这句话?

娜　拉　我配教育我的孩子吗?

海尔茂　娜拉!

娜　拉　刚才你不是说不敢再把孩子交给我吗?

海尔茂　那是气头上的话,你老提它干什么?

娜　拉　其实你的话没说错。我不配教育孩子。要想教育孩子,先得教育我自己。你没资格帮我的忙。我一定得自己干。所以现在我要离开你。

海尔茂　(跳起来)你说什么?

娜　拉　要想了解我自己和我的环境,我得一个人过日子,所以我不能再跟你待下去。

海尔茂　娜拉!娜拉!

娜　拉　我马上就走。克立斯蒂纳一定会留我过夜。

海尔茂　你疯了!我不让你走!你不许走!

娜　拉　你不许我走也没用。我只带自己的东西。你的东西我一件都不要,现在不要,以后也不要。

海尔茂　你怎么疯到这步田地!

娜　拉　明天我要回家去——回到从前的老家去。在那儿找点事情做也许不太难。

海尔茂　喔,像你这么没经验——

娜　拉　我会努力去吸取。

海尔茂　丢了你的家,丢了你丈夫,丢了你儿女!不怕人家说什么话!

娜　拉　人家说什么不在我心上。我只知道我应该这么做。

海尔茂　这话真荒唐!你就这么把你最神圣的责任扔下不管了?

娜　拉　你说什么是我最神圣的责任?

海尔茂　那还用我说?你最神圣的责任是你对丈夫和儿女的责任。

娜　拉　我还有别的同样神圣的责任。

海尔茂　没有的事!你说的是什么责任?

娜　拉　我说的是我对自己的责任。

海尔茂　别的不用说,首先你是一个老婆,一个母亲。

娜　拉　这些话现在我都不信了。现在我只信,首先我是一个人,跟你一样的一个人——至少我要学做一个人。托伐,我知道大多数人赞成你的话,并且书本里也是这么说。可是从今以后我不能一味相信大多数人说的话,也不能一味相信书本里说的话。什么事情我都要用自己脑子想一想,把事情的道理弄明白。

海尔茂　难道你不明白你在自己家庭的地位?难道在这些问题上没有颠扑不破的道理指导你?难道你不信仰宗教?

娜　拉　托伐,不瞒你说,我真不知道宗教是什么。

海尔茂 你这话怎么讲?

娜 拉 除了行坚信礼的时候牧师对我说的那套话,我什么都不知道。牧师告诉过我,宗教是这
个,宗教是那个。等我离开这儿一个人过日子的时候,我也要把宗教问题仔细想一想。
我要仔细想一想,牧师告诉我的话究竟对不对,对我合用不合用。

海尔茂 喔,从来没听说过这种话!并且还是从这么个年轻女人嘴里说出来的!要是宗教不能
带你走正路,让我唤醒你的良心来帮助你——你大概还有点道德观念吧?要是没有,你
就干脆说没有。

娜 拉 托伐,这个问题不容易回答。我实在不明白。这些事情我摸不清。我只知道我的想法
跟你的想法完全不一样。我也听说,国家的法律跟我心里想的不一样,可是我不信那些
法律是正确的。父亲病得快死了,法律不许女儿给他省烦恼。丈夫病得快死了,法律不
许老婆想法子救他的性命!我不信世界上有这种不讲理的法律。

海尔茂 你说这些话像个小孩子。你不了解咱们的社会。

娜 拉 我真不了解。现在我要去学习。我一定要弄清楚,究竟是社会正确,还是我正确。

海尔茂 娜拉,你病了,你在发烧说胡话。我看你像精神错乱了。

娜 拉 我的脑子从来没像今天晚上这么清醒、这么有把握。

海尔茂 你这么清醒、这么有把握,居然要丢掉丈夫和儿女?

娜 拉 一点不错。

海尔茂 这么说,只有一句话讲得通。

娜 拉 什么话?

海尔茂 那就是你不爱我了。

娜 拉 不错,我不爱你了。

海尔茂 娜拉!你忍心说这话!

娜 拉 托伐,我说这话心里也难受,因为你一向待我很不错。可是我不能不说这句话。现在我
不爱你了。

海尔茂 (勉强管住自己)这也是你清醒的有把握的话?

娜 拉 一点不错。所以我不能再在这儿待下去。

海尔茂 你能不能说明白,我究竟做了什么事使你不爱我?

娜 拉 能。就因为今天晚上奇迹没出现,我才知道你不是我理想中的那种人。

海尔茂 这话我不懂,你再说清楚点。

娜 拉 我耐着性子整整等了八年,我当然知道奇迹不会天天有。后来大祸临头的时候,我曾经
满怀信心地跟自己说,"奇迹来了!"柯洛克斯泰把信扔在信箱里以后,我决没想到你会
接受他的条件。我满心以为你一定会对他说,"尽管宣布吧",而且你说了这句话之后,
还一定会——

海尔茂 一定会怎么样?叫我自己的老婆出丑丢脸,让人家笑骂?

娜 拉 我满心以为你说了那句话之后,还一定会挺身出来,把全部责任担在自己肩膀上,对大
家说,"事情都是我干的"。

海尔茂 娜拉——

娜 拉 你以为我会让你替我担当罪名吗?不,当然不会。可是我的话怎么比得上你的话那么
容易叫人家相信?这正是我盼望它发生又怕它发生的奇迹。为了不让奇迹发生,我已
经准备自杀。

海尔茂 娜拉,我愿意为你日夜工作,我愿意为你受穷受苦。可是男人不能为他所爱的女人牺牲

自己的名誉。

娜　拉　千千万万的女人都为男人牺牲过名誉。

海尔茂　喔，你心里想的嘴里说的都像个傻孩子。

娜　拉　也许是吧。可是你想的和说的也不像我可以跟他过日子的男人。后来危险过去了——你不是怕我有危险，是怕你自己有危险——不用害怕了，你又装做没事人儿了。你又叫我跟从前一样乖乖地做你的小鸟儿，做你的泥娃娃，说什么以后要格外小心保护我，因为我那么脆弱不中用。(站起来)托伐，就在那当口，我好像忽然从梦里醒过来，我简直跟一个陌生人同居了八年，给他生了三个孩子。喔，想起来真难受！我恨透了自己没出息！

海尔茂　(伤心)我明白了，我明白了，在咱们中间出现了一道深沟。可是，娜拉，难道咱们不能把它填平吗？

娜　拉　照我现在这样子，我不能跟你做夫妻。

海尔茂　我有勇气重新再做人。

娜　拉　在你的泥娃娃离开你之后——也许有。

海尔茂　要我跟你分手！不，娜拉，不行！这是不能设想的事情。

娜　拉　(走进右边屋子)要是你不能设想，咱们更应该分开。(拿着外套、帽子和旅行小提包又走出来，把东西搁在桌子旁边椅子上)

海尔茂　娜拉，娜拉，现在别走。明天再走。

娜　拉　(穿外套)我不能在陌生人家里过夜。

海尔茂　难道咱们不能像哥哥妹妹那么过日子？

娜　拉　(戴帽子)你知道那种日子长不了。(围披肩)托伐，再见。我不去看孩子了。我知道现在照管他们的人比我强得多。照我现在这样子，我对他们一点儿用处都没有。

海尔茂　可是，娜拉，将来总有一天——

娜　拉　那就难说了。我不知道我以后会怎么样。

海尔茂　无论怎么样，你还是我的老婆。

娜　拉　托伐，我告诉你。我听人说，要是一个女人像我这样从她丈夫家里走出去，按法律说，她就解除了丈夫对她的一切义务。不管法律是不是这样，我现在把你对我的义务全部解除。你不受我拘束，我也不受你拘束。双方都有绝对的自由。拿去，这是你的戒指。把我的也还我。

海尔茂　连戒指都要还？

娜　拉　要还。

海尔茂　拿去。

娜　拉　好。现在事情完了。我把钥匙都搁在这儿。家里的事，佣人都知道——她们比我更熟悉。明天我动身之后，克立斯蒂纳会来给我收拾我从家里带来的东西。我会叫她把东西寄给我。

海尔茂　完了！完了！娜拉，你永远不会再想我了吧？

娜　拉　喔，我会时常想到你，想到孩子们，想到这个家。

海尔茂　我可以给你写信吗？

娜　拉　不，千万别写信。

海尔茂　可是我总得给你寄点儿——

娜　拉　什么都不用寄。

海尔茂　你手头不方便的时候我得帮点忙。

娜　拉　不必,我不接受陌生人的帮助。

海尔茂　娜拉,难道我永远只是个陌生人?

娜　拉　(拿起手提包)托伐,那就要等奇迹中的奇迹发生了。

海尔茂　什么叫奇迹中的奇迹?

娜　拉　那就是说,咱们俩都得改变到——喔,托伐,我现在不信世界上有奇迹了。

海尔茂　可是我信。你说下去!咱们俩都得改变到什么样子——?

娜　拉　改变到咱们在一块儿过日子真正像夫妻。再见。(她从门厅走出去)

海尔茂　(倒在靠门的一张椅子里,双手蒙着脸)娜拉!娜拉!(四面望望,站起身来)屋子空了。
　　　　她走了。(心里闪出一个新希望)啊!奇迹中的奇迹——
　　　　(楼下砰的一响,传来关大门的声音。)

作者简介

亨利克·易卜生(1828—1906),挪威杰出的戏剧家。他擅长创作"社会问题剧",作品内容以日常生活为素材,从多方面反映社会问题,触及到法律、宗教、道德、家庭、妇女乃至国家、政党、体制等各个领域,笔锋犀利,充满强烈的批判精神,代表作包括《青年同盟》、《玩偶之家》、《人民公敌》等。易卜生一生共写过 26 个剧本和许多诗篇。他的剧作对现代戏剧发展具有深刻而广泛的影响,被称誉为"现代戏剧之父"。

注释

① 本文节选自易卜生《玩偶之家》。主人公娜拉为了拯救丈夫托伐·海尔茂的生命,在借据上伪签了她父亲的名字,为此有人向她提出勒索,海尔茂因此要与她离婚。当海尔茂看到娜拉女友要回了借据,立即转怒为喜,巧言哄骗。这场家庭变故让娜拉终于看清丈夫海尔茂的虚伪本质以及自己在家庭中所扮演的"玩偶"角色,毅然离家出走。

导读

《玩偶之家》探讨了妇女在家庭中的地位及其人格独立问题。节选的第三幕是全剧的高潮,娜拉和海尔茂之间的矛盾暴露出来,并产生激烈冲突,真实地表现了娜拉思想上的觉醒和海尔茂自私、卑劣的嘴脸,通过男女主人公的争论,给读者以深刻启迪。

在艺术上,剧作以人们熟悉的家庭生活中的夫妻关系、家庭事务中出现的问题作为切入点,层层深入地探讨了当时的妇女问题;易卜生创造性地将"讨论"引进戏剧,为剧中人物安排真实、尖锐的情境,"讨论"的问题紧围绕着妇女地位和娜拉命运展开。作家通过娜拉与海尔茂之间的语言交锋,提出了从家庭到社会、从政治到宗教到个人责任等许多迫切需要解决的社会问题,让观众和人物一起,从讨论中得出结论,具有很强的说服力。这种方法既推动了剧情的发展,同时也充分地展示了人物性格,正是易卜生剧作的艺术魅力所在。

二十世纪初,《玩偶之家》被介绍到了中国,对中国现代文学产生重大影响,各种娜拉型的人物在中国作家的笔下纷纷涌出,促进了中国话剧的形成及发展,易卜生因此享有"中国现代话剧之父"的美誉。

思考与交流

1. 造成娜拉家庭悲剧的根本原因是什么,娜拉出走以后能否找到属于她的生活?

2. 对于《玩偶之家》的结尾,萧伯纳的评论是"在她身后发出的碰门声比滑铁卢的炮声还更有力量"。对此,请谈谈你的理解和看法。

3. 你认为在当今社会中,妇女在家庭中应处于什么样的地位?

(刘立辰)

真正的幸福来源于自己的存在①

卢梭

在我历经沧桑的漫长的一生中,我发现,最使我怀念、感动的时期并不是我最能享受到甜美、最能感受强烈快感的时期。尽管这种极度狂热和热情非常短暂,但恰恰因为它自身的热度,它只能成为生命线上稀稀疏疏的点。而这些点太少太少,刹那即逝,不能形成一种状态。而构成我心中所怀念的幸福的,绝不会是这些稍纵即逝的片刻,而是平凡、持久的状态构成的时刻。这种状态并没有极度强烈的东西,可以随着时间的流逝,它的魅力会随着增长,最终达到绝无仅有的快乐、幸福。

世间万物都在不断的变化之中,没有一样东西可以以一种固定、永恒的形式存在着。因此,我们那些与外界息息相关的情感,一定会随着他们的变迁而一起变化。我们的情感总在我们之前或之后,追忆那些不可再得到的过去,预想那些不可能到来的未来。总之,在我们的情感之中没有一件是可以作为心灵的依托的。因而,世间只有逝去的欢乐,我怀疑世间是否有过永恒的幸福。我们的心难以在享受极度强烈欢乐的时刻,真正的对我们说:"愿这一刹那永远持续着。"这些瞬间状态只给我们留下不安、空虚、悔恨于往事、希求于今后,我们又怎能称之为快乐呢?

如果有一种状态,心灵能在此找到最坚实的位置,它静静地安歇在那里,聚焦着它整个的存在,既不用考虑过去,也不用考虑未来;在那里,是没有时间的概念的,"现在"一直在延续着,但既看不出它的延续,也没有连接的印痕;在那里,我们除了感到自己的存在外,再也没有贫乏或享受,快乐或痛苦,希冀或恐惧的感觉。自身的存在这个唯一感觉能使我的心灵完全充实。凡是处于这种境界的持续状态中的人,都可称自己为幸福的人。这种幸福不是残缺的、贫乏的幸福,如同我们在人生乐趣中感受到的那样。它是源于一种丰润的、充实的幸福,这种幸福不会给心灵留下任何的空虚,我在圣彼埃尔岛的时候②,有时躺在船上随波荡漾,有时坐在澎湃的湖岸,有时坐在潺潺的溪流边独自遐想,也就经常处于这种状态中。

在这种境界中我们所享受的乐趣又从何而来呢?它仅仅是从我们自己,从我们自身的存在获得除此之外,它不会从任何身外的东西获得。我们将会像上帝一样心满意足,只要这种状态永久地持续下去。排除了其他的、异念的感受,唯独感受到这种自身的存在,这本身就是一种满足,安静的珍贵的情感。那些排除了尘俗的、肉欲的、不断分散和干扰我们杂念的人们,足以因此感受到自身存在的甜美和珍贵。但是,极少人能感受到这种境界,因为大多数人被各种不断的情欲纠缠,有的只经历了极短的尝试,对它只有模糊的杂乱的概念,难以体会到它的情趣和魅力。按照现状这种生活秩序,他们如果还渴望这种甜美的,让人迷醉的生活,而厌倦现实的生活,这甚至是没有好处的,因为社会生活不断产生的需要,要求他们去履行社会的义务。如果一个不幸的人在世间不可能再做点对他人,对自己有用或有益的事情,那他一定是与人类断绝了任何的交往。也正是在这种状态中,命运和任何人都无法从他身上夺走他所找到的作为补偿失去人间幸福的至乐极福。

然而,并不是任何人在任何情况相爱都能感受到这种补偿的。这就需要没有任何情欲打扰,心平气和地使内心情境和客观事物相融合。这不需要绝对的安静和过激的情绪,而是需要一种均匀的、平和的、没有空隙的内心活动。生命没有了内心活动就不过是麻木的东西。如果它运动过于激烈或不平衡,那它就会惊醒我们。当它让我们注意到四周的事物,那它将使我们又重新陷入了人类的束缚中,从而破坏了遐想的魅力。过于寂静又会使人悲哀,并出现死亡的阴影。因此必须借助于能使人快乐的想象力。天生具有这种想象力的人会自然而然地得到这种援助。那些情感在我们自己的内心产生了,而它并非来自于外界。当然,那些愉快的、轻微的思考拂过心灵的表面而没有惊扰内心深处时,心中的安静同样也是十分惬意的。充足的思考使我们记起自己而忘了痛苦。无论在何处,只要我们能静下心来,这样的遐想都能进行。我常常想,假如在见不到任何东西的巴士底狱的单人牢房里③,我仍可以悠然地进行这样的遐想。

但是,不得不承认,在这个天然、富饶、僻静、与世隔绝的小岛上,畅然地遐思,就更加愉快,更加自由了。在这里,没有任何东西引起我非往事痛苦的回忆,到处都是一片欢欣的景象。虽然与少数的居民的交往并不十分有趣,但却非常善良体贴、温和亲切。在这里,我整天只做我喜欢的工作或置身于懒散的悠闲生活中,无拘无束,自由自在。一个幻想家,懂得在最令人讨厌的事物中作令人快乐的幻想,借助于感观,其乐融融地沉醉其中,那么,这个机会对他来说是无比绝妙的。当我从长久的甜美的遐思中醒来,发现四周的绿茵和花岛,举目远眺,看到无垠、清澈、晶莹的湖水和富有浪漫色彩的湖畔,这些美丽、可爱的景色都在我的想象里一一地融化了。最后,当我逐渐清醒,意识到所遭遇的事情时,我简直难以分辨出想象与现实了。在我这段美妙而短暂的居留时间里,沉思和孤寂的生活是多么地可贵。为什么我不在小岛上度过我的余生,永远不离开小岛,永远不再见任何大陆居民?他们总使我回忆起这些年来对我的伤害。不久,我将会把他们永远地忘却,但他们却会永远地记得我。我不再与之计较,只要他们不再来搅乱我的安宁④。当我摆脱了社交界引发的尘世间的欲望后,我的灵魂常常超脱了这一境界,与天使们交往,并希望能提前进入这种境界。我明白,这么一处优美的避难所,他们是不会愿意交给我的,他们原来就不愿意让我到这儿来。但是我仍然可以几个小时地重复回味住在那里的快乐、喜悦,我的想象的翅膀他们是无法阻挡的。在那里,我能做的美丽、甜蜜的事情就是心情的幻想,现在我就把自己想象成住在小岛上,我不就像真的在那里一样了吗?有时想象比现实生活更为动人、活泼,我在那些深奥、单调的想象中加入了可爱、迷人的图像。在我心醉神往时,我的感官甚至不明白这些景物到底是什么。现在,我的想象越来越深,这些景象也就越来越清楚了。和当年我住在那里的时候相比,我更加身临其境,更加快乐、舒畅了。可悲的是,随着我的想象力日渐涸竭,我的幻想也就越来越困难,而且不能长时间地进行了。当一个人将要脱离他的躯壳时,他却被自己的躯壳裹得更紧。

作者简介

让·雅克·卢梭(1712—1778),法国启蒙思想家、哲学家、教育家。他出身于瑞士日内瓦钟表匠家庭。由于他广泛接触社会底层人民,思想比较激进,其作品和学说对法国资产阶级革命产生了深远的影响,主要作品有《忏悔录》、《新爱洛绮斯》、《爱弥儿》、《社会契约论》等。

注释

① 本文选自卢梭散文集《孤独散步者的遐思》。 ② 圣彼埃尔岛:瑞士比埃纳湖中的一个小岛,卢梭曾在那里住过。 ③ 巴士底狱:是一座曾经位于法国巴黎市中心的坚固监狱,高 30 米,围墙很厚,共有 8 个塔楼,上面放有大炮,监狱内设一军火库。它建造于 12 世纪,当时是一座军事城堡。18 世纪末,它是控制巴黎的制高点,自亨利四世后,法国国王在里面驻扎了大量军队。监狱专门关押政治犯,例如文学家伏尔泰便曾在此处坐牢,因此不少当时的民众视巴士底狱是法国王权专制独裁的象征之一。 ④ 卢梭出版《爱弥儿》之后,激怒了法国政府和教会,这里的"他们"指当时法国政府和教会中试图迫害卢梭的人。

导读

什么是"真正的幸福",这是个让思想家们讨论了几千年的话题,至今也没有定论。而卢梭认为,"真正的幸福来源于自己的存在"。为什么"自身的存在"是"幸福"的来源呢? 卢梭指出:"自身的存在这个唯一感觉能使我的心灵完全充实。凡是处于这种境界的持续状态中的人,都可称自己为幸福的人。"存在总是呈现于一定的时间之中,然而,只有"平凡、持久的状态构成的时刻"才是真正幸福的来源。这是卢梭经历了无数人生的怆痛和思考后得出的结论,也许,你并不认同,但它仍给我们提供了一种通向幸福之路的可能性。

思考与交流

1. 什么叫"自己的存在",你觉得自己的"存在"是一种什么样的状态?
2. 你是否同意卢梭关于幸福的观点? 为什么?

(颜　军)

东方人和西方人的快乐理想①

罗素

大家都知道威尔斯②写过一本幻想小说《时间机器》。在这本小说中,机器的主人在时间上能作过去和未来的旅行,能让他看见自己过去和未来是怎样的。然而人们却常常想不到在今天通过周游世界也能获得威尔斯设想的许多好处。一个到过纽约和芝加哥的欧洲人等于看见了未来,因为如果欧洲度过了经济危机,它将要走向的未来大概就是现在纽约和芝加哥的样子。另一方面,当这个欧洲人来到亚洲,他看见的就是过去。如果乔治·华盛顿回到今天的地球上来,看见他所创建的国家,将会非常迷惑不解,对英国他感到的稀奇会较少些,对法国则更少些;除非他来到中国,否则不会真正有回到家园之感。在中国,他会在他的幽魂的漂荡中第一次看见仍旧信仰"生命、自由和快乐的追求"的人们,看见就像美国独立战争期间人们对待这些事情一样态度的人们。

西方文明包括南北美洲、除俄国之外的欧洲和英国的自治领土。在西方文明中,美国处于领先地位;一切使西方区别于东方的特点在美国最为明显而且更为进步。我们惯常把进步看作是人人所承认的:总要毫不犹豫地假定过去一百年间发生的变化毫无疑义地是趋向变好,而且今后的变化也会确定无疑地趋向更好。在欧洲大陆,由于第一次世界大战和它所造成的后果给这种自信的信念以沉重打击,因此人们回过头去把1914年以前看作是黄金时代,而且认为大概在几个世纪内也不会回到那种时代。在英国,加在这种乐观主义之上的打击比较起来要小些,在美国那就更小。对于我们这些惯常把进步看作是人人所承认的人来说,特别有趣的是访问像中国这样的国家,这个国家仍停留在我们150年前的那种情况里,因此看了这个国家我们就会自问,把他们同我们现在的情况加以比较,我们是否发生了什么真正的改善?

正像大家知道的,中国的文明是根据耶稣以前500年就已盛行的孔子的学说。孔子像古希腊和古罗马人一样,不相信人类社会在本性上是前进的;正相反,他相信在远古时,统治者是贤明的,人民的幸福所达到的程度,是衰败的今天既称赞又难以实现的。当然,这种看法是荒谬的。但实际所产生的结果是使孔子像古代其他大师一样,目的在于创造一个稳定的社会,维持一种最好的水平,而不是总去争取新的成功。在这方面,孔子比任何古今之人都要成功。时至今日,他的人品一直刻印在中国文明之页。在孔子生活的年代,中国的领土只占它现在的一小部分,而且分裂为许多相互战争的国家。经过300多年,他们建立了现在版图上的这样的国家,而且领土之广大,人口之众多直到最近50年存在的任何国家都不能相比。中国尽管遭到过野蛮民族的侵入,蒙古和满洲人建立过朝代,还有或长或短时期的混乱和内战,但孔子的传统思想以及同它一起的艺术、文学和教化的生活方式一直存在着。只是到了我们今天,由于同西方和西方化了的日本相接触,这种传统思想才开始衰败下来。

一个具有如此卓绝能力和久存不灭的思想体系必定有它的伟大价值,而且一定值得我们尊重和加以研究的。它不是一种宗教,如同我们所了解的宗教这个词的含义那样,因为它不是同超自然的或神秘的信仰连在一起的。它纯属于一种伦理体系。但它的伦理学不像基督教的伦理学,它并不使得一般人感到太高,以致实行不了。

正像每一个道德说教者所要做的,孔子讲了许多关于义务和德行等等问题,但他决不强迫人去做任何违反自然和自然感情的事。

如果我用一句话来概括一下中国和我们西方的主要差别,我会说大体看来,他们的目标是享乐,而我们是权力。我们喜欢的是支配别人的权力,和支配自然的权力。为了前者,我们建立了强有力的国家,为了后者,我们创立了科学。中国人对这些事太懒也太好脾气了。……他们为了生活愿意努力工作。劳动雇主会看出他们是非常勤劳的。但他们不愿意像美国人和西欧人那样,仅仅因为不工作就会感到厌烦,也不是因为要满足自己的好动而工作。当满足了生活所需,他们就以此为生,不再想通过艰苦工作来改善生活了。他们有着极大的享受清闲娱乐的兴趣——看戏、清谈、鉴赏古代艺术品或在优美的环境中散步。按照我们的想法,这种消磨一生时光的方式,有点太轻松乏味了;我们更敬重那种整天跑办公室的人,即使他在办公室中所做的一切都是有害的。

也许居住在东方的白种人,会受到腐化的影响,但我必须承认,从我认识中国之后,我就把闲谈大体看作是人们所能得到的最好品质之一。我们虽然可以靠奋发的精神去做成某些事情,但人们可能会提出疑问,从各方面来考虑,我们做成的这些事情究竟是否有价值。在机器制造方面,我们已经表现出惊人的技艺,其中一部分用于制造轮船、汽车、电话以及其他在紧张工作中过着奢侈生活的种种工具,而另一部分用于制造枪炮、毒气及飞机,以便从事大规模的相互残杀。我们已有了最好的管理和税务制度,其部分是服务于教育、卫生和其他有用的事,而其余部分则是服务于战争。在今天的英国,国家收入的大部分是用于过去和未来的战争,只有剩余的一点才用于有用的事情。在欧洲大陆的许多国家,国家收入用项的比例情况比英国更糟。我们已有了从未有过的那么好的警察制度,它的部分职能用于侦破和防止犯罪,而部分职能却用于监禁所有抱有新的积极的政治理想的人。

如果把普通中国人的实际眼光同普通西方人的实际眼光相比,人们立即会发现两点明显不同：第一，中国人并不称赞活动性，除非这种活动是为了成就某种有用的目的；第二，他们并不认为道德就是要抑制他们自己的冲动和干涉别人的冲动。其第一点我们已经作了讨论，其第二点也许同样是很重要的。著名的外籍中国学者基尔士教授在吉福尔特讲演《孔子学说和它的敌对者》时最后曾说，在中国阻碍传播基督教教义取得成功的主要症结是原始罪恶的学说。正统的基督教的传统学说——直到现在大多数基督教传教士在远东仍然在宣传——是说，我们全都是生来就带着罪恶的，这种罪恶应该受到永久的惩罚。如果说这种罪恶只适用于白种人，中国人也许不难接受这种学说；但当他们听说自己的父母和祖宗正在地狱中受惩罚，他们就会大怒了，孔子教导说，人是生而性善的；如果他们后来变坏了，那是由于坏人的恶习的影响。这种和传统的西方正统教义的区别深深地影响着中国人的看法。

在我们中间，那些被看作是道德的先知先觉者是那些抛弃了自己的日常愉快和用干涉别人的快乐来寻求补偿的人。在我们的德行概念中，有一种适合爱管闲事人的活动范围：除非某人把自己变成是大多数人所讨厌的人，否则我们就不认为他能成为一个特别好的人。③这种态度就来自原罪概念。它不仅引导人们去干涉别人的自由，而且也使人变成伪君子，因为这种因循的标准大多数人实行起来也太困难了。在中国情况就不是这样。这里，道德训诫是肯定的而不是否定的。作为一个人对父母要尊敬，对子女要慈爱，对穷亲戚要慷慨，对一切人要有礼貌。这些不是很难的义务，而是大多数人实际上所做的。总体来看，中国人的这些道德标准也许比起我们西方大多数人所不能做的较高的道德标准要更合适一些。

在中国的思想体系中有一个而且只有一个严重缺点，那就是，它不能帮助中国对抗好战的国家。如果整个世界都像中国这样，那么整个世界就会幸福；但是只要其他国家喜欢战争和尚武，那么已不再闭关自守的中国人，如果要保持他们的国家独立，将不得不在某种程度中去模仿我们的恶行。不过，我们别以这种模仿将会成为一种进步的话来奉承我们自己了。

作者简介

伯特兰·罗素（Bertrand Russell，1872—1970），二十世纪英国哲学家、数学家、逻辑学家、历史学家、无神论或者不可知论者；也是上世纪西方最著名、影响最大的学者和和平主义社会活动家之一；被认为与弗雷格、维特根斯坦和怀特海一同创建了分析哲学。他与怀特海合著的《数学原理》对逻辑学、数学、集合论、语言学和分析哲学有着巨大影响。1950年，罗素获得诺贝尔文学奖，以表彰其"多样且重要的作品，持续不断的追求人道主义理想和思想自由"。

注释

① 本文节选自《真与爱——罗素散文集》。为了行文的流畅，编者对本文几处译文做了修改。 ② 赫伯特·乔治·威尔斯（Herbert George Wells，1866—1946），英国著名小说家、新闻记者、政治家、社会学家和历史学家。他创作的科幻小说影响深远，如"时间旅行"、"外星人"等都是20世纪科幻小说中的主流话题。 ③ 这句话是说，道德上的克制并不是多数人喜欢的事情。如果有人为了道德偏要阻止人们享受快乐，那么他就会遭到大多数人的厌恶；同时，也只有在他阻止大多数人享受快乐、践行道德的同时，他才能成为一个西方传统意义上的有道德的好人。

导读

本文写于1928年，是著名哲学家罗素基于中西文化比较的视野所展开的以中国传统文化对西方现代文明的批判式解读。作者从自以为进步的西方现代文明遭受的重创展开反思，面对西方文明存在的弊端,对与之相关的中国传统文化中的伦理道德与幸福快乐等领域给予了高度重视;尤其对中国文化中崇尚"游"、"乐"的具有审美性质的方面对西方现代文明弊端的遏制作用,予以了充分肯定。中国传统中以儒道两家的"游"、"乐"观念为基本特征的文化,一方面,非常重视个体的自由愉快,它们认为与之相关的道德也是一种自然而然、自由愉快的状态,这与西方自古希腊以来强调克制的道德传统及其所引起的对愉悦体验的排斥形成鲜明对照;另一方面,这种"游"、"乐"的审美性质所激发的超功利性,也在一定程度上从文化层面对社会中人与人之间、团体与团体之间的冲突(如战争)起到一定的消解和弱化作用。

思考与交流

1. 从你的切身体验谈谈中国社会是否还保持着儒家或道家传统,这种传统对当代中国有什么影响?
2. 儒家尚"仁"、"和",道家尚"自然"、"无为"的观念对我们愉快、幸福的生活有什么启发作用?
3. 请通过阅读或观赏等途径,切身体验一次中西文化的碰撞,并思考两种文化的差异和相同之处。

（周　江）

吉檀迦利(节选)①

泰戈尔

一

这是你的脚凳,你在最贫最贱最失所的人群中歇足。

我想向你鞠躬,我的敬礼不能达到你歇足地方的深处——那最贫最贱最失所的人群中。

你穿着破敝的衣服,在最贫最贱最失所的人群中行走,骄傲永远不能走近这个地方。

你和那最没有朋友的最贫最贱最失所的人们当中没有朋友的人做伴,我的心永远找不到那个地方。

二

把礼赞和数珠撇在一边吧!你在门窗紧闭幽暗孤寂的殿角里,向谁礼拜呢?睁开眼你看,上帝不在你的面前!

他是在锄着枯地的农夫那里,在敲石的造路工人那里。太阳下,阴雨里,他和他们同在,衣袍上蒙着尘土。脱掉你的圣袍,甚至像他一样的下到泥土里去吧!

超脱吗?从哪里找超脱呢?我们的主已经高高兴兴地把创造的锁链带起;他和我们大家永远联系在一起。

从静坐里走出来吧,丢开供养的香花!你的衣服污损了又何妨呢?去迎接他,在劳动里,流汗里,和他站在一起吧。

三

在那里,心是无畏的,头也抬得高昂;

在那里,知识是自由的;

在那里，世界还没有被狭小的家园的墙隔成片段；

在那里，话是从真理的深处说出；

在那里，不懈的努力向着"完美"伸臂；

在那里，理智的清泉没有沉没在积习的荒漠之中；

在那里，心灵是受你的指引，走向那不断放宽的思想与行为——

进入那自由的天国，我的父啊，让我的国家觉醒起来吧。

作者简介

罗宾德拉纳特·泰戈尔(1861—1941)，印度杰出的诗人、小说家、剧作家。1913 年他获得诺贝尔文学奖，是第一位获此殊荣的亚洲人。泰戈尔的著作以诗歌著称，写有《吉檀迦利》、《飞鸟集》等 50 多部诗集，为印度的新诗开辟了新天地。泰戈尔是位多产的作家，著有 12 部中长篇小说，100 多篇短篇小说，20 多部剧本，他的论文和专著涉及文学、哲学、教育、宗教等众多领域，还有大量游记、回忆录，一共近 200 本书。

注释

① 本文节选自泰戈尔抒情诗集《吉檀迦利》。该诗集共收入 103 首诗。1913 年，泰戈尔以此诗集而荣膺诺贝尔文学奖。获奖理由是："由于他那至为敏锐、清新与优美的诗，这诗出之于高超的技巧，并由于他自己用英文表达出来，使他那充满诗意的思想业已成为西方文学的一部分。"

导读

《吉檀迦利》是泰戈尔最著名的一部诗集，敬仰神、渴求与神结合是该诗集的一个基本主题。"吉檀迦利"是印度语"献诗"的意思，诗人通过对神的礼赞，表达了美好的生活理想。

泰戈尔笔下的神并不是传统宗教观念中的神，它带有更多社会、人生的色彩。在第一首诗里，诗人强调他心目中的神并没有穿着华丽的服装，而是穿着"破敝的衣服"和"那最没有朋友的最贫最贱最失所的人们当中没有朋友的人做伴"。这说明他心目中的"神"并没有远离尘世，而是存在于现实世界下层人民中间。诗人反复咏叹自己和"神"之间的可悲鸿沟，表现出了对神的无限景仰。正因为如此，他反对脱离现实寻求超脱，主张人们要和神站在一起，第二首诗就表现了这样的思想。在这首诗里，诗人主张人们到劳动者中间去，因为神和劳动者同在。泰戈尔试图通过人神合一来寻求理想的道路，当他歌颂这些虚无缥缈的幻想世界时，他并没有忘记现实中受苦受难的祖国。在第三首诗里，诗人就表达出了对祖国前途的关怀。在这首诗里，他描摹了一个和谐的理想乐园，而实现这一未来的前提是国家的觉醒和民族的独立，诗人最后的呼唤包含了无以言表的激情，也浸透了无数的血和泪。

思考与交流

1. 如何理解《吉檀迦利》中神的形象？
2. 简述《吉檀迦利》(节选)的艺术特色。

(刘立辰)

当你老了①

叶芝

当你老了，头白了，睡意昏沉，
炉火旁打盹，请取下这部诗歌，
慢慢读，回想你过去眼神的柔和，
回想它们昔日浓重的阴影；

多少人爱你青春欢畅的时辰，
爱慕你的美丽，假意或真心，
只有一个人爱你那朝圣者的灵魂②，
爱你衰老了的脸上痛苦的皱纹；

垂下头来，在红光闪耀的炉子旁，
凄然地轻轻诉说那爱情的消逝，
在头顶的山上它缓缓踱着步子，
在一群星星中间隐藏着脸庞。

作者简介

威廉·巴特勒·叶芝（1865—1939），爱尔兰诗人、剧作家，"爱尔兰文艺复兴运动"领袖，也是艾比剧院的创建者之一，被诗人艾略特称为"当代最伟大的诗人"。1923 年，他的作品《丽达与天鹅》获诺贝尔文学奖，获奖理由："以其高度艺术化及洋溢着灵感的诗作表达了整个民族的灵魂。"叶芝早期作品带有唯美倾向和浪漫主义色彩，90 年代后，因支持爱尔兰民族自治运动，诗风逐渐走向坚实明朗，更趋近现实。代表作品有《钟楼》、《盘旋的楼梯》、《新诗集》、《最后的诗》等诗作，以及散文集《凯尔特曙光》和《凯丝琳女伯爵》等 26 部剧本。

注释

① 这是一首情诗，写给诗人终生追求的一位女性——茅德·冈（Maud Gonn，1866—1953）。她是位才华出众的演员，却一直投身于爱尔兰的民族自治运动，并成为这场运动的领导人之一。1889 年，诗人第一次见到这位传奇的女性，就被她深深吸引，堕入情网，但遭到了拒绝，这段痛苦的恋情几乎萦绕了诗人的一生。
② 朝圣者的灵魂：茅德·冈家境优越，是一位驻爱尔兰英军上校的女儿，父亲去世后继承了一大笔遗产。她在感受到爱尔兰人民受到英裔欺压的悲惨状况之后，开始同情爱尔兰人民，毅然放弃了都柏林上流社会的社交生活而投身到争取爱尔兰民族独立的运动中来，并且成为领导人之一。这在叶芝的心目中对于茅德·冈平添了一轮特殊的光晕。

导读

《当你老了》一诗写于诗人的感情受挫之后，诗歌成了化解内心苦痛的方式。但是，诗人没有直接抒写当时的感受，而是将时间推移到几十年以后，想象自己的恋人衰老时的情景。

第一节，时间设定在未来，诗人笔下的恋人，早已年华老去，头发花白，睡意昏沉，诗人恳请她阅读他早年写下的诗篇，重新回顾年轻时的情感波澜，这表明诗人眷恋的不是"你"的外貌，他的感情也不会因岁月的流逝而消退,反而历久弥坚。

第二节,诗人从对"你"的描绘,转向了诉说自己的心声:其他人可能只爱"你"的青春、"你"的美丽,无论出自假意还是真心,"只有一个人"——这里是指诗人自己,爱的是"你"灵魂的高贵,是"你"的全部,甚至包括"你"的衰老、"你"的皱纹。

第三节,又回到炉火映照的场景,"你"似乎听到了"我"的心声,垂下头为爱情的逝去而感伤。"爱情"是一个抽象的词,诗人在这里也把这个概念具体化、形象化,"它"化身为一个生命,在山顶行走,在星星中藏起自己的,再一次传达了无限的怅惘。

思考与交流

1. "炉火"这个意象,在诗中出现过两次,具有多重含义,请结合作品,分析"炉火"这个象征意象。

2. 泰戈尔诗句:"世界上最遥远的距离/不是生与死/不是天各一方/而是,我就站在你面前/你却不知道我爱你",你怎样理解这种情感?

3. 结合大学生活,谈谈你的爱情观。

(张　雪)

西西弗的神话(节选)①

加缪

诸神处罚西西弗不停地把一块巨石推上山顶②,而石头由于自身的重量又滚下山去,诸神认为再也没有比进行这种无效无望的劳动更为严厉的惩罚了。

荷马③说,西西弗是最终要死的人中最聪明最谨慎的人。但另有传说说他屈从于强盗生涯。我看不出其中有什么矛盾。各种说法的分歧在于是否要赋予这地狱中的无效劳动者的行为动机以价值。人们首先是以某种轻率的态度把他与诸神放在一起进行谴责,并历数他们的隐私。阿索玻斯的女儿埃癸娜被朱庇特劫走④。父亲对女儿的失踪大为震惊并且怪罪于西西弗,深知内情的西西弗对阿索玻斯说,他可以告诉他女儿的消息,但必须以给柯兰特城堡供水为条件。他宁愿得到水的圣浴,而不是天火雷电。他因此被罚下地狱。荷马告诉我们西西弗曾经扼往过死神的喉咙。普洛托⑤忍受不了地狱王国的荒凉寂寞,他催促战神把死神从其战胜者手中解放出来。

还有人说,西西弗在临死前冒失地要检验他妻子对他的爱情。他命令她把他的尸体扔在广场中央,不举行任何仪式。于是西西弗重堕地狱。他在地狱里对那恣意践踏人类之爱的行径十分愤慨,他获得普洛托的允诺重返人间以惩罚他的妻子。但当他又一次看到这大地的面貌,重新领略流水、阳光的抚爱,重新触摸那火热的石头、宽阔的大海的时候,他就再也不愿回到阴森的地狱中去了。冥王⑥的诏令、气愤和警告都无济于事。他又在地球上生活了多年,面对起伏的山峦、奔腾的大海和大地的微笑他又生活了多年。诸神于是进行干涉。墨丘利⑦跑来揪住这冒犯者的领子,把他从欢乐的生活中拉了出来,强行把他重新投入地狱,在那里,为惩罚他而设的巨石已准备就绪。

我们已经明白:西西弗是个荒谬的英雄。他之所以是荒谬的英雄,还因为他的激情和他所经受的磨难。他藐视神明,仇恨死亡,对生活充满激情,这必然使他受到难以用言语尽述的非人折磨:他以自己的整个身心致力于一种没有效果的事业。而这是为了对大地的无限热爱必须付出的代价。人们并没有谈到西西弗在地狱里的情况。创造这些神话是为了让人的想象使西西弗的形象栩栩如生。在西西弗身上,我们只能看到这样一幅图画:一个紧张的身体千百次地重复一个动作:搬动巨石,滚动它并把它推至山顶;我们看到的是一张痛苦扭曲的脸,看到的是紧贴在巨石上的面颊,那落满泥土、抖动的肩膀,沾满泥土的双脚,完全僵直的胳膊,以及那坚实的满是泥土的人的双手。经过被渺渺空间和永恒的时间限制着的努力之后,目的就达到了。西西弗于是看到巨石在几秒钟内又向着下面的世界滚下,而他则必须把这巨石重新推向山顶。他于是又向山下走去。

正是因为这种回复、停歇,我对西西弗产生了兴趣。这一张饱经磨难近似石头般坚硬的面孔已经自己化成了石头!我看到这个人以沉重而均匀的脚步走向那无尽的苦难。这个时刻就像一次呼吸那样短促,它的到来与西西弗的不幸一样是确定无疑的,这个时刻就是意识的时刻。在每一个这样的时刻中,他离开山顶并且逐渐地深入到诸神的巢穴中去,他超出了他自己的命运。他比他搬动的巨石还要坚硬。

如果说,这个神话是悲剧的,那是因为它的主人公是有意识的。若他行的每一步都依靠成功的希望所支持,那他的痛苦实际上又在哪里呢?今天的工人终生都在劳动,终日完成的是同样的工作,这样的命运并非不比西西弗的命运荒谬。但是,这种命运只有在工人变得有意识的偶然时刻才是悲剧性的。西西弗,这诸神中的无产者,这进行无效劳役而又进行反叛的无产者,他完全清楚自己所处的悲惨境地:在他下山时,他想到的正是这悲惨的境地。造成西西弗痛苦的清醒意识同时也就造就了他的胜利。不存在不通过蔑视而自我超越的命运。

如果西西弗下山推石在某些天里是痛苦地进行着的,那么这个工作也可以在欢乐中进行。这并不是言过其实。我还想象西西弗又回头走向他的巨石,痛苦又重新开始。当对大地的想象过于着重于回忆,当对幸福的憧憬过于急切,那痛苦就在人的心灵深处升起:这就是巨石的胜利,这就是巨石本身。巨大的悲痛是难以承担的重负。这就是我们的客西马尼之夜⑧。但是,雄辩的真理一旦被认识就会衰竭。因此,俄狄浦斯⑨不知不觉首先屈从命运。而一旦他明白了一切,他的悲剧就开始了。与此同时,两眼失明而又丧失希望的俄狄浦斯认识到,他与世界之间的唯一联系就是一个年轻姑娘鲜润的手。他于是毫无顾忌地发出这样震撼人心的声音:"尽管我历尽艰难困苦,但我年逾不惑,我的灵魂深邃伟大,因而我认为我是幸福的。"索福克勒斯的俄狄浦斯与陀思妥耶夫斯基的基里洛夫都提出了荒谬胜利的法则⑩。先贤的智慧与现代英雄主义汇合了。

人们要发现荒谬,就不能不想到要写某种有关幸福的教材。"哎,什么!就凭这些如此狭窄的道路……?"但是,世界只有一个。幸福与荒谬是同一大地的两个产儿。若说幸福一定是从荒谬的发现中产生的,那可能是错误的。因为荒谬的感情还很可能产生于幸福。"我认为我是幸福的",俄狄浦斯说,而这种说法是神圣的。它回响在人的疯狂而又有限的世界之中。它告诫人们一切都还没有也从没有被穷尽过。它把一个上帝从世界中驱逐出去,这个上帝是怀着不满足的心理以及对无效痛苦的偏好而进入人间的。它还把命运改造成为一件应该在人们之中得到安排的人的事情。

西西弗无声的全部快乐就在于此。他的命运是属于他的。他的岩石是他的事情。同样,当荒谬的人深思他的痛苦时,他就使一切偶像哑然失声。在这突然重又沉默的世界中,大地升起千万个美妙细小的声音。无意识的、秘密的召唤,一切面貌提出的要求,这些都是胜利必不可少的对立面和应付的代价。不存在无阴影的太阳,而且必须认识黑夜。荒谬的人说"是",但他的努力永不停息。如果有一种个人的命运,就不会有更高的命运,或至少可以说,只有一种被人看作是宿命的和应受到蔑视的命运。此外,荒谬的人知道,他是自己生活的主人。在这微妙的时刻,人回归到自己的生活之中,西西弗回身走向巨石,他静观这一系列没有关联而又变成他自己命运的行动,他的命运是他自己创造的,是在他的记忆的注视下聚合而又马上会被他的死亡固定的命运。因此,盲人从一开始就坚信一切人的东西都源于人道主义,就像盲人渴望看见而又知道黑夜是无穷尽的一样,西西弗永远行进。而巨石仍在滚动着。

我把西西弗留在山脚下!我们总是看到他身上的重负。而西西弗告诉我们,最高的虔诚是否认诸神并且搬掉石头。他也认为自己是幸福的。这个从此没有主宰的世界对他来讲既不是荒漠,也不是沃土。这块巨石上的每一颗粒,这黑黝黝的高山上的每一颗矿砂唯有对西西弗才形成一个世界。他爬上山顶所要进行的斗争本身就足以使一个人心里感到充实。应该认为,西西弗是幸福的。

作者简介

阿尔贝·加缪(1913—1960),法国小说家、哲学家、戏剧家、评论家。出生于阿尔及利亚的蒙多维城。加缪从1932年起即发表作品,1942年因发表《局外人》而成名。他主要的作品还有随笔《西西弗的神话》、剧本《卡利古拉》、《正义者》、小说《堕落》和短篇小说集《流放和王国》等。加缪于1957年10月17日获诺贝尔文学奖,成为法国当时第九位也是最年轻的获奖者,1960年1月4日死于车祸。

注释

① 本文节选自加缪随笔集《西西弗的神话》。 ② 西西弗:希腊神话中的一个人物,他因为卓尔不凡的智慧惹恼了众神。作为惩罚,他双目失明并被判永久地将一块大石头推上山顶,但最终都不可避免地要承受着大石头滚进山谷的结局。 ③ 荷马(约前9世纪—前8世纪),相传为古希腊的游吟诗人,生于小亚细亚,失明,创作了史诗《伊利亚特》和《奥德赛》,两者统称《荷马史诗》。 ④ 朱庇特是罗马神话中的主神,罗马统治希腊后将宙斯之名改变成为朱庇特。他以雷电为武器,维持着天地间的秩序,公牛和鹰是他的标志。朱庇特垂涎于河神阿索玻斯的女儿埃癸娜的美色,就化作一只巨鹰把女孩劫走。 ⑤ 普洛托:希腊神话中的海中先知。 ⑥ 冥王:希腊神话人物哈里斯,是宙斯的哥哥,负责掌管下界冥土。 ⑦ 墨丘利:是罗马神话中为众神传递信息的使者。 ⑧ 客西马尼之夜:客西马尼是耶稣受难的地方。当耶稣被钉十字架时,黑暗降临大地,这就是"客西马尼之夜",在文中喻指"巨大的悲痛是难以承担的重负"。 ⑨ 俄狄浦斯:是希腊神话中底比斯的国王,是国王拉伊俄斯和王后伊俄卡斯忒的儿子。他在不知情的情况下,杀死了自己的父亲并娶了自己的母亲。 ⑩ 索福克勒斯(前496年—前406年):古希腊剧作家,古希腊悲剧的代表人物之一,在戏剧《俄狄浦斯王》中丰富了俄狄浦斯命运悲剧的形象;陀思妥耶夫斯基(1821—1881):俄国作家,有作品《罪与罚》、《白痴》、《群魔》、《卡拉马佐夫兄弟》等,其文学风格对20世纪的世界文坛产生了深远的影响。基里洛夫是其作品《群魔》里的人物。

导读

加缪思想的核心是人道主义,人的尊严问题是一直缠绕着他的创作、生活和政治斗争的根本问题。书中,西西弗的幸福假设的提出,其本质动机,不在荒诞,因为荒诞不能告诉我们何谓幸福及不幸,之所以加缪假设西西弗是幸福的,是因为他认为只有幸福的生活才符合人的尊严,反抗才能体现尊严。西西弗被责以永罚,却幸福,这绝对是一种反抗,也是在这种条件下唯一可能的反抗形式。加缪在假设西西弗幸福的时候,充分运用了想象,其潜台词,却是人类尊严的需要。

1. 西西弗以自己的整个身心致力于一种没有效果的事业,为什么作者还认为"西西弗是幸福的"?
2. 加缪曾说,我们每个人都是西西弗,西西弗的命运就是我们每个人的命运。你怎样理解这种看法?

(颜　军)

宾夕法尼亚大学演说①

罗斯福

美国人的思想和行动自由观念固有的力量是永恒的,宾夕法尼亚大学②在过去两个世纪中的建立和发展,不但是这种力量的具体象征,而且也是全心全意为真理事业服务的正确性及其所具有的精神力量的一个有力证明。

是的,我们这个世界今天发生的事,使我国大多数公民越来越认清了自由的发育成长方式,也越来越了解了上一代人为了赢得并保持自由政府的特权是如何战斗和工作的。

你们也许还记得,在我们获得政治自由后,亚历山大·汉密尔顿③和托马斯·杰斐逊④二人在观点上发生了分歧。汉密尔顿对由一小群热心公益且往往有钱的公民掌管的政府的优越性坚信不疑。杰斐逊则主张政府必须由全民选出的代表掌管。他还主张公民普遍享有思想自由、居住自由、宗教自由和言论自由的权利,而特别享有普选权利。

杰斐逊思想派系的许多人都坦率地承认,汉密尔顿及其派系的动机是高尚无私的。那时候,许多美国人愿意接受汉密尔顿的主张,如果政府能够保证永远如汉密尔顿等人所说的无私地提供高质量服务,那就没有什么令人担心害怕的了。汉密尔顿思想体系的基础是,利用四年一届的选举制度,只在教育程度最高和最成功的公民中选择,就一定能够在那些有资格掌管政府的公民中选出最适当的人来。

可是,杰斐逊指出,由于人类固有的弱点,汉密尔顿式的政府一定会发展成自私的政府、牟取私利的政府和阶级的政府,最终导致自由选举制度的废除——时间业已证明了这一点。杰斐逊确认,我们的自由选举制度,是人民大众的政府的最可靠保证。只要全国选民,不论教育,不论财产,都能够在投票点顺利地行使选举权利,全国人民就没有理由担心专制统治。

在汉密尔顿以后的大约一个半世纪的各个历史时期,许多美国人一直试图将选举权控制在有限的人民团体手中。25年前,哈佛大学校长埃利奥特⑤在和我交谈时概述了他的观点。他说:"罗斯福,我确信,即使联邦各州都增加了大学,即使高等教育似乎已经普及,但只要选举权只属于手中握有大学学位的那些人,那么,过不了几年,美国必完蛋无疑。"一个才获得学位的人对学位早已在手的听众说这番话似乎有些不客气。可是,我这样说并非胡言乱语,不过传达了一位伟大教育家的意见,这位伟大教育家在全国普及大学教育工作中所作的努力,是众所周知的。

他评价了全体选民在不受限制的自由竞选中决定社会政治问题的能力,他们的能力要比盘踞在社会结构顶层的那些人组成的小团体的能力大。我得承认,我完全同意他的这个评价。

在候选人和选举问题上,我宁可相信大众的看法,例如工厂全体人员的看法,而不轻信少数人的看法,即使他们当时也许掌握着财政大权。在这些问题上,我认为,不妨再举个例子,农场主、农民、农场全体工人集中起来的意见要比农场主个别人的意见正确。在影响管理的那些问题上，我宁可相信大众的意见，比如铁路局总裁、段长、工程师、领班、司闸员、列车长、列车员、报务员和搬运工等人的意见，而不轻信少数管理人员的意见，也不轻信大股东们提出的意见。

极少数社会上层分子对广大下层人民指手画脚、发号施令，让他们在选举中怎么做，这在我国的政治史上是司空见惯的，不是什么新鲜事——这方面的例子可以说比比皆是，不胜枚举。

我不无遗憾地说，直到今天，一些地区仍然有要求政府回到少数人手中的呼声，因为他们有经商能力，或者说他们具有我认为的那种渊博的经济知识——我在哈佛学习了4年经济学，我所学的东西早已在今天的课本里找不到了。我的年龄越大，我的经济学知识就显得越不够。我相信，我们大多数人都有我这样的感觉——以为有那种能力的人比我们大家不过高明一丁点儿。我们这一代人应该像汉密尔顿时代的人那样赞扬他们的纯洁动机和崇高理想。不过，话还得说回来，在他们的那种政治思想指导下，政府权力很容易落入一些自私的沽名钓誉、追权逐利之流的手中。

自由选举所面临的巨大危险是，权利一旦落入少数精英之手，他们就会限制并甚至废除自由选举制度，以防止手中的大权旁落。

我永远不会忘记，一些好心人甚至最近还一本正经地向我建议说，那些失去工作、现在为了一家人的生计正在领救济的美国男女不能享受选举权。

只要定期自由选举制度存在一天，任何一个阶层都不能剥夺另一个阶层的选举权。我们这种体制的政府的长治久安，完全取决于自由选举制的维持。

不要忘记，历史上的专政独裁者，是没有哪个敢接受真正的自由选举制度的。

这些基本道理，在美国人听起来，也许不过是一些老生常谈而已，但能经常想到这一点，是有利于我们明白别的国家所发生的一切的。比如，10年前的1930年，生活在德意志帝国的人们，对建立在自由选举权基础上的民主进程感到了失望，竟然狂热崇拜一种叫纳粹主义的新邪教集团——他们宣扬极端爱国主义，声称能够通过一小撮对政府垂涎三尺的人的统治提供面包、住房和良好政府。那时，这个集团大肆宣扬自己动机纯洁，只字不提废除自由选举制度。许多受到某种影响、不满民主制度的大商务公司人士与这个新出现的小团体建立了政治经济联盟。

我们都十分清楚德国后来的那段历史。自由选举和自由选择政府首脑的权利，突然被一个嘴上仍然宣扬动机纯洁的新政权在一夜之间取消了。今天，如果说德国的公务员是经过某种形式的自由选举产生的，或者说1933年以后德国一直存在着自由选举制度，那是歪曲事实。

限制选举的主张和由特殊阶级管理政府的主张一旦被接受，那么，杰斐逊所预言的，眼前德国所发生的，也可能在我们这个国家重演。

我多年前在旧金山演说时就曾指出，新的条件给政府和管理政府的人提出了新的要求。正如杰斐逊在很久以前写道："我也确信，法律与公共机构必须和人类思想进步携手并进……人的态度和看法不断随着环境条件的改变而改变，公共机构也必须随着人类新的发现和新的真理的揭示而不断发展，与时俱进。"

今天，我们要像那时一样自觉地遵循这条规律，使公共机构和经济法方面出现的任何变化，永远不越出自由民主政体的范围。

我已经讲了不少次，随着工业时代的到来，西部移民和自由使用未被占领的土地时代已经宣告结束；随着新发明的蒸汽和电带来的种种变化，金融、工业团体和广大工人群众、小商人之间已经出现了新的关系；为了防止少数金融团体和工业团体伤害甚至扼杀众多规模小的团体，政府有必要采取某些控制措施。

同时,我们对政府对全体人民负有的责任有了新的看法。能考虑到政府与它的挨饿人民和失业公民之间存在的关系,并能采取措施履行政府的责任,这是美国生活中出现的新鲜事。

美国已经制定了许多确保社会公正的措施,以适应工业、农业、金融和劳动等方面出现的新情况。关于这一点,你们是很清楚的,恕我不一一列举。我们自己这一代人已经采取了许多新的措施,我们的目的是要克服我国的经济民主受到的威胁——这种威胁在其他国家很快导致了专制政治的出现。

本杰明·富兰克林⑥也认为,尽管自然科学的基本原理以及道德和社会科学的基本原则是永恒的,不可改变的,但运用这些原理和原则的方法,则必须随着生活方式的改变而改变。我确信,要是富兰克林今天还健在的话,他一定会坚决认为,根据今天的情况而不是过去的情况,运用理想的永恒真理、仁慈和公正,完全是哲学家和教育家的责任。生长和变化是一切生物的本能。昨天的解决办法不能用来解决今天的问题——正如今天的解决办法不能用来解决昨天的问题一样。永恒的真理一旦不能随着新的社会情况的出现而赋予新的意义,那么它就既不是真理,也不可能永恒。

作者简介

富兰克林·德拉诺·罗斯福(Franklin Delano Roosevelt, 1882—1945),美国政治家,民主党人。1932年当选第32任美国总统,并于1936年、1940年、1944年获得连任,是唯一一位连续四次当选的美国总统。他推行实施的国家干预以挽救经济的新政,使美国成功摆脱经济危机。1940年,他在著名的"炉边谈话"中呼吁帮助盟国的反法西斯战争,帮助中国抗击日本入侵;1941年向日本宣战,发起《联合国宣言》,成为反法西斯联盟的领袖之一。

注释

① 本文是罗斯福于1940年9月20日在宾夕法尼亚大学庆祝建校200周年大会上所发表演说的节选,选自王建华主编的《美国历届总统世界名校演说精选》。 ② 宾夕法尼亚大学(University of Pennsylvania)是美国常青藤盟校(IvyLeague)八所成员大学之一,四年制私立大学,成立于1740年,其学术声誉的排名在全美国一直名列前茅。 ③ 亚历山大·汉密尔顿(Alexander Hamilton, 1755—1804),美国开国元勋之一,联邦党领袖,独立战争时曾任华盛顿的秘书、大陆会议代表,后担任首任财政部长。 ④ 托马斯·杰斐逊(Thomas Jefferson, 1743—1826),美国第3任总统,《独立宣言》主要起草人,美国开国元勋中最具影响力者之一,民主共和党(共和党的前身)创建者。 ⑤ 埃利奥特(Charles William Eliot, 1834—1926),美国教育家,50卷《哈佛古典作品》编者,主张文理并重的通才教育。 ⑥ 本杰明·富兰克林(Benjamin Franklin, 1706—1790),美国政治家、科学家、外交家、哲学家、文学家,美国独立战争的伟大领袖,大陆会议代表,参加起草《独立宣言》。

导读

这篇演讲发表的时候,世界正笼罩在法西斯世界大战的阴云之下,历经多年才建立起来的民主自由正在经受生死考验。罗斯福最为重视的,正是这些由开国政治元勋所奠基的自由精神。而大学,作为民主自由的堡垒和策源地,也应是自由精神最为浓厚的地方。在这样的时间、这样的地点,讲论这样的话题,既是这位政治领袖的所思所想,也是对一所大学的最好的褒扬。

同时,罗斯福这篇关于民主和自由的演讲也是对美国国内一些人中出现的反对民主、反对自由选举、企求由少数上层分子发号施令的倒退思潮的抨击。他高度评价了全体选民在不受限制的自由竞选中决定社会政治问题的能力。同时指出,公共机构必须与人类思想的进步携手并进,必须随着人类新的发现和新的真理的揭示而不断发展。"永恒的真理一旦不能随着新的社会情况的出现而赋予新的意义,那么它就既不是真理,也不可能永恒。"他强调政府对人民负有的新责任,突出了民主和自由与时俱进的必要性:"民主必须能为公民提供自由,又能为公民提供机会,这样的民主才是有活力的。"

思考与交流

1. 面对一所大学的校庆,罗斯福为什么从政治家的不同政治观念讲起? 两位政治家尽管观点不同,但二人都主张民主自由的精神,而大学在这方面又能发挥怎样的作用? 二人政治观念的基本内涵又与大学理念有着怎样的关联?

2. 罗斯福肯定了大学对优秀文化的传承、对卓越思想的砥砺,尤其褒扬了大学对塑造人类自由的真理的追寻和传承。在这里罗斯福其实是指出了大学的核心理念,那么,你认为大学的核心理念是什么?

(周 江)

给青年们的一封信①

巴甫洛夫

我对于我国献身科学的青年们的希望是:

首先,要循序渐进。我一谈起有成果的科学工作所应具备的这个重要条件时,总不能不感到心情激动。要循序渐进,循序渐进,循序渐进。你们从一开始工作起,就得在积聚知识方面养成严格循序渐进的习惯。

你们在想要攀登到科学顶峰之前,务必把科学的初步知识研究彻底。还没有充分领会前面的东西时,就决不要动手搞往后的事情。决不要企图掩饰自己知识上的缺陷,哪怕是用最大胆的猜度和假设作为借口来掩饰。不管这种肥皂泡的美丽色彩怎样使你们炫目,但肥皂泡是不免要破裂的,那时你们除了羞惭之外是会一无所得的。

你们要养成严谨和忍耐的习惯。你们要学会干科学中的粗活。要研究事实,对比事实,积聚事实。

鸟的翅膀无论怎样完善,但若不借空气支持,是不能使鸟体上升的。事实就是科学家的空气。没有事实,你们永远也飞腾不起来。没有事实,你们的"理论"就是枉费了苦心。

但是在研究、实验、观察的时候,要力求不停留在事实的外表上。你们不要变成事实的保管人。要设法洞悉事实发生的奥秘。要坚毅不拔地去寻求支配事实的法则。

第二,要谦虚。你们在任何时候也不要以为自己什么都知道。不管别人怎样器重你们,你们总要有勇气对自己说:我没有学识。决不要陷于骄傲。因为一骄傲,你们就会在应该同意的场合固执起来。因为一骄傲,你们就会拒绝别人的忠告和友谊的帮助;因为一骄傲,你们就会丧失客观方面的准绳。

在我领导的这个集体内,互助气氛解决一切。

我们大家都为一个共同的事业而努力,并且每个人都按自己的力量和可能性来推进这共同的事业。在我们这里,往往也分辨不出:哪是"我的",哪是"你的"。但这样的做法,对于我们的共同事业,就只有好处。

第三,要有热情。你们要记住:科学需要一个人贡献出毕生的精力,假定你们每个人有两次生命,这对你们说来还是不够的。科学要求每个人有极紧张的工作和伟大的热情。希望你们热情地工作,热情地探讨。

我国给科学家们开辟了极广阔的活动场所,应该公正地说,在我国,科学是在广泛地应用到生活中去。极广泛地应用到生活中去。

关于我国青年科学家的地位又有什么可说的呢!

这方面的情形已经很清楚了。给他们的多,但向他们要求的也多。不论是青年或是我们,都要不辜负我国对于科学的厚望,这是有关荣誉的问题。

作者简介

巴甫洛夫·伊凡·彼德罗维奇(1849—1936),俄国生理学家、心理学家、高级神经活动学说的创始人,高级神经活动生理学的奠基者,行为主义学派的先驱。创立了闻名世界的"条件反射"学说,为唯物主义心理学奠定了基础。1904 年因消化腺生理学研究而获诺贝尔奖。

注释

①《给青年们的一封信》,不是一封普通的信,而是 86 岁高龄的巴甫洛夫 1935 年应苏联共青团中央委员会的请求,写给青年科学家的一封信。

导读

"信",是日常生活中的应用文,用以达到交际的目的。在这封信中,作者以自己一生从事学习和科学研究的亲身经历和深切感受,谆谆教诲青年如何步入科学的路径,怎样攀登科学技术的高峰。信中没有特别深奥的道理和惊人的语言,内容丰厚,感情热烈,字字句句都是真知灼见。全文的阐述由浅入深,由事实到理论,由现象到实质,说理循序渐进。阅读时,重点领会老一辈科学家对青年科学工作者的殷切希望,体会比喻说理的表达作用,学习围绕中心、分点阐述的写作方法和准确、严谨、生动的议论语言。

思考与交流

1. 作者为什么要把"循序渐进"放在"首先"的位置上提出来,怎样养成循序渐进的习惯?
2. 科学探索中为什么一定要有巨大的热情,怎样才能在科学探索中激发热情?

(杨兴萍)

读书是一种享受①

毛姆

一个人说话时,往往会忘记应有的谨慎。我曾在一本名叫《总结》的书里,就一些青年提出的关于如何读书的问题说了几句话,当时我并没有认真考虑。后来我便收到各种各样读者的来信,问我究竟提出了怎样的看法。对此,我虽然尽我所能给予答复,但在私人信件里却又不可能把这样的问题讲清楚。于是我想,既然有这么多人好像很希望得到我提供的指导,那么我根据自己有趣而有益的经验,在此简要地提出一些建议,他们或许是愿意听的。

首先,我要强调的是,读书应该是一种享受。不错,有时为了对付考试,或者为了获得资料,有些书我们不得不读,但读那种书是不可能得到享受的。我们只是为增进知识才读它们,所希望的也只是它们能满足我们的需要,至多希望它们不至于沉闷得难以卒读。我们读那种书是不得不读,而不是喜欢读。这当然不是我现在要谈的读书。我要谈的读书,它既不能帮你获得学位,也不能帮你谋生;既不会教你怎样驾船,也不会教你怎样修机器,却可以使你生活得更充实。只是,要想得到这样的好处,你必须喜欢读才行。

我这里所说的"你",是指在业余时间里想读些书而且觉得有些书不读可惜的成年人,不是指本来就钻在书堆里的"书虫"。"书虫"们尽可以想读什么就读什么。他们的好奇心总是使他们踏上书丛中荒僻的小路,沿着这样的小路四寻觅被人遗忘的"珍本",并为此觉得其乐无穷。我却只想谈些名著,就是那些经过时间考验而已被公认为一流的著作。

一般认为这样的名著应该是人人都读过的,令人遗憾的是真正读过的人其实很少。有些名著是著名批评家们一致公认的,文学史家们也长篇累牍地予以论述,但现在的一般读者却没有时间、也没有兴趣去读了。它们对文学研究者来说是重要的,它们原来的诱人之处已不再诱人,因此现在要读它们,是很需要有点毅力的。举例说吧:我读过乔治·爱略特②的《亚当·比德》,但我没法从心底里说,我读这本书是种享受。我读它多半是出于一种责任心,坚持读完后,才不由得松了口气。

关于这类书,我不想说什么。每个人自己就是最好的批评家。不管学者们怎么评价一本书,不管他们怎样异口同声地竭力颂扬,除非这本书使你感兴趣,否则它就与你毫不相干。别忘了批评家也会出错,批评史上许多明显的错误都出自著名批评家之手。你在读,你就是你所读的书的最后评判者,其价值如何就由你定。这道理同样适用于我向你推荐的书。

我们各人的口味不可能完全一样,只是大致相同而已。因此,如果认为合我口味的书也一定合你的口味,那是毫无根据的。不过,我读了这些书后,觉得心里充实了许多;要是没读的话,恐怕我就不是今天的我了。因此我对你说,如果你或者别人看了我在这里写的,于是便去读我推荐的书而读不下去的话,那就把它放下。既然它不能使你觉得是一种享受,那它对你就毫无用处。没有一个人有这样的义务,一定要读诗歌、小说或者任何纯文学作品。他只是为了一种乐趣才去读这些东西的。谁又能要求,使某人觉得有趣的东西,别人也一定要觉得有趣?

请不要认为,享受就是不道德。享受本身是件好事,享受就是享受,只是它会造成不同后果,所以有些方式的享受,对有理智的人来说是不可取的。享受也不一定是庸俗的和满足肉欲的。过去的有识之士就已发现,理性的享受和愉悦,是最完美、最持久的。

养成读书的习惯确实使人受用无穷。很少有什么娱乐,能让你在过了中年之后还会从中感到满足,除了玩单人纸牌、解象棋残局和填字谜之外,几乎没有什么游戏,你可以单独玩而不需要同伴。读书就没有这种不便;也许除了做针线活——可那是不大会让你安下心来的——没有哪一种活动可以那样容易地随时开始,随便持续多久,同时又干着别的事,而且随时可以停止。

今天,我们很幸运地有公共图书馆和廉价版图书,可以说没有哪种娱乐比读书更便宜了。养成读书习惯,也就是给自己营造一个几乎可以逃避生活中一切愁苦的庇护所。我说几乎可以,是因为我不想夸大其词,宣称读书可以解除饥饿的痛苦和失恋的悲伤;但是,几本引人入胜的侦探小说再加一只热水袋,确实可以使任何人对最严重的感冒满不在乎。反之,如果有人硬要他去读他讨厌的书,又有谁能养成那种为读书而读书的习惯呢?

为了方便起见，我将按年代顺序来谈我要谈的书，不过，要是你有意读这些书的话，我也没有理由一定要你照着这个顺序读。我想，你最好还是随你自己的兴趣来读，我甚至都不认为你一定要读完一本再读另一本。我自己就喜欢同时读四五本书。因为我们的心情毕竟天天都在变化，即便在一天里，也不是每小时都热切地想读某本书的。我们必须适应这样的情况。

我当然采取了最适合我自己的办法。早晨开始工作前，我总是读一会儿科学或者哲学方面的著作，因为读这类书需要头脑清醒、思想集中，这有助于我一天的工作。等工作做完后，我觉得很轻松，就不想再进行紧张的脑力活动了，这时我便读历史、散文、评论或者传记；晚上，我看小说。此外，我手边总有一本诗集，兴之所至就读上一段，而在我床头，则放着一本既可以随便从哪里开始读、又可以随便读到哪里都能放得下的书。可惜的是，这样的书非常少见。

作者简介

威廉·萨默塞特·毛姆（1874—1965）是英国著名作家，以《人性的枷锁》、《月亮和六便士》、《刀锋》等长篇小说而名闻世界，《患难之交》、《午餐》等短篇小说具有对社会生活的细微的观察、娴熟的文笔，为他赢得了更多的读者。他还著有近五十部剧本和《总结》、《作家笔记》、《书与你》等散文作品。基于其创作成就，牛津大学曾授予他名誉博士学位，英王曾授予他"荣誉侍从"的称号。

注释

① 本文选自《毛姆读书随笔》。该书包含了毛姆32篇读书心得和感想。主要写了毛姆对阅读的看法，对哲学问题的思考和认识，以及最后关于文学作品和作家的漫谈。文章内容都围绕着阅读展开，发人深省，给人启迪。　② 乔治·爱略特，英国十九世纪女作家，一生创作的主要作品是三部中篇组成的《教会生活场景》和《亚当·比德》、《米德尔马契》等七部长篇，以深刻细腻的心理分析而著称，开启了现代心理小说的创作。

导读

毛姆的阅读涉猎甚广，在很大程度上可以说是个"读书家"，他读书无数且对读书本身还很有一套自己的看法。毛姆认为读书是一件快乐而且值得享受的事情。这里，毛姆所说的"读书"不是读那种不得不读的书，而是特指业余时间的读书，也就是我们所说的"读闲书"。这样读书的前提条件就是要有乐趣，"既然它不能使你觉得是一种享受，那它对你就毫无用处"。在此基础上，还要有所教益，养成读书的习惯，这样才会使你生活得更充实。可以看出，毛姆对书是很"挑剔"的。

这篇文章的内容虽然严肃，但作者却是用闲谈笔调来写的。他的叙述朴实无华而又委婉动人，让读者感觉到像是与一位慈爱睿智的长者促膝而谈，他就坐在你面前，偶尔会对你眨眨眼或者微微一笑，大师的风采，渗透在一字一句之中，再一次激起我们读书的欲望。

思考与交流

1. 毛姆说读书给人快乐，请你结合自己的读书经历对此谈点看法。
2. 人们常说"开卷有益"，你是怎么看的？
3. 谈谈如何培养良好的读书习惯。

（刘立辰）

致未来的教师①

苏霍姆林斯基

我常常收到大学生其中主要是师范生的许多来信。几乎所有的信里都提出一个问题,我觉得,回答这个问题对于许多未来的教师是有一定意义的。这个问题的意思是:究竟在教育工作中什么是最重要、最主要的? 我对这个问题已经思考了32年。回答它并不那么容易,因为在我们的工作中,没有哪一样是次要的东西。不过,教育工作毕竟还是有个核心的。

未来的教师,我亲爱的朋友! 在我们的工作中,最重要的是要把我们的学生看成活生生的人。学习——这并不是把知识从教师的头脑里移到学生的头脑里,而首先是教师跟儿童之间的活生生的人的相互关系。

儿童的脑力劳动、他在学习中的成功和失败,——这是他的精神生活,是他的内心世界,无视这一点就会带来可悲的后果。请记住:促使儿童学习,激发他的学习兴趣,使他刻苦顽强地用功学习的最强大的力量,是对自己的信心和自尊感。当儿童心里有这股力量的时候,你就是教育的能手,你就会受到儿童的敬重。而一旦这种不能以任何东西相比拟的精神力量的火花熄灭之时,你就变得无能为力了,即使有影响儿童心灵的最英明、最精细的手段,它们都会成为死的东西。

不久前,在一所学校里发生过这么一件事。有一个学生,无论怎么也弄不懂,植物是怎样吸收营养、怎样呼吸的,怎样从幼芽里发育出叶子,怎样从花里结出果子的。生物教师经常提问他和刺激他:"难道你连这么简单的东西都弄不明白吗? 你究竟能干点什么呢?"在这个男孩子的心里,渐渐地对自己失去了信心。最基本的知识对他来说也变得复杂了,因为缺乏自信心像一堵墙一样挡住了他通向认识的道路。有一次上课时,生物教师说:"再过几天,幼芽就要长出来了,我们全班都到长着栗树的林荫道去观察。在那里,要是阿辽沙还说不出别人都明白的东西,那时候事情就毫无希望了。"

生物教师很喜欢自己栽种的东西,他从种子培育出栗树的幼苗,再把这些小栗树排成一条林荫道。当全班学生来到栗树林荫道的时候,教师惊呆了:树上的幼芽全被剥掉了……学生们也垂头丧气地站在那里。而在阿辽沙的眼光里,一刹那之间露出幸灾乐祸的火花。

这个行为的背后隐藏着什么呢? 是内心的深深的痛苦,屈辱,精神力量的突然燃烧和爆发。阿辽沙以此表示抗议。他感到,教师的话里含有恶意。而孩子是要以怨报怨的,有时候甚至做出奇怪的、荒唐的、毫无意义的事来。

但比较常见的情况是:一个学生,接连不断地吃"两分",他就跟自己的命运妥协了,渐渐习惯了这样的想法,就是"自己什么都不行"。每当我看到这种态度冷淡,毫无怨言,准备好耐心地倾听教师的讥刺和训斥而无动于衷的学生时,我的心里就充满了不平和愤慨。我的年轻的朋友,请你像怕火一样避免这样的事情吧! 要为这种毫无怨言,默不做声,准备接受任何训斥的学生而感到可怕。这对一个人来说是最可怕的事。当你看到学生性格执拗、爱发脾气的时候应当感到高兴,应当容许学生对你的思想似乎抱着不信任的态度,而让他去检验,去研究吧。"执拗性格万岁!"——我真想用最鲜明的字体写下这句话,并把它张贴在教员休息室里……

你是明天的教师,请记住:每一个儿童都是带着想好好学习的愿望来上学的。这种愿望像一颗耀眼的火星,照亮着儿童所关切和操心的情感的世界。他以无比信任的心情把这颗火星交给我们,做教师的人。这颗火星很容易被尖刻的、粗暴的、冷淡的、不信任的态度所熄灭。要是我们,做教师的人,在心里也像儿童对待我们那样,把无限的信任同样地给予他们就好了! 那将是一种富有人情的相互尊重的美妙的和谐。

教师对学生力量的信心表现在哪里呢? 我们的工作的辩证法告诉我们,教师永远也不会遇到这样的时刻的到来，使他有权利说：由于我尽了自己的努力和操劳，这个学生已经达到极限，从他身上再也得不到更多的东西了。学校教育里的许多失误，其根源正是在于有些人抱有这种思想。请你记住：人的力量和可能性是不可穷尽的。一个学生可能在一整年里都没有把某种东西弄懂弄会，可是终于有那么一天，他懂了，会了。这种"恍然大悟"（我想把这种现象称之为"思维的觉醒"）的内在的精神力量，是在儿童的意识里逐渐积累起来的，而且我们，做教师的人，是在用自己的信心帮助它的积累。任何时候都不要急于灰心失望。学生今天不会的，过三年才能会，那么我在这三年里始终坚信人的力量是不可穷尽的。

结合这一点，我想向你，年轻的朋友，提出如下的建议：正像外科医生把一些非常锐利的手术工具放在清洁的金属盒子里以备使用一样，你也有一些最精细、最有灵性、最锐利而不十分安全的工具——评分，最好让它多在盒子里放着，而不轻易使用。我认为，那种几乎学生说了每句话都要给他打个分数的习惯，是一种教育修养处于蒙昧状态的标志。以这种态度对待事情，这种最精细的工具就一会儿变成蜜糖，一会儿变成棍棒：它使这一个人陶醉，使那一个人受伤。我希望，学校里不要搞那种所谓"积累分数"的追求评分数量的事。在一个学季里，一个学生该有几个分数，让教师去掌握就可以了。

请记住，即使是成年人，白费的、毫无结果的劳动，也会使他感到羞愧难当和头脑糊涂的，何况我们接触的是些孩子。如果学生从他的学习里期待不到什么成绩，他就会失去对自己力量的信心，就会变得要么粗暴，要么灰心。

学生如何看待自己，这一点在很大程度上决定着他的道德面貌。在学校里，目前还存在许多手工业方式的东西：学生认识周围世界，却不认识自己，更不了解自己。我坚定地相信，儿童在认识周围世界的同时，应当认识自己，应当充满一种深刻的自我肯定的感情。自我肯定是自我教育之母。自尊感是一个人的荣誉感、名誉感、健康的自爱心的最强大的源泉之一。当你走上教育工作这个创造性的岗位时，请记住：你必须教会儿童进行脑力劳动，教会他们思考、观察、理解，从脑力劳动的成果中感觉出自己的精神力量。

当跨进校门的时候，你不仅成为本门学科的教师，而且首先是一个教育者。你应当善于培养学生的学习愿望。并不是所有的儿童都一样思考，一样感知，一样识记的。一个学生已经弄懂了你想教会他的东西，而另一个学生还没有弄懂，但这并不说明他不愿意学习。要让他有时间再想一想，不要把他那一点渴求知识的微弱的火花吹灭。只有在学生的脑力劳动取得成绩，哪怕是微小的成绩时，再来给他做评定。你要善于从每一个学生身上，看到和感觉出，他是一个独一无二的个性。有一次，听到某位教师说："这个学生毫无希望，他的命运就是这样——永远当差生。"这时我想起了亨利·海涅②说过的话："每一个人就是一个世界，这个世界是随他而生，随他而灭的。每一块墓碑下面，都躺着一部整个世界的历史。"

阿尔玛——阿塔师范学院的女大学生塔玛拉很关心教学方法的问题。她写道："我看到不断涌现出大量的教学方法就使我感到害怕。几乎每天在报刊上都能看到：这是一种新方法，那是一种新教学方式……怎么才能搞清楚这么多的教学方法和方式呢？其中的哪一些才是真正有效的呢？"塔玛拉和别的大学生都关心"有些教学方法产生了，而其生命又不长久"（伏尔加格勒的一个大学生也这么写道）。你们应当懂得：任何一种教学方法，当它还只是存在于我们的观念中，当我们还只是在字面上——在教科书上，在教案上分析它的优缺点时，这还不能算是真正的方法。譬如说，有一套很精致的钳工工具。它们都放在那里，各有各的位置，各有各的用途。可是，当人的手还没有接触它们的时候，所有这些工具是什么呢？是一堆金属——如此而已。这其中的每一块金属，只有到了匠师的手里，才能变成工具。教学方法也是如此。有了匠师才会有方法。这个方法能对儿童起什么作用，这一点取决于你们，而且仅仅取决于你们。在学校里的真正的创造性

111

第一编　人文精神

劳动,首先是生动的、探究性的思考和研究。即使是最好的、最精密的教学法,只有在教师加入了自己的个性,对一般的东西加入了自己的、经过深思熟虑的东西以后,它才能是有效的。这里不由得想起波兰的著名教育家亚努什·科尔恰克的话:"指望别人给你拿出现成的思想,无异于让别的女人替你生产你怀胎的孩子。有些思想是要你自己在阵痛中去生产出来的,这样的思想才最宝贵。"如果你们想成为真正的能工巧匠,那就不要等待"别的女人替你生产你怀胎的孩子"。只有你在其中倾注了自己的智慧、自己的活的思想的教学方法,才是最好最有效的方法。

作者简介

瓦·阿·苏霍姆林斯基(1918—1970),苏联著名教育实践家、教育理论家。著有《给教师的一百条建议》、《把整个心灵献给孩子》、《巴甫雷什中学》、《公民的诞生》、《失去的一天》等教育专著。

注释

① 本文选自《给教师的一百条建议》。《给教师的一百条建议》是苏霍姆林斯基专为中小学教师写的。全书分上下两篇,上篇50条,下篇50条。上篇重点论述教师职业的性质、特点,教师应具备的素养以及智育的主要任务和方法;下篇主要论述教师如何协调各种教育力量以促进学生的全面和谐发展。书中每一条建议谈一个问题,计100条。既有生动的教育实例,也有精辟的理论分析,很多都是苏霍姆林斯基教育教学中的实例。 ② 亨利·海涅(1797—1856),19世纪德国著名诗人,是德语文学史上堪称莱辛、歌德、席勒之后最为杰出的诗人、散文家和思想家。

导读

这篇文章是苏霍姆林斯基给一些即将成为教师的学生们的回信。作者针对未来教师们的困惑和不解,以"建议"的新颖形式,把教育工作的核心娓娓道来,像一位慈祥的智者,用他30多年的教学实践经验,给即将步入教师岗位的处于茫然中的学生以指引。它让未来的教师明白了一个道理:原来学生该这样教。尽管今天的教育形势与过去相比发生了很大变化,但他闪光的教育思想,对今天的教师仍具有较强的指导意义。

思考与交流

1. 教育工作的核心是什么,你如何理解"把我们的学生看成'活生生的人'"?
2. 苏霍姆林斯基倡导一种什么样的学生观?

(杨兴萍)

第二编　乡土情怀

西南夷列传①

司马迁

西南夷君长以什数②，夜郎最大③。其西，靡莫之属以什数④，滇最大⑤；自滇以北君长以什数，邛都最大⑥，此皆魋结⑦，耕田，有邑聚⑧。……

……

建元六年⑨，大行王恢击东越，东越杀王郢以报⑩。恢因兵威使番阳令唐蒙风指晓南越⑪。南越食蒙蜀枸酱⑫，蒙问所从来，曰"道西北牂柯⑬，牂柯江广数里⑭，出番禺城下"。蒙归至长安，问蜀贾人⑮，贾人曰："独蜀出枸酱，多持窃出市夜郎⑯。夜郎者，临牂柯江，江广百馀步，足以行船。南越以财物役属夜郎⑰，西至同师，然亦不能臣使也⑱。"蒙乃上书说上曰⑲："南越王黄屋左纛⑳，地东西万馀里，名为外臣，实一州主也。今以长沙、豫章往，水道多绝，难行。窃闻夜郎所有精兵，可得十馀万，浮船牂柯江，出其不意，此制越一奇也。诚以汉之强，巴蜀之饶，通夜郎道，为置吏，易甚。"上许之。乃拜蒙为郎中将，将千人㉑，食重万馀人㉒，从巴蜀笮关入㉓，遂见夜郎侯多同㉔。蒙厚赐，喻以威德㉕，约为置吏，使其子为令㉖。夜郎旁小邑皆贪汉缯帛，以为汉道险，终不能有也㉗，且听蒙约。还报，乃以为犍为郡。发巴蜀卒治道，自僰道指牂柯江㉘。蜀人司马相如亦言西夷邛、笮可置郡。使相如以郎中将往喻，皆如南夷㉙，为置一都尉，十馀县，属蜀。

……

滇王与汉使者言曰："汉孰与我大㉚？"及夜郎侯亦然㉛。以道不通故，各自以为一州主，不知汉广大。使者还，因盛言滇大国，足事亲附㉜。天子注意焉㉝。

及至南越反㉞，上使驰义侯因犍为发南夷兵㉟。且兰君恐远行㊱，旁国虏其老弱㊲，乃与其众反，杀使者及犍为太守。汉乃发巴蜀罪人尝击南越者八校尉击破之㊳。会越已破㊴，汉八校尉不下㊵，即引兵还㊶，行诛头兰㊷。头兰，常隔滇道者也。已平头兰，遂平南夷为牂柯郡。夜郎侯始倚南越，南越已灭，会还诛反者，夜郎遂入朝。上以为夜郎王。

……

西南夷君长以百数，独夜郎、滇受王印。滇小邑，最宠焉。

注释

① 本文选自《史记》。　② 西南夷：泛指我国西南边疆的少数民族。夷：古代对少数民族的蔑称。君长：部落或部落联盟首领。什：通"十"。数：统计、计算。　③ 夜郎：古代部族名，也是国名，一般认为大部分在今贵州省境内。　④ 其：代指夜郎。靡莫：古代部落名，属于羌民族系统。　⑤ 滇：古代部族、国名。　⑥ 邛(qióng)都：古代部族名、国名。　⑦ 魋(zhuī)结：一种梳成椎形的发式，也叫"椎髻"。　⑧ 邑：城镇。聚：小村落。　⑨ 建元：汉武帝第一个年号(前140—前135)。　⑩ 东越：古代部族名，是越人的一支；也是国名。　⑪ 因：凭借。使：委派。风：通"讽"，委婉劝告。指：通"旨"，旨意。　⑫ 食：名词用如动词，给……吃。枸酱：用枸杞的果实制作的酱。枸杞果实可制酱。　⑬ 道：从……经过。牂柯：古代河名，一般认为在

今贵州省六枝特区境内,属珠江流域,北盘江水系。 ⑭ 广:宽。 ⑮ 贾人:商人。 ⑯ 市:交易,做买卖。 ⑰ 役属:归属而服役。 ⑱ 臣使:像臣下那样驱使。 ⑲ 说(shuì)上:游说皇帝。 ⑳ 黄屋:帝王之车。其车以黄缎饰里,故称。左纛(dào):插在车厢左边的用旄牛尾或雉尾装饰的旗子,这是专属皇帝的车饰。 ㉑ 将:率领。 ㉒ 食重:粮食和辎重。 ㉓ 巴蜀筰(zuó)关:当作"巴符关"(见王念孙《读书杂志·史记》)。入:指进入夜郎境内。 ㉔ 夜郎侯:夜郎部落王国的统治者。 ㉕ 威德:威势与恩德。 ㉖ 令:相当于县令的官。 ㉗ 终:最终。 ㉘ 指:通向。 ㉙ 相如:指司马相如。他在武帝时曾出使西南夷,对开发西南边疆有很大贡献。如:如同。 ㉚ 孰与:与……比,哪一个……。 ㉛ 然:如此,这样。 ㉜ 足事亲附:值得让他们亲近和归附汉朝。 ㉝ 焉,兼词,相当于"于是(此)"。 ㉞ 南越反:汉武帝元鼎五年(前112),南越丞相吕嘉叛乱,后被平定,南越亡国。 ㉟ 上:指汉武帝。因:凭借。 ㊱ 且(jū)兰君:且兰国统治者。 ㊲ 旁国:附近国家。虏:俘虏。 ㊳ 罪人:本来应当。 ㊴ 会:恰逢,正赶上。 ㊵ 不下:没有沿牂牁江南下攻打南越。 ㊶ 引兵:领兵。 ㊷ 行诛:在行军中诛灭。头兰:古国名。

导读

《史记·西南夷列传》描写了今云、贵、川地区各民族部落的特点,追溯了西南部落及各族人民与内地王朝交往的历史,并把汉武帝三次通西南夷的历史作了详细描绘,体现了司马迁较为进步的民族史观。书中将复杂的历史事件讲述得条理分明,显示出司马迁高超的叙事艺术。本文主要从中选录出与古夜郎国相关的部分来进行学习,以便对贵州在西汉武帝时的一些情况作大概了解。

本文先写了古夜郎的地理位置,并指出在西南夷诸部落中的地位,接着写了夜郎大概的区域位置、物产等经济生活和文化习俗,又写了唐蒙出使夜郎、夜郎受中央王朝之封以及具有诙谐趣味的"夜郎自大"。

文章叙事清楚,把复杂纷繁的西南夷诸小国情况写得井井有条,语言简练,笔法简净,剪裁得当。结构严密,梁启超评价《西南夷列传》的写法:"史迹复杂,苟不将其眉目理清,则叙述愈详博,而使读者愈不得要领,此当视作者头脑明晰之程度如何,与其文章技术之运用何如也。此类记述之最好模范,莫如《西南夷列传》。"

思考与交流

1. 读懂文章,就司马迁在本文中的叙事手法进行讨论。

2. 关于古夜郎国的民族构成及中心区域所在地,是一个激烈争论的焦点,现在广西、云南、贵州、湖南等省都在争当古夜郎的中心区域及文化核心历史归属地,也都有一些证据和理由,请搜集相关资料,分组讨论古夜郎国中心区域究竟在何方。

(熊祥军)

初至龙场无所止结草庵居之①

王守仁

草庵不及肩,旅途体方适②。开棘自成篱③,土阶漫无级④。
迎风亦萧疏⑤,漏雨易补缉⑥。灵濑响朝湍⑦,深林凝暮色⑧。
群獠还聚讯⑨,语庞意颇质⑩。鹿豕且同游⑪,兹类犹人属。
污樽映瓦豆⑫,尽醉不知夕。缅怀黄唐化⑬,略称茅茨迹⑭。

作者简介
王守仁(1472—1529),字伯安,号阳明子,世称阳明先生,故又称王阳明,浙江余姚人,明代著名思想家、文学家。1500 年中进士,1506 年因得罪宦官刘瑾,贬至贵州龙场(今修文)。王守仁提出"心外无物,心外无事,心外无理"的心学理论,对后世产生了重要影响。著有《传习录》等。

注释

① 本文选自《王阳明全集》。　② 适:舒缓。　③ 棘:荆棘,有芒刺的草木。　④ 土:用泥糊。漫:随意,不经心。　⑤ 萧疏:萧条,冷清,荒凉。　⑥ 补绖:修补。　⑦ 灵:迅速。濑(lài):从沙石上流过的急水。湍,急流之水。　⑧ 凝:集中。　⑨ 獠(liáo):同"僚",中国古民族名,分布于今两广、云、贵、川等地。也泛指南方各少数民族。　⑩ 麚:多而杂乱。　⑪ 本句反映舜居深山与鹿、野猪相处的典故。《孟子·尽心上》:"舜居深山之中,与木石居,与鹿豕游。"　⑫ 樽:酒容器名。瓦豆:故事陶制的一种器皿,用来装肉或其他食品。　⑬ 黄唐:上古神话传说中的黄帝和唐尧。化:风格,习俗。　⑭ 茅茨:茅草屋,泛指简陋居室。迹:前人遗留的事物。

导读

王阳明贬谪龙场,地处偏远,人烟稀少,条件简陋,但他泰然居之,怡然自乐。

从"草庵不及肩"至"深林凝暮色"是诗歌的第一层,分别从低矮的草房、荆棘编就的篱笆、随意堆筑的土墙、急速流动的溪水和傍晚幽深的森林几个方面来铺写环境之荒凉和居处之简陋。从"群獠还聚讯"到"略称茅茨迹"为诗歌的第二层,写自己与当地质朴好客的少数民族相处融洽,聚饮而醉之事和黄帝、尧、舜时期的简单生活,用以勉励自己,哪怕在艰难困苦的环境中也要像上古贤人尧舜一样,身处逆境而有所作为。

全诗语言简洁明净,写景、叙事、抒情、用典融为一体。

思考与交流

1. 理解"缅怀黄唐化,略称茅茨迹"这两句诗中体现的思想境界。

2. 有一本书曾描述王阳明到龙场时的情状:"龙场在贵州西北万山丛中,蛇虺魍魉,虫毒瘴疬,与居夷人鴂(jué,一种声音怪异之鸟)舌难语,可通语者,皆中土亡命。旧无居,始教之架土屋以居。"熟悉的同学说说今天的龙场。

(熊祥军)

游白水河瀑布①

徐霞客

二十三日雇短夫②遵③大道南行。二里,从陇头东望双明西岩,其下犹透明而东也。洞中水西出流壑中,从大道下复西入山麓,再④透再入,凡三穿岩腹,而后注于大溪。盖是中洼壑⑤,皆四面山环,水必透穴也。又南逾阜,四升降,共四里,有堡在南山岭头。路从北岭转而西下,又二里,有草坊当路,路左有茅铺一家。又西下,升陟⑥陇壑,共七里,得聚落⑦一坞,曰白水铺,已为中火铺矣。又西二里,遥闻水声轰轰,从陇隙北望,忽有水自东北山腋泻崖而下,捣入重渊,但见其上横白阔数丈,翻空涌雪,而不见其下截,盖为对崖所隔也。复逾阜下半里,遂临其下流,随之汤汤西去,还望东北悬流,恨不能一抵其下。担夫曰:"是为白水河。前有悬坠处,比此更深。"余恨不一当其境,心犹慊慊⑧。随流半里,有巨石桥架水上,是为白虹桥。其桥南北横跨,下辟三门,而水流甚阔,每数丈,辄从溪底翻崖喷雪,满溪皆如白鹭群飞,"白水"之名不诬矣。度桥北,又随溪西行半里,忽陇箐亏蔽⑨,复闻声如雷,余意又奇境至矣。透陇隙南顾,则路左一溪悬捣,万练飞空,溪上石如莲叶下覆,中剜三门,水由叶上漫顶而下,如鲛绡⑩万幅,横罩门外,直下者不可以丈数计,捣珠崩玉,飞沫反涌,如烟雾腾空,势甚雄厉⑪,所谓"珠帘钩不卷,匹练挂遥峰",俱不足以拟其壮也。盖余所见瀑布,高峻数倍者有之,而从无此阔而大者,但从其上侧身下瞰,不免神悚。而担夫曰:"前有望水亭,可憩也。"瞻其亭,犹在对崖之上,遂从其侧西南下,复度峡南上,共一里余,跻⑫西崖之巅。其亭乃覆茅所为,盖昔望水亭旧址,今以按君道经⑬,恐其停眺,故编茅为之耳。其处正面揖⑭飞流,奔腾喷薄之状,令人可望而不可即也。停憩久之,从亭南西转,洞乃环山转峡东南去,路乃循崖拾级西南下。

作者简介

徐霞客(1587—1641),名弘祖,字振之,号霞客,汉族,明南直隶江阴(今江苏江阴市)人。伟大的地理学家、旅行家和探险家。经30年考察撰成的60万字《徐霞客游记》,开辟了地理学上系统观察自然、描述自然的新方向,具有很高的地理学、旅游学和文学价值。

注释

① 本文选自《徐霞客游记》。公元1638年(明崇祯十一年)四月二十三日,徐霞客从贵阳向西,取道滇黔大道西行,游览了白水河瀑布(今黄果树大瀑布群)。 ② 短夫:短途的挑夫。 ③ 遵:通、沿、顺。 ④ 再:两次。 ⑤ 凡:总共。注:积沉而下,凹陷 ⑥ 升:登上。陟(zhì):涉水而过。 ⑦ 聚落:村落。取周王迁岐"一年而所居成聚,二年成邑,三年成都"之说。 ⑧ 慊慊(qiàn):遗憾,不能满足。 ⑨ 陇箐亏蔽:指山陇下陷,箐竹幽深难见光亮。 ⑩ 鲛绡(jiāo xiāo):传说中深海鲛人所织的绡,亦泛指名贵凉爽的薄纱。 ⑪ 雄厉:雄壮迅猛。 ⑫ 跻(jī):登上。 ⑬ 以:因为。按君:巡按大人。道经:从此路经过。 ⑭ 揖(yī):拱手致礼。

导读

文章先写作者远望瀑布时的情况,以及挑夫对瀑布之名的介绍,引发游者的兴趣。再写白水河得名的来由及从上、下、左、右等不同方位观察到的瀑布景象,写出了大瀑布的壮观和美丽,其余部分从远近高低多个不同的角度摹写大瀑布之美。

文章手法多样,对瀑布的描摹叙写极为成功,从距离上分远近,从方位上分东西南北,从视觉上、色彩上,听觉上,全方位地摹物状景,栩栩如生。同时还大量运用比喻,明喻、暗喻如"辄从溪底翻崖喷雪,满溪皆如白鹭群飞"写水流之大,暗喻、明喻相融;再如"复闻声如雷"、"万练飞空"、"鲛绡万幅"、"捣珠崩玉,飞沫反涌,如烟雾腾空"等等,显示了作者高超的艺术手法。另外以观察时间的先后和空间变换来对瀑布进行铺写,使读者有身临其境的逼真感。

思考与交流

1. 试找出文中以距离远近、方位转换描写瀑布的句子,说说你对进行类似文章的写作有何启示。

2. 去过黄果树或对黄果树较为熟悉的同学,把现在的黄果树瀑布同文中描绘的黄果树瀑布相对比,看看有没有变化。

(熊祥军)

黔论①

陈法

黔处天末,崇山复岭,鸟道羊肠,舟车不通,地狭民贫。无论仕宦者视为畏途,即生长于黔而仕宦于外者,习见中土之广大繁富,亦多不愿归乡里。吾以为黔人有五病而居黔有八便。何谓五病?曰陋、曰隘、曰傲、曰暗、曰呆。闻见不广陋也,局量褊浅②隘也,任性使气傲也,不通世务暗也,不合适宜呆也。陋者宜文之,隘者益扩之,傲者益抑之,暗者益通之。而惟呆则宜实之,不可易以巧滑也。何谓八便?鱼米价贱一也,无大荒祲③二也,无奇寒盛暑三也,风俗简朴四也,举人一科拣选五也,奇山水可供游观六也,山多林木养生丧死无憾七也,山洞可以避秦八也。凡子弟就塾,先讲明小学,使朝夕习弟子之仪,则长而傲可化也。博之以经史,使之从明师益友讲习讨论,则陋可文也。浸灌之以先儒理学之书,使识义理之宏阔,集古名臣列传以开拓其心胸,则隘可广也。亲戚有仕宦于外者,使从之游于通都大邑,见大人先生,聆其议论;日阅邸报,与闻世事,则暗可通也。若夫呆者,朴实而不知变诈,谨饬而不敢诡随,此黔人之本也,天真之可保守而不失。以之任事,则实心可取;以之事上,则直道犹存。由其生长深山穷谷之中,无繁华靡丽之习以乱其性,故其愿易足,无交游声气之广以滑其智,故其介不移。去四病而呆不可胜用矣。此黔人之宜守其所长而勉其所不足者也。夫去四病而享八便,黔亦何负于人而介介乎求去之?去国者古人之不得已,故《礼》曰:"奈何去亲戚坟墓也?"若谓去京华甚远,以滇例之而心平。又谓黔多苗民易生反侧,不知苗人经大创之馀,边隅绥靖,况兵革之患,自古而然,即中土能独免乎!今圣明在御,德洋恩溥④,声教四讫,四海沐时雍风动之休,万民享太平有道之瑞,随处皆乐土,九州皆化国矣!又奚必远适异国,别父母之邦乎?万一谋之不臧,致进退维谷,或子孙习于华侈之习,不再传而无以自立,终贻日后之悔,又何如安土重迁之为愈耶?

作者简介

陈法(1692—1766),字世垂,一字圣泉,晚号定斋,贵州人,清代知名学者。著有《易笺》、《明辨录》、《醒心录》、《敬和堂文集》、《内心斋诗稿》、《犹存集》、《河干问答》以及画作《玩易图》等。现贵州省博物馆存有手迹《监圣教序》和《塞外纪程稿》。他是贵州唯一有作品入选《四库全书》的作家。

注释

① 本文选自《平坝县志》 ② 褊(biǎn)浅:狭小,狭隘。 ③ 荒祲(jìn):饥荒灾害。 ④ 恩溥(pǔ):恩德广大。

导读

陈法写作《黔论》,基于"畏黔"和"去黔"两种思想进行评论。

作者通过对黔人素质和自然环境的分析,首先指出陋、隘、傲、暗几种关于黔人主观意愿的东西,是由于客观环境的影响所致,它们可以通过人为的"文之"、"扩之"、"抑之"、"通之"的方式而得以改变。惟独对"呆",作者认为它不但不是黔人弊病,而且应该把它看作黔人的一种最可宝贵的品质。同时,居住黔地,可以有物价便宜,无大旱涝灾害,气候宜人,风俗简朴,风景优美,资源丰富等八种便利,雄辩有力地驳斥了"地狭民贫"说。

思考与交流

1. 本文所表达的旅游审美思想在当今有何意义?
2. 试从时代、种族和环境的角度出发,谈谈你对"呆"的看法。

(银兴贵)

黔苗竹枝词二十四首(选录)①

田榕

其十

锦绣花裙螺髻青②,巨环贯耳足娉婷③。
踏歌连臂采茶去④,腰鼓冬冬处处听。

其十九

木生九子尽为龙⑤,荒怪难详耳目中⑥。
遯水远浮三节竹⑦,金龙近蓄九香虫⑧。

作者简介

田榕(1686—1771),字端云,晚号南村,贵州玉屏人。康熙五十年辛卯(1711年)举人。是继周渔璜之后引起诗坛注目的黔中诗人。著有《碧山堂诗钞》16卷,辑入《黔南丛书》第三辑。

注释

①本文选自《黔南丛书》。 ②螺髻:苗族妇女发式,行似螺壳而得名。 ③巨环:比较大的银制耳环。阳洞罗汉苗,衣袖彩饰似锦,八番苗、仲家苗的双耳喜带银环,极其大。贯:穿过。娉婷:女子姿态美好的样子,也可借指美人。 ④连臂:手臂相挽。 ⑤木生九子:苗族的神话认为苗族是枫木的后代,《苗族史诗》里有"枫木篇",认为枫木树生蝴蝶,蝴蝶生人类。《山海经·大荒南经》载:"大荒之中,……有木生山上,名曰枫木。枫木,蚩尤曾弃其桎梏,是谓枫木。"另《云笈七鉴》卷一百《轩辕本纪》云:"黄帝杀蚩尤于黎山之丘,掷械于大荒之中,宋山之上,后代有枫木之林。"蚩尤是苗族的祖先。 ⑥荒怪:荒诞离奇。 ⑦遯(dùn)水:即遁水,今北盘江。三节竹:苗族神话认为竹是其男性始祖。《华阳国志》载:"有竹王者,兴于遯水,先是,有一女子浣于水滨。有三节大竹流入女子足间,推之不肯去,闻有儿声。取持归,破之,得一男儿,养之。遂雄夷濮,氏以竹为姓。" ⑧九香虫:作者注"九香虫,久服令人身轻,虫出毕节"。在中医上有理气止痛,温中助阳的药效。

这两首是关于黔地苗族的诗歌,从不同的侧面反映了贵州苗族人民的生活和神话传说。

第一首诗从衣着、发式、耳环等方面描写了苗家女的装扮,他们三五成群,手臂相挽,相约采摘春茶,载歌载舞,鼓乐声声,欢声笑语不断,描绘了苗民宁静平和的生活。

第二首诗歌先写了传说苗族是木、竹所生的神话,但因年代久远,加之离奇难详,故真实性存疑。再写黔地人民取食九香虫的生活习惯,真实再现了苗族的起源神话和现实生活习俗。

两首诗语言清新,琅琅上口,有浓郁的民歌风格。

思考与交流

1. 将第一首诗中描写的苗族妇女的打扮与今天黔东南等地的苗族妇女装饰相对比,找出古今的异同。
2. 到苗族聚居地收集有关苗族起源的神话,分组在课堂上交流。

(熊祥军)

吴中蕃诗歌两首①

赠友

山不必深,林不必幽。君子至止,云结风留。

壤穷且僻,古叹无人。君子至止,岳渎鸾麟②。

惟鸾惟麟,亦莫可狎③。非时不见④,休征以咎⑤。

惟岳惟渎,孰测其量。我寻求之,怅焉永望。

作者简介

吴中蕃(1618—1695),字滋大,一字大身,晚年别号今是山人,明朝末年贵州贵阳人,著名诗人。明思宗崇祯十五年(1642年)举人。曾主纂《贵州通志》。诗集有《敝帚集》、《响怀集》、《断矶草》、《断矶草二集》等,《黔诗纪略》录其诗395首,编为四卷。

注释

① 选自《黔南丛书》。 ② 渎:水沟,小渠,亦泛指河川。鸾:传说凤凰一类的鸟,生性高洁。麟:麒麟,古代传说中的一种动物,古人以为仁兽、瑞兽,拿它象征祥瑞或者比喻才能杰出的人。 ③ 狎:亲近但表现得轻佻,不庄重。 ④ 见(xiàn):出现在世间。传说中凤凰和麒麟都要太平盛世才出现。 ⑤ 休征:吉祥的征兆。

春江行

碧桃花淡春波绿,趁走巫阳去不复①。寻怀悄步倚江陴②,却共征夫话行役。

年前诀别点苍山③,瞥见秾华三见木④。天地失位生人贱⑤,弓刀得意妻儿独。

弟楚兄黔我亦西,籍窜军功入鬼箓⑥。昼烦营缮宵警巡,饥不及飧垢无沐⑦。

轻生岂是受封侯,不才何意中原鹿⑧!纵然有翼谁能飞?南望乡云泪枯木。

可怜欲说不敢说,无数伤心理幽竹。江流宛转鹤盘旋,荒坟野鬼啾啾哭。

我亦辞家作郡牧⑨,一身千里惟主仆。两岸春沙吐汐烟⑩,愁心更比征夫蹙⑪。

杜陵雪恨何时干⑫,眷顾太平天下福。尔释霜戈我挂冠⑬,葛巾黄犊深深谷⑭。

注释

① 巫阳：巫山之南，指巫峡。　② 陴：城上的矮墙，亦称"女墙"。　③ 点苍山：山名，今云南大理山峰。
④ 秾华：繁丽的花。一说，指妇女青春美貌《诗·召南·何彼秾矣》"何彼秾矣，唐棣之华"。郑云笺"兴者，喻
王姬颜色之类盛"。木，此处指棺材。　⑤ 生人：此处指人民，民众。　⑥ 窜：进入，放逐。箓：簿籍。
⑦ 飧：晚饭，泛指熟食饭食。　⑧ 鹿：代指权利，权势。《史记·淮阴侯列传》"秦失其鹿，天下共逐之"。
⑨ 郡牧：也叫郡守，古时郡的行政长官。　⑩ 汐：晚潮。　⑪ 蹙：紧迫。　⑫ 杜陵：地名，在今陕西西安东
南，古名杜伯国，秦置杜县，汉宣帝筑陵于东原上，因名杜陵。　⑬ 霜戈：明亮锋利的戈戟。代指战争。挂
冠：指辞官归隐。　⑭ 葛巾：用葛巾缝制的头巾。

导读

　　《赠友》是一首称赞隐居友人品性高伟、洁身自好的诗歌。诗歌自开头至第八句为第一层，以
岳、渎、鸾、麟喻友人之君子品行。后八句为第二层，以鸾、麟乃祥瑞之物，非太平之时不出现在世
间作比，山岳河流难以测量来象征君子于乱世隐居的高洁情怀。诗歌每节四句，每句四字，是《诗
经》主要形式的再现，有一种古朴大气的特点。全诗韵律和谐，偶句押韵，每句换韵，在整齐之中
又有一种语言错落之美。

　　《春江行》描写了明末清初，战乱频繁，战争对生产力的破坏，对人民充满关怀和深刻同情。
诗歌从"碧桃花淡春波绿"至"却共征夫语行役"为诗歌第一层，写诗人赴任途中在江边与行役军
卒谈论战争，引出下面的诗歌。"年前诀别点苍山"到"荒坟野鬼啾啾哭"为第二层，以一个行役军
卒的口吻，写出战乱频繁中的百姓流离失所，行役之人苦不堪言，一片惨景。剩余部分为第三层，
写"我"辞官，惟愿天下太平，人民平安，自己归隐林下的美好愿望。诗歌具有强烈的现实主义精
神，真实反映明末清初兵祸连年、人民疾苦、社会动荡的社会实际。语言自然质朴，平易通俗，极
少用典，音调和谐，全诗以仄声入韵，显得内敛沉郁，而又饱含苍凉。

思考与交流

1. 把《赠友》与刘禹锡的《陋室铭》相比，指出两诗在主题和语言、技巧等方面的异同，在班上交流。
2. 仔细阅读理解，口头翻译《春江行》，并在课堂上交流。
3. 在相关书籍中找出几首吴中蕃诗中描写战争的作品，在班上分析交流。

（熊祥军）

赤壁避风登苏公亭放歌①

周渔璜

　　浩浩长风吹万弩，箭簇漫空洒飞雨。波声撼塌邾子城②，涛头径射白龟渚。犹似周郎万箭横
舟来，千艘撇掠闻惊雷③。咫尺南北不可辩，际天烟焰纷成堆。舟人系缆垂杨陌④，忽见峭壁嵌
空崩坼⑤。髯苏去后青山闲⑥，使我今朝散轻策⑦。崔嵬亭子江之滨⑧，壁上二赋光犹新⑨。江山
好处要文字，熙丰之际来天人⑩。劲骨峥嵘与世忤⑪，诗不能茹酒不吐⑫。人虽欲杀天怜之，遣做
黄州风月主。东坡黄桑手自种，废垒犁锄亦举亲。平生食饱爱闲行，挥洒龙蛇遍氓户⑬。武昌樊

口丹枫稠，载酒还作凌云游⑭。清波白月在人世，素心孤鹤横天浮⑮。忽忆美人思魏阙⑯，自惊流落天南州⑰。我拜遗像荒山陬⑱，岩桂惨淡枝相樛⑲，悲风入坐髻飕飕，大江茫茫东注愁。二惇二蔡俱山丘⑳，唯公大名古今留。当年咳吐惊龙虬，洞箫鸣咽闻中流，长啸一声烟潦收。如此江山如此客，纵无词赋堪千秋。思公不见空余返，楚塞风和白日晚。柳外人家竹篱短，明月还照黄泥坂㉑。

作者简介

周渔璜（1662—1714），名起渭，号桐野，贵阳青岩骑龙人。清初著名学者、诗人。24岁乡试第一，31岁进士及第。历任翰林院检讨、编修、侍讲学士。后任浙江正考官、直隶学政和詹事府詹事等职。其诗以"奇"、"新"著称。在京城时，以《万佛寺大钟歌》一举成名。著有《桐野诗集》《清史列传》，参加了《康熙字典》《贵州通志》（康熙）的编纂。

注释

① 选自《黔南丛书》。 ② 邾子城：地名，在今湖北省黄冈地区黄州县。其地原为春秋时邾国治所，战国末期为楚所灭，宋时黄州治所也在此，苏轼被贬时在此地写下《前赤壁赋》和《后赤壁赋》及很多文学作品。 ③ 撇捩（piē liè）亦作"撇捯"，船行迅疾的样子。 ④ 陌：指田间小路。 ⑤ 坼（chè）：裂开。 ⑥ 鬈苏：此处指苏东坡。 ⑦ 轻：穿轻暖的裘衣。策：驾驭雄壮之马。 ⑧ 崔嵬：高耸的样子。 ⑨ 二赋：指苏轼的《前赤壁赋》和《后赤壁赋》，分别写于1082年秋、冬。 ⑩ 熙丰：北宋熙宁、元丰年间，熙宁（1068—1077），元丰（1078—1085）是宋神宗赵顼的两个年号，跨度近18年，此间苏轼因"乌台诗案"被贬黄州。 ⑪ 忤（wǔ）：违背，相抵触。 ⑫ 茹：吃，引申为忍受。 ⑬ 龙蛇：此处代指苏轼的书法。氓：指平明百姓。 ⑭ 凌云：直上云霄，泛指作诗作文的高超才华。 ⑮ 素心：素心春兰，中国兰花的一个品种，指人的本心。 ⑯ 美人：引用苏轼《前赤壁赋》中"望美人兮天一方"之句，喻指君主。魏阙：宫门上巍然高出的关楼，其下常挂朝廷法令，后来用来代指朝廷。 ⑰ 天南：指峰南，后泛指中国南方。 ⑱ 陬（zōu）：隅，角落。 ⑲ 樛（jiū）：纠结，弯曲。 ⑳ 二惇（dūn）二蔡：与苏轼有关的四个人的姓或名。二惇：指章惇和曾惇。章惇（1035—1105），福建浦城人，曾为北宋丞相，尝与苏轼同游，后罗织罪名加害苏轼，将苏轼贬至惠州、儋州。曾惇，字欲父，生卒年均不详，约宋高宗绍兴中前后在世。绍兴中，守台州，又守黄州。有小婢小鬟颇聪慧，惇令诵东坡赤壁赋，客至，以代歌讴。二蔡：指蔡京和蔡确。蔡京（1047—1126），字元长，兴化仙游（今属福建）人。神宗熙宁三年进士。调钱塘尉、舒州推官。使辽还，拜中书舍人。元丰七年知开封府。曾罗织罪名陷害过苏轼。蔡确（1037—1093），字持正，泉州郡城人，举仁宗嘉祐四年（1059年）进士，北宋维新派中坚大臣，对保守派严加打击，苏轼因新法的过于激进表示反对，也受到其排挤。 ㉑ 黄泥坂：地名，在今湖北省黄冈县东，苏轼《后赤壁赋》中有"二客从予过黄泥之坂"的句子。

导读

这首诗以长篇歌行体的形式，写出了诗人对苏东坡文采、人格和精神的赞扬。

全诗先以江风、江浪、邾子城、白龟渚、周郎等与赤壁相关的人、事、物、景，引发对千古诗人苏东坡的回忆。再集中笔墨铺写苏东坡被贬黄州时的生活情况：虽潦倒到亲自扶锄拽耙，仍载酒闲游，吟赏风月，安居若泰，创作出诸如《赤壁赋》这样伟大的作品。最后再次写出了对苏东坡的赞赏，表达了江山依旧，明月依旧，文章依旧，而风流人物已成古迹，只可缅怀的感伤。

全诗清新素雅，铺陈排比，雄肆豪迈，佳句纷呈。清代著名诗论家沈德潜在《清诗别裁集》中评论此诗"中段概括《赤壁》二赋，笔笔凌空"。

1. 通过相关书籍全面加深对周渔璜的了解,分组谈谈其政治、文学和学术。

2. 阅读苏轼前后《赤壁赋》,再理解此诗,作者对苏东坡是否推崇太过,为什么?

（熊祥军）

郑珍诗两首①

禹门哀

禹门寺内排桁杨②,彼何人斯坐斋堂。举人秀才附耳语,捐户捉至如牵羊。喝尔当捐若干石,火速折送亲注籍。叩头乞减语未终,捆嘴笞臀已流血。十十五五银铛联,限尔纳毕纵尔旋③。守佛悲号佛无说,金刚弩睛菩萨怜。君不见,前年此寺已劝捐,乐安一里银九千。当时谓我备贼祸,贼来用之否还我。去冬贼入烧诸村,村人自结葫芦军。向者金钱落谁手,何曾此日沾毫分。连日裹粮自为战,站捷功赏皆他人。自从去冬来,贼退事防守。一家起一人,轮直诸隘口④。团头团总皆豪绅,不舍斗勺科团民⑤。出防又遣自供食,不知底用谁敢云。六月贼仍寇吾里,倒村杀贼各携米⑥。可怜十九无粒粟,怀中旋摘新包谷。时时尤闻催军需,速送城中总捐局。即今贼走湄、龙间,官吏眈眈来抑捐。国帑虚时固宜尔,岂必乐安方有钱⑦。不论家有无,十户养一练。纳谷官雇之,一举灭贼焰。豪绅共赞官能兵,速输尔输观太平。家家竭作始如此,不谓一练当十丁。今年差喜岁不恶,嗷嗷待收免沟壑。贼来掠去官来捐,所有终为他人获。噫吁哦,吾闻湄潭诸县贼初至,任民拒贼贼亦畏。后来搜刮民不堪,力尽心离乃群溃。利害在民非在官,有庐墓者将无然。割肉愈疮岂不愿,但恐此捐仍有年。

作者简介

郑珍(1806—1864),字子尹,晚号柴翁,别号子午山孩、五尺道人、且同亭长。贵州遵义人,遵义"沙滩文化"的重要代表。擅长经学、小学、书画,晚清宋诗派作家,诗风奇崛,时伤艰涩。主要著作有《仪礼私笺》《轮舆私笺》《说文逸字》《说文新附考》《巢经巢经说》《巢经巢诗钞》《巢经巢文集》等,与莫友芝合纂的《遵义府志》,内容翔实,体例新颖,获得了很高声誉。

注释

① 选自《巢经巢诗钞注释》。　② 桁杨:古刑具,夹在囚犯脚或颈上。　③ 纵尔旋:释放回去。　④ 直:同"值"。　⑤ 不舍斗勺:没有拿出一斗一勺,极言数量少。　⑥ 倒村:全村。　⑦ 国帑:帑,音 tǎng。国帑,国库里的钱财。

晚望

向晚古原上,悠然太古春①。碧云收去鸟,翠稻出行人。水色秋前静,山容雨后新。独怜溪左右,十室九家贫。

注释

① 向晚,傍晚。太古,上古,远古。李商隐有诗《乐游原》:"向晚意不适,驱车登古原。"

导读

郑珍诗歌艺术成就很高，著名诗评家胡先骕评论说："郑子尹珍卓然大家，为有清一代冠冕。纵观历代诗人，除李、杜、苏、黄外，鲜有能远驾乎其上者。"梁启超、刘大杰、钱钟书、郁达夫等也给予了很高评价。

《禹门哀》是郑珍"九哀"诗之一，"九哀"诗是郑珍九首反映民生疾苦的诗歌。本诗主要写苛政之重。姚永概有言："生平怕读郑珍诗，字字酸入心肝脾。"这首诗写了官吏逼民交捐、暴打百姓的凶残行径。年年交捐，百姓的钱却被官绅们中饱私囊，一年到头"贼来掠去官来捐，所有终为他人获"。面对官吏的残暴无能，百姓的苦辛，所谓的佛神只能"守佛悲号佛无说，金刚弩睛菩萨怜"，又使诗歌具有了强烈的反讽意味。

《晚望》属于郑珍早期诗歌，作者描绘了一幅景色秀美却乡民贫苦的农村生活图画。黄昏四落，暮色悠然之中，碧云将归鸟收去，翠色的稻田中行人走出。绿水缓缓流淌，青山在雨后出落得更加清新。然而小溪左右，却是"十室九家贫"的贫苦光景，与宁静秀美的田园景象形成了鲜明对照，作者的心情也由轻快转为凝重。

思考与交流

1. "沙滩"地处遵义新舟乐安江畔，自明末至晚清的一百多年间，居住于此的黎、郑、莫三家，渔樵耕读、衡宇相望，读书进学、蔚然成气，涌现出文人学者、使臣官吏三十多位，著述达到上百部，形成了著名的"沙滩文化"景观。请在课余收集有关"沙滩文化"的资料，和大家分享交流。

2. "沙滩文化"的另一代表黎汝谦曾说："吾观先生晚年之诗，质而不俗，淡而弥真，有老杜晚年境界。"结合《禹门哀》，试作进一步分析。

3. 细读《晚望》，体会全诗动静结合、以乐景写哀的写作特点。

（杨　波）

莫友芝诗词选①

乌江渡

鸟道各千盘，凿翠屹相向。晴雷翻九地，草木皆震荡。峡束湍已豪，水落势益壮。飞鸟不敢前，潜鱼哪能傍。渡师争逆流，百溯待一放。乱雨浪花飞，垂云石根亮。中流聊意快，就岸翻胆丧。山乡无深流，此水已鲜抗。蜀舟阻重门，黔路但叠嶂。徒将黯汉挟九地，尚觉无沅让②。天如悯穷乡，铲去或宜当。

作者简介

莫友芝（1811—1871），生于贵州独山，字子偲，自号亭，又号紫泉，晚号叟。遵义"沙滩文化"的重要代表。精于版本目录、金石考证，亦擅书法、诗文。著述达 23 种，主要有《郘亭诗钞》、《郘亭遗诗》、《影山词》、《金石笔记》、《唐写本说文本部笺异》、《韵学源流》、《黔诗纪略》、《遵义府志》、《资治通鉴索隐》等。

注释

① 选自《邵亭诗钞笺注》。　② 黔：即今发源于大娄山的湘江。无、沅，即舞水，现名舞阳河，下游名沅江。

采桑子　本意九首（选三）　有序（略）

其一

闺人总道栽花好，唯有丝娘，只要栽桑。荷叶金衣尽问郎。

去年试手桑乌子①，绕着东墙，疏密成行。才到周年共我长。

其五

老蚕食叶如风雨，正酝丝肠，一霎空筐。但取连枝也是忙。

担笼倩②得邻家媪，南北西塘，往返仓皇。容易前山见夕阳。

其七

大姑采叶双眉锁，忽忆渔阳，泪滴成行。目断天涯去路长。

小姑未晓春心事，贪看鸳鸯，也放筠筐。曲水偷人半画装。

注释

① 桑乌子：桑树果实，指代桑树苗。　② 倩：请。

导读

《乌江渡》写于莫友芝往麻哈（今麻江）省亲期间，诗歌描写了贵州第一大河乌江水浪翻腾、谷深流急的雄壮气势。两岸峭壁耸立，"飞鸟不前，潜鱼难傍"；深谷浪花飞溅，水落势壮。如此艰险的路途，让作者不由得感叹"天如悯穷乡，铲去或宜当"。

《采桑子》写遵义乡间的养蚕生活。遵义蚕业缘自江南，乾隆年间山东历城人陈玉殿出任遵义知府，遣人回乡购蚕种，聘蚕师、织师同来，养蚕业遂在遵义推而广之。选文第一首写一年之间，农人养蚕已成风尚，作者内心喜悦不已。第二首写春蚕渐渐长大，食量快如疾风骤雨，东邻西舍，来来往往，纷纷摘桑养蚕，忙碌、欢快的人们在夕阳下构成一幅美丽的采桑图。第三首写两姐妹采桑，大姑手摘桑叶，愁眉紧锁，念想起自己的心上人，不觉"天涯路长，泪滴成行"。而天真可爱的小妹却一无所知，偷闲去看鸳鸯戏水，自己小小的脸蛋倒影在河里，天真稚气一览无余。所选三首词作，明快清新的笔触与作者悠闲喜悦的心情相互映衬，也写出了遵义乡民的质朴勤劳。

思考与交流

1. 查找资料，了解贵州第一大河乌江的有关情况，结合《乌江渡》体会乌江流程的山水形貌。

2. 《采桑子》写出了古时遵义乡民辛勤而快乐地劳作的情态，试从各方面了解遵义农业的发展历史。

（杨　波）

清光禄大夫礼部尚书李公墓志铭①

梁启超

　　启超以光绪已丑受学贵筑李公，旋婿公妹，饮食教诲于公者且十年。戊戌，启超以国事获罪，走东瀛，公亦以同罪戍西域，遂不复相见又十年。而公薨于里第②，海内识与不识，匪不叹悼，顾哀感未有如启超深者也。

　　公讳端棻，字苾园。其先湖南衡州府清泉县人。曾祖某某，祖某某，俱顺天府尹，后赠公官祖始徙黔，乃籍贵阳之贵筑。公某某，以公贵赠如其官。母何氏，赠一品夫人。公幼而孤，依母以育，而季父京兆公朝仪实教养之。京兆公者，启超外舅也。以道学吏治闻于时，事具国史本传。京兆公既以古圣贤之教率其家，而于诸子中爱公独挚，所以督之者良厚，故公终其生立身事君，大节凛然不可犯，一如京兆公。

　　弱冠③补博士弟子员。同治癸亥，年二十九，以联捷成进士，入翰林。倭文端、罗文恪方倡程朱学以厉末俗，公咸从奉手，有所受焉。丁卯典山西试，庚午分校顺天试，壬申督云南学政。时滇乱甫戢④，民生凋悴，公校士之暇，辄为疆吏筹教养诸大政，多所筹赞划。有骄将以重贿为子弟干进，公正色斥之，风烈振励。巡抚岑襄勤公敬礼有加，欲荐仕滇藩，共靖滇宇，共辞焉。旋母太夫人弃养任所，公哀毁骨立，奉梓归里。振贫恤匮，族党讴思。服阕⑤入都，迁监察御史。未几，京兆公尹京兆，回避返词曹。光绪已丑，以内阁学士典广东试，辛卯典四川试，甲午典山东试，壬辰副会试总裁。历迁刑部侍郎，权工部侍郎，总督仓场，戊戌七月授礼部尚书，未逾月而遣戍之命下。

　　公之为言官也，以直声闻，筹海防，论武备，拳拳焉几国耻之一雪。其议大礼一疏，益言人所不敢言，识者谓司马文正⑥、欧阳文忠之濮议皆不及焉。其历次典试，所拔擢皆一时知名士，世亦以比庐陵⑦。其权工部也，监修陵工，前此奉职者率以侵冒为固然，公严绝苞苴⑧，同列惮之，官纪一肃。其督仓场也，睹漕运之积弊，抗疏请尽撤漕仓诸官，而身乞退职，以为之倡。夫在前代交通未开，设官挽南漕以饷京师，固非得已；然岁縻国帑千万，豢冗吏利己，不胜其病。海运既通，漕员益成赘疣，人人知其弊而莫肯言，则甚矣，积习之中人烈也。公倡汰冗官之议，而所汰则请自隗始，盖所知者国家之利害，而薇躬未遑计也。呜呼忠矣！天子既可公奏，益鉴公诚，遂受特达知，为春官长。是时朝廷宵旰图治，兴利革弊，日不给，求贤才若饥渴。公既抗疏请大改官制，设立法之府，益尽以人事君之道，举所知以进。未几，疑狱兴，党祸作，天子眷恋重臣不忍加斥，而吏议持之，遂有新疆之谪。呜呼！古名臣大儒，其遭遇与公一辙者，何可胜道？后之良史未或有私焉。以公凤性恬退，得失久置度外，鞶带之褫不足为公辱，俎豆之名不足为公荣；独其所策国家百年大计踬于中道，未获睹其成，而赍志以殁，此则公所为不瞑于九泉也。

　　公既远戍，而大乱旋作，胡骑犯阙，乘舆蒙尘。公在戍所不忧一身之阽险，而忧君父之不即安；不耻恶衣恶食，而耻国威之坠落，国权之凌夷，以其忠爱发为诗歌。盖左徒⑨之在江潭，拾遗⑩之窜同谷，志洁言芳，后先同揆矣。天心悔祸，大难初靖，朝廷痛定思痛，渐谅公忠，畴昔建议往往见诸施行，遂命赐环⑪，旋复故秩，而公固已幸矣。

　　既返故里，主讲席，犹复以奖励后进、开通风气为己任。黔中铁路、矿产，涎者数国，公以利益不可假人，民膏不可外溢，首倡自办以杜隐忧。盖其为民请命之心，历数十载如一日也。距梦奠前数月，犹寓书启超曰："昔人称有三岁而翁，百岁而童。吾年逾七十，志气尚如少年，天未死我者，犹将从君子后有所尽于国家矣。"呜呼！廉将军之善饭，马伏波之据鞍⑫，以今方古，岂曰复绝？天不慭遗，夺我元老，悲夫！

　　公治行方正，而和以待人；自奉淡泊，而博施济众。服官数十年，所得俸钱咸散诸亲旧。其视诸从昆弟、诸从子如己,饮食衣服相共也。性至孝,以母夫人茹贫抚孤,备尝荼蕺⑬,既得禄养,先意承志,靡所不至。母逝痛苦,绝而苏者再。侍京兆公如父,发斑白犹侍膳作舞彩戏云。娶傅氏,续娶王氏,皆赠封一品夫人,先公卒。早岁生丈夫子女子各二,俱不育,以从弟端榘子葆忠嗣。有孙一人曰心良。

公生于道光十三年癸巳九月初十日,薨于光绪三十三年丁未十月十二日,春秋七十有五。翌年戊申三月十二日,葆忠奉其丧葬于贵州省城大关口先人之茔,驰书日本乞启超为铭。铭曰:神州赤县一发危,立宪期成庶起衰。议院之议畴倡之,舣舰李公超也师。黄钟声洪里耳眙,七十荷戈征西陲。归来幽怨托江蓠,大业不就鸣以诗。其言将行其人萎,功耶罪耶良史知,潜德或冈征此辞。

注释

① 本文选自《饮冰室合集·文集》。李端棻(1833—1907),贵州贵筑(贵州贵阳)人。同治进士,历任学政、刑部侍郎、礼部尚书等职。光绪二十二年(1896)李端棻奏折请立京师大学堂,各省府、州、县设学堂,并建藏书楼、仪器院、译书局,广立报馆,选派留学生。戊戌政变后被充军新疆,后赦归,主讲贵州经世学堂。② 里第:指里中宅第,多指大官僚的私宅。《后汉书·列女传·曹世叔妻》:"于是骘等各还里第焉。"《资治通鉴·晋惠帝永宁元年》:"广平王虔自河北还,至九曲,闻变,弃军,将数十人归里第。" ③ 弱冠:冠,指代成年。弱冠:古代男子20岁叫作"弱",这时就要行"冠礼",即戴上表示已成人的帽子。"弱冠"即年满20岁的男子,后世泛指男子20岁左右的年纪,不能用于女子。 ④ 戡:用武力平定战乱。 ⑤ 服阕:守丧期满除服。阕,终了。 ⑥ 司马文正:即司马光,初字公实,更字君实,号迂夫,晚号迂叟,谥号文正。 ⑦ 庐陵:即欧阳修,字永叔,号醉翁,又号六一居士,谥号文忠。 ⑧ 苴苴:馈赠的礼物,又指贿赂。 ⑨ 左徒:指屈原。《史记·屈原贾生列传》:"屈原者,名平,楚之同姓也。为楚怀王左徒。" ⑩ 拾遗:唐代谏官名,此处指杜甫。⑪ 赐环:亦作"赐圜"。旧指放逐之臣遇赦召还。 ⑫ 马伏波:马援,东汉开国功臣,事光武帝,后拜伏波将军。伏波将军:古代对将军个人能力的一种封号,意为降伏波涛。 ⑬ 荼蕺:荼,一种苦菜。蕺,植物的芽。

导读

本文是梁启超先生为晚清贵州籍著名人士李端棻写的墓志铭,梁启超是李端棻先生门生,也是其姻弟。文章记叙了李端棻出身、从政以及回归故里等不平凡的一生。

李端棻是晚清重臣,文章着重写了他正直、忠诚、善良、淡泊的为政与为人品质。李端棻主持了多地科考,不仅"所拔擢皆一时知名士",而且面对"骄将""重贿",敢于"正色斥之,风烈振励",显示了耿介正直的品行。李端棻历任清廷多个要职,在工部监修陵工,"严绝苴苴";督仓场,"请尽撤漕仓诸官,而身乞退职","倡汰冗官"。真是"所知者国家之利害,而藐躬未遑计也"。而李端棻在因戊戌变法遭贬谪新疆,仍然"不忧一身之阽隉,而忧君父之不即安;不耻恶衣恶食,而耻国威之坠落",对国家的忠诚可见一斑。李端棻善良的为人表现在回到故乡后,授学乡里,积极为贵州开发奔走,而其从官所得俸禄又"咸散诸亲旧"。因此,"治行方正,和以待人;自奉淡泊,博施济众"正是对李端棻先生一生最精当的概括和褒奖。

梁文用语简洁,言辞恳切,于平淡的叙述中渗透了深挚的情感。

思考与交流

1. 收集李端棻的有关事迹,与同学交流。

2. 李端棻有一篇著名的《请推广学校折》奏折,找来读一读,体会李端棻的教育思想。

3. 细读文章,体会全文平淡深挚、简洁朴素的艺术风格。

(杨　波)

镇远道中①

林则徐

两岸夹溪溪水恶，一径秋烟凿山脚。

行人在山影在溪，此身未坠胆已落。

盘陟崩石来无端②，山前突兀复有山。

肩舆十步九扶掖，不尔倾蹶肤难完。

传闻雨后更险绝，时有崩泉掣山裂。

此行幸值晴明来，峻坂驰驱九已折③。

不敢俯睨千丈渊，昂头但见山插天。

健儿撒手忽鸣炮，惊起群山向天叫。

作者简介

林则徐（1785—1850），福建侯官（今福建省福州）人，字元抚，又字少穆、石麟，晚号俟村老人、俟村退叟、七十二峰退叟、瓶泉居士、栎社散人等。清后期政治家、思想家、诗人。主张严禁鸦片，抵抗西方侵略。对西方文化、科技、贸易持开放态度，是中国近代"睁眼看世界的第一人"。代表作品有《试帖诗稿》、《使滇吟草》、《拜石山房诗草》、《黑头公集》等。

注释

① 本文选自《使滇吟草》，清嘉庆二十四年至道光二十五年，林则徐出任云南乡试主考、云贵总督，数次路经镇远，留有诗作《镇远道中》和《相见坡》等。　② 陟：登。　③ 峻坂：山势险峻。

导读

镇远位于贵州省黔东南苗族侗族自治州，水路交汇，地接湘黔，素有"滇楚锁匙，黔东门户"之称，千百年来一直是著名的军事要塞和商贸都会，是贵州历史古城之一。

全诗主要描写了溪深水长、山势险峻的镇远风貌。前四句着力刻画山势之高和峡谷的幽深。两山之间的距离十分狭窄，山间小径似秋烟缭绕。溪水在山底穿行，行人在山间行走，影子却照在了溪水中。五至八句则写人行之难，沿山而上，乱石崩裂，坐在轿子中虽然牢牢把住扶手，还是前倾后仰，心惊不已。接下来的四句作者感叹，幸是晴天，要遇雨天，就山泉乱流，水土崩塌了。后四句作者行走中，不敢俯视下面，抬头望天，但见群山直插云天；小儿随手燃放的鞭炮，在山谷间引起一连串回响，向天冲去。作者在描写山势峻峭的同时，也烘托出了镇远山水相依，峡谷幽深的秀丽风光。

思考与交流

1. 本诗写了镇远山水哪些方面的特点，请简要谈谈。

2. 收集关于镇远历史、人文方面的知识，和同学们交流。

（杨　波）

忆秦娥·娄山关①

毛泽东

西风烈,长空雁叫霜晨月。
霜晨月,马蹄声碎,喇叭声咽②。
雄关漫道③真如铁,而今迈步从头越④。
从头越,苍山如海,残阳如血。

一九三五年二月

作者简介

毛泽东(1893—1976),字润之(原作咏芝,后改润芝),笔名子任。中国革命家、战略家、理论家和诗人,中国共产党、中国人民解放军和中华人民共和国的主要缔造者和领袖,毛泽东思想的主要创立者。

注释

① 忆秦娥:词牌名,源于李白诗"秦娥梦断秦楼月"。娄山关:在贵州遵义城北娄山的最高峰上,是从四川入贵州的要道,海拔1440米,自古为兵家必争之地。遵义会议后,红军经娄山关北上,原准备在泸州和宜宾之间渡过长江,没有成功,就折回再向遵义进军,在途中经半天激战打败了扼守娄山关的贵州军阀王家烈部一个师,乘胜重占遵义。这首词写的就是这次攻克娄山关的战斗。　② 咽(yè):在这里读入声。本义是声音因梗塞而低沉,这里用来描写在清晨寒中可听来时断时续的军号声。　③ 漫道:不要说。《现代汉语词典》:"漫道同慢道,漫说,别说。"可见"雄关漫道"并不是两个名词的并列。"雄关漫道"其实是"漫道雄关",意思是"不要说雄关"。　④ 从头越:重新跨越。

导读

全词只有四十六个字,气势如虹,雄奇悲壮,仅寥寥数语,就为我们勾勒出一幅雄浑壮阔的冬夜行军图,展现出了作者在革命失利的艰难困境下与众不同的从容气度和博大胸怀。

上阕四句写景,开始三个字"西风烈",悲声慷慨高亢,英雄落寞之情划破寒空,直上云天。接着第二句,凄婉悠长的景致出现了,音律前(第一句)急后(第二句)慢,在鲜明的对比中产生回肠荡气之感。第四、五句,嗒嗒的马蹄和鸣咽的军号声远近唱和,起伏迭荡,在山间回环往复。

下阕起始二句,一破上片的凄厉悲壮,豪气突升,一笔宕开,并不写攻占娄山关激烈的战斗,而是指明即便关山漫漫,长路艰险,也可重新跨越。"苍山如海,残阳如血"两句,作者利用时空上的交错手法,透射出博大苍茫之气,形成极为深邃的艺术境界神韵,悠然回味无穷,不仅给人以壮美的感受,而且引人产生深重的思考。

综观全词,上阕沉郁,取冷色调,下阕激昂,取暖色调,感情、色彩对比强烈。

思考与交流

1. 怎样理解"马蹄声碎,喇叭声咽"之意?
2. 毛泽东诗词的一个特点是从俯视的角度写景,结合其他词作,谈谈你的理解。试析该词的艺术表现力。

(银兴贵)

祝大舅六十四寿辰的一封信①

王若飞

大舅父尊鉴：

今天听齐舅说及，才想起舅父的生日快到了（旧历九月初四日）。我已经多年未与舅父祝寿。本来我的生活，正如前线上的士兵一样，四面都是战争的云雾，在这样紧张苦斗的生活中，自然不易想到，且没有可能去为舅父祝寿；但对舅父则时常系念。因为我没有舅父，无从至今日。想我生于那黑暗的家庭中，父亲是那样游荡不务正业，凶恶狠毒的祖母和伯父、三叔，终日将我母子打骂折磨。若不是舅父和齐舅仗义将我母妹三人救出火坑，恐早已折磨而死，或不知流落成如何的景象，焉能还有今日！我自幼即受舅父庇护教养，以至成人。不仅现时所有知识能力，受舅父之赐，即生命亦受之舅父。十余年来我完全到处奔走，老母仍赖舅父为我照料。我不另有家，舅父之家，即我之家。舅父待我如子，表兄妹待我如亲手足，我于舅父之穷困而不能稍代分忧，常有咎心。幸喜舅父能谅我之所行，此则稍可自解者也。

舅父今是六十多岁的人了，舅父现有的境遇，还是很清贫，从流俗的见解，他们会说：舅父不会做官，不会赚钱，奔忙一生，并未买下一亩地，盖下一间房，积下一点钱，可以安闲坐食。如今还是风尘奔走，无固定的住所，子女们也是以正当的劳作，勉够维持生活，不足以如流俗所谓光耀门庭。他们会以为这对于舅父将是很不幸的。在这样不幸的境遇中而过生日，更值不得流俗势利眼光的庆祝。流俗的庆寿，是要夸示自己的安富尊荣，儿孙显贵，亲友逢迎，门庭若市。然而从我们的眼光看来，那只是没落的社会中，用别人的血汗，来造成腐化颓废的享乐生活，绝不是处在今日社会巨大变革中，人们正当应该追求的生活。流俗之所贵，正是我们之所贱；流俗之所贱，正是我们之所贵。我们自有我们对于人生的见解，自有我们困穷中的快乐。比如现时生活在苏联境内的人们，普遍称以"公民"或"同志"，若加以"大人"、"先生"、"小姐"、"太太"一类帝俄时代尊贵的称呼，则受者常视为奇耻大辱，不能一刻忍耐。问人的过去家庭出身，若是官僚、贵族、地主的家庭，便立刻受到极大的鄙夷；生活工作，也要受到许多限制。若是工人家庭出身，而本身也是劳动者，便觉得倒是无限的光荣清白。这种现象，当然是和我们现时所处的正在日趋没落的旧社会习尚正相反。究竟哪一种习尚是正当的，社会的发展，将是哪一种习尚日愈占着优势？我想这问题，对于我们应该是很容易洞察的。舅父绝不会留恋流俗所称羡的那种"安富尊荣"生活；甚至会认为人若以此生活祝望于舅父，那不是敬爱舅父，而是在侮辱舅父。舅父有可能取得那样的生活而不为，舅父又曾任厅长，曾任总办，而至今日生活还是这样困穷，正是舅父难能可贵的地方，所以我今日为舅父祝寿，是在以下的意义之上：

第一是舅父可纪念的生平。

第二是现时清贫可乐的生活。

第三是有可快慰的家庭。

第四是舅父绘画艺术的进步。

第五是舅父的健康而多寿。

舅父生平最可纪念称述之事，不在舅父曾任过什么显官。我认为下面一些事实，才是最可纪念称述的：

一、外祖所留给舅父的，只有刚正勤劳的美德，并无什么恒产。舅父少而贫穷，十余岁即担负了维持家庭生活的责任。然而舅父在那样困穷多累的境遇中，不废学习，刻苦勤奋的自修，以至学成，这是常人所不易做到的。

二、舅父当日之刻苦自修，尤其难能可贵的，是舅父特别注重数学、物理、代数等自然科学的研究。这类知识，在当时偏远落后的贵州，不仅没有教者，不易得到书籍，并且研究这类知识，是要受到当时社会极大的非难反对、讥笑毁骂。然而舅父毫不为人言所动，以后并约集友人创设算学馆、达德书社，努力于科学新知的传播。

三、由达德书社更进而创立达德学校。如今达德学校也已有了三十年以上的历史。男女高中初中小学全备，学生千余人。它在贵州新文化的传播上，是尽了很大的作用。舅父之名在达德学校创立发展的历史上，是不可磨灭的。

四、在辛亥革命以前，舅父不仅努力于科学知识的提倡与传播，并且从事政治变革的工作，积极参加辛亥革命运动，所以舅父在贵州新文化的传播与政治变革上，是尽了很大的努力，这是舅父可引为自慰的。

五、在辛亥革命后，舅父被举参加省政府的组织。舅父曾为实业厅长，曾为矿务总办，曾在农商部任职。但是在军阀统治之下，能容许舅父有什么成就呢？自然要一切希望只成幻想，不仅不能久于其位，而且被人视为不会做官，不会找钱，以至晚年不免于穷困了。我认为这种流俗的讥笑，不足为舅父之辱，反更足以增高舅父的人格。

舅父过去的生平，没有流俗所谓"赫赫之名""炎炎之功"；但是若果我们详细去分析那种"功名"的实质，将是许多的血泪所培养出的。官越高者罪愈多，功愈大者恶愈甚。"功名"与"罪恶"这对他们是分不开的，将来自有被清算的时候。舅父没有那样的"功名"，绝非舅父之不幸，反是舅父可以自慰的地方。而以上所述舅父生平，才是最可纪念称述的。舅父现时的生活，固然是清贫；但是清贫中仍有许多的快乐，并非纯全是苦恼。

第一，是舅父的生平，确曾对社会做了许多有益的工作，可引以自慰而没有愧怍。

第二，目前生活，虽有时不免于窘促，但并没有到完全不能存活的境遇，不过是淡泊艰难些罢了。我们试放眼一看，整个的中国，整个的世界千千万万的广大群众，在失业、饥饿、战争、死亡中挣扎的状况，则舅父现在的生活，总还算是比较幸福的。

第三，儿辈都有正当业务，能尽力奉养；孙儿绕膝，含饴可乐；更可喜齐舅与我母亲等至亲数人，都各健在；舅父老年犹有可快慰的家庭，不感什么寂寞痛苦。这在现时荒乱的世界中，也是很不易有的。而舅父与齐舅兄弟间之友爱互助，相攻以学，相勉以善，老而不倦，尤给人们以极好印象。

第四，是舅父老年虽不能再任社会繁巨工作而益专心致意于绘事。终日伏案挥笔，乐不知疲。听齐舅谈，近来造诣，愈臻神妙。这是一种有功社会最好的艺术，足以自乐，并足以高尚自活。

第五，是舅父今年已六十多岁，身体还是很康健。若就一般人的平均寿命言之，舅父应该是长寿的。但必长寿而有舅父过去那样可纪念的生平，有舅父现在这样纯洁的生活，才是可贵可乐。否则："多寿多辱"，古人也曾说过，并且普通习见不鲜也。

所以舅父现时的生活，应该是可以快乐的，舅父今年的生日，是值得庆祝的。让流俗的人们，现在来讥笑舅父的清贫；让现在那般有钱有势的人们去夸张自己的荣耀，这对于舅父有什么损害呢？清贫者方有人生的真快乐；而荣耀者转瞬将受到根本清算的侮辱。拿眼前的事实来说：满洲旗人，在辛亥革命前，是何等的尊荣富贵。他们是一种特权阶级，他们的孩子，一生下来就由国家供养，领取口粮，他们一生过着寄生享乐的生活。然而他们这种特权地位，在辛亥革命后终于被清算了。许多旧日王公贵族官僚的家庭，落为娼优乞丐。人们不会以为这种清算是不合理的。又如俄国过去的贵族地主、资本家，在十月革命后，被清算的程度，比我们在辛亥革命中清算满人的特权更为彻底。他们从前用来役使人压迫人剥削人骄傲人的一切财产地位，都完全被没收了。

劳动者成为一切的主人。对于从前这般吸吮别人血液来养活自己的剥削阶级，为防他们的反动复辟，还在实际生活中，加上一些严刻的限制。过去尊荣富贵的人，现在变成了最受侮辱贱视的人。过去被侮辱贱视的人，现在成为了一切的主人，成为了人类更丰富快乐的新社会的建设者，根本消灭剥削人的制度。人类的历史上，将歌颂这一伟大的变革，而不会对于从前剥削阶级的沦落，发生留恋可惜的思想。

我曾和一些外国工人消夏，寄居于从前一个贵族的别墅中。这所高大壮丽的建筑，及宅中的一切珍贵的陈设，现在都成了工人们的所有。老年的旧房主和几个小孩，现在退居于一间破旧的小房中，终日小心勤慎的为我们做园丁工作，以取得生活。他们的儿子因反动不知逃向何方去了。每当我们餐后，小孩们偷偷来拾取桌上所遗的面包残屑，正可为他们过去享用的生活一个反照。

此间监狱中有一个旗籍老看守，常常向人称述他们从前养尊处优的生活，叹息现在的沦落，而希望他们老佛爷再登皇位。这不会引起任何人同情，只有得着鄙夷的讥笑。

总之，我们现时正处在人类历史上一个巨大变革的时代，剥削者正要被人剥削的时代。不过这不是简单的循环报复，而是要实现消灭阶级，消灭人剥削人制度的新社会。要实现人类真正平等，比现在更丰富快乐美满的社会。全世界广大被压迫的劳动群众，都在向着俄国工农革命已经开创的途径走去，他的胜利的前途，已如旭日当空一样的明白。所以我今日为舅父祝寿，不敢以流俗的思想来侮辱舅父。而是要：

祝舅父珍视现时清贫的生活，及可快慰的家庭。

祝舅父艺术进步。

祝舅父健康而多寿！能够看见新社会变革之成功，能够看见"人间乐园"的建设，能够享受未来新社会丰富快乐的生活。

甥　若飞敬上

作者简介

王若飞（1896—1946），贵州安顺人，中国共产党早期杰出的无产阶级革命家。自小受舅父黄齐生影响。1915年参加"反袁运动"，从此走上革命道路。1917年留学日本，"五四运动"爆发愤然回国，后赴法勤工俭学，期间参与发起成立旅欧中国少年共产党。1946年4月因"黑茶山事件"飞机失事遇难，时年50岁。

注释

① 本文选自《王若飞纪念文集》。王若飞大舅黄干夫，黄齐生之兄。

导读

什么是有意义的人生？"安富尊荣"、"赫赫之名"、"炎炎之功"？王若飞在给舅父的信中表达了一个革命家对此的主张。

王若飞大舅父曾任要职，但并没有"买下一亩地，盖下一间房，积下一点钱，可以安闲坐食"。生平最可记述之事，却是"无恒产"、"努力于科学新知的传播"、"积极参与政治变革"、"不会做官"、"遭受流俗的讥笑"。王若飞认为这些"不足为舅父之辱，反更足以增高舅父的人格"。舅父"对社会做了许多有益的工作"，生活"并没有到完全不能存活的境遇"，"老年犹有可快慰的家庭，不感什么寂寥痛苦"，"以艺术自乐，高尚自活"，"已六十多岁，身体还是很康健"，在"清贫"中享受"快乐"，这是一种积极的人生姿态，也是革命家王若飞对人生意义的真诚表达。

1. 王若飞在信中讲述了大舅父"将我母妹三人救出火坑",文字真诚深挚,动人心旌,仔细阅读,细细体会一个职业革命家内心怀抱的骨肉亲情。

2. 舅父晚年虽然生活比较清贫,但王若飞认为是有意义的,是快乐的,针对"什么是人生的意义"这一主题,根据自己的体会,和同学们交流。

（杨　波）

抗日战争中的浙大学生

阙家蓂

千山万水到贵州

抗日战争期间,我在国立浙江大学念书。提起浙大,似乎会使人联想起美丽的西子湖,那山清水秀、锦绣天堂的鱼米之乡。然而,浙大却是在艰苦抗战中,几经播迁,而至成熟。它不仅是全国几所有名的学府之一,而且声誉卓著,传诵遐迩,至今人们一提到它的名字,都还在低徊怀念。尤其是抗战那几年间,随着漫天的炮火烽烟,浙大在各方面都放出奇葩异彩。英国李约瑟访华时,看到当时浙大师生的苦干精神和研究实况,也曾说那是中国的剑桥。浙大的前身是求是书院和浙江高等学堂。求是书院成立于一八九七年,其后几经变迁,到了一九二七年即民国十六年方始改为国立浙江大学,设文理、工、农三院共十九个系。

一九三七年日军入侵,给浙大带来了很多的苦难,其中经过五度播迁、一次轰炸和一次大火,浙大在千灾百难中成长、茁壮和坚固起来,它像风雨中的一度灯塔,光芒照射到大海四周。

一九三七年冬天,杭州沦陷,浙大学生掀起一片抗战浪潮,很多人都从军去了。其后风声日紧,浙大奉命西迁,一年级新生到浙西天目山,其余迁到建德。几个月后,又从建德迁到江西吉安。谁知日军紧逼,又从吉安迁到泰和。在泰和安定了一个时期,不久又被迫将度西迁到广西宜山。在宜山,学校增添好些院系,扩大规模,同时在浙江龙泉设立分校,至此认为可以稍事喘息,谁知宜山是个地瘠民贫之区,同学大多营养不足,女同学更因缺乏碘质,有些人长了大脖子,吃了很多苦头,因而同学间流传了一句"宜山宜水不宜人"之谚。后来又不知怎的被日本人看中,对准浙大所在地的标营大肆轰炸,虽然损失很大,但全校师生幸无伤亡,反而有一位神经受了刺激的同学,因为关在房里未知警报,经过巨大的响声和震动之后,神志竟清醒了。大家都称这次大轰炸是一次"光荣的洗礼"。

在宜山一年多,又再度搬家。先是一年级设在贵州青岩,校本部和文、工、师范等学院迁遵义,农、理及附中在湄潭。一年之后,一年级又搬到湄潭附近的永兴场,至此便没有再搬。从一九三七年起,至抗战结束后一年止,共大搬家五、六次,直到一九四六年才陆续返回杭州。在抗战期间搬迁最多、遭殃最大的学校,恐怕要算浙江大学了。

衣食住行一无是处

抗战时期,浙大学生的衣食住行,真是艰苦卓绝。时至今日,我常常想,当年我们没有饿死,没有冻死,没有病死,真是奇迹。

衣着方面，谈不上时髦和质料，只要能有件遮体之物，那就是万幸了。男同学平时穿衬衣单裤，冬天有一件老德袍在身，已令人侧目。女同学以蓝布旗袍最为风行，长长的，宽宽的，象水桶一样地罩住三围。不过女同学能缝能补，所以"捉襟见肘"（衣服破了一个大洞，肘部露出）、"空前绝后"（鞋袜前后都破）的现象很少。但有些人一双袜子穿了，一补再补，补到无处可补的时候，干脆把袜底剪掉，换双布底，这样又可混些时候。不大会拿针线的人，也有个办法，把破袜子向前一拉，再反开过来，这样就不会"前吃后空"了。但袜子会越穿越短，短到连小腿部遮不住的时候，那就丢掉。当时不但女同学会拿针线，有些男同学也会拿针线，这无啥稀奇。

吃的方面，遵义是女生自行开伙，湄潭、永兴两地男女同学合伙。饭是够吃的，只是菜少得可怜不够分配，食量大点的同学，到最后只有吃白饭。女同学吃东西比较斯文，大家客客气气，彼此都心照不宣，实行"蜻蜓点水"和"逢六进一"制。所谓"蜻蜓点水"，就是夹菜时不能大块大块地来，要像蜻蜓点水那样看到即是。譬如吃豆腐乳，只能用筷子头粘一点点即可。所谓"逢六进一"，就是吃六口饭才进一口菜。六口饭分两次下咽，一长五短之后，才能吃菜。如此，有时还可留下点残汤剩水，等这桌女同学走后，往往会被男同学抢光。至于男同学一桌八人，如何能分配那两盘小菜，真不可想象。有一次，一位男同学实在熬不住，早餐吃油炸黄豆时，竟然胆敢"逢一进一"起来，结果惹得同桌某君大怒，索性将一碟黄豆往他面前一放，两人为此大吵一架，几乎动武。有位男同学曾经说他除了大荤死人不吃，小荤苍蝇不吃之外，其余什么都吃，看到菜市场里的猪肉，就想上去咬它一口，其情可悯。由此亦可见当时"民生"状况。

浙大在黔北二地除了湄潭盖了一些新宿舍外，遵义、永兴校址大都借住文庙、祠堂和破落世家的房子，情况至为好笑。像有些教室的板壁后面是怒目圆睁的神像，有些教室内有两根柱子，宛似室内排球场。湄潭有两间教室临街，隔街住些蓬户人家，有一次，我们正在上课时，忽然对面街上两个妇女大吵大骂起来。当时天热，门窗大开，我们被吵得不能上课，于是正在上课的刘老师在宅内吆喝着，叫她们不要吵。可是人家在气头上，正吵得起劲，谁管你上课不上课，置之不理。后来实在吵不过，刘老师将头伸到窗外，大声吆喝着说："咳！你们两个不许再吵，再吵我就叫宪兵来把你们抓起来。"此语一出，两人果然不吵了。她们一致"枪口对外"，气势汹汹，指手划脚地对刘老师大骂起来，吓得刘老师连忙缩回头来，将窗子关住。这一下弄得我们忍俊不禁，我立即写个纸条子，丢给我邻座的一位同学，上面写道："王婆娘骂街闹学府，刘老师吆喝不值钱。"这两句话引得她手掩着嘴大笑不已。

为了节省空间，宿舍里都是上下铺，木板床，木板桌子，勉强可以照付。当时最讨厌的就是晚上有"飞机"、"大炮"、"坦克"来打扰。"飞机"即蚊子，"大炮"是跳蚤，"坦克"是臭虫。蚊子较易对付，一顶蚊帐可免遭殃，最讨厌的是臭虫，无孔不入，除之不尽。杀臭虫的方法是将床板拿出去晒或是烧开水烫，这样可以安静好几天，但过不了一些时，将垫被一抓，床板上又有许多蠢蠢而动的臭家伙了。有一年，费巩先生接掌训导长，他有三大德政，其中之一就是烧开水烫臭虫，可见得臭虫虽小，为害却大，已经震撼学校当局。跳蚤也很讨厌，此君身手敏捷，不象臭虫傻瓜，很难捉到。当你睡到半夜感觉腿痒时，连忙坐起，已经什么都不见了。我有一个朋友是捉蚤能手，她可以左手拿油灯，右手打跳蚤，一巴掌打到床上，手掌向后一拖，拿起来之后，拇指与中指之间准有一个跳蚤。她一夜可捉十几只，也常常替我们捉，后来我们都叫她"蚤大娘"，她气得从此洗手不干了。

说到行的方面，女同学最遭殃。遵义有新城、老城之分，女生宿舍在老城，教室和图书馆在新城，实验室又部分在城外，一天来回奔波，非有百米竞赛的本事是不能胜任的。最尴尬的是何家巷教室有一个时期没有女厕所，寒冬腊月，早上三碗稀饭下肚之后，在那儿连上三堂课的人莫不狼狈不堪。

湄潭更是有行路难之感。饭厅设在男生宿舍旁边。从女生宿舍走去吃饭时，须翻个小山坡，走过羊肠小径，穿过男生宿舍旁边才能到饭厅。这一带都是田野泥巴路，遇到阴雨连绵，路滑难行，一个不小心就会跌个两脚朝天或是双手支地，衣服弄得又湿又有泥，只得再回宿舍。有些缺德鬼的男同学，每到这种天气，就倚窗而立，凭栏远眺，偶尔有个女同学来个精彩表演，跌到泥浆里时，他们就鼓掌欢呼，在房里起哄大叫，以资"报复"，这时真令你啼笑不得，恨不得去骂他们一顿。

总之，抗战时期浙大学生的衣食住行，真是一无是处，但大家都撑过去了。精神战胜物质，这大概是成功的因吧！

"都是些土包子嘛！"

有一次，我在朋友家的宴会上，碰见一教会学校毕业的朋友说："你们浙大学生呀，都是些土包子嘛！"我当时大笑起来，说："一点也不错，你知道我曾是土包子队队长吗？"说起浙大学生，真可以说是得"土气"之精英，大家都以此为荣。一个洋腔洋调的学生，在那种环境里是难以立足的。记得有位名叫×约翰，是上海来的，我有两个同乡就是看不惯，专门拿他开玩笑，一见到他便说：

"嗨，约翰×，怎么你头发是黑的？"

"喂，约翰×，这里有瓶蓝墨水，拿去将眼睛染一染好不好？"可怜约翰×，受尽欺侮。其实×学长我很熟悉，他为人忠厚，为学笃实，只可惜取了一个洋名字，受到别人讥讽。

也许是当时风气使然，尤其我们这一代的人，生于忧患，长于抗战，满脑子的国家主义、民族思想，在浙大形成了一种风气。譬如有人材兴来一下洋腔，早晨见到你时，说声"Good morning"（早安），马上那人反会遭受白眼："唉，吃中国饭，何必放洋屁！"就这样，凡是洋气的人，受尽打击。

但浙大不是义和团。浙大学生所不屑而为的是无端地崇洋媚外。相反的浙大所吸收的新知识不亚于任何学校。我们很多教科书都用原文，我所读的课程当中有两样习题同试题全是英文。生物系有两位印度学生不懂中文，有时同学同他们讲英文，他怕听不详又换一个人来讲。这时，谁敢骂他们放洋屁。浙大还有一位教德文的外籍女老师，当她拉着小狗在河边散步时，从来无人问她的黄头发和蓝眼睛，都同她笑脸相迎。

你说"土"，那恐怕只是相对的。抗战时期的国立学校恐怕大都如此，不过浙大自有它的一套。说浙大不注重英文倒未见得，但对土生土长的中文确是特别重视。史地系有一届干事，出通知时专用四六骈文，颇受一些人欣赏。有位女同学同时收到两封请的帖子：一封是钢笔写的，说明日期、地点；另一封是端正的毛笔字，最后写着"恭候香车"。这位女同学把前者谢却了，理由是："那么歪歪倒倒的字，想必人也是那样，谁高兴同他们在一起玩。"这固然是成见，但也"土"得可爱。

女同学们的"土"，在浙大已相沿成习。不管她是谁家的千金小姐，不管她爸爸是什么要人，一入浙大之门，蓝布旗袍一穿，就彻头彻尾地换了一个人。有几位女同学的箱子里都有漂亮衣服和高跟鞋，但她们平时绝对不肯穿，等到晚间无事时，有人提议："我们来打扮一下吧！"于是几个好朋友，嘻嘻哈哈地搽口红、穿新衣，在房间里大过其瘾。

有一次，我们好些女同学在房里乱聊，讨论人生大事，其中一个问题是："你喜欢跟哪一种人结婚？"在所有的同学当中，没有一个人说："我要跟有钱或有地位的人结婚。"或是："我要跟洋人结婚。"后来轮到我，我说："我要跟一个像古代勇士那样会骑马射箭的人结婚。"这话把她们逗得狂笑不已，都说："你去找个游牧民族吧！"天知道，我现在的丈夫连弓都不会拉，看到蛇影子就要跑。再说男同学，也都"土"得可爱。不说别的，问问他们当中当时有几人会跳舞？有几人会打领带？有几人肯歪头吹口哨？有几人能低头用刀叉？但他们都不在乎，反说这些都是小事。这批人说是"土包子",谁曰不宜。

江边漫步 楼下等人

浙大在黔北的三处校址,以湄潭的风景最为优美,那儿山清水秀,景色宜人,尤其是近湄江河的那一带,风光旖旎,真是黔北江南。校舍除教室借用旧屋外,宿舍、饭厅都是新盖的楼房,尤其是女生宿舍,傍山而筑,一河绕护,别有一番风致。

湄潭城很小,既非赶场中心,又非交通要道,平时异常安静。同学在此,一无去处,除读书外,唯一的消遣就是散步,每当晚饭后,三五成群,男一堆,女一堆,漫步湄江河边,这真是大家碰面的大好时光。有些男同学平时不愿到女生宿舍篱笆外"站岗"的,不愿贸贸然去碰钉子的,都借这散步时间一睹芳容。经常在我们去散步时,一到泥江桥边,就碰到某某同学,点头打个招呼,继续前进;结果走到江边转弯的地方,又碰到那位同学,于是再点头打个招呼;谁知绕个大圈子回女生宿舍时,在街上又碰到那位同学又三点头打个招呼。这样一晚三会面一点头,这种会面不言宣的友谊,真是韵味深长。浙大多数男女同学都具有此种情调。听说有些胆小害羞的男同学,就趁此机会大过其瘾,一晚上绕着湄江漫步,流连忘返,可达七八趟之多,不知确否?

湄潭的风气还算开通,遵义就不同了。女生宿舍在杨柳街内,重门深院,不能直冲而入。男同学来访时,首先必须经过传达老赵,然后由老赵站后院大喊:"××小姐,有客。"

会客室的窗子,紧对宿舍后楼,这一下,来者是谁,很多人都知道了;只有硬着头皮等,等到了还好,有时只听得一声回答:"某某人不在。"倒霉碰了一鼻子灰,垂头丧气地走出来。

有个时期,训导处也似乎跟男同学为难,要来访的人像填联保单似地填上姓名,并说明访问何人,然后由老赵拿条子去找人。这样一来,无形中让训导处知道了,而且留个痕迹。于是,有许多男同学趁老赵走向后院找人时,伸手就把文上那张存根撕掉,会客过后,走了,自以为无凭无据,未留任何痕迹。谁知老赵亦是精灵鬼,等人走后,他又神不知鬼不觉地把双双大名补上。后来听说老赵不胜其烦,这制度也无形中取消。

这些现象,实在是因为女同学人数太少之故,物以稀为贵,当然她们会神气起来的。

有些女同学也真缺德,收到男同学信时,一不高兴,就会原封退回,有些还公开示众,有些又加上朱批,真令人吃不消。一位自命有才华的男同学,善写情书,自以为外国东西读得多,要想大显身手,卖弄一番,满纸托尔斯泰、莫泊桑等等的话,可惜他看错了对象。这名女同学接信后,拿笔就批到:

"满纸莫泊桑,令人心伤!

四书五经未读遍,克鲁泡特'经'充内行。

托尔斯泰原无碍,三苏两杜不可忘。

柏拉图,难欣赏,闲来最好读老庄。

莫管人家多伟大,数典忘祖总荒唐。

嗟嗟乎!真冤枉,便抄首唐诗也风光。"

这事的确是谑而又虐,有点过分,但也可见当时的一般情况了。

实事求是 功在国家

在我刚进浙大不久,头一次听竺可桢校长训话时,同学都听不懂他究竟在说些什么,他声音快而促,吱吱喳喳,有如百鸟归林,脑子里只记得他在台上将双脚跟向上一抬一抬的,似乎好像老是有这么几句:"贼骨头哇,贼骨头哇,我们浙大,说是就是……"当时我莫名其妙,后来时间久了,过了一年半载下来之后,才知道"贼骨头哇"原来是竺校长的一句口头禅"这个的话"的绍兴腔。

他每次演讲时，要说几十次之多。"说是就是"，也是他的一句老不离口的浙大校训"实事求是"四字。就这样，浙大学生四年下来之后，没有一个脑子里不深深印着"实事求是"这几个字，遇事都要讲真理，务本质，脚踏实地去做，以至终生。

人说浙大学生土气，那真要归功于"求是"精神的熏陶结果。在抗战时期，一个花花公子不肯为国捐献的"犹大"，或是一个千娇百媚、功课不及格常要补考的小姐，在浙大是永远出不了头的。我在一年级时，见到一位男同学能说善道，风头极健。他常身穿黄皮夹克（全校大约也只见到一两件吧），脚穿黑皮鞋，整天昂首阔步，夹着书本走来走去。到二年级时不大碰到他了，到我们毕业那年，他的皮夹克旧了，头低下来了，公共场合看不到他了。听说他每学期都有一两门功课不及格，要补考。

说到功课，浙大一向以苦干死拼为主，教授们对功课之紧迫，态度之认真，对分数之"扣门儿"，世上少见。在一年级升到二年级这个阶段，很多人被"荡"出去了。其实在当时那样的物质条件下，很多同学连纸笔都买不起，仍能孜孜不倦，实在伟大。晚间，每人一盏油灯，三根灯草，就这样，可以读到夜深。人常说"家贫出孝子"，我却道"时艰造贤才"，今天，在国内，在国外，好些艰苦卓越的苦干者，不都是浙大毕业的吗？

在学校时，我们不知道程度高低，等到毕业后同别人一比，就觉得神气了。譬如最后一届公费出国留学人数，以全校人数和系别多少的比例而言，浙大可占前一二名。在国外读书的，以本科而论，浙大学生比别的学校便宜多了。在国内做事的，论学术，论技术，浙大也总是不落人后。

若说浙大学生都是死啃书，倒也未必。抗战八年，浙大师生出钱、出力、流血流汗，真不知做过多少可歌可泣的事。除了直接从军的不算外，劳军、义卖等活动，差不多每年都有。那时候，同学们是一身之外无长物，可是一有义卖，都照捐不误。我在四年级时，有一次，同学又来向我捐东西举行义卖，我身边只剩下一块祖传的宝砚和两锭墨，那砚台小而轻，雕刻精细，是先曾祖父中进士之后皇帝所赐的。这祖传之宝随着我越过千山万水，带到贵州，我当时一无所有，只得忍心把砚台捐掉，可惜后来负责义卖的同学不识货，定价很低，给一位女同学买去了。至今我仍然很骄傲地对儿女说："二次世界大战时，我也有贡献呢！"

在宜山，曾闹过一出滑稽剧，极有意思。那时有批同学去从军，沙场征战，出生入死，后来日本人打来，把他们这批人冲散了，都狼狈逃回学校，检点人数，少了一位姓戴的同学。后来派人到战地去找，在乱尸堆里发现了一位身穿黄制服（浙大校服）的年轻人，尸体已腐烂不清，大家断定戴学长已成仁了，很多人抱头大哭，接着开追悼会，大家又歌曲一番。谁知过了一年多之后，有人说他似乎在街上看到戴学长，后来又有人说看到他，于是大家相继奔告说戴学长鬼魂出现，到最后才知道是他真人现形，他并未死。原来他被日本人捉去之后，辗转送到上海，后来又再度偷回后方，仍到浙大复学，这场悲喜剧才告一结束。这也是抗战期中浙大学生为国效力的一点小插曲。

一九四四年年底，为了响应当时"十万青年十万军"，浙大立即有几百人报名参军，后来因人数太多，很多人未能如愿。还有很多同学到解放区去，或是做地下工作，今日都成为国家的栋梁。

最感人的事迹莫过于这年的劳军了。那时日军蠢动，进犯黔南，贵阳一带吃紧，当政府派大军南下，道经遵义时，浙大学生以最大的热情去慰劳欢送，使得军心大振，勇往直前，日本被打得节节败退，奠定了日后胜利之基。

那真是一幕感人的场景。当一辆辆的军车或者大批战士经过遵义车站时，浙大的学生疯狂了，象潮水一般地冲到车旁，争着向战士们慰劳：握手、献花、赠礼品。一面欢呼，一面高唱，那情景震撼了每个士兵的心，只见他们热泪盈眶，拉着同学们的手说："我们一定要打败日本鬼子！"

有一次落着大雨，很多战士在车篷里衣服尽湿，打伞的同学们看到了就蜂拥上去，把伞递给他们，却忘了自己也身在雨中。这一下，赢得战士高呼，喊着："打倒日本帝国主义！"大家的脸上也不知挂了多少泪水和雨水。事后。有人说，这次军心大振，把日本人打得节节败退，浙大学生功不可灭。

抗战最后是胜利了！这八年中，浙大学生受尽了艰难困苦，然而浙大也由此茁壮、成熟，它那实事求是的精神，也将永留人间。

作者简介

阚家蓂(1921—)，女，1940年考取浙大史地系(抗战时设在贵州遵义)，后获美国色拉古斯大学(Syracuse University)地理学硕士，曾任职台湾中国文化大学教授、美国麻省理工学院，现居美国匹兹堡。著有《思莼集》、《大洋两岸》和《阚家蓂诗词集》。

导读

1939年，抗日战争烽火弥漫中华大地，浙江大学历尽艰辛，辗转西迁贵州遵义、湄潭办学，被誉为"文军长征"。七年中，竺可桢、苏步青、卢鹤绂、谈家桢、贝时璋、王淦昌等一大批科学泰斗高举科教救国大旗，求真求是，潜心研究，奋进不息，创造出累累科研成果，在湄潭生活过的师生中，培育了出了50多位院士以及诺贝尔奖获得者李政道等一代蜚声中外的学子，创造了灿烂的浙大西迁文化。

作者在贵州遵义度过了四年大学生活。作者在文中深情回忆了在遵义湄潭读书期间的"民生"状况，衣着方面，"有件遮体之物，那就是万幸了"。吃的则是"蜻蜓点水"和"逢六进一"，教室是文庙、祠堂和破落世家的房子，寝室里晚上还有"飞机"、"大炮"、"坦克"来打扰。在这样的环境下，浙大学子孜孜进学，讲真理务本质，保存了中国的文脉和教育的元气。课余还有湄江散步和楼下等人的闲情逸趣。

作品语言温婉动人、典雅幽默，在文白相间的闲淡叙述中，把艰苦的求学生活讲得举重若轻，表现了一代学人以苦为乐、达观自若的人生情怀。

思考与交流

1. 浙大西迁为贵州遵义、湄潭的文化流播作出了很大贡献，请在课余收集相关资料，了解浙大在贵州的珍贵足迹。

2. 浙大学子在贵州期间的求学生活极为艰苦，尚能拥有达观的心态和一心向学的意志，对今天的大学生具有示范意义，请就这一问题和大家交流。

（杨　波）

水葬①

蹇先艾

"尔妈，老子算是背了时！偷人没有偷倒，偏偏被你们扭住啦！真把老子气死！……"

这是一种嘶哑粗躁的嗓音，在沉闷的空气之中震荡，从骆毛的喉头里迸出来的。他的摇动躯体支撑着一张和成天在煤窑爬进爬出的苦工一样的脸孔;瘦筋筋的一身都没有肉,只剩下几根骨头架子披着皮;头上的发虽然很乱,却缠着青布的套头;套头之下那一对黄色的眼睛膨着直瞪。最引得起人注意的,便是他左颊上一块紫青的印迹,上面还长了一大丛长毛。他敞开贴身的油渍染透的汗衣,挺露胸膛,他脸上的样子时时的变动,鼻子里偶然哼哼几声。看他的年纪约有三十岁的光景,他的两手背剪着,脚下蹬的是一双烂草鞋,涂满了涠泥。旁边有四五个浓眉粗眼的大汉,面部飞舞着得意的颜色,紧紧的寸步不离的将他把持住,匆匆的沿着松林走。仿佛稍一不留心,就要被他逃逸了去似的。这一行人是在奔小沙河。

他们送着骆毛去水葬,因为他在村中不守本分做了贼。文明的桐村向来就没有什么村长……等等名目,犯罪的人用不着裁判,私下都可以处置。而这种对于小偷处以"水葬"的死刑,在村中差不多是"古已有之"了的。

行列并不如此的简单:前后左右还络绎的拖着一大群男女,各式各样的人们都有,红红绿绿的服色,高高低低的身材,老老少少的形态……这些也不尽都是村中的闲人,不过他们共同的目的都是为看热闹而来的罢了。尤其是小孩子们,薄片小嘴唇笑都笑得合不拢来,两只手比着种种滑稽的姿势,好像觉得比看四川来的"西洋镜"②还有趣的样子,拖着鞋子梯梯塔塔的跑,鞋带有时还被人家踩住了,立刻就有跌倒的危险,小朋友们尖起嗓子破口便骂,汗水在他们的头上像雨珠一般的滴下来。

妇人们,媳妇挽着婆婆,奶奶牵着小孙女,姑娘背着奶娃……有的抿着嘴直笑,有的皱着眉表示哀怜,有的冷起脸,口也不开,顶多滋一滋牙,老太婆们却呢呢喃喃的念起佛来了。她们中间有几位拐着小脚飞也似的紧跟着走,有时还越过大队的前面去了;然后她们又斯斯文文低悄悄的慢摇着八字步。显然和大家是不即不离的。被好奇心充满了的群众,此时顾不得汗的味道,在道肉阵中前前后后的挤进挤出。你撞着我的肩膀,我踩踏了你的脚跟,……便一分钟一秒钟也没有宁静过。一下又密密的挨拢来,一下又疏疏的像满天的星点似的散开了。这正像蜜蜂嗡嗡得开不了交的时候,忽然一片更大的嘈杂的声浪从人海中涌起来,这声音的粗细缓急是完全不一致的:

"呀!你们快看快看,那强盗又开口了!"

"了"字的余音还在袅袅不断,后面较远的闲杂人等跟着就像海潮一样拼命的撞击过来,前排矮小力弱的妇女和小孩却渐渐向后引退。但骆毛(便是他们呼喊为强盗的)的语声这时嘶哑的程度减轻而蓦地高朗了许多,颤颤的像破锣般的在响成一片:

"嘿!瞧你们祖宗的热闹!老子把你们的婆娘偷走了吗?叫老子吃水?你们也有吃火的一天!烧死你们这一群狗杂种!"

骆毛口里不干净的咕哝骂着;姑娘奶奶们多半红了脸,把耳朵掩起来;老太婆一类的人却装做耳聋,假装问旁边的人他说的是什么;村中的教书先生是完全听进去而且了解了,他于是撇着嘴觉得不值一钱的喊道:"丧德呀,丧德!"骆毛自己的两耳只轰轰的在响,这时什么声音都是掺不入的,他只一味大步的走出村去。摇摇摆摆地走,几位汉子几乎要跟不上了。看看已经快离开了这个村落。后方的人群"跑百码"般的跑起来,一路还扭嘴使眼嘻嘻的嘲笑。骆毛大概耳鸣得轻了一点,仿佛听见一长串刺耳的笑声,他更是一肚子的不高兴,用力的将头扭回来,伸长着脖子狂叫道:

"跟着你们的祖先走哪儿去?你们难道也不要命吗?……老子背时的日子,你们得色啦!叫你们这一群龟儿子也都不得好死,看你们还笑不笑!"

但是当他的头刚好转过,枯瘦的脖子正要像鹭鸶似的伸长去望时,才一瞥,就被那长辫子的力大的村农强制的扭回去。他气愤愤的站住不走了,靠着路旁一棵大柏树。

"走!孙子!"长辫子当的给了他背脊骨上一拳。

"哎哟！你们儿子打老子吗？"他负痛的叫了一声，两条腿又只得向前挪移，"那不行！尔妈民国不讲理了是不是？……"他几乎要哭出来。

这时离开村庄已有半里的光景。这是一个阴天，天上飞驰着银灰的云浪。萧萧的风将树吹动，发出悦耳的一片清响。远处近处都蔓延着古柏苍松。路是崎岖不平的山路，有时也经过田塍或者浅浅的山丘。大家弯弯曲曲的走，似乎有点疲乏，在一座坟台之下略略休息。这一个好机会，群众都围拢来。潇飒的松枝掩盖在头顶，死寂的天空也投下几丝阳光来，透过了绿叶，骆毛傍着那一块字迹模糊的残碑坐下了。

"尔妈。老子今年三十一！"他换了一口气，提高嗓音的又开始说，"再过几十年，又不是一条好汉吗？……"

"骆大哥！啊啊，说错啦！干老爷子！你老人家死咧的话，我儿子过年过节总帮你老人家多烧几包袱纸。你就放心去吧，有什么身后开不了交的事情，都留下让我儿子帮你办。干奶奶——哎呀！啥子干奶奶，简直就是我那嫡亲奶奶呀——我养她老人家一辈子还不行吗？……"

小耗子王七走过坟前，用手搓着眼睛，把眼睛圈都搓得快红了，向骆毛请了一个大安，亲热的说了上面的那一大段话。小耗子在今年跟骆毛交过手，败仗下来了，就拜了老骆做干爹，是个著名的小滑头儿！

"七老弟，你就再不要干老爷子湿老爷子的啦！"老骆冷笑了一声说，"好汉作事好汉当，也用不上牵累旁人！我的妈呢？——"

老骆心里忽然难过了起来，他也不再说下去，站起身来就往前走。人群又被他拖着像一根长绳，回环在山道上了。

登程以后的途中，老骆几乎绝无声音，除了习惯成自然的几声哼哼之外，不啻顿然变成哑巴。这些随从的人们都加倍的疑惑起来了。而几条大汉却很高兴，他们以为这样可以使大家安宁一点；进一步，也可以少伤点风化，因为老骆的话，没有一句不是村野难听的。所以就是老骆走得慢了，他们也不十分催逼他。

骆毛只是缓缓地走，含着一脸的苦笑，刚才王七那几句话引起他无限的感触：他心里暗暗悲酸着，想到他的母亲，便觉心里发软，那热狂的不怕死的心顿时也就冷了一半。他的坚强的意志渐渐软化下来。

因为他精神上的毁伤，使他口都不愿意再开了。他心里完全是犹豫和踌躇了——

"我死后，我的妈怎么办呢？……我的妈啊，你在哪儿？你可晓得你的儿子死在眼前了吗？你如果在家紧等我不回来，你不知道焦心成哪个样子！唉！唉……"

老骆虽然是个粗人，可是想到死后老母无人养活，他也觉到死的可怕。直至他们捉住他的两臂，要往水下投他的时候，他狠心把眼一闭，他老母的慈容犹仿佛在目前一样。

天依旧恢复了沉寰的铅色，桐村里显得意外的冷冷落落。那黄金色的稻田被风吹着，起了轻掀的很自然的波动。真是无边的静谧，约略可以听见鹁鸪的低唱，从掩映着关帝庙那一派清幽的竹林中传来。远的山峰削壁的峙立着，遥遥与天海相接。阖村都暂时掩没在清凄与寥寞的空气之中了。

村后远远的有一间草房，圮毁的仡立坡上，在风声中预备着坍塌。木栅拉开后，一个老妇人拄着拐杖走出来。她的眼睛几乎要合成一条缝了，口里微微喘气，一手牢牢的把住门边，摩挲着老眼目不转睛的凝望，好似在期待着什么。看她站立在那里的样子，显然身体非常衰弱；脸上堆满了皱纹，露出很高的颧骨，瘦削的耳朵上还垂着一对污铜的耳环，背有点驼，荒草般的头发，黑白参差的纷披在前额。她穿着一件补丁很多的夹衣，从袖子里伸出来的那双手，颜色青灰，骨头血管都露在外面。

她稳定的倚傍着门柱，连动也不动一下，嘴唇却不住的轻颤。最后她将拐杖靠在一边，索性

在门限上坐下来了,深深的蹙着额发愁道:

"毛儿为什么出去一天一夜还不回来?"说着又抬起头来望了一望。

东邻招儿的媳妇,掠着发带笑的扭过来。她是一个村中少见的大脚婆娘,胖胖的脸儿,粗黑的眉毛,高高的挽起一双袖子,大概是刚从地里回来。她正要同这个老妇说话的时候,只见她的十岁的孩子阿哥沿着田边喘吁吁地跑过来,口里喊道:"妈,真吓死人的!我再也不敢到河边上去了。"

"什么事,这样大惊小怪的?"招儿媳妇向她的儿子说。

"他们刚才把一个人掷到河里去了。"

"因为什么事?"

"偷东西叫人捉到了。"

"是谁?"

阿哥把嘴向那个老妇一扭,说道:"是她的……"

招儿的媳妇急忙把儿子的嘴用手堵住,不让他说出来。

其实那个老妇本是耳聋的,这回又因为等儿子着急,越发听不到他们讲的是什么话,只见他们的嘴动。她因问道:"你们讲什么话,这样热闹的?阿哥,你见过毛儿没有?"

阿哥不敢答,只仰了面望他娘,他娘替他高声答道:"没有看见。"

那个老妇把耳朵扭向招儿媳妇道:"你可是说没有看见?"

招儿媳妇点点头。那个老妇叹了一口气,口里咕哝道:"他从来没有到这个时候不回家的。哪里去了!"说着又抬起头来向远处望一望。望了半天,又叹了一口气,把头倚在门框上。招儿的媳妇拉着她的儿子慢慢地躲开了。

直至招儿家里吃了晚饭,窗外吹来的风,入夜渐凉起来。外面冷清清的只有点点的星光在黝黑天空中闪烁,招儿的媳妇偷偷地跑到那个老妇的门前看一看,只见她还坐在那里,口里微弱听不清楚的声音仿佛是说:"毛儿,怎么你还不回来?"

作者简介

蹇先艾(1906—1994),贵州遵义人,现代作家,被鲁迅先生称为"乡土文学作者"。文风简朴,乡土气息浓郁。代表作有短篇小说集《朝雾》、《一位英雄》、《酒家》、《还乡集》、《踌躇集》、《乡间的悲剧》、《盐的故事》、《幸福》、《倔强的女人》,散文集《城下集》、《离散集》、《乡谈集》、《新芽集》、《苗岭集》等。

注释

① 选自《中国新文学大系》小说二集。 ② 西洋镜:贵州方言,指新鲜、稀奇的事或物。看"西洋镜"即看稀奇、看热闹。

导读

鲁迅先生对《水葬》有一段著名的点评:"但如《水葬》,却对我们展示了'老远的贵州'的乡间习俗的冷酷,和出于这冷酷中的母性之爱的伟大,——贵州很远,但大家的情境是一样的。"

《水葬》描写了一出阿Q式的人性悲剧。悲剧上演于民国时期,文明之风已渐入乡村僻土。循规蹈矩,安守本分,听见脏话要恼怒、要脸红的"文明"的桐村人,仍保留着"德治文化"的传统,对小偷骆毛处以"水葬"的酷刑,人们无动于衷。相反,却关心着骆毛的死法——捆上石头沉入水里。文章沉痛地写出了冷酷的习俗对人性的扭曲和灵魂的麻痹,人们被传统意识摆布却不自觉,人的命运被旧习主宰还要欣赏和顺从,这是一种自虐性的人性变态。文章中唯一的人性亮点,是骆毛死后不知情的骆毛母亲倚门望子,苦苦等待着儿子的归来,这映衬了母性之爱的伟大,更显出作者内心哀痛的深重。

思考与交流

1. 鲁迅认为:"蹇先艾的作品是简朴的,……很少文饰,也足够写出他心曲的哀愁。"结合文本,谈谈作家在文中所体现的"隐现"的"哀愁"。

2. 有人说:"现代人有时还真要有一点阿Q精神。"谈谈你对此种观点的理解。

(张金富)

作了父亲①

谢六逸

"抱着小西瓜上下楼梯","小手在打拳了",妻怀孕到第八个月时,我们常常这样说笑。妻以喜悦的心情,每日织着小绒线衣,她对于第一个婴儿的出产,虽不免疑惧,但一想到不久摇篮里将有一个胖而白的乖乖,她的母性的爱是很能克制那疑惧的。有时做活计太久了,她从疲惫里,也曾低微的叹息,朝着我苦笑。除此之外,她不因身体的累坠,而有什么不平。在我是第一次做父亲,对于生产这事,脑里时时涌现出奇异的幻想,交杂着恐怖与怜惜。将来妻临盆时,这小小的家庭,没有一个年老的人足以托靠,母亲远在千里,岳母又不住在一处,我越想越害怕,怕那挣扎与呻吟的声音。不出两个月,那新鲜的生命,将从小小的土地里迸裂出来,妻将受着有生以来的剧痛,使我暗中流泪。我在妻的怀孕时期的前半,为了工作的关系,曾离开了家,在旅中唯一的安慰妻的法术,就是像新闻特派员似的写了长篇通信寄回。写信时像写小说一样地描写着,写满了近十页的稿纸,意思是使她接着我的一封信,可以慢慢地看过半天或一天。忖度那信要看完时,接着又写第二封信寄去。过了两个礼拜,我必借故跑回家来一次。到妻怀孕的第七个月时,我索性硬着头皮辞职回家来了。回来以后,我搜集了不少的关于妊娠知识的外国文书籍,例如《孕妇的知识》,《初产的心得》之类。依照书里的指示,对妻唠叨着必须这么那么的。我怕妻不肯相信我这临时医生的话,要说什么时必定先提一句"书里说的——","书里说的——要用一块布来包着肚皮","书里说的——",这样可以使妻不至于提出异议。后来说多了,我的话还没有出口,妻就抢先说,"又是书里说的么?"我们是常常说笑,并且希望肚里的是一个女孩子,但是我暗中仍是异常的感伤,我的恐怖似乎比妻厉害些。我每天的默念着,希望妻能够安产,小孩不管怎样都行。真是"日月如梭",到了十月二十六日(一九二七年)的上午四时,天还没有亮,我听着妻叫看护妇的声音,我醒了。她对我说,有了生产的征候。我的心跳着,赶快到岳母家里去。这时街上的空气很清新,女工三三两两的谈笑走着,卖蔬菜的行贩正结队赶路,但我犹如在山中追逐鹿子的猎人,无心瞻望四围的景色。我通知了岳母,又去请以前约定好了的医生。回到家里,阵痛还没有开始。过了一刻,医生来了,据说最快还须等到今天夜里,并吩咐不要性急。下午三时以后,"阵痛"攻击我的妻子,大约是十分钟一次。我跑去打了五次电话,跑得满头是汗。唉唉,这是劳康(Lacon)的苦闷的一声了。妻自幼是养育在富裕的家庭里,但自从随着我含辛茹苦之后,一切劳作苦痛都习惯了。她的腹部虽是剧痛,她却撑持着下床步行,不愿呻吟一声。岳母用言语安慰她，我只有坐在房后的浴室流着泪。这一夜医生宿在家里，等候到翌日的下午五时，妻舍弃了无可衡量的血液与精神，为这条小小的生命苦斗着，经验了有生以来的神圣的灾难，于是我们有了一向希望着的女孩子了。"人生恋爱多忧患，不恋爱亦忧患多"，是一点不差的。我们的静寂的家庭，自此以后，增加了新鲜的力量，同时，使我们手忙脚乱起来。最苦的是母亲，日夜忙着哺乳，一会儿襁褓，一会儿洗浴。又因为素性酷爱清洁，卧在床上也得指点女佣洒扫；又须顾虑着每日的饮食。弥月以后，肌肉脱落了不少，以前的衣服，穿在身上，宽松了许多；脸上泛着的红色，只有在浴后才可以得见。在这时，我最怕看我妻的后影。妻的专长是钢琴(Piano)和英语，出了学校，对于自己所学的，没有放弃，现在可不行了。那些 Maiden's Player②、Iohengrin③ 的调子是没有多弹奏的余裕了。我本来也想使自己的日常生活近于理想一点，就是起床、运动、思考、读书、著述、散步的生活，但是孩子来了，一切的理想都被打碎了。我们的实际生活不能不随着改变了。每天非听啼声不可，非忍受着一切麻烦的琐事不可了。女孩子是有了，可是还没有名字，照着通例，总是叫她做毛头(头发那么黑而长)，但妻说照这样叫下去不行，必须请祖母给她题一个名字。我赶快写信去禀告在家乡的母亲。过了许久，便接着了母亲亲笔写成的回信，信里附着一张长方形的红纸，用工楷的字体，写着几行字，上面是"祖母年近六旬为孙女题字，乳名宝珠，学名开志。"在旁边注着两行小字，是"吾家字派为二十字：天光开庆典，祖荫永新昭，学士经书裕，名家信义超。"这些尊重家名的传统习俗，我是忘记得干干净净了，可是我还记得这是祖父在日所规定的，足敷二十代人之用。我的父亲是"天"字一辈，我是"光"字，所以祖母替孙女起名，一定要有一个"开"字的。我们接到祖母的信时，十分的欢喜感激。并且这个名字，我们是很中意。别人为女孩起名，多喜欢用"淑"、"芬"、"贞"、"兰"等含有分辨性别的字，"开志"这个名称，看不出有故意区分性别之意，所以我们很喜欢。有了名字，可是我们已经叫惯她做毛毛或是宝宝了，"开志"的名称，不过是偶然一用。宝宝到了第七个月时，真是可爱，她的面貌的轮廓渐渐清晰起来了。细长而弯的眉毛，漆黑的眼珠，修而柔的眼毛，还有鼻子，像她的母亲；嘴的轮廓，肤色，笑涡像父亲。志贺直哉氏在《到网走去》一篇小说里，说孩子能将不同的父母的相貌，融合为一，觉得惊奇，在我也有同感。到了第十三个月，因为奶妈的奶不足，我们便替她离了乳，到了今天，她的年岁是整整的三十七个月了。这期间，她会开口叫妈妈，叫阿爸，她会讲许多话，会唱几首歌，我写这篇短文时她是在我的身旁聒噪了。宝宝的笑声啼声就是我们的"神"，我们的宗教。她的睡颜，她的唇、颊、头发、小手，使我们感到这是"智慧"的神。她有许多玩具，满满的装在小竹箱里。我们的家距淞沪火车路线很近，她看惯了火车的奔驰，听惯了火车的笛声，火车变成了她的崇拜物。在我的观察，她以为火车是最神奇的东西，为什么跑得这么快，为什么头上有两只大眼睛，为什么会发怒似的叫号。她崇拜火车，爱慕火车。崇拜爱慕的结果，把我的书从书架上搬下来，选出厚而且巨的，如大字典之类做火车头，其他的小型的书当车身，苹果两个权作火车眼睛。在许多玩具之中，她顶喜欢的是"车"的一类，她有了三轮的脚踏车，小汽车，装糖果的小电车，日本人做的人力车的模型，独轮车的模型。除了玩具，她最喜欢模仿父亲看书或看报。画报是她的爱人，尤其是东京《读卖新闻》附刊的漫画。她一个人睡在藤椅上，成一个"大"字形，两手举起报纸，嘴里叽哩咕噜，不知念些什么，看去她是十分的欢喜。在最近，她每天对母亲唠叨着说，"毛毛长长大大(杜杜)了，好去读书了。"她有了幼稚园读本，有了儿童画报，有了不碎石板和石笔，这些东西安放的位置，偶然被女佣移动一下，她就大声地叫喊。宝宝又爱散步，在秋天，总是每天两次，由我牵着小手到公园去，天寒了，午饭后，领着在林木道旁闲踱着，她的嘴里温着歌，路上散着黄色的落叶，月光从树梢筛在地上，一个大黑影和一个小黑影一高一低的行着，于是我觉得这里也有"人生"。宝宝自己有她的歌，在二十五个月以后，便自作自唱起来。她的歌，我多记在日记里。例如："乌乌乌乌火车，叮当叮当电车。"(在我们的屋后，有火车走过。她与火车最熟。有一天同母亲到百货店里去了回来，便独语似地念出这两句。)"鸟鸟飞,鸟鸟飞,鸟鸟飞飞。"(到外祖母家去,见小娘舅养着的金丝雀逃走了,回来便这么唱)"洋团团是要困困了,毛毛唱唱侬。"(母亲唱歌催她睡觉,她照样去催眠洋团团)。到了今年(一九三○年),宝宝的智慧又进一步了。夏天买了叫叫虫来,挂在树枝上,一连几天都没有叫,我们说这叫叫虫不会开叫了。宝宝听了就唱道,"叫叫虫,不会叫,买得来,啥用场。"见了木匠来家里修门,唱的是,"木匠师父交关好,是我好朋友;做出物事交关好,是我好朋友。"夜里睡觉时,脱了衣服,口里念着,"耶稣慈悲,牧师听我,夜里保护我困觉,亚门!"(这是母亲教的,但无什么宗教的意味。有时白昼也大声的唱着,自己拍着小手)。宝宝的智慧是一天比一天增进了,这使我们担心着将来的教育问题。在我个人,是怀疑国内的一切学校教育的。宝宝现在是三十七个月了。附近虽有幼稚园,经我们来参观以后,便不放心送她进去。将来长大时,在上海地方,我们也不曾知道哪一所女子中学是优良的。听人说,甚至于有借办女子学校为名,而与政客官僚结纳,替他们介绍一个女学生,因此募款自肥的。教会办的女子学校更不行,平时拿"耶稣"来骗人,记得几句死板板的英语。他们的宗旨不外是想培养"名媛",预备在"时装展览会"里,穿上所谓"时装",替富商大贾们做"衣架子"(比以 man-nequin girl④ 为职业的还要无自觉)。继而他们的芳容在上海的乌七八糟的"画报"上登载出来,大概就会有达官贵人,欧美博士之流来跪着求婚的。接着就是举行"文明结婚"仪式,请"局长""要人"们来证婚,来宾有千人之众。汽车,金刚石,锦绣断送了一生。在教会女学毕业出来的人,大多数以这条"出路"为她们的最高的理想。上海的女子教育,我是跟本地摈斥的。再说,像我们这一阶级的人,能否供应一个女孩子多念几年书,也没有把握。所以我们对于自己的女孩子的教育计划,是想由我们自己的力量,将她培养成一个"自由人",成为一个强健耐劳的女性。我们想就孩子的年龄(四岁到二十五岁),分做五个教育时期。按期把识字、写字(毛笔与钢笔)、儿歌、童话、儿童剧、运动(特别注重)、作文、散文、小说、诗歌、数学、阅报、自然科学与社会科学的常识、历史地理的知识、筋肉劳动(特别注重)、各国革命史、人类劳动史、外国语言文字、专门技能的学习(特别注重,但以肌肉劳动者为限,使她能在农村或工厂生活)等等教她。过了二十五年,她可以到社会的漩涡里去冲击了,假使我有一天能够脱离这 salary man⑤ 的生活,也许我还能做一个打铁的工人。到了那时,我更能将我的手腕磨炼得粗厚些。靠着我的双腕,使我们的宝宝在精神和肉体两方面都健全地养育起来,让她做一个"自由人",做一个"勇者",我们的宝宝呀!

作者简介

　　谢六逸(1898—1945),号光燊,字六逸,笔名宏徒、鲁愚。贵州贵阳人。著名作家、翻译家、教授,我国现代新闻教育事业的奠基者之一。主要著作有《水沫集》、《茶话集》、《文坛逸话》、《西洋小说发达史》、《农民文学 ABC》、《神话学 ABC》、《日本文学史》、《新闻学概论》、《实用新闻学》等,译有《伊利亚特的故事》、《希腊传说》等。

注释

　　① 本文选自《现代散文鉴赏辞典》。　② Maiden's Player:钢琴曲《少女的祈祷》。　③ Iohengrin:瓦格纳歌剧《罗汉格林》。　④ man-nequin girl:女模特。　⑤ salary man:拿薪俸的人。

导读

　　作者以第一人称口吻向读者讲述了女儿出生前到三十七个月时的成长经历,表现了对妻子和女儿的无限挚爱。

　　女儿出生前,妻以"母性的爱""克制着分娩的疑惧"。我则"越想越害怕","暗中流泪","每天默念,希望妻能够安产"。出差途中,不断写信安慰,到妻怀孕七个月时,"索性硬着头皮辞职回家来了"。妻临产,"我的心跳着,赶快到岳母家里去。这时街上的空气很清新,女工三三两两的谈笑走着,卖蔬菜的行贩正结队赶路,但我犹如在山中追逐鹿子的猎人,无心瞻望四围的景色。"对妻子的挚爱溢于言表。女儿出生后,"我"着重写了她七个月时"轮廓清晰"的面容,二十五个月、三十七个月时,玩"火车"、看画报、散步、咿呀唱歌的淘气、幼稚和可爱,以及我对女儿以后的教育计划,表现了我尽享天伦的爱女之情。文中插入了祖母为孙女起名一段,显出传统习俗和现代意识的和谐结合。

全文采用独白式语气娓娓道来,语言质朴简洁,间插英文,妙趣横生。

思考与交流

1. 认真品读全文,体会作者在简洁朴素的语言中对妻女挚爱的艺术表达。
2. 收集整理谢六逸的生平事迹,和同学们交流。

(杨　波)

黑主宰(节选)①

寿生

　　毛宝习武有二十几天了,师父的感情也一天厚似一天了。王道人说:"毛宝,学武艺讲解是很要紧的,以后你每晚上来我给你讲两个时辰。我的本事是从我师父全然道长烟铺上得来的,我也同样教给你吧。"毛宝听说,好不高兴!第二天又送一百两烟。靠烟盘子本来就是一种很好玩人人爱的事,加之这道长"丹房"雅妙,烟行头讲究,就分外引人了。珠漆套盘里是走花的白铜盘;点着安顺出的上好的透花灯;白菜头的灯罩上戴着赤铜的火口;温玉般的梵净山花石的打烟石;四五寸高的细瓷烟缸一排;大大小小的银的象牙的包金小烟盒十几个;白铜镶红铜花的烟灰盒;银把猪鬃的烟扫帚;铲烟刀;铜烟奋;水磨黄杨木的蒙斗花盒,盛着印江夹纸作的蒙斗花;白铜红边的灯花盒里插着很细巧的灯花剪;小瓷盘放着抹斗帕;云南铁头铜颈象牙柄的挖烟刀;五彩的烟水壶;赤铜的炒烟锅;玛瑙架上放着细丝的烟签子,挖耳头的烟签子,签的尖梢一寸多高处带球的烟签子;一串小铜盘上放着张老斗子,蒙目斗子,石朱砂斗子,金星斗子,思茅斗子,遵义土斗子,永香斗子,阳松斗子,晋斗子,瓮安铜沙斗子,遵义白花石花斗子,务川猪肝红石斗子,梵净山三镶石斗子,风窝斗子,另加风窝的斗子;装灯心火柴之类的本地阴沉木小匣子,与说不尽的小玩意,五光十色,各得其位的摆了一盘。那黄杨色,樱桃色,栗子色,咖啡色,火炭色的五枝大小不同长短不齐的怀枪睡在烟盘边更是爱人,都是云南上好的三色铜台子,银色玉的口底。还有一枝小小的壶壶枪婢妾似的在那儿作摆样,借以说明这套烟具应有尽有了。衬以古雅的大木床,印江托花垫单。四川锦缎被窝。在这样一个烟榻上横靠着一个着黑色道袍,笼标布袜,挽盘龙髻贯以班竹簪,脸清瘦,胡须疏朗的老道,悠悠然的打烟,悠悠然的吸烟。自己就先靠在他的对面,听他时说时辍的教诲,这已够使身心软和了。稍觉须要动一动就去窗前站站;这丹房是在舞佳岩的顶上,两面是参天的古木,满林雀巢,一面是临城的大道,一面可以俯瞰濡城②的粮库蜂落坝与濡城的辅镇新场,白天黑夜春夏秋冬无时不宜凭窗眺览放耳远听。这是多么令人神荡的一个神仙境界哟!

144

一来几天,毛宝就觉烟榻上的讲解比房外的"运动"有味了。

起初几日是王道人自吸他的烟毛宝自靠他的烟盘子或看小说或吃点师父解烟喉的水果糖食,王道人也不叫他吸烟,也不说你不可吃,也不说烟的好歹。后来浸淫日久,毛宝自动的玩起打烟石烟签子来了。王道人也时或漏一句:"爱玩可以打口把玩,只要不吸,打玩没什么。"于是毛宝天天都爱打烟玩。起头打不拢,几天功夫公然打得成口数了,又学往斗子上栽,几天后栽也栽得上了。他乐得什么似的,觉得自己已学会一把手艺了。既打得成烟,两师徒高兴的时候说徒弟打师父吸,玩得蛮上劲。而毛宝对烟盘子恋恋之情也更甚了。烟,毛宝在平时还未吸过,只是一次害病他父亲打口烟给他吸,被呛得什么似的,到底烟味没尝到。在一晚上老道吸阵烟就闭上眼睡去了,毛宝就一个人反手打烟玩,玩阵玩起兴头了,就打口烟栽上斗去对准灯想试吸一口,烟子才一入口就呛起来了。老道睁开眼知道他在吸烟,冷冷淡淡的说:"初吸烟是爱呛。"又闭上眼了。毛宝见师父醒了有点惶恐怕要被骂,今见他不骂胆子就大了。第二夜又试一口,老道也放口说:"一晚玩烦了,吸口把玩倒没甚关系,不要多吸就是。"这样在老道捏一把放一把之下毛宝就吸起烟来了。练武成第二要件,靠烟盘子成了必修科了。今天一口明天两口,一来两月毛宝有点花花瘾了。一晚上老道没有喊他吸,他竟周身不自在起来,看看他要杀不住了,老道才说:"要吸吸呀。烟近来消耗多了。"毛宝得赦似的拼命抽了几口。他也懂得师父的话了,第二天又慌送一百五十两烟来,一百两作送老道礼,五十两作自己的份。师父也不置可否。毛宝见师父不说话胆子越大,任情大吸起来。凡初上瘾的人最贪烟,成天只想吸。又是两月,毛宝的烟就大吸开了。武艺的事也就渐渐忘了。性情一天比一天温和了。好静不好动了。师父每日讲的也是"烟艺"了。

"师父,你们怎样烧烟不烧烟老点看着灯?""这叫做灯瘾呀。要戒烟的话,烟瘾易戒,灯瘾还难戒些。不吸烟的人爱靠烟盘子最重要的原因就是这盏灯。在烟铺上爱这盏灯,就如冬天爱火一样,你看冬天要没有炉火一家就像没个捉摩了。这灯就是整个烟铺的生命,要没有它烟行头再好也如死了的西子了还有甚味道。你不信把灯吹熄你看,——扑——你看整个屋子都像死了,什么斗呀枪呀全失去光彩了,我们两个白名白眼躺着还有甚味,不是灯一熄什么都没有个起落吗,要把灯点起,莫说两个人,一个人也闹热完了,盘子里样样都活了就拿着一个小烟盒也可同它谈半天的心。你说对吧?快点上。所以吸烟还在其次,玩灯是最大快乐,许多学问在这灯前操出,许多想不出的机谋在这灯前出现呢。烟灯照出的世界广大美丽得很,不然谁还吸烟还一天守着它。东门罗玉林孝廉是个对于易经大有研究的人,他死的那天晕去回来还叫家人把烟灯擦亮点了才落气!""从前我总觉烟盘子好玩,不知为什么,现在知道了。""有三更天了吧,肚子有点饿了,我们拿点板栗来灯上烤吃玩。""烤得熟吗?""烤得熟哟。——好玩得很。""板栗不爱消化裹气,夜半三更的吃了睡起要得?""你不知道,不管三更四更,睡起躺起,不论吃什么,吃后几口烟,无事不了了。拿栗子来。""这真有趣。""你拿这几个去用签子穿上吧,车去车来③的烤。等我先烤给你看。""捧——""好玩,炸了。"一阵功夫两师徒烤得黄蕉蕉气冲冲的二十几颗板栗。这只能作小点吃,不能算饱,烧了一气烟,他们又拿几个冷肉包子来烤吃。老道又用锑缸装上冷茶在灯上炖热了喝。"毛宝,今晚上不再给你东西吃了,明晚请你吃新鲜玩意。就是用麻糖——要包谷熬的——来绞在签子上在灯上㵽④了吃。麻糖在灯上㵽它像烟样发陀,等㵽得黑黄了,拿来吹一吹,用手一抓就把那层㵽焦的皮子抓下来了,吃起又香又甜又焦,这福不在烟铺上享不到,别的灯有油烟呀。"

这真是有趣,烟灯可以作出这样多把戏来。毛宝第二天下午两点钟起床,把家里所余的五大碗烟全数拿起就到玄天观去了。两师徒在烟铺上吃了饭,烧了一气烟精神抖发。王道人说:"毛宝,现在同你讲打烟法。啊,打烟的样范⑤多得很,今天只讲,以后再教你一天练一样。像我平常打的不算什么,你打的那样还是牛屎粑。打得好的一种叫'灯盏窝',就是烟的头头上成了一个灯碗的形式；打法是把烟已打紧了再把烟在打石边上挡得很平，然后用力匀匀均均的打几转，这样就一转一转的高上来成为一个窝了。一种叫'火炮头'，它与灯盏窝不同处是灯盏窝的边是一层一层的高成为圆圆的窝，它是只有一层突然高上来就如平地起一圈墙，恰似个火炮的头头，打法是把烟打紧了把烟头在打石边上弄平后，一转打起那一层边来，这颇难打好。一种叫'方烟'，打起就如一根方柱，四角明显的，吸的阵要离火远点用力吸，烟一层一层的逸进斗里去一点不破坏方的形式。一种叫'尉迟鞭'，一口烟打成多少节。一种叫'龙凤眼'，这难打，要先打紧一口很大的烟，再把它分成两段在签子上，上面的一段有下面的段十分之一的样子，先把上段打成球形，再把下段打成一个大屁股的宝塔形，然后把球推去挨近下面的，用力把下面的宝塔屁股打几转，就成一个灯盏把球包在里面了，吸的时候球还要动一动呢。一种叫'蛤蟆跳井'，打一口大而短的烟成碗状，在此碗边上用口水粘上一小颗先烧好的烟，吃时用气力一吸，小烟颗被吸就跳入碗内滚一转而入斗了。一种斗'二龙抢宝'，打两个半圆柱形的烟柱，一位在风门的右边，一位左边，二柱相隔一线，在二柱间松松的放上一小颗膘好的烟丸，吸时用尽力一吸，则丸下落而二柱合。一种叫'观音坐莲'，打一口碗形的烟，将签子烧红在那上面烙出莲花瓣的样子，在一花瓣上粘一烧好的烟做的观音，吸时先吃花后吃菩萨！还有节节高，花牌坊等等。啊多哟！这些都是在瘾过足后弄玩的。在瘾发得登堂⑥时要一气吸个痛快，只有'连珠炮'了。那就是打好一口脱一口下烟签子来不栽上斗去，打几口放着，瘾发时就一口口的上上斗去不放枪的一气吃个满。枪吸热了就不好吸，要枪多，这枝吸阵，那枝吸阵，烟子进口都是凉的才好，不用说烟斗更要常挖常换。——十几年的陈烟那凉味才好呢！你还要知道，烟签向上滚的叫打上树烟，向下的叫打下树烟。"师父教我，师父教我！""这个自然。""师父，什么叫'老牛奔椿'？昨天我伯伯对我说：'毛宝，你已带烟容了，才上瘾几个月就这样子，是'老牛奔椿'吧！什么叫老牛奔椿？""啊，除了我们平常吃法有老牛奔椿与'过河烟'，老牛奔椿就是用力一口气把一口烟吸完到肚，然后慢慢的从鼻子里把烟子放出来。这老牛奔椿有些老瘾客在放出烟子还要咳一声呢，这一咳把烟子呛进肺了，好着实。这老牛奔椿是年轻人气足或瘾发时吸的。过河烟是瘾过足后吸玩的，随吸随换气放出烟子。还有吸烟法要吸出个门道来，如吹洋号唱军歌。""我就来吸口'老牛奔椿'——师父，怎么我在二伯家吸烟没有这里好呢？他们也是陈烟呀！""我告诉你，他们那烟哪里成，我这是漂过的，还放得有甘草绿豆枸杞……熬好后还要叫道童打九千'起子'（起烟用之竹片），一缸烟要埋在地下三两个月才取出来吃。他们那个哪成。这些还没教你呢。慢慢来。""哎呀哎呀，师父，说说吧，什么叫漂烟？""好，就告诉你。先将一二百两烟煮好，用上好的夹纸几层滤过，将这滤过的烟水加进比这烟水为多的清水里，用竹片用力打激，打得白泡大起后放着隔一夜再将泡子除去，又滤过，然后在铜锅里熬，熬得干得不可再干了，就将锅仆转使火直接漂烟而起泡，最好整锅起一大泡，泡起即将锅翻转来，把早先熬好含水分多的清烟加入去，用竹片调和后挑而击之，直打至烟发黄色而止。这叫漂烟。告诉你呀，我吃的烟不特是漂烟还是漂酸烟呀，你想想，不是吸起酸香酸香的吧。酸烟是埋在地下成的。若有老霉的酸烟缸，只要装进烟去几天就成了。"这一气话，更说得毛宝心花怒放。大凡烟哥，瘾未过足时你要他嘴张一张都难，瘾一过足他的话头一打开就无穷无尽了。王道人坐起来喝了一口茶躺下去看见了床架上的吊板，又说："狠，吸烟哪，讲究的莫说熬烟认真就是放烟行头也有分寸不乱放，因为它是很高贵的呀！它们是出在贵人之手的呀！就如永香斗吧，从前有个大富人家有个很美丽的丫头叫永香，她为老爷看上了被收作了姨太太。那晓得太太不容，永香生了一个男孩后不久就被撵出去了。孩子自然是太太扣下了。这永香从小学得有一把烧斗子的手艺，她就以烧斗子过活，这斗子就叫永香斗子，永香斗子吸起来又脆又不烧灰，不久就出名了，人人都要买个永香斗子吸。后来永香的儿子中了状元，把永香迎去作老夫人，永香斗就绝莃了。状元公一天在街上听得好些人说："我们找永香妹玩去！"心头很奇怪，一打听才知道'找永香妹

146

玩'就是说去烧烟。状元见人们这样轻薄就发誓要收回永香斗子。从前是卖几个钱一个,他出一两银子一个收回。收回了好多人些才晓得可贵不卖了,但是未收回的也不多了,所以现在这东西很难得。你看喽,烟斗子是状元公的老夫人造的,高贵不——"毛宝听呆了。把永香斗子玩了又玩,问:"现在要多少钱一个?""好几十元。""状元老夫人做斗子,烟行头真高贵!"

　　毛宝努力烟艺一混已过他父亲的周年了。赵团长已做旅长了。他师徒两个的感情已融洽到无事不可说了。毛宝因为给他爹除周年近三天没得到玄天观好不难过,道场一完他就跑来了。"师父,我给我父亲那灵房扎得真好,你没看见?尤其那套烟行头做得像。你老人家这几天玩些什么?""什么也没玩。你孝心好,老太爷一定欢喜。"两师徒说说笑笑的你一口我一口,三天不见面更上劲。师徒烧到半夜精神焕发的时候,老道说:"毛宝,烟铺上的花样你还未玩全呢。""什么?""花烟你没吸过吧?""还不知道什么叫花烟呢,你老人家又不说,还问人!""就是找个会打烟的年轻美貌的姑娘来作托手开托。""那里找去?要有,你老人家作德叫我尝尝新。""有钱买得鬼推磨,只要你舍得钱就今晚叫人给你找个来,哈哈,要算你们年轻人听不得话,哈哈。""可以可以,你老快叫去!"毛宝正二十岁的青年虽吸烟又哪里经得起勾引。姑娘叫来起头倒是打烟,后来渐渐眉目手脚不规则起来了。到鸡叫的时候,老道说:"西门陆老爷请我给他爹诵开口经,要辰时才完,你们两个玩着我上殿去了。毛宝,这经才五十块钱一次,不过是应酬朋友倒不要紧。"师父出房门后,毛宝就堕入深坑了。第二夜那姑娘又来了,毛宝只盼鸡叫。到鸡叫了师父又不走,还摸摸扯扯的比毛宝还上劲。毛宝慌了问:"师父,今晚不念经?""陆老爷就请一晚上。"毛宝周身不自在了。老道说:"你若要替老太爷念,我当然不能推辞。""好,今晚就请师父先诵一夜。父亲得你老诵经,我也安心了。"这样半月,毛宝背着他母亲偷当起田地来了。

　　书记的第二周年早过了。九月中旬濡城四面八方是打谷的吼声,每天挨黑的时候满街是送谷进城的农夫。书记太太一心一意的忙着收谷。毛宝还是天天走玄天观。书记太太见儿子烟瘾已深,性情也大变,反觉安心了些,虽说是从前体强力壮的儿子现在已成了一架骷髅。惟一使她奇怪的是为什么到这时候了才收进几十挑谷呢,往年这时候三百多挑谷快收完了。天天候人来叫下乡分谷子总不有人来。一天她正在纳闷;走来一个邻人说:"三先生娘,你怎样还不去附城陀分谷子,我才从那里过见你们的田头已打好十几挑了。""噫!没有人来叫呀!这东西些吃迷魂汤了。"急叫女儿预备送人的饮食,自己打着洋伞赶去。来到田边果然见在打谷。那头的河沟坎上还有西门陆太太带着个少爷在站着,她以为她是过这里在看玩。急喊那老佃户来骂:"你吃迷魂汤①了,谷子打了不去叫人!""……三,三先生娘,这从哪里说起的!这叫怎么做!毛宝哥叫我去叫陆家,还说我要多嘴多舌就给我套家伙,毛宝哥的脾胃我还敢不依,我也不知是为什么,三先生娘这个才是焦人⑧呢!"啊!半天的云雾揭开了,她明白没人叫分谷了,一急一晕一跤就摔下河沟去了!农夫抓一爪没抓着。九月间的小河沟都是干的,那全是石头的河床灰仆仆的满是石梗石刀朝天,到农人打堆下河去看时见她倒触起⑨躺在一个石夹夹里,后脑已被石头撞破了;他们乱脚乱手的把她抬回家去,不到两点钟就死了。当她被抬回的阵,毛宝还在睡呢。

　　毛宝安葬他妈去一笔钱。他妹妹的婆家见毛宝这样子他妈又死了,就不管礼不礼催着就把他妹接过去了,又花一笔钱。

　　毛宝现在是一身无牵绊的人了,虽说有叔子伯爷,但是已各立门户谁也不能管谁不愿管谁了,更为所欲为。渐渐三天五天不回家由佣人看屋,在玄天观死困打眠。今天出卖这份田,明天出卖那份田。到书记三周年时已只剩几间街房了。这时的王道人常常十天半月的出外访道友拜名山,毛宝才自己置行头在家烧烟,卖房子度日。不一年只有自己住的屋了。自己住的房子不能卖,卖了无处住,就卖家俱,家俱完时只有打房子的主意了,起先下不当紧要处的瓦来卖,瓦完了就下板壁,"没有开口的单刀"就成了下板壁的利器。板壁下完时佣人用不着了打发开,"卖屋"!

于是去亲戚处这家挨几天那家挨几天,起初他身上到底有卖房的钱且是刚落泊下来故肯招待,到日子拖长钱用完时亲戚处处都下逐客令了。这时的毛宝只有进破庙了。又混了半年连一顿饭也难得招呼了,他这才想到"戒烟"!但才一天不吃,就周身如鬼啃不自在,"一天"就受不住了,"一天"他就不能"忍耐"又吸了。这一吸"才尝到烟滋味!"他说,"周身舒泰任何事都忘了。"经这一次,毛宝就宁可不吃饭要吸烟了。然而也就成了个半讨口的不叫"老爷发财"的叫化了。

毛宝一天把东岳庙鸡脚二爷的舌条偷来躺在一个破瓦桥上刮那上面的烟来在观音龛里烧吸,他的一个老辈从那里过看见了,说:"毛宝,你怎么在讨口了还只顾吸烟!""二伯,要不为这口烟那个来讨口哟!"

作者简介

寿生(1909—1996),原名申尚贤,贵州务川人。活跃于 20 世纪 30 年代,曾受胡适赞赏与提携,著有小说、诗歌、评论等 50 余篇。作品多以家乡务川为背景,以现实主义手法反映偏僻的濡城居民贫苦的生存境况与麻木的精神状态。

注释

① 本文选自《寿生文集》,《黑主宰》曾入选二十世纪贵州最佳文学作品二十篇,分两部分刊载于《独立评论》第 171、172 期。 ② 濡城:即现遵义市务川县。 ③ 车去车来:黔北方言,意为转来转去。 ④ 㶽:黔北方言,烤。 ⑤ 样范:黔北方言,模样,样子。 ⑥ 登堂:黔北方言,表程度,厉害,严重。 ⑦ 迷魂汤:黔北方言,犯糊涂,着迷。 ⑧ 焦人:黔北方言,丢脸面。 ⑨ 倒触起:黔北方言,倒插着。

导读

作品描写了濡城青年毛宝替父报仇却颓败于鸦片的人生悲剧。前一部分讲述了"鸦片世家"子弟毛宝的父亲尚文达、堂哥尚惠民投靠军营,在部队开赴广西途中伺机逃跑,尚文达在回头寻找"传家宝"烟盒子时被赵团长部下抓捕刺死。毛宝立志报仇,拜王道人为师学习武艺。选文属后一部分,叙写毛宝本意跟王道人修习武艺,不想"练武成了第二要件,靠烟盘子成了必修科了"。毛宝在王道人那里学会了"烟灯烤东西"、"漂烟"、"打烟法"等各种"烟艺",不仅没学到一点武艺,还偷偷当掉田地,身体"成了一架骷髅",气得母亲自绝,妹妹早嫁,最后家庭败落,成了叫化子。

小说笔调冷峻,深刻地表现了鸦片对人民的残害。对吸食鸦片的各种"烟艺"的形象描绘,反映了人们不但没有认识到鸦片对人身心的毒害,反而作为一种享受乐趣,显出乡民麻木、愚昧之极。寿生就是站在批判的角度审视自己的乡土,为我们构建了一个富于地域性和民族性的"濡城"世界。作品将黔北方言娴熟地穿插于故事叙述中,显出了浓郁的地域文化和底层文化特色,也很好地表现了人物的性格和心灵。

思考与交流

1. 细读作品,体会其中黔北方言的娴熟运用。

2. 胡适在"编辑后记"说:"中国大部分的民族都显出衰老的状态,需要新血脉的灌注;而这种民族新血脉的一个重要来源当然是那同化较晚的西南各省。所以四川云贵受鸦片的毒害,等于斩灭了我们整个民族的新血脉的来源,是绝对应该赶紧扫除净尽的。"对此请谈谈你的看法。

(杨 波)

拙　说①

袁本良

丙戌岁杪,余解聘家居②。俗务已弭,余闲寝多。因检点帙箧,搜得既往四十余年之旧体诗作近千首,略事剔抉,辑成《守拙斋诗稿》一册,计收诗词七百五十首,附录楹联六十四副。

余少经坎壈,长罹动乱,故于陶渊明"种豆南山"③"采菊东篱"④之境常心向往之,时以吟诵"开荒南野际,守拙归园田"⑤,"啸傲东轩下,聊复得此生"⑥之句为快。因效前贤名室以志之例,自命书斋曰"守拙",寄宁静澹泊之意焉。中岁以后,每感于杜子美"杜陵有布衣,老大意转拙。许身一何愚,窃比稷与契。居然成濩落,白首甘契阔。盖棺事则已,此志常觊豁"⑦之诗,喟叹其"忧端齐终南,颍洞不可掇"⑧之慨;复感于柳子厚"臣有大拙,智所不化,医所不攻,威不能迁,宽不能容。乾坤之量,包含海岳;臣身甚微,无所投足"⑨之文,悯伤其"抱拙终身,以死谁惕"⑩之言。读此而知古人之以拙自命亦殊不易也。

迩岁阅宋人《鹤山集》⑪,于魏了翁巧拙之论,略然其说而尚有惑焉。魏氏谓世之拙者有三:老庄以拙用巧,汉魏士以拙疾巧,而后世之流弊则假拙饰巧耳。窃思老庄之拙,黜聪夺明,绝圣弃知,名之为拙,实则宏智达识。此大哲之拙也,自非众儒侪伦所及;吾才能不逮中人,何敢望焉。后世流弊之拙,假林泉作终南径,标高洁以钓誉沽名;以退为进,避实就虚。名之曰拙,实则取巧投机。此小人之拙也,真君子不齿,亦非吾之所愿为焉。至汉魏名士之拙,乃因疾世之以善官深文为巧者,故激而以拙自命,愤世嫉俗,独立特行,有甚者则穷途以哭⑫,醉埋而欢⑬。此真士子之拙也。然隋唐以降,天下文士渐入当权者彀中,体制森严,文网密织,利饵繁多。指数天下,放言以高世、危行以激俗之士日渐希见。要因此拙者非止缘于卓识,尤需宏于胆量。况士之守其拙而复能存于世者,果腹之食与启唇之境未可阙焉。故杜工部放言"不作河西尉,凄凉为折腰"⑭之际,终不忘"耽酒须微禄,狂歌托圣朝"⑮也。薪俸无着,疏食难继,漫言耽酒;政治不明,真言获罪,孰敢狂歌!此守拙者之愈难为矣。余情性拘谨懦怯,此等慷慨高士之拙,洵非吾之所能至也。

然则余之以拙自命果妄欤?有以辩焉。夫圣人以仁知教人,谓"仁者不忧,知者不惑"⑯。而知仁之与巧拙,盖攸关也。《说文》云:"拙,不巧也。"观世事,揆事理,人之拙为先天之份,而巧则后天所习。人之为巧,固为进化所需,然巧则生伪,亦成流风之弊。元人程端礼有言:"惟巧似智,与知远而;惟拙非仁,成仁所资。"⑰人性之善恶,即在真伪拙巧之间尔。趋巧作伪,必行恶无极;守拙抱真,则向善不远。此《韩非子》谓"巧诈不如拙诚"⑱,程氏言"拙以成仁"之故也。愚以为守拙之意即不失人之本份耳。明乎此,非止圣哲达人可以自命守拙,即凡夫俗子之为人立世,亦当以守拙为其根本。方今世道寝下,民风浇薄,物欲横流,人心不轨,皆缘饰伪滋兴,取巧趋利而无所不至也。读书士子傥不能尽诚怀远,守拙抱真,必致泯灭良知,丧失人之本性矣。故世之多巧实堪忧,而士之不拙犹为病欤!此读书人守拙之大义也,可不申乎?

余不佞,既无治人匡世之才,复无逐物随机之智,猥以守拙自蕲,闭门随分而已。自念平生存志乎诗书,寓辞于歌咏;授业传薪,碌碌半世;焚膏继晷,兀兀穷年⑲。窥陈编而度日,踵常途斯为则;仰青山之不老,抚黄卷以长吟。读文喜左迁⑳之质实,习诗钦王孟㉑之神行。白首松云㉒,岂怀餐霞饮石之思㉓;阳春烟景㉔,偶追挂席著屐之迹。寝馈缥缃㉕,良多意兴;盘游山水,时有会心。脱腕而付诸楮墨,迭笺以衰成是编。雕木圬墙㉖,何敢藏山之望㉗;雪泥鸿爪㉘,非止敝帚之珍。呜呼!岁月倥偬,六十春冬。体衰精疲,目瞀顶童㉙。质鲁性怯,循规居庸。读书自牧,授业冬烘。高谈乏智,幽赏无穷。字明心迹,辞记萍踪。人既愚拙,诗亦不工。俚词浅意,劣技雕虫。指瑕赐教,尚赖诸公。是为序。

丁亥年正月元宵日于守拙斋

作者简介

袁本良，男，1946年生，四川江津人，1970年北京师范大学中文系毕业，主要从事古汉语语法修辞方面的学术研究，贵州大学人文学院教授，中国语言学会理事。

注释

① 此文系袁本良先生为他的诗集《守拙斋诗稿》所作的序。这本诗集除了袁先生的自序外，还有钱理群先生和戴明贤先生的两篇序。三篇序都值得一读。 ② 这里指的是2006年12月，袁先生从贵州大学退休。 ③ 语出东晋诗人陶渊明《归园田居》五首中的第三首。 ④ 语出东晋诗人陶渊明的《饮酒》二十首中的第五首。 ⑤ 语出东晋诗人陶渊明《归园田居》五首中的第一首。 ⑥ 语出东晋诗人陶渊明的《饮酒》二十首中的第七首。 ⑦ 语出杜甫著名诗篇《自京赴奉先县咏怀五百字》。 ⑧ 同上注。 ⑨ 语出唐代柳宗元的《乞巧文》。 ⑩ 同上注。 ⑪《鹤山集》，南宋理学家魏了翁的诗文及学术著作。了翁，号鹤山，故名。魏氏生平著述宏富，先是各自为集，此本是后人取其生平著作合编而成。 ⑫ 这里化用阮籍"穷途之哭"的典故，语出《晋书·阮籍传》："时率意独驾，不由径路，车迹所穷，辄痛哭而返。"后唐王勃《滕王阁序》有"阮籍猖狂，岂效穷途之哭"的诗句。 ⑬ 这里化用刘伶的典故。《晋书·卷四十九·列传第十九》载："刘伶，字伯伦，沛国人也。身长六尺，容貌甚陋。放情肆志，常以细宇宙齐万物为心。澹默少言，不妄交游，与阮籍、嵇康相遇，欣然神解，携手入林。初不以家产有无介意。常乘鹿车，携一壶酒，使人荷锸而随之，谓曰：'死便埋我。'" ⑭ 语出唐代诗人杜甫《官定后戏赠》一诗。 ⑮ 同上注。 ⑯ 语出《论语·子罕篇第九》之二十九章。 ⑰ 程端礼（1271—1345），字敬叔、敬礼，号畏斋，庆元（今鄞县）人。元代教育家，治朱子之学，生徒甚众。所著《读书日程》（也作《程氏家塾读书分年日程》）一书对当时及后世家塾、书院、儒学均有重大影响。引文见《畏斋集》。 ⑱ 语出《韩非子·说林》。 ⑲ 语出唐·韩愈《进学解》："焚膏油以继晷，恒兀兀以穷年。"膏：油脂，指灯烛。继：继续，接替。晷：日光。点上油灯，接续日光。形容勤奋地工作或读书。 ⑳ 左迁：指左丘明、司马迁。这里代指《左传》《史记》一类的文章。 ㉑ 王孟：指王维、孟浩然。 ㉒ 语出李白《赠孟浩然》一诗。原句为"红颜弃轩冕，白首卧松云。" ㉓ 南朝·梁·陶弘景《冥通记》卷一有"夫作道士，皆须知长生之要。尔既未能餐霞饮景，克己求真，徒在世上，无益于体"之句。这里指超尘脱俗，修炼成仙。 ㉔ 这是李白在《春夜宴桃李园序》中的句子。其原句为"况阳春召我以烟景，大块假我以文章"。意思是，更何况阳春三月烟霞美景召唤我等聚在一起，大自然也借给我们诗意和灵感。 ㉕ 挂席，犹言扬帆。唐诗可见此用例，如李白有《挂席江上待月有怀》一诗。 ㉖ 寝馈缥缃，谓时刻与书卷为伴。寝馈，睡觉和吃饭。缥缃，指书卷。旧时常以缥（淡青色丝帛）缃（淡黄色丝帛）制作书衣，因有此称。 ㉗ 语出《论语·公冶长》第五。原文为"宰予昼寝，子曰：'朽木不可雕也，粪土之墙不可杇也，于予与何诛！'"这里是袁先生自谦的说法。 ㉘ 司马迁在《报任安书》中有"仆诚已著此书，藏之名山，传之其人，通邑大都。"这样的句子，是说司马迁想完成《史记》，并将它暂时藏在名山，以后可以传给后人。 ㉙ 宋·苏轼《和子由渑池怀旧》诗："人生到处知何似，应似飞鸿踏雪泥。泥上偶然留指爪，鸿飞那复计东西。"比喻往事留下的痕迹。 ㉚ 童，这里是秃的意思。

导读

袁本良先生在这篇自序中介绍了他的诗集《守拙斋诗稿》的成书缘起，及诗集所涉内容，更为重要的是他在文中对自己人生理想的表达。袁先生"少经坎壈，长罹动乱"，但无论在什么样的人生境遇中都能够坚守自己的人生理想，这种人生理想，他将之概括"守拙"二字。

袁先生对古之学者所论之"拙"进行了概括，认为古代学者之拙有三：老庄大智慧之"拙"，后世小人投机取巧之"拙"，汉魏名士独立特行之"拙"。而他认为自己的"拙"是"不失人之本分"，钱理群先生序中所表达的"本良要坚守的，是人之本性，人之真情，以及为人之本分，读书人之本分。"与此正相契合。

这种坚守实属不易，尤其是在当今"世道寖下，民风浇薄，物欲横流，人心不轨"的时代，正因此而显出袁先生人格的高尚。钱理群先生坚信"人性和作为人性中的真、善、美的结晶的文化，可以蒙尘、遮蔽于一时，但却是永恒而不朽的。"那么在真、善、美被遮蔽的这一刻，我们每个人是不是都应该思考一下自己所应该坚守的一些本分呢？

思考与交流

1. 谈谈你对"巧"和"拙"的认识。
2. 思考一下作为一个大学生应该坚守些什么？

（常海星）

种包谷的老人①

何士光

一

这里是一个村庄。这地方，是太遥远了，也太寂静了。一片窄窄的坝子，四面都有青山屏障。就连那条从小小的乡场上穿过、并且整日里都空荡荡的碎石车路，也远远地落在重重青山的那一边、那一边。至于城市呢，更不知远在何方，在哪一片望不见的天空下面。

一眼望去，只见青绿的山峦默不作语，连绵地向天边伸延，颜色逐渐变得深蓝，最后成为迷蒙的一片；一片片的杉树林和柏树林，无声而绰约地伫立，连接着一簇簇的灌木丛，一直通向好幽深的山谷里去；好久好久，远远的蓝天里出现了一片密匝的黑点，飘忽着，渐渐地近了，倏地化为一阵细碎而匆忙的雀语，仿佛被这儿的寂静惊骇了似的，一下子掠过去，又还原一片小小的黑点，消失在那样肃穆的蓝天里……

可是，这之中，有一条隐约的山路，从山垭那儿跌落下来。先是一些窄狭的、深深浅浅的石级，折回在长满刺丛的岩石之间；后来就变成一条黄沙土的小路；弯弯曲曲地越过土丘，穿过那些低矮而茂密的青杠林；最后来到坝子上，成为一条洁净的石板小路，在溪水潺潺的田畴之中蜿蜒。在那近旁，一片杂树林子里，银杏长得那样高，古树带着鸦巢，村庄出现了。

开始是一处薄薄的竹林，掩映着一户人家的瓦檐。跟着，李树的枝丫里，露出一间牛圈；核桃树斜斜地荫翳的地方，现出立在石阶上的房柱，还有厢房的、没有漆过的壁板。人家疏落地散着，又被树木和菜地连在一起。水塘边上还能看到一间四四方方的、早年留下来的祠堂，那青色的砖壁，又让人想到这里的日子的久长……

这地方叫落溪坪，有三十来户人家。

略略地离开那连在一起的林子和人家，在石板路拐弯的地方，有一间矮小的、显得有孤单的瓦房。它带着一个没有遮拦的、用来堆放柴草的棚子，一块很小的土坝，几畦菜地，几株桃李和一株枇杷。这是刘三老汉的房子。许多年来，他就一个人住在这里。

刘三老汉七十多岁，脸、脖颈和手，都干枯了，是深褐色的。许多年了，他似乎总是一个模样，仿佛他不曾年轻过，也不能变得更老。像这里的许多上了年纪的庄稼人一样，他不穿别的衣裳，还按照原来的样子，终年穿一件长布衫，在头上缠一块很长的白布帕，在腰间束一根揉皱的白布带,似乎这样很自在、很好,不希求别的什么。人们不曾见过他分外地高兴或者忧心。他默默地,神情总是那样和蔼。白了的山羊胡微微翘着,眼睛时时眯起来,眼角那儿的皱褶深深的、弯弯的,隐约着静静的笑意。仿佛他满意日子,感谢人们和土地,之外就没有别的心事了。人们都知道,他的老伴,还有一个儿子和一个姑娘,都在二十多年前不幸死去了,剩下一个幺女儿,跟着就嫁到了五十多里以外的七星场;从那以后,他就一个人在这里过日子。在家里,在地里,他不能很敏捷,于是就不急躁,也不停歇。

　　庄稼人上坡做活路,或者顺着石板路去赶场,常常从他的门前走过。这些年来,春日慵慵,人们看见他弯着腰,独自在那儿收拾自家的菜畦;夏日炎炎,则见他坐在阴凉的檐下,久久地打一双草鞋。手不那么灵便了,薅完一畦菜地,搓好一根草绳,得多少时候呢! 但是,麻雀在李树上蹦跳,抖落雪白的花瓣,长长的日影划过,田野阴下去了,接着又明亮起来,这落溪坪上的日子,不是好生悠长么? 他摸摸索索的,许多的事情也总是能做完。长久以来,虽然庄稼人须得一同做活路才能分谷子,乡亲们却早不招呼他出工,秋来依旧称给他粮食。日子既一直不太平,田土里没有收成,乡亲们也没有多少能分给他的;好在他吃得很省、很少,掺和着菜叶,也就一天天过来了。正午和傍晚,他家的瓦檐上也飘浮着青色或白色的烟缕,那是柴草烧着了,他已经为自己做好饭。和落溪坪的其他人家一样,他的灶台也是月牙形的,砌在屋子中央,一眼就能看见。那时他就在灶膛跟前的矮矮的条凳上坐下来,衣衫的长长的后襟垂到地上,一个人在那儿吃饭。一碟捣碎的、掺了盐和水的辣椒,或是一碟咸青菜,就放在灶台上面。只见他双手捧着那只碗,久久地搁在自家的膝盖上。

　　落溪坪的人们叫他三伯或三公,逢到在近旁做活路,歇气时分就常常到他的土坝里来,卷上一匹叶子烟,坐上一阵。那时年轻的后生和媳妇们就顺手操起扁担来,为他把水缸挑满。过路的人知道他和气,也往往向他讨一个火吸烟,或是借一只水瓢来喝一回凉水。在夜里,赶夜路的人算计路程,他这里也仿佛一处小小的站头,远远地望见他的小屋里还有光亮,心里都会一阵高兴。冷天可以喝到一碗热茶,黑月头的时候,可以得到一棵干透了的葵花杆,燃起一小片猩红的光亮。过了他家之后,一直走到青木桠,小路近旁都见不到人家了。每逢他家的那一条黄狗叫起来的时候,那多半是有陌生人过路,他就走到檐下来,挥着手,把狗吆开……

　　他就这样在这条石板路的一旁,守候着什么似的,不声不响地度着时光。

　　曾经有过好几次,他病了,病得很厉害,一连几天都起不了床,人们来看望他,都以为他要去了。不是人生七十古来稀? 这儿的庄稼人既不厌恶生,但对死也一点不怯惧,说起来的时候总是静静的,时候到了,就该回去。可是不知道为什么,一次又一次的,他终于没有离开这人世。象一棵坚韧的草茎,在风雨袭来的时候弯下腰去,过后又依然伸直起来。不几天,他又撑持着,披了一件棉袄,在自家的门槛上坐下了,渐渐地又拾起家里和地里的事情。仿佛他的生命和那些山林一样,是无声而长久的,又仿佛他不能死去,是因为他还有什么丢不开,他这样守候着的,还迟迟地没有到来……

二

　　农历六月开头,炎阳炽烈地在落溪坪的顶上照耀,把田野持久地置于它的光照和灼热之中。山上的树,斜坡上的包谷,平坝上的秋子,还有所有的草丛和灌木丛,都不得不紧迫地用自己的须根向土地吮吸。土地的水分仿佛全被吸到茎和叶片上来了,以至桐树的阔叶展开到最大,包谷的叶片伸延到最长,瓜藤牵连到好远好远,秋子呢,则严严实实地遮没了整整一坝水田。除了静静的石板路依旧蜿蜒而外,整个落溪坪的山野是一片湿润、饱满而凝重的碧绿,浓郁到仿佛透不过一口气来。

　　斜坡上和坝子上是沉睡一般的宁静。静得简直可以听到须根切切地吸吮,叶片嚓嚓地伸长。风为之而息下来了,轻轻地也不敢吹拂;鸟儿们屏住了声息,不知躲到了什么地方;云彩也只留下淡淡的一缕,悄然地挂在远天的一边。

正午过后不久,刘三老汉独自一人,伏身在斜坡上的一片包谷林之中。茂密的叶片完全把他遮没了。他的长衫的前襟撩起来,掖在腰间的布带上,佝偻的脊背深深地躬着,握了一只水瓢,一步步往包谷林的深处挪动。乱纷纷的、油绿到发黑的包谷叶,在他的身边象刀剑一样交错,笼罩着一片静止不动的、叫人心慌意乱的闷热。每移动一步,衣襟都把包谷叶牵擦得窸窣作响,同时有更猛烈的溽热扑到人的脸上。那些伸到面颊上来的叶片,是无法撩拨开的,尖梢刺着他的干枝丫一样的手背,叶齿从他的瘦黑的脸上划过,茸毛粘上他的细细的脖颈;汗水跟着就沾湿了那些碎屑,并深深地浸到划出来的细小的口子里去,让人的脸和手都火辣辣的。

泥土渴透了。包谷的藻红色的须根一株株地露出来,象爪子一样紧紧地抓住土地,和土块牢牢地凝在一起。要是泥土含着湿气,经过一个夜晚之后,在清晨还会有一点润湿的露水,现在呢,连露水也凝结不起了,土地整天都是干渴的。一只很大的黑蚂蚁,匆匆地钻到裂开的泥缝里去了。一只淡绿色的螳螂,倏地从眼前跳开。后来,刘三老汉终于谨慎地把木瓢贴近一株包谷的须根,把水灌进筋络一般的细根的空隙里,让水从那儿浸到泥土里去。

水刚一沾着泥土,就发出吱吱的声响,又细碎又清晰,一点也不流淌,马上就被吸干了,在须根的周围留下一小圈淡淡的影子。眼看那影子很快地淡下去,一会儿就只剩下一点差不多不能辨认的痕迹。本来,刘三老汉是把一瓢水匀称地分成两半,分给两株包谷;但这是从桶里舀出来的最后一瓢了,没有盛满,是浅浅的,他就全部给了这一株。

过后他摸索着从包谷林里退出来,在旁边的草埂上慢慢地坐下。阳光太炽热了,那些车前草和铁线草发烫,热呼呼的湿气一下子传到他的腿上。一只青蛙跳出来,跌落进他的衣襟,背上有一根细细的金线,绿得仿佛透明,喉头急促地起伏,也好像渴得厉害,跟着又跳开。空了的木桶和扁担在他的身旁。那扁担斜倚在草埂上,是红木的,不知了多少年了,被汗水浸渍,让衣肩搓磨,早已是玉一样圆润,琥珀一样发着深沉的、暗红色的光亮。那些年他赶七星场,就用这根扁担,一百多斤的担子,去来一百多里路,还早去早回。但现在他老了,是不行了。换一个时候,担这一挑水,淋这一片包谷,就算不得一回事情。

他坐着,衣衫从领子那儿敞开。横斜到肩头那儿的、还有肋下的布绊纽扣,都解开了,脖颈、肩胛和一小块胸膛露出来。那衣衫,是一种很厚实的粗布缝成的;布衫很旧,褪成隐隐的、发白的青色,两个肩头那儿补缀着长方的、还很新的蓝布。布厚了,汗水不容易浸透,但也终于还是在脊背和肋下渗出来,留下好些银灰色的、仿佛带着咸味的晕圈。至于露出来的脖颈、肩胛和胸膛,还有他的一直被阳光照亮的一张脸,则仿佛经受过烟熏火燎,渗出一层油,像他身旁的扁担那样,透着隐隐的、暗红色的光泽。他的双臂无力地垂下来,让一双手落在膝盖上。那手从长长的衣袖里伸出来,像露到地面上来的树根,一只抚着膝盖,另一只则用手背触着膝盖,手掌反过来朝怀里摊开,手指微微蜷曲,仿佛受了伤而再不能动弹。

但他的神情还像平时一样和蔼。阳光眩人眼目,他的眼睛眯得更厉害了,眼角那儿隐着的笑意也更平静、更深沉。他蜷缩着脊背,脖颈略略伸向前面,嘴唇微微张开,一动不动。褐黄的眼仁已经浑浊了,但不知是噙着浆液还是映着阳光,差不多眯成一线的眼缝里还有隐隐闪动的亮光,好象满意地望着,其实又并没有望,用心地想着,其实又并没有想。

这片包谷林远离着落溪坪的人户,离刘三老汉的家大约三里路。除了落溪坪的庄稼人而外,很难说这人世上还有什么人知道这儿有这样一处斜坡。这是一处半荒芜的、僻静的山沟,又不顺路,就连落溪坪的人也不大容易到这儿来。在这斜坡上,望不见那条石板路,也望不见一户人家、一个人影。无边的蓝天之下,无限的阳光之中,只有眼前的包谷林,再就是寂寞地闪烁着光亮的茅草和刺丛,全都在炎暑中深深地凝滞了,久久地没有一点响动……

春天里，世道不同了，乡亲们欢欢喜喜地聚在祠堂跟前的空地上，安顿今年的庄稼。去年，落溪坪的庄稼人，托福被允许把庄稼划给一家一户料理②，田里和土里的收获都涨了好几成。但大家心里不稳，怕事情不长久，还是惴惴的。后来，不见上面来人追究，还处处听到赞许，于是宽心了，今年想安顿得更精细。队长刘诚喜笑眯眯地来到刘老汉跟前，问三伯今年要不要也分派一份土地。这不是苛求他，不是劝他，是关心他。眼下他刘三老汉做或是不做，都更加不要紧。那时刘三老汉就要了这一处半荒的山坡来种包谷。乡亲们先一诧异，跟着就明白了三伯忠厚的用心，是不耽误大家的熟田熟土，于是便都不计较，说这一处山沟就划归三伯好了，随便种多种少，算是打发日子，至于收多收少则一点不要挂虑。之后呢，乡亲们各自忙着自家的活路，就渐渐地淡忘了这回事情。时日漫漫，偶尔有人碰见刘三老汉扛了锄头出门，或是担了粪桶回家，也都不十分在意。这地方，一年到头，有哪一个能空闲呢？于是，在田埂上相逢一笑，招呼一声，也就匆匆地过去了。现在，一坡的包谷已经成林，一株株地挽着手臂，连成一个又一个墨绿的方阵。粉黄的天花也已经零落，那些长长的叶片伸出来的地方，正在挂包。那么，这里究竟种了多少包谷，落溪坪的乡亲们并不清楚。

太阳才刚刚西斜，离落山还有好长一阵，还能从坡下那一块过水丘里，舀起来好几挑水。于是，过了不大一会，刘三老汉就用手抚着膝盖，慢慢地站起身来，担好那一挑桶，顺着一条隐藏在草丛中的小路，蹒跚地往下走。天是这样高远、博大，山野是这样繁茂、连绵，他呢，这样佝偻，这样迟缓，在这一片斜坡上，几乎无声无息，不显形迹。可是，渐渐地，一簇又一簇的刺丛，还是留在了他的后边……

三

夏天的日子漫长得过不完似的，匆匆的夜晚过去，跟着又是一个长长的、火辣辣的白昼，骄阳总停在落溪坪的顶上，久久地一动不动。……可是，不知道从多久起，仿佛一场紧张的拼搏终于渐渐地透出了分晓，田野从它宽阔的胸膛里透过来一缕悠悠的气息，斜坡上和坝上有如水一般的清明在散开，四下里的树木和庄稼也开始在微风里摇曳，枝叶变得从容而宽余。露水回来了，在清晨和傍晚润湿了田埂，悄悄地挂上草尖。露岚也来到了坝子上，静静地浮着，不再回到山谷里去，阳光虽然依旧明亮，却不再痛炙人的脊梁，变得宽怀、清澄，仿佛它终于力乏了，不能蒸融田野，也就和田野和解了似的；……秋来了！

七月半，落溪坪的人们动手扳包谷。秋，成熟了落溪坪的田野，也成熟了庄稼人心底的希望；比方添一条水牛或半间瓦房，办娶亲的彩礼或陪嫁的衣裳，而今都可望如愿以偿了。乍一看，一片片的包谷林还是静静的。可稍一留心，四处的叶片都在窸窣作响，并不停地传来清脆的断裂声。这儿那儿，包谷的枝叶在晃动，从中现出来细蔑的背篓，还有男人缠在头上的白布帕，或者女人系在腰间的蓝围裙。有人拖长了声音呼唤，又有人不知在哪里回应。等到庄稼人终于从包谷林里出来的时候，女人们都弯着腰，象纤夫一样背着背篓。男人呢，则用手把箩筐的绳索拉紧，以便担了包谷走过那窄小的田埂……

刘三老汉的包谷，是队长刘诚喜带了人去帮忙扳的。开始，只去了三个男子汉，以为一次就能担回来。哪里知道，在坡上一清点，就连三十个男子汉一次也未必能担完。在那包谷林旁边，刘诚喜他们惊愕得好一阵也说不出话来。略一停，他扳好一挑，就回到坝子上来邀约更多的人。消息顿时在落溪坪传开了。这天下午，刘三老汉家的土坝那儿简直像赶场，乡亲们都来帮忙、探望。临近黄昏的时候，包谷全扳回家来了，足足扳了满满的五十七挑。

那时女人们得回去做夜饭了，男人们则不肯离开，都在刘三老汉的门前留下来，一边卷叶子烟，一边久久地谈论。大家估量着，连连地点头，说就是晒干簸净之后，也不下三千！从落溪坪这两年的收成来看,三、四千斤包谷并不算很多,土地落到一家一户经管,以包谷而论,五口之家即大抵有这样的收成。可是,这样好的庄稼却是刘三伯做出来的,这就不能不叫人吃惊,并深深地引动庄稼人的心思。直到吃夜饭了,女人和娃娃老远地呼喊起来,人们才渐渐地散开。但仿佛还有许多的余兴未尽似的,夜晚又有好些人来到刘三老汉这里,借着从门里照出来的一点油灯的光亮,把土地和庄稼说下去,许久了,那叶子烟深红的火星,都还在淡蓝的夜色里一闪一亮的……

但在这之后,过不了几天,事情也就渐渐淡下来。本来,庄稼收进家来了,欢欢喜喜的,也就算了结了一回事情。再说跟着就开镰挞谷子了,这才忙得见了亲家都不答话呢!人们扛了挞斗,或者肩上压着两百来斤一挑的湿谷子,匆匆地经过刘三老汉的门前,或者看见他依旧弯着腰,铺开竹席来晒包谷,或者夜很深了还点着一盏油灯,摸摸索索地在家中料理,便又不十分在意,有时招呼一声,有时忙得连招呼也来不及,就径直地走过去。

可是,不久,就在八月开头里的一天,入夜以后,有人慌慌张张地传过话来,说刘三老汉病了,病得很厉害。

这时候,秋之落溪坪的田野,经过了白天的繁忙之后,也仿佛静静地歇下来了。深蓝的夜色不知是从土地上升起来,还是从深邃的星空里降下来,把星星、山林和田埂融合在一起。上弦月刚刚出山,晶莹的一弯,连着映出来的另一半透明的月影,嵌在对面那一匹黑黝黝的山头上,山恋、树丛和人家的轮廓,全都在夜的蓝色里清楚地现出来,全都庄重而沉思。乡亲们急急忙忙地从石板路上走过,赶到刘三老汉家里去,脚步声那样清晰……

不一会,刘三老汉歇息的屋里都站满了人。从门槛那儿往屋里探望,只见油灯的光线静静地抖动着,透出来好些黑色的、一动不动的背影。后来人们一时进不去了,只好留在外面,留在那间黑暗的、砌着月牙形的灶台的屋子里,留在檐下和柴草棚子附近低声地谈论。昨天,刘三伯不是还在收拾那些包谷壳?本来,人老了,病痛或者生死都在旦夕之间,但是方此时,乡亲们却一个个都很诧异,仿佛刘三老汉是不该病也不会病的。往昔的日子那样艰难,他不是一次次地都没有死去?那么,好容易到了今天,再说他又收了那么多的包谷,为什么要别了大家而去呢?不,不会的。

屋里的那一盏油灯,是搁放在靠近床头的一张柜子上的。一只娃娃们剩下来的小小的墨水瓶,装了铁片和棉絮做成的灯芯,黄色的火焰无声而拼力的摇曳,在浸到屋里来的蓝色里透出来一圈朦胧而五彩的光环,静静地往四周散着淡泊的、却是清明的光线。但屋子终年被柴草的烟尘熏染,又栖息着许多的夜色,散开的光亮跟着就被融合了,只映出来一片轻悄的暗影。刘三老汉的灰黑而补缀的帐子给撩起来,披在枯黄的竹竿做成的床架上,隐隐地现出来蜡染的、蓝底上带着白色菱花的土布被单。他就躺在那儿,头枕在窄小的、长方形的枕头上,合着眼睛。

他还在静静地呼吸,但似乎已经不省人事了。刘诚喜俯下身去呼唤他,也得不到一点回应。他的眼帘垂下来,安详地合着;额头和眼角的那些皱纹不再牵动,凝结了,凝结着一丝再不更改的笑意;微微张开的嘴唇,也似乎是在呢喃着的时候欣然地停下来的;一点也不像病了,不过是安歇了,仿佛他已经做完了该做的事情,可以落心地歇下来,于是就在蓝色的夜里宽余地睡过去。油灯的光亮飘忽着,在他的脸上变幻着光彩和暗影,象一个安详而亲切的睡梦,使他脸上的笑意更恬静、生动……

这时候,落溪坪的木匠刘诚贵,一个四十来岁、脸长长的男子汉,急急忙忙地赶来了。他仿佛对刘三老汉病倒尤其不相信,用手分开乡亲们,一直来到队长刘诚喜的身边,来到床跟前,俯下身去探望。等到他清楚了事情确实是这样,就一跺脚回过身来,对大家说:

"嗨呀,这咋会呢?前天三伯还找我给他做家什!"

"嗯?"乡亲们不明白,有人问道:"做……家什?"

"是呀,"木匠刘诚贵说,"三伯他卖包谷的钱,做两张柜子,一张碗架,一张方桌,四条板凳,是给翠娥的!"

乡亲们都怔住了。翠娥,就是刘三老汉的嫁到七星场多年的女儿,是六〇年就嫁过去的;难道说,二十多年了,刘三老汉心里还一真挂记着这回事情?翠娥出嫁的时候,是一件陪嫁的东西也没有?是刘三老汉抹着眼泪望着她走的;可是,那一阵是怎样的年成呢?那时地方上不清静,连农食也那样艰难,刘三老汉才死了妻子和儿女,连自己也病着,是靠了翠娥的照料才活下来,哪里顾得了这些事情呢?算来,翠娜而今也是四十出头的人了,万分想不到,刘三老汉心里竟然还一直丢不开!

这一来,队长刘诚喜又才想起来,前不几天,三伯颤抖的手交给他三十二块钱,托他还到乡场上的信用社,那不知道是三伯哪一年欠国家的贷款。一个时常为刘三老汉挑水的后生,又才跟着省悟了,说三公昨天还送给他一只鸟笼。三伯年轻的时候很能捉画眉,用马尾结成小小的圆圈,安放在刺丛中,这是大家都知道的;后来老了,就长久地歇下来;但他还留着一只笼子,或许是牵连着一缕已逝的韶光吧,一直不肯送给落溪坪的娃娃们⋯⋯

一时间,乡亲们似乎明白过来了,感到刘三老汉这一回真要去了。有的女人失声哭泣起来。刘诚喜他们又弯下腰去,硬咽着声音呼唤:

"三伯,三伯!"

"三公,三公公!"

后来,人们看见刘三老汉合着的眼帘微微地动了一动,终于慢慢地睁开来。但他依旧那样安详,仿佛他已经远远地去了,听见乡亲们呼唤,才又回过头来同大家再见上一面,说他总算活到了这一天,做完了自己的事情,而今该回去了,要大家从此好生过日子,尽管放心⋯⋯

刘诚喜一见三伯睁了眼睛,就连忙要女人们递过来一碗水,请了手脚轻巧的人端到床前去,自己则挪出身子来同乡亲们商量,打发人去七星场叫翠娥,去乡场上请医生,立即分头进行!

不一会,在落溪坪的因了成熟而变得宽厚和深远的夜色里,在那条轻卷着雾岚的、成年累月都静静地蜿蜒的石板路上,即响起了急促的脚步声。几位乡亲分头赶路程,朝西北的青木桠,朝东南的青杠林。赶紧,赶紧,三伯辛苦一生,还能让他把好日子过下去也说不定⋯⋯

作者简介

何士光(1942—),贵州贵阳人,当代作家。著有长篇小说《似水流年》、《今生》,中篇小说《青砖的楼房》、《草青青》及短篇小说集《梨花屯客店一夜》、《故乡事》等。其中短篇小说《乡场上》、《种包谷的老人》和《远行》,曾分别获 1980 年、1982 年和 1985 年全国优秀短篇小说奖。

注释

① 本文选自《贵州新文学大系·短篇小说卷》。 ② 指国家实行农村土地改革,把土地承包到户,农民有了自己的土地,开始以家庭为单位耕作土地。

导读

普通百姓的日子是平淡的、琐细的,无声无息,不显形迹。只有当你"细细倾听",才会"有如丝的弦音响起",并且品味出那悠长的韵味,感受着其中的坚韧的生命力量。当得知那位"种包谷的老人"在"做完了该做的事情",将一切都安排好了以后,才从容、安详地悄然远去,我们感触到的,是一颗善良、仁厚的大心!在中国,在贵州,"种包谷的老人"是千千万万、万万千千的,他代表着众多平凡而质朴的长者形象,与罗中立笔下的《父亲》相似,有生活的沧桑,也有大爱之美。作家在写作本文时,"努力使它像生活一样深厚,像真实的生活一样地展开"。老人的生命是顽强的,对土地的坚守是执着的,对生活的追求是积极、乐观的。通过"种包谷的老人"这一特殊的农民群体,作家向我们诠释的是一种热爱生活、坚守信念、不怨不争、积极乐观的生活态度以及对人类生存状态的终极关怀。作品语言质朴,文风简洁,于平凡中彰显恬淡之美。

思考与交流

1. 列夫·托尔斯泰认为:"文学作品的特殊力量在于感染,而不仅仅在于说明。"本文作者要让人们感受到些什么,唤起人们怎样的一种心绪,从而去思索、引申和印证?结合文本,谈谈你受到的感染。

2. 作为乡土文学的两面旗帜,蹇先艾和何士光都力图展示"老远贵州"的乡间习俗和普遍现实。请结合作家作品,试比较两位作家的异同。

(张金富)

遥念山乡①

叶辛

我曾生活了14年之久的那一片乡土,以瑰丽多彩的风光闻名,那是"黔之腹,滇之喉"的安顺修文,古时候叫龙场驿②。多年以前,当我在自己的小说中写到她的偏远闭塞,写到她的贫穷落后时,我也如实地写到了她的山水风光,她那古朴醇厚的乡风民俗。

两年之前的今日,我离开了贵州回归故乡上海③。两年中在忙忙碌碌、紧紧张张、琐琐碎碎的生活中,时常总会情不自禁地回想和牵挂山乡里的一切。有朋自远方来,不亦乐乎地要对乡间的事问个够;得到一张那里的报纸,大大小小的消息也要看个够。不是眼馋那些醉人的湖光山色,不是为如今开发得更为便利、舒适的旅游胜地入迷,不是一欲故地重游、陶醉于美不胜收的风景之中。想得最多的,恰恰就是荒蛮山野里的安宁,偏远寨子上的静谧。还有那里的风,那里的雨,和伴随自然界的风雨栖息在那块土地上的人们。

说来难让人信,真正地开始懂得一点观察,真正地开始悟到一点创作的真谛,恰恰就是在那山也十分遥远、水也十分遥远、弯弯拐拐的山路更是十分遥远的村寨上。曾与几位初学写作的年轻人说,我琢磨出一点小说的道道,是在"看风"、"听雨"的日子里品咂出来的。瞅着年轻小伙和姑娘诧异不解,认定我是在故弄玄虚的眼神,我只得如实道来:那年头清贫的生活逼得你只有以繁重的劳作去打发光阴,穷得一文不名且又不可能通过自己的努力马上改变那种状况,人便变得一无所欲、一无所惑。闲暇下来,生命需要延续,日子需要打发,于是乎一小点动静也会引起我的浓烈兴趣。茅草屋外头的竹林里声音嘈杂得像有野兔乱蹿、竹鸡拍翅,赶紧凑近窗前去看,却是啥也不见,而是豆大的雨点砸下来了。山野里一片细刷刷的声音,细密而又轻柔,别以为是什么轻风拂过麦田,那其实是绵长的雨在下。山乡里称作凌毛毛的霏霏细雨,飘洒起来是一点儿声息也没有的,那雨丝儿细小得你出门时都不想带伞,但只要走上三五里路,那细雨准把你的衣裳沉甸甸的浸透。就是这让人编进歌里唱的毛毛雨,我也是听得出来的。当然不是听它如何飘洒,而只消听听屋檐下的动静就行了。细雨飘洒得久,时不时隔开一点时间,屋檐下就会眼泪似的滴下一颗雨珠,清晰地滴落在青岗石阶沿上。翻书翻乏了,山野里又没更多的东西可看,看够了山,看够了雾岚,仰起脸来,看得最多的,竟然是偌大无边的天。天上云跑得快,风必然刮得凶。从峡口那里吹来的风,我往往一眼看得出,瞧啊,坡上的丝茅草全朝着一面倾斜颤动。山巅上的云层在

第二编 乡土情怀

往下压过来，风声里带着雨，那云层下就像拖着扫把；风劲吹时，雨斜斜地落下来；风小了，雨丝儿会像蚊蝇般飞舞；风挟着雷雨时，往往从山峦那边先亮起来，遂而拖带着阴云，自远而近、排山倒海地横扫过来。风轻柔温存时，蝶儿在飞，蜻蜓在翔，花瓣儿也得意，还有阳光……由风雨雾岚而山岭峡谷，由自然界而栖息在这块土地上的人们：男女老少，形形色色。我记不清自己在乡居的插队生涯里潜心入神地写下了多少与气象有关的日记，记不清自己那本像户口册一般给山寨上每户农家编号的本子是怎样密密麻麻地写满了的。

怪得很。"听雨"、"看风"使我的山乡生活充满了情趣和色彩，住久了感觉麻木的山寨、田野、树林、河川和蛮蛮苍苍、千姿百态的群山，也变得亲切起来。

逢到赶场天，年轻调皮的小伙长声吆吆地唱：

> 山路弯弯细又长，
> 七天七天赶一场；
> 不买油盐不买米，
> 赶场只为看姑娘。

哦，这歌声里蕴含着多少乡情，多少诙谐和俏皮，它由远而近地传来，在嘹亮清纯的和声里，伴着山谷的回音，唷哎——唷哎——又由近而远地传入群山，久久不散。仿佛非得让人感觉那回肠荡气的滋味，仿佛非得让人随着这歌声心魂摇荡……

回到了上海，这一切的一切自然都已远去。唯正因离得遥远，思念得也就格外真切。不过我毕竟在那块土地上实实在在地生活了 21 年，在遥念山乡的思绪泛滥得最为猛烈时，我也还是记得，我居住的茅草屋是滴漏的，一大张厚实的塑料布一年四季总是遮在帐子顶上，睡觉时倾听漏雨的小鼓点。雨季里泥泞的道路上布满了深深浅浅的蹄印，非得赤脚走过去，才会觉得合适。雨只要一下得大或久，井水、堰塘水必然是混浊的。那倒不怕，挑回来沉淀半天，总还能吃；怕的是天干的旱年，堰塘里的水发了臭，而深沉的井眼里，一点水也不往上冒，那日子才叫人发慌哩！至于吃，至于其他生活条件，那就更不消言……

有人要说了，既如此，那你又何必这么思念？说实在，我自己也在经常地扪心自问，且得不到一个能够自圆其说的答案。

若要勉强回答，那倒也不难。古代文人中就有例子，400 多年前的 1508 年，被贬谪居住在龙场驿的王阳明，心情抑郁时，形容贵州修文的山是："连峰际天兮飞鸟不通，游子怀乡兮莫知西东。"而他高兴时就写道："天下之山，聚于云贵；云贵之秀，萃于斯岩。"

另有一种解释，不知能否说通。

去年有一天，记得是 6 月 4 日，苏联《文学报》的第一副总编来作协访问，他说在他的国家里，有20 多位作家享受的是一般人根本得不到的待遇，他们有别墅，可以随心所欲地到世界任何一个国家访问……他举例谈到的名字中，第一个就是我们多半都熟悉的艾特玛托夫，还有一位拉斯普京。在他介绍完以后，我的思绪就甩了开去。我注意到他提到的这几位作家，几乎都是描绘俄国乡村的高手，在他们笔下，表现得最生动最感人的，往往是偏僻乡村里的那些故事。他们自己有别墅，住房条件想必比中国作家好一点。那他们又为何要纠缠不休地描写泥泞的道路，以原始方式割草的农民，担水过日子的农妇，眷恋故土对开发建设有抵触情绪的老农，安卡拉河上善良的勤扒苦挣的少妇，森林里几乎未曾接触现代文明的孩子呢？莫非他们的创作思绪中也有着对乡土的眷恋和遥念吗？广而言之，在那些偏远荒蛮的山乡，在保存着无法避免的落后、原始、古老的生活习俗的同时，不也同样保存着朴素、稚拙因而令人感到奇特新鲜的东西嘛。这些东西不容置疑地显示出一种日见消逝的朴野、天真之美,透露着人类某种返朴归真的意向,某种回归自然的美学意趣。

这样地阐述自己似乎自相矛盾的思乡情结,解释自己沉浸于山乡回忆的遥念,不知是否能说得过去? 不知是否能获得读者们的理解? 便写下这篇短文,求教于高明者。

作者简介

叶辛(1949—   ),上海人,年轻时赴贵阳修文插队。当代作家,1977 年发表处女作《高高的苗岭》,代表作品有《蹉跎岁月》、《家教》、《孽债》、《三年五载》、《华都》等。根据《蹉跎岁月》、《家教》、《孽债》改编的电视连续剧分别获全国优秀电视剧奖。

注释

① 本文选自《往日的情书》。   ② 修文古称龙场,明代著名哲学家王阳明曾被贬龙场驿。新中国成立后修文区划原属安顺市,后划归贵阳市。   ③ 1990 年 9 月,叶辛由贵阳调回上海。

导读

作品写作者对第二故乡修文的挂念。作者所回想的,不是修文的"美景"、"旅游"以及"开发所带来的便利",而是"荒蛮山野里的安宁,偏远寨子上的静谧"、"那里的风,那里的雨"、"那块土地上的人们。"在对"听雨"、"看风"、"赶场天的山歌"以及"滴漏的茅草屋"、"深沉干旱的井"的回忆中,表现了作者对修文的乡土深情,以及以苦为乐、泰然乐观人生情怀。

为何会有如此浓烈的怀想,作者给出了两个方面的解释:一是"游子怀乡兮莫知西东",作者已经把修文作为自己的第二故乡,修文是自己心灵的归依之地;二是像修文这样的偏远山乡,"保存着朴素、稚拙因而令人感到奇特新鲜的东西","显示出一种日见消逝的朴野、天真之美,透露着人类某种返朴归真的意向,某种回归自然的美学意趣。"

思考与交流

1. 当下,随着现代化的发展,城市文明快速推进,很多人认为,具有"朴野、天真之美"的乡村文明正在日渐消退,谈谈你的看法。

2. 在已经进入现代化行列的西方国家,更多的人在追逐一种乡村化、田园化的生活方式,表现出更多的对于乡村世界的眷恋,他们为何会有这样的想法和做法,试和同学们交流。

(杨　波)

山之骨①

朱厚泽

钙,世代所珍,至于其人,乃山村野夫也。出身边陲,远离京华。无奈赤诚的良知为时代之大潮卷入旋涡,沉浮之间,身影偶现,时而入人眼目罢了。野气未消,钙性难移,但恐所剩无几矣。

君不见遮天蔽日的蒙蒙雨雾,吸附着千年郁积的瘴气与近代生活的污烟,早已把那山之骨溶蚀得满目疮痍。山岩挺立的轮廓,在晚霞的余辉中朦朦胧胧,昏昏糊糊,迷迷茫茫,已经难以辨认了。

山之骨，它还会从晨曦中，重新披上彩霞，再现它的身影吗？

是的，当那山之骨从深蚀它的茫茫酸雨、地下潜流中，从浩瀚的林莽深处，野草丛里，渗过泥沙与岩缝，历经艰辛和曲折，沉淀、蒸腾、散发，扬弃了那污烟和瘴气之后，它必将会重新凝结出来。

那洁白透明的钟乳，磷磷闪光的石花，巍峨的玉柱，雄奇的石林，神秘的溶洞……那不正是新生的山之骨吗？那新生的山之骨还将比它的母亲——被溶蚀的朴实无华的野性山岩，千般壮丽，万般诱人……

这是自然造化之所致，也符合人类历史之规律。

对这一天，人们满怀希冀、信心和激情。但是那只有存在于未来，我们难以触及的未来。它不会出现在明天，或明天的明天。

不知君意何知。

作者简介

朱厚泽（1931—2010），贵州织金人，曾任中共贵州省委书记、中共中央宣传部部长、国务院农村发展研究中心副主任、中华全国总工会副主席。

注释

① 本文采自作家个人书信。作者自注：接南国友人书，云"遥望京华，冰雪凌寒，念也何似！世俗缺钙，而贵州多山，山，骨之钙也，应为吾辈所珍"。因有此复，戏题为《山之骨》。

导读

本文是描写美丽雄奇的喀斯特溶岩自然造化发展的"科学小品"（作者语）。在漫长的自然造化进程中，即使面对重重困境，钙也本性不移。

作者对生养他的贵州高原这片热土有着深刻的了解和炽热的爱，对贵州的开发与发展有着深邃的思考和独立见解。贵州多山，大山有大山的风骨；山多钙多，贵州人应该不缺钙。正是源于此，作者以"乌蒙汉子"自豪自励，并不断地在乌蒙山区的行经道上游走民间、躬耕践行。

"山之骨"，当为作者自我期许与人生追求，亦是其独立人格凸显之本真所在。

思考与交流

1. 谈谈你对"但是那只有存在于未来，我们难以触及的未来。它不会出现在明天，或明天的明天。"这句话的理解。

2. 结合文章，谈谈"文如其人"这句话所体现的意义。

（银兴贵）

漫说贵州水①

张克

在历史上，贵州从来是以山出名而不是以水出名。明代开国功臣刘伯温和清代来贵州做官的邹一桂都把江南与之对比，前者说"江南千条水，云贵万重山"，后者说"吾吴富水黔富山"。更有把贵州的水贬得一钱不值者，如清济南人田雯在《黔书》中写："黔，跬步②皆山，然童阜③也。至于水，舟楫不能通，又井干④之观耳。"同代武威人张澍在《续黔书》中写："黔水蹄涔耳。"一个说是"井干之观"，一个说仅仅是畜蹄印内蓄着点雨水，当然不足挂齿。

可是，曾几何时，人们对贵州的水的评价来了个一百八十度的大转弯。我最早听见作这种评价的人是园林专家、中国城市园林学术委员会副主任吴翼。他概括了贵州风景的十七个特点，其中一半与水有关。他在给我的一封信中说："常言道'五岳归来不看山，黄山归来不看岳'。黄山的奇松、怪石、云海、温泉素称'四绝'，大都为国内外所称颂。但依我看，那只是在'山'字上做文章。虽然近几年对新安江、太平湖的开发，亦为地区增添几分水色，却难以与黔西汇集多种高品位的自然景观和人文景观相媲美。"

从那以来，高度评价、热情称赞贵州的水的人，越来越多。有一年，我和香港著名摄影家陈复礼及大陆著名摄影家陈勃在贵阳交谈时，他们称赞贵州的风景兼有山区之美和江南水乡之美。1993年，天津新闻工作者协会顾问张鸿飞来贵州，参观黄果树归来，以《水，我刚刚了解你》为题写了一篇短文发表，他这样写道："从天津来到贵阳，好客的主人邀我一游黄果树瀑布。一天之间，年近古稀的我，竟惶惶然地承认：水啊，相识虽久，今朝才刚刚了解你！"当年王阳明在贵州悟道，今天又有人在贵州悟水。也是在1993年，《瞭望》周刊第四十七期上，有陈大斌的一篇散文，他游的是黄果树瀑布和天星桥，写的也是黄果树瀑布和天星桥，却以《贵州的水》为题，开门见山地指出："贵州风景的精粹，我以为在水。"

为什么在历史上，人们那样看不起贵州的水，而今天的人们又这样看重贵州的水呢？我在1985年写的一篇文章中，已经试着作了分析："贵州不是没有河流，你看乌江、清水江、都柳江、赤水河、潕阳河、南北盘江，大大小小的河有的是。为什么长时期以来只见山而不见水呢？道理很简单，就是贵州高原是一个大斜坡，水往低处流嘛，河水都匆匆忙忙地流走了，流到那些平原地区才变成湖泊、水网、水乡。而今对这些河流实行梯级开发，拦河留水，筑坝发电，水面就多起来了。"至今，十多年过去了，我依然觉得，这个分析，尽管不够全面，但是没有错。今天，有条件对贵州的水作更为全面的论述了。

贵州的水，由河流、山溪、湖泊、涌泉等所组成，可以概括为百河、千湖、万泉。

百河：贵州较大的河流，如前所说，主要是乌江、清水江、都柳江、赤水河、潕阳河、南盘江、北盘江、红水河、锦江等。这些河流又各有若干支流，加起来，大大小小有名称的河流数以百计。加上山溪，那就更多了，光是一座梵净山，就以九十九溪来形容其溪流之多。赤水市有三百五十二条溪河，习水县有二百四十七条溪河。

贵州河流有许多奇异之处，其中一奇是贵州有我国已发现的最短的河流。我国最长的河流是长江，这大家都知道，我国最短的露天河流何在？这就是贵州安顺市龙宫风景名胜区漩塘景区的百步源。专家测定，此河流仅有一百九十米。与之成三角形分布的还有六百六十米的如来河和二千六百米的通漩河。总面积不到九平方公里的漩塘景区，集中了三条短河，被专家们叹为奇迹。

千湖：把贵州从山国改变为泽国功劳最大者是人造湖。前面讲的拦河留水、筑坝发电指的就是这项工程。1996年11月，新华社记者发了一条新闻称，贵州已经成为中国又一个"千湖省"，还是高级工程师、贵州省水利电力厅厅长常俊武以事实作根据所下的结论。他说建国以来，各级政府投资二十多亿元修建的一千二百多个水库，使"高峡出平湖"变成现实。如今，人工湖与天然湖泊在贵州交相辉映，分外迷人。

贵州的天然湖泊比较大和比较有名的，有威宁的草海和安龙的绿海子。黔西县城南部和西南部,有大大小小的淡水湖百余个,是贵州有名的淡水湖群之一。现在所见的大水面绝大多数为新中国成立以后修建的水库,其中大的被称为人造湖。红枫湖、百花湖、阿哈湖、花溪湖、东风湖、夜郎湖、万峰湖、上滩阳湖、下滩阳湖、鸳鸯湖、恐龙湖就是贵州人造湖的佼佼者。

万泉:据报道,贵州的岩溶涌泉有近两万口,按种类分,有多潮泉、反复泉、间歇泉、温泉等。这里且举一些最有特色、最有开发价值的涌泉说说。

息烽温泉泉眼多,水温高,流量大,交通方便,已有较多开发利用。

石阡温泉也是泉眼密集、高水温、大流量的温泉,就在县城边上,这种位置在全国的温泉里是少有的,因而石阡有"中国温泉之都"的美称。

此外,黄果树附近的乐安温泉,贵阳新添寨温泉等也很有名。

冷泉中要特别称道的是织金的泉群。织金是喀斯特地区,又地处黔西北干旱山区。喀斯特地区共同的特点是,水都跑到地下去了,地下水多,地面水少。干旱山区水更稀少。然而,在织金城的地面水却多得出奇。济南名泉七十二,织金也有七十二个龙潭。这两个数字是偶同,还是与清代织金人丁宝桢在山东做过十年巡抚有关,未及细查。而织金的泉水犹如济南的泉水一样多,这一点是肯定无疑的。原先的回龙潭是像济南趵突泉那种类型的泉水,现在抽作自来水供织金城几万人用还有剩余,城里最大的豆腐房,半城人的洗衣、淘米,还在用这口龙潭的余水。双堰塘本是两个泉,成"吕"字形并列,叫做"双潭对镜",可惜水位升高淹没了。此外,黑龙潭、四方井、东山凉水井等都是织金泉水中的佼佼者。织金东山和鱼山两处名胜之间,有一片平地,平地上有三个龙潭:猪巴巴龙潭、黄泥龙潭、瓦窑龙潭,自成一景,叫"三潭滚月"。城附近还有四个温泉。织金有著名的打鸡洞,又有这样好的泉水,只要修整得当,可以成为一个很有特色的喀斯特泉城。

贵州其他著名的泉水还有贵阳圣泉、平坝珍珠泉、镇宁关脚大龙潭、兴义太阳泉、施秉喊泉、修文三潮水、黄平重安江间歇泉等等。

古人说:"山因水而活","有山无水山不活"。有了这些水,使原本以山而出名的贵州,变得山水俱佳了。

瀑布是河流和山崖结合的产物,贵州山区河流多,瀑布就多,几乎每条河流上都有瀑布,有的河流上还有几个瀑布。中国乃至亚洲最大的两个瀑布,都在贵州,这就是黄果树瀑布和十丈大洞瀑布。一个南,一个北,一个在白水河上,一个在赤水河上;一个是珠江水系最大的瀑布,一个是长江水系最大的瀑布;一个是喀斯特地貌上最大的瀑布,一个是丹霞地貌上最大的瀑布。两个大瀑布都各自这么有特色,都是贵州的骄傲、中国的骄傲。除了这两个瀑布之外,贵州还有众多的瀑布群,最著名的有黄果树瀑布群、兴义马岭河瀑布群、小七孔瀑布群、赤水瀑布群等。马岭河峡谷是"百瀑之谷",习水长嵌沟有"百瀑挂练",赤水市是"千瀑之市"。雷公山、雷公坪也有几十条山泉飞挂。

溶洞也是山和水结合的产物。贵州是岩溶地区,伏流多,造就了许多溶洞。旱溶洞有号称"国宝"、"球宝"的织金打鸡洞。最有代表性的水洞也是一南一北,珠江水系一个,长江水系一个,这就是安顺龙官和乌江上游大方、纳雍之间的九洞天。此外,水帘洞也有杰出代表,这就是黄果树大瀑布的水帘洞。

作者简介

张克(1930—),当代诗人、作家。贵州关岭县人。长期从事编辑、记者工作,曾任贵州人民出版社总编辑、编审,中国作家协会会员。出版过诗集《征程集》、《行云》、《缪斯们的喀斯特》、《大瀑布》,长篇传记小说《大地英杰》,散文游记集《贵州真山真水行》、《贴着窗儿》、《不解的水缘》、《神奇贵州》、《中华壮观》等。

①本文选自《贵州真山真水行》。　②跬步:形容距离很短。跬,半步。　③童阜:山无树木而高。山无树木曰童;阜,高也。　④井干:井上围栏。四周皆秃山,看似井上围栏。

导读

　　水是生命之源,提到水,总能让人想起湖南、湖北、江浙这些典型的"水乡泽国",而对于"山国"贵州来说,水则不足挂齿了。然而,张克的这篇文章却对贵州的水"正本清源",作了全面的论述。首先将贵州的水概括为"百河、千湖、万泉",并用确切数据对之进行了说明。在此基础上,通过古话"山因水而活","有山无水山不活"的过渡,自然引出对瀑布和溶洞这两种"山和水结合的产物"的介绍。最后画龙点睛地指出"有了这些水,使原本以山而出名的贵州,变得山水俱佳了"。研读此文,我们会发现,贵州的山,总是和绿水相伴;贵州的水,总是和青山相依。山水依恋、灵秀交融、阴阳谐和正是贵州山水的大写意!

思考与交流

　　1. 水是生命之源,俗语说"一方水土养一方人",在这片土地上生活的你,是如何看待水与贵州、贵州人的关系呢?

　　2. 作者在论述"万泉"时,特别对织金泉群中的"回龙潭"作了重点介绍,然而2008年10月6日10点10分,这被织金人称为"生命之泉"的回龙潭却瞬间干涸。是地下岩层水道结构自然改变?还是人为过量使用地下水所致?一时众说纷纭。不错,贵州是水资源丰富的省份,但令人难以置信的是,我们最缺的竟然是水,我们不得不经常面临这样一些沉重而尴尬的"水"话题。到底是如作者所言"水往低处流"了,还是我们无能?抑或太过自私以至于过度开发了水资源?这里,没有答案,只是希望我们将能眼光从自然转向人文做些思考,同时,希望我们的心底永远有份山水情结,好好珍惜。

(王又新)

自然的大写意
——话说织金洞①

陈望衡

一

　　自负天下名洞见得多了,故而今秋应邀去游览号称"洞中王"的贵州织金洞时,期望值并不高。然而,当我于10月4日下午游毕织金洞时,震惊了!

　　难怪在西班牙召开的第三届国际旅游洞穴协会上,那些碧眼金发的洋人看了织金洞的录像之后,禁不住鼓掌狂呼,由衷地赞叹织金洞乃"行星上的一大奇观"。难怪国际旅游洞穴协会的代表提议要给贵州织金洞一个会议主席团的席位。

　　为了尽兴,也为了检验一下自己对织金洞的审美感受的准确性,10月5日傍晚,我又一次游览织金洞。这种连续游同一景点的游法,在我的旅游生活中是第一次。

二

织金洞给我的感受首先是磅礴的气势。

作为喀斯特溶洞，其景观不外乎是钟乳石、石笋、石幔、石花、石帷、石盾，晶莹洁白，奇幻多姿。仅就这点而言，织金洞与其他溶洞没多大差别。织金洞突出的、不同于别的溶洞的首先是它的气势：磅礴、雄壮。虽然它是静态的，但它在我心中掀起的却是九天飓风，钱江狂潮，千山摇撼，万马奔腾……

你看那从高达一百多米的洞顶垂直而下的石幔，银光闪闪，恍然一片，因水流作用雕塑而成的曲线，饱满强劲。你感觉眼前的奇景分明是黄果树的飞瀑，耳边似乎响起了阵阵惊雷……

你看那平地拔起的一座座险峻的陡峭的山峰，鳞次栉比，争雄斗胜，生龙活虎一般，是谁用了移山之术，将武陵源的"十里画廊"移到了此处，还是武陵源的奇峰怪石原本就在山洞造型？

你看那阔似天宇的洞顶、洞壁，有些似彩霞满天，风云翻卷；有些又如"草圣"张旭、怀素的巨幅狂草，满纸龙蛇；有些又像三国赤壁鏖战，千军万马，烈烟滚滚……

欣赏洞景最难得的就是这种气势，这种让人意气昂扬，兴致遄飞的气势。

不知怎的，我猛然想起了庄子的《逍遥游》，想起了"扶摇直上九万里"，"水击三千里"，直飞南溟的鲲鹏。

织金洞，自然的大写意，造物的大手笔。

三

奇绝，这是织金洞景的第二个突出特点。

平心而论，各处溶洞风景都有自己的"绝活"。织金洞的绝活首推银雨树。

银雨树是高达十七米呈开花状的结晶体，银光闪闪，晶莹剔透。树本身有五十多层花瓣，叶片为扁弧形向上生长。细观之，好像一朵朵莲花，层叠堆砌，摇曳多姿，整体视之，又好像一座玲珑宝塔，遍体透亮，熠熠生辉。

这种花瓣状石笋起源于菌状石笋，经历塔状及松球状石笋两个阶段，方才成就如此绝妙的姿态。这种石笋我在别的溶洞似未见过。它称得上织金洞镇洞之宝。

俗话说，红花还要绿叶衬。银雨树的美还不只在它本身，还在它背后及左右钟乳石、石笋的衬托。在艺术灯光下，银雨树宛如仙姝，亭亭玉立。而它背后的钟乳石则变成苍翠的山峦，错落有致，秀丽可爱，恍若桂林的山。我顿时联想，这银雨树莫非是刘三姐的化身？她是在凝眸远眺，还是在引吭高歌？

银雨树下有一块清亮的湖泊，流水淙淙，倒影绰约。它使我想起了《红楼梦》中所写的太虚幻境，她莫非就是绛珠仙草，神瑛侍者每日用清泉浇灌着她；抑或她是已幻化成人的林黛玉，每日在淌着报恩的泪……

织金洞的另一"绝活"应是"雪香宫"景区的卷曲石了。来到雪香宫，一片银火闪烁，不高的顶部悬挂着密集的卷曲石。这卷曲石是一种管状的结晶体，中空造就了如此玲珑剔透的模样。这种名贵的结晶物，引起科学家们极大的兴趣。其实何止是科学家，凡进洞游览者无不为之称奇。

四

织金洞的奇绝，灯光起了锦上添花的作用。

在"万寿宫"景区，在灯光的映衬下，游人发现两座钟乳石的剪影，十分像两位妇女身姿。年纪大的躬着背侧身坐着，两手抱膝，一副乐陶陶的样子。她背后则立着一位中年妇女，怀里还兜着婴儿。这中年妇女似乎在为坐着的老婆婆捶背。好一幅婆媳情深图！

织金洞原名打鸡洞,在洞内我们还真的见到了"金鸡报晓"的奇景。灯光从左侧方射来。那块钟乳石恍若立在巨石上的雄鸡。它回头打量绚丽的朝霞,昂然唱起嘹亮的晨歌。

织金洞内肖形的怪石很多,大多没有取名,聪明的溶洞开发者有意给游览者留下更多的想象空间。

五

在织金洞游览,或趟溪过洞,或爬山越岭,或步下深渊,或跃上长空,或平川漫步,或栈道盘桓。一路走来步步有景,目不暇接,特别令人感兴趣的是景深很长,层次丰富。虽在洞中,并不让人感到狭小、逼仄,反而感到舒畅、轻松。

宏阔是织金洞给游览者第三个突出的感觉。宏阔如果单调就乏味了,织金洞的宏阔是与丰富联系在一起的。

在织金洞游览,我常常情不自禁地联想到地上的风景,仿佛觉得,许多地面上的奇异风光也一并纳入洞中。

进洞后,一转弯即见一深邃洞天。洞天内奇峰插云,层层叠叠,万象森严,那情景很有点像站在黄山北海观日台上看那远处的山峰,也是这样的神秘,这样的奇幻,这样的森严。

"讲经堂"中那普贤骑象的绝景,使人想起峨眉山。只是这大象的鼻子稍短了一点。站在栈道上居高俯瞰,底下是一处美丽的园林。那"假石山"垒得多高、多巧。"假石山"下有清澈的湖泊,一道曲桥将其分隔成两处。导游说那叫日月潭。园林中还建有精致的亭阁。我记不清在哪儿见过这园林,是苏州,还是扬州?反正眼熟得很。

在"万寿官"景区,奇峰竞秀,层峦叠嶂。那左前一山不俨然是雁荡山的合掌峰么?山中红绿灯光闪烁处正是合掌峰腰的著名寺庙——罗汉洞,也许善男信女正在烧香呢?可不,香火正旺。

在织金洞内游览,只要你带上视地下风景如地上风景的眼光,你不难发现武陵奇峰、桂林山水、普陀胜景、剑门雄关、南岳烟云、北国长城、热带雨林……

当然,织金洞的风景也不只是地上风景的模拟,说像地上的风景也只是大致而已。其实,织金洞内的风景区更多的是地面上见不到的奇景。人们喜欢将它比做天官、龙官。这些景象的奇妙就不是用笔墨所能描绘出来的了。

荀子说:"不全不粹不足以为美。"织金洞的景观当得上"全",也当得上"粹"。

作者简介

陈望衡(1944——),湖南人,中国当代著名美学家。主要从事中国哲学史、中国美学史研究。出版学术专著二十多部,主要有《中国美学史》、《当代美学原理》、《中国古典美学史》、《20世纪中国美学本体论问题》、《心灵的冲突与和谐——伦理与审美》、《狞厉之美——中国青铜艺术》、《玄妙的太和之道——中国古代哲人的境界观》、《占筮与哲理——周易蕴玄机》等。

注释

① 本文选自《溶洞王国》。

导读

本文是一篇写景状物的游记。通过对洞景的描写,从"气势"、"奇绝"和"宏阔"等方面淋漓尽致地展现这"行星上的一大奇观"。

作者对洞中景物的描写,是他内在洋溢着的生命活力和满腔真性情的自然流露,正是基于

"寄兴趣于过程本身"的审美态度,作家得以在思诗之间串门,在时空之间穿梭,在形而上形而下之间跳动,进而开启了生命的灵思。

思考与交流

1. 朱光潜先生说过,自然中本无所谓美,在你觉得自然是美时,自然已变成一个表现情趣的意象,已经融入了观赏者的情愫而成为一个艺术品。结合文章谈谈你的理解。

2. "黄山归来不看岳,织金洞外无洞天"是否是织金洞的景观"全"与"粹"的体现?

(银兴贵)

天星桥
——桥那边有一个美丽的地方①
梁衡

全国的好山水也不知道去过多少处,竟没有想到还有这么美丽的地方。确实,全国知道天星桥的人很少,它在贵州黄果树瀑布旁八公里之处,许多年来因黄果树的名声太大,谁也没有注意到它。这次我们到这里开会,才有幸遇此奇境。

天星桥的美就美在你突然发现世界上的风景还有这样一种美。只要你一走进这个景区,就一步一吃惊,一步一回头,你总要问:"这是真的吗?"一般的"真像"、"真美"之类的词在这里已经苍白无力。因为这景你从没见过,从没想过,就是在小说中,在电影上,在幻想时,在睡梦里也没有出现过。现在,突然从你的心灵深处抓出一种美,舞在你眼前。你心跳,你眼热,你奇怪我心里什么时候还藏有这样的美。

天星桥景区不算很大,方圆五点七平方公里,三个半小时就可以逛完,基本上是走平地,也不会让你很累。你可以从从容容地看,慢慢悠悠地品。整个景区前半部以山石之奇为主,后半部以水秀之美为主,而渗透在全过程的是绿色的树,绿色的风。所以当你从那个美梦中醒来,细细一想,其实这天星桥的美和其他地方一样,还是跑不了石美、水美、树美。但是它却硬能够化平淡为神奇,将几个最普通的音符谱成了一首天上的仙乐。

石头哪里没有?但这里的石头总要变出个样,变出别一种形,别一种神,像一个曲子的变奏,熟悉中透着新鲜,叫你有一种感觉到却说不出的激动。比如石的表面经常会隆起一簇簇的皱褶。它本是个铜头铁脑、生硬冰凉的东西,却专向柔弱多情方面取貌摄形,如裙裾之褶,如秋水之纹,如美人蹙眉,如枯荷向空。这种强烈的反差,在你心里揉搓出一种从未有过的美感,你忍不住要叫,要喊。难怪国画专有一种表现法叫"皴"法②。再说它的形,也实在不俗,它决不肯媚身媚脸地去像什么,是什么。反而,它什么也不像,什么也不是,在你头脑的储存里根本就没有这样的构图。比如一座石山,大约有城里的一座高楼那么大,侧面看它却薄得像一本书,或者干脆是一张纸。硬是挺立在那里,水从脚下绕,藤在身上爬。它是什么?什么也不是,就是美。脚下的,头上的,还有那些在坡上、沟里随意抛掷的石头,都要美出个样儿。你可以伸手随意抚摸崖边一块突出的石,那就是一朵凝固的云。有时你走过一座小桥,这桥身是一块整石,但你怎么看也是一段

大学人文与乡土教育读本

枯了多年的树。有时路边或山根的石头连成灰蒙蒙的一片，那就是一群抵角的山羊，前弓后绷，吹胡子瞪眼，跃然目前。

天星桥景区的前半部是石在水中。浅浅的水面托起无数错落的石山、石崖、石壁，又折映出婆娑多姿的影。有的山平光如洗，在水里是一面立着的镜子，有的中裂一缝，在水里就是一道飞来的剑影。而在这很多但并不太高的群峰之间则是三百六十五块踏石，游人踩着这些石头，鞋底贴着水面，在绿波上荡漾绿波。当你看着水里的青山倒影时，也就惊奇地发现了自己什么时候也变得这样美。因为这石的数目暗合了一年的天数，所以在这里总会有一块正是你的生日，此园就名"数生园"。你站在生日石上可以体会一下降世以来这最美丽的一天。景区的中部是两座对峙的山峰，相距数十米之遥，它们各探出一只手臂呼唤对方。但就在相差一拳之远时，臂长莫及，徒唤奈何。这时一块巨石从天而降，上大下小，正好卡在其间，于是两手以石相连，形成一座云中石桥，千年万年，苍松杂树扎根其上，枯藤野花牵挂其旁。石头能变到这等花样，也算是中外奇观。你站在桥下会突然觉得自己身处天界，是刚刚通过这桥从人间走来。天星桥景区的名字大概就是因它而取，就像我们为一本散文集取名，就拣其中最得意的一篇。

天星桥的水是为石而生的。一入景区，脚下就是水，水里倒影着各色的山石。所以这水实际上是一面大镜子，就是为了让你正面、反面、侧面，从各个角度来看山，看石。只不过这镜子太大，你无法拿在手里，于是人就走到镜子里，踏在镜面上，镜不转人转。刚入景区，在数生园一带，水面极浅，山石也不高，清秀娴静，如庭院深深。但静中有变，水一时被众山穿插成千岛之湖，一时又被变幻成漓江秋色，忽而又错落成武夷九曲，当然都是微型美景。总之随石赋形，依山而变，曲尽其态。到过了那云中之桥，山高谷深，就渐有恢宏之气了。谷底有一座深潭，方圆数里，一泓秋水深不可测。潭为四山所合，不见源头，水从深底冒出，成两米多高的水柱，又静静滑落潭面，如夜空中的礼花。问之于当地人，说这潭就叫"冒水潭"，可见开发之迟，连名字也没有受过文人们的"污染"。潭边有一株古榕，干粗二抱，叶繁如山。我依树临潭，遥望天桥，只恨眼前不是夜晚，否则山高月小，好一篇《后赤壁赋》。

水从冒水潭里流出之后，泻在一片石滩里，没有了先前的浅静，也没有了刚才的深沉，撞在各样石上，翻起朵朵浪花，叩响潺潺轻鸣。要知这滩绝不是一般的乱石滩，而是一根根直立的石柱、石笋，此景就名"水上石林"。云南的石林是看过的，那些无枝无叶的树，无言地伸向天空，让你感到生命的逝去；桂林的溶洞也是看过的，那些湿漉漉、阴沉沉的石笋、石塔在幽暗中枯坐默守，让你感到岁月的凝固。当石头们只是同类相聚时，无论怎样地表现，也脱不出冰冷生硬，就像一场纯由男性表演的晚会。而现在绿水碧波欢快地冲入了这片石林，手之舞之，足之蹈之。绕过这片石轻翻细浪，撞上那座崖忽喧涛声，整个滩里笑语朗朗，湿雾蒙蒙。你再次体会到水就是生命。这些无生命的石头这时也都顾盼生辉，变出无穷的仙姿神态。游人从这块石跳到那块石，就在这欢快的伴奏和伴唱中，舞蹈着穿过这片已有亿万年的生命之林。

天星桥的水不像我们过去随便看过的一条河、一个湖或者一座瀑布，你始终无法看到它一个完整的形。不知它从哪里出来，最后又回到何处。就像我们看一座房子，要找水泥只有到那砖之间的沟缝里去寻。我只知道那水的结尾处是一个叫作"珍珠泉"的地方。淌过"数生园"，钻出冒水潭，又漫过石林的水，不知道还做了哪些事，最后汇到了这里。这里名泉实则是一个大瀑布，但它不是一匹直垂下来的布而是一圈卷成漏斗状的布。平软的水波滑过整石为底的沟坡，在石面上滚成一颗颗的珍珠，在阳光中幻出五颜六色。这时你的面前是一只大斗，一只不停地吸进金银珠宝的斗。围着这急吸猛灌的珍珠飞流，四周翻起细碎的浪花，奏起喧闹的乐声。然而这一切突然就消失在一块巨石之下。当你翻过这一道石梁时，仿佛刚才就没有见过什么水，也没有听到水声，只有垒垒的石和石缝中绿绿的树，这水是一个来无影去无踪的洛神。

天星桥的树以榕树为多，叶大荫浓，满谷绿风。这里的树常会变出许多的形。有一株名"美人树"，树身高大绰约，枝叶如裙裾飘动，女士们都争着与她合影。有一株叫"民族大家庭"，一从石中钻出即分成五十六根树干，大家就一根一根地去数。还有一株并不是树，是一株老藤，不知有多少年月，甚至也看不清它从哪里长出，只见从山坡上搭下，也许当初是被风吹了一下，就挂在了对面的一棵高树上又绕了几匝。生命之力竟将这藤拉得笔直，数丈之长，一腕之粗，像一根空中的单杠。当我环顾四周，贪婪地饱餐这些秀色时突然发现这里除了石就是水，基本上没有土。大大小小的树，不是抓吸在石上，就是浸泡在水中。无论是在路旁，在头上，在脚下，那些奔突蜿蜒、如雕如刻的树根招惹得你总想用手去摸一摸，用身子去靠一靠，甚至想用脸去贴一贴。这些本该深埋在土层下的不见光日的精灵一下子冒了出来，排兵布阵，作了一次惊人的展示。这实在是天星桥的个性。从"数生园"出来，路边有一块一楼多高的巨石，光溜溜的石壁上却顶出一株一臂之粗的小树。远看这树就如假的一般。导游小姐总喜欢考考游人，问这树的根在哪里？你俯近石壁细细一看，石上蛛丝马迹，那树根粗者如筷，细者如丝，嵌缝觅纹，纵贯南北，奔走东西。我顿觉头上轰然一响，眼前的石面成了一片广袤的平原，于无声处河网如织，水流涓涓。那红色的之字形须根就像一道道闪电，生命的惊雷在天际隐隐作响。面对这株亭亭玉立的榕树和这块光溜溜的寻根壁，我一下子寻找到了生命的美、生命的理。我在这里徘徊，几乎每一块巨石都立在水中，而每块石上都爬满了树根。那根贴着石面匍匐而下，纵横交错又将巨石网了个结实然后慢慢抽紧，就像我们在码头上看到的，吊车用网绳从水里提起一件重物。那赭色的根涨满了力，像一个大木桶外条条的铜箍，像力士角斗时臂上暴突的青筋。有长得粗些的，如碧如股披挂石上，像冬天崖上的冰柱，像佛殿后守门的韦驮③，凛然而不可撼。霎时我觉得天星桥全部的美都在这根与石的拥护之中。回看刚才的水美、石美全都做了树的铺垫。这是一种多么美妙的有机的结合。你看石临水巧妆，极尽其态，因水而灵；水绕石弄影，曲尽其媚，因石而秀；而这树呢，抱坚石而濯清流，展青枝而吐绿云，幻化出一团浓烈的生命。这种生命的力量和美感充盈在这条不大的山谷之中，令你流连忘返，回肠荡气。天下的好景有的是，但有的路途遥远，一生只能作一次游；有的以险取胜，只能供一部分人做冒险的旅行。只有这天星桥，路又不远，山又不险，景却特美，你可以一来再来，细游慢品。

作者简介

梁衡(1946—)，山西霍州人，当代著名作家。主要作品有科学史章回小说《数理化通俗演义》，新闻三部曲《没有新闻的角落》、《新闻绿叶的脉络》、《新闻原理的思考》，散文集《夏感与秋思》、《只求新去处》、《红色经典》、《名山大川感思录》、《人杰鬼雄》、《人人皆可为国王》等。

注释

① 本文选自《梁衡绝妙小品》，作品被贵州天星桥景区全文刻碑。　　② "皴"(cūn)法：中国画的一种画法，涂出物体的纹理或阴阳南北。　　③ 韦驮：护法菩萨。又称韦陀天，梵名音译为私建陀提婆，意为阴天，原是印度婆罗门教的天神，后来归化为佛教的护法天神。相传释迦牟尼涅槃时，诸天和众王把佛陀火化后的舍利子分了，各自回去建塔供养。韦陀也分得一颗佛牙，正准备回天堂。一个捷疾鬼浑水摸鱼，偷走一对佛牙舍利，撒腿就跑。韦陀奋起直追，刹那间将捷疾鬼抓获，夺回了佛舍利。诸天和众王纷纷夸奖韦陀能驱除邪魔外道、保护佛法。

导读

本文一开始，作者就用对比手法，先不言明描写的对象，造成悬念。既突出了天星桥是一个美丽的地方，又撩拨人们的阅读情思。紧接着作家通过一系列具体的意象，天星桥的奇石，天星桥的秀水，天星桥的绿树，或用精雕细琢、层层递进的工笔，或用大气磅礴的大写意，生动传神地描绘出了自然之美。作者在结尾所表现出的那种含蓄赞美使文章更是充满了迷人的韵味。作者的透骨思辨、深刻分析，让读者立刻产生共鸣。到天星桥景区游览，让你感到有一种"生命的力量和美感充盈在这条不大的山谷之中"，充盈在你的脑海、胸间，让你流连忘返、荡气回肠，使你不得不对大自然充满敬畏，充满感激。

本文雅洁凝练的语言，极具节奏与韵味。

思考与交流

1. 试析"水上石林"没有云南石林"让你感到生命的逝去"的悲凉，也没有桂林溶洞"让你感到岁月的凝固"的落寞产生的审美意义。

2. 季羡林曾评价梁衡："你是学者，该去做学问。"请查阅相关资料谈谈你的看法。

（银兴贵）

神奇梵净山①

戴明贤

多年前出差江口县，在一家小店投宿。登记人看了我的工作证，问道："您是记者，上过我们的梵净山吗？梵净山上的树是长着长毛的，是五颜六色的。"

我问他自己去过没有，他连连摇头："我们是听老辈人说的，没有人上去过。"

多年以后，梵净山成为国家级自然保护区，我随同环保部门组织的一个小组上了梵净山，在金顶脚下安营扎寨七天，日出而出，日落而归，饱览了全山风光。不仅老辈人的传闻得到证实，更有许多传闻以外的景观，处处笼罩着神秘色彩。

梵净山，是可入《西游记》的一角神话世界。

梵净山为武陵山脉主峰，位于黔东北江口、印江、松桃三县交界处。上梵净山现有两条通道，南线由江口县城经黑湾河至万步云梯，到回香坪、万宝岩，上抵金顶。下山也是原路。这是目前绝大多数旅游者选择的路线。西线从印江县张家坝小镇入山，沿途景点有护国寺、山王殿等遗址和棉絮岭、薄刀岭、黑巷子、舍身岩、剪刀侠、接引佛、金龟蹲玉柱、万卷书、滴水岩、敕赐碑等，直抵金顶。那年我们上梵净，是从西线上山，从南线下山。这样走景观不重复。而且许多南线上只能从远处眺望的景点，都可亲历。此外，还有东线和北线两条旧路，是旧时香港走出来的朝山大道，现属生态保护的中心地区，不供旅游。

梵净山的中心景区在主峰区凤凰山——老金顶这一片，层峦叠嶂，环立耸峙，海拔有两千多米。一批最有梵净山特色的景观，就散布环绕其间。中央是金顶，一根高达百米的孤峭石柱，矗立于众山之巅。上指苍穹，下临深渊，百余里外，仰头可见，真有"刺破青天锷未残"之势。峰顶有一条深二十米的巨大裂缝，将锋尖破为两半，裂沟宽仅三米，称"金刀侠"。民间有神话传说：释迦与弥勒争此宝柱，互不相让，如来就以金刀一劈为二，各得一边。后来虔诚的佛弟子们，竟以难以想象的魄力，在这孤峰顶上，为二佛各修了一座小庙，一为释迦殿，一为弥勒殿，合称"金顶二殿"。

第二编　乡土情怀

169

二庙之间架石桥互通,称"天仙桥"。从金顶脚下攀登至金刀峡口,须手足并用,备尝艰险,途中"鼓肚岩"、"石门缝"等难关,听其名可知其险。从峡低升至顶峰,更须仰面援梯,攀岩蹈空而行。置身天仙桥上,上接浮云,下临无地,天风呼啸,万峰俯伏于脚下,足以惊心动魄。金顶一带多雾,倏然而来,如帷如幕;倏然而去,飘如卷帘,从而使金顶忽而消失于咫尺,无影无踪;忽现身于当头,势欲坍塌,造成金顶又一奇观。金顶形状,随视角的不同而变化。我在几天中曾围绕金顶行路,见它时如青龙,时如黑虎,又如白,又如甑。而从烂茶顶观金顶,酷肖一位仰天沉思的原始人,形状最美,耐人玩味。

站在金顶脚下,放眼四望,是一片黑色层石的奇异景物:巨崖"万卷书",页片状的黝黑石片散落堆叠,千万页码历历可数,真像是天公的一堆文牍。"蘑菇石"与金顶同为梵净山的标志景物,一座方形大层岩压在一块条形小岩层之上,头大脚小,摇摇欲坠,状如蘑菇,更像四川人负婴儿的坐篓。层片黑石组成的"九皇洞",阴森诡秘,宛如《西游记》中大魔头的洞府。还有"金杯岩"、"老鹰岩"、"石笋峰"等等,各依其名,惟妙惟肖。这些景物之后,更有一排状如古城废墟般的黑岩,参差残缺地耸立远处,衬着天幕,意境极为苍茫。

与此遥遥相对的是狭如鱼脊的"薄刀岭",刀仞峡谷上双石指天的"剪刀侠",密林蔽日的"黑巷子"等西线景点。如从西线上山,到此伫立,是眺望梵净胜景的最佳角度。巍峨起伏的山峦,参天对峙的新老金顶,千姿万态的梵净崖群,苍郁盘错的原始森林,五色烂漫的杜鹃矮林,一切尽收眼底。尤其是危立刺天的金顶,从这里正好看见顶端金刀峡的一隙天缝,缝间天仙桥的一丝微拱,高高悬在天际,似真似幻,真是匪夷所思的图画。

梵净山中许多低凹处,有的终年积水,有的间隙积水,在雨季形成九个水塘,是为"九龙池",有如密林茂草中的九面明镜。塘边围绕着原始矮林,拗曲的枝干裹着千百年形成的苔藓,像无数虬龙互相盘绕,在蒸腾不已的雾气中隐现无常,势欲飞举,恰符"龙池"之名。民间传说的"树会长毛"在这里得到证实。池塘干涸时,露出千百年自生自长的沼泽草甸,金绿浅褐,闪闪发光,各种小花点缀其间。我曾偃卧草甸之上,只觉厚软弹动,胜于海绵。

梵净山是一座亚热带森林生态系统的宝库。据不完全统计,梵净山的森林树种有七百三十多种,其中属于珍惜植物的有珙桐(中国鸽子树,在山中成片成林)、冷衫、鹅掌楸、长苞铁衫、穗花衫、青钱柳、水青树等等,矮林杜鹃花开季节,满山满谷蔚为五彩云霞。珍禽异兽有黔金丝猴(又称灰金丝猴)和各种猴类。以及大鲵(俗名娃娃鱼)、角怪(又称胡子蛙)、猴面鹰、鹰嘴龟、红腹角雉、白冠长尾雉、红腹锦鸡和数十种鱼类。森林中还曾出现黑熊、华南虎、云豹、苏门羚等大兽。据统计,梵净山拥有华中、华南、西南三个区系成分的动物,仅陆栖脊椎动物就达三百多种。

梵净山在明朝中叶即以西南佛教在名山而著称。万历年间,香火鼎盛,山中寺庙达五十余所,来自本省各地和川湘赣诸省的香客络绎成线。现存《敕赐梵净山重建金顶正殿序》碑文形容当时盛况说:"仙洞灵台,咸棋布而胪列;奇峰古刹,俱凤翥而鸾翔……自开辟迄今,海内信奉而奔趋,不啻若云而若水;王公大人之饮渴,恒见月盛而日新。"由于明万历三年的重建,是李太后^②倡议和领衔捐款,又派遣妙玄和尚为皇帝的"替身僧"来此重建灵山,以致造成民间传说太后舍身出家,太子追至深谷呼唤,伫立化成石笋(即太子石)的故事。山上还有许多碑刻和摩崖石刻,留下的历史痕迹,其中最有趣的是清道光年间官府颁刻的《梵净山禁砍山林碑》和两个犯禁者(湖南、四川各一人)刻下的"悔过书",足见当时有识者已具有明确的护林意识。

金顶一带,还有云海、云线、佛光等自然奇观;群山之巅的日出日落,气象万千。

梵净山周围,居住着苗、侗、羌、土家、仡佬等兄弟民族,在衣食住行和婚丧节庆等诸多方面,都保留着丰富多彩的传统文化。如梵净傩堂戏;土家吊脚楼、打闹歌、喝咂酒、洗药浴、祭风神;苗族舞狮、一炷香、上刀梯、下火海、花鼓舞;侗族赶坳、敬酒歌和鼓楼、风雨桥;羌族的过年;仡佬族的祭坛芜等等,争奇斗彩,魅力无穷。梵净地区的土特产有江口斗篷豆腐干、印江纸伞、梵净山茶叶、江口空心凉席、松桃苗族织锦与刺绣等等。

近二十年间,梵净山名播海内外,中外慕名来游者与日俱增。许多学者、专家、艺术家为梵净山留下大量观感文字。著名学者启功先生③诗曰:"梵呗传三界,潮音净六根,众山眼底小,南国此峰尊。"香港摄影家陈复礼先生④题词说:"集五岳之奇险幽秀而大气磅礴则雄视天下。"保护区有关部门在山下建了"梵净碑林",也自成一处文化景观。

梵净山下有一个位于元代省溪司附近的小城镇双江,即现在江口县城关镇,"梵净山博物馆"所在地。从梵净山流下来的两条河:太平河和闵孝河在此交汇,穿城而过。城郊有香山、汤家岩和牛背岩三座石山一字排开,与城北弧形草山大月坡遥遥相对,构成"三星伴月"胜景。城内有城隍庙与大佛寺,是保存完好的数百年古建筑,飞檐翘角,画栋雕梁,除大殿、禅房外,还有地狱变相,造型生动。城北郊外有"三狮拜象"景观:三座石山如三头雄狮向西而立,两头昂首咆哮,一头侧头静卧;磨湾村后一座形如巨象的大山,向着三狮俯首而立。城外江梵公路侧,有元代"省溪司衙门"的遗址。遗址后山有干溪沟峡谷,幽深神秘,有双剑把关、马蹄厅、天桥、百鸟欢歌、地下涛声、牛鼻瀑布、双狮送客等景观,县志称"省溪司峡谷一步一景,甚至一步多景"。从南线上梵净山的游客,多喜在入山前游览双江风光,参观梵净山博物馆,尝一回斗篷豆腐干和龙津玉液。

作者简介

戴明贤(1935—),贵州安顺人,当代作家、书法家。代表作有小说《九疑烟尘》、《花溅泪》、《岔河涨水》,散文集《残荷》、《一个人的安顺》、《戴明贤散文小说选》等,戏剧《夜郎新传》、《捉鬼》、《燕楼惊豹》等,影视作品《双婚疑案》、《天戏地戏》等。同时从事书法篆刻研究,有《戴明贤书法篆刻集》、《对山集》等出版。

注释

① 本文选自《神秘的贵州》。 ② 李太后(1545—1614),明万历皇帝朱翊钧之生母,东安(今河北安次)人。李太后一生虽身居深宫,却颇谙事理,对年幼的万历皇帝更是管教有方。她曾支持张居正进行改革,以正朝事。 ③ 启功(1912—2005),字元白,也作元伯,北京市人。满族,爱新觉罗氏,是清世宗(雍正)第五子和亲王弘昼的第八代孙。中国当代著名教育家、古典文献学家、书画家、文物鉴定家、红学家、诗人、国学大师。主要代表作有《诗文声律论稿》、《启功丛稿》、《启功韵语》、《古代字体论稿》等。历任北京师范大学教授、博士研究生导师、国家文物鉴定委员会主任委员、中央文史研究馆馆长、九三学社顾问、中国政协常务委员、中国书法协会名誉主席、中国佛教协会顾问、故宫博物院顾问、西泠印社社长等要职。 ④ 陈复礼(1916—),广东潮安人,现定居香港。中国著名摄影家,先后获200多个国际摄影大奖。代表作《坚毅》、《流浪者》、《搏斗》、《矣乃一声山水绿》、《朝晖颂》、《千里共婵娟》等。主要著作有《中国画意和风景摄影》、《再论中国画与摄影》、《陈复礼摄影作品集》和《中国风景》。

导读

梵天净土,"梵净山"由此而得名。梵净山的神奇,在其包容性。就其景而言,"集五岳之奇险幽秀而大气磅礴"。就其自然生态系统,一山而有华中、华南、西南三个区系的动物,森林树种也有七百三十多种。梵净山周围,聚居着苗、侗、羌、土家、亿佬等多种兄弟民族。梵净山作为地球同纬度仅存的一片绿洲、第一批国家级自然保护区和联合国"人与生物圈保护网"成员,有其诱人的独特魅力。因此人们称道梵净山为贵州第一山,是有根据的。在一定程度上,我们是可以把梵净山视为贵州山水，以至贵州文化的一个象征：南国此峰尊。

戴明贤先生用其精致秀雅的笔触向世人展现了梵净山的神奇。在他笔下，"梵净山，是可入《西游记》的一角神话世界。"他盛赞金顶孤峭石柱"上指苍穹，下临深渊，百余里外，仰头可见，真有'刺破青天锷未残'之势"；天桥"上接浮云，下临无地，天风呼啸，万峰俯伏于脚下，足以惊心动魄"。梵净山的神奇在于大山的巍峨、秀水的柔情、生态的良好、文化的深厚，足以令人流连忘返，魂牵梦萦。

思考与交流

1. 谈诗，必言李白；论山，必举五岳。又有几人知，五岳之外别有名山。如果说每一座名山是一位诗人，贵州梵净山，可称为群山之中的李太白。你是否赞同这种说法？谈谈你的理解。

2. "登临梵净山顶，如凌虚以行，颇称奇观。从山脚到山顶，共八千级台阶，没有点豪情的人是登不上这高度的。"这句话蕴含了怎样的人生哲理？

3. 当人的生存环境被人类自己破坏得惨不忍睹时，梵净山能成为地球同一纬度唯一的"梵天净土"，这与当地山民和地方官心存"敬畏神山"有关。结合敬畏自然，谈谈开发利用和有效保护的辩证关系。

（张金富）

黔中石说①

杜应国

故乡安顺，位处黔中腹地，环城皆山，遍山皆山。石头，曾是乡人生活中的重要元素，举凡铺路架桥，造房建屋，甚至连家用器具，都离不开石头。如今，随着人们生活水平的提高，生活趣味的增加，石头又成为现代人生活中的调剂，闲暇中的寄托。如此，石头便由实用步入雅玩，由荒野走向厅堂，成为专供时人欣赏、品鉴的装饰品、艺术品及收藏品。如此，也就有了现今的奇石和奇石收藏。

安顺是贵州喀斯特岩溶地貌发育最完善、最典型的地区之一，又位处长江、珠江两大水系的分水岭之间，所以奇石资源十分丰富。就石源论，似可分为两大类，一为山石，一为水石。

山石中，最常见者当为石灰岩类的龟纹石、黔太湖石等。因长期的裸露风化，或浅埋地下受雨水侵蚀等缘故，多起皱褶裂纹，或布满坑凹孔洞，最符合传统"瘦、透、漏、皱"的赏石标准，自然不乏玲珑剔透之辈。

就市场所见，石界喜收的山石，有所谓"麻子石"者，因周身布满滚圆如豆的小颗粒而得名。颗粒呈深灰色，仿若豌豆大小，细察可见圈圈螺纹，如涡如漩，不知是否可归为寒武纪早期的小壳（软体动物）化石之列？石界有人称之为"旋螺化石"，亦不知确否，姑聊备一说。此石不仅生形怪异，且极少见。仅就所接触到的各地所出之观赏石画册而论，至今尚未见它处所出，是否安顺独有，不敢妄断，但说全国少见，应是无疑。

"麻子石"中，又有所谓"红麻子"者，人称"红梅石"，形状与上相仿，只是颗粒稍大，有如玻璃弹子，且全呈红色，散乱布于石上，如红梅点点，分外醒目，更招人喜爱。唯此石产量更少，且鲜有佳构妙形，要想觅一方中意的委实不易，故架上至今仍付阙如。

安顺所产山石,还另有一种尤物,也属少见。此石虽黑如烧炭,却又遍布由白色晶体构成的块状、条纹,而以条纹为多见。条纹错落有致,或疏或密,或显或隐,或宽或细,或长或短,飘洒灵动如行云流水,婉转流畅若游丝飘带,既有敦煌飞天的飘逸、洒脱,又有当地蜡染的简洁、明快,极富韵味,故被名之为"蜡染石",约定俗成,众人也受用愉快。

另有一种俗称"黔中石蛋"的山石,也是石中奇品。此石产自紫云山中,由当地农民自泥土中掘得,送到市场上即引起争购。其形浑圆如球,大者如磨盘,小者如足球;略呈锥形,中部稍外突,其成因不详。唯含铁量丰富,比重较一般石块为大,多呈铁锈色。

山石一般重形、重纹、重肌理构造、重孔洞分布(及多寡)。不过,大体而言,山石质地都较差。硬度有限,且皮壳都较粗糙,远不如水石的温婉细腻,精雅透熟。水石内涵丰富,更耐人寻味,故向为石界所重。

安顺水石有两大来源,一为珠江支系的北盘江,一为长江支系的三岔河,而以后者尤丰。

北盘江即古牂牁江,所产盘江石,以黑白两色为基调,或浓或淡,交错混杂,纯黑或纯白者似不多见。常见的以黑色为主调,有白色脉纹错落其间,构成各种图形,而堪称佳构者亦不多见。唯白色为主调,黑色作点缀的虽更稀少,却得在某石友处见过一方,可称妙品。该石呈山形,雪白石面上,有三、四黑块,如浓墨重笔,随意分布,极夺眼醒目,其间又有几缕明暗不一的线条,横折勾勒,曲行盘绕,状如游龙,有笔意纵横,任意挥洒而又酣畅淋漓之势,既清丽雅致,又不乏道劲豪迈,令人爱不释手。

另北盘江还产有一种"铜石",粗狂古朴中,透出一种荒古苍凉的野性,更别具韵味。此石含铁量最高,因其色暗绛如橙近于古铜而名。当为典型的火成岩。其成因显系火山爆发时,炽热的岩浆与富铁矿相溶,再经地壳运动而碎裂,最后在水流的长期冲刷、搬运、碰撞下逐渐形成。故石表多有残壳、涡纹或具网状、斑块,则为岩浆散溅和随机性细流淌成。铜石形态各异,变化多样,有不规则的块状,也有如南瓜、如头盔的圆形,更有石皮光滑圆润者,显得肌光润洁、古雅沉潜,甚为石界所钟。铜石分布较广,北盘江而外,三岔河下游的斯拉河亦产,色、形皆相似。偶有状类人物、动物的象形石,当称至宝。

与北盘江相较,三岔河石种更丰,石源更富,也更具价值。除铜石而外,择其要者,至少有三大类值得一说。

一为绿豆石。其色近于墨绿,又似青灰。石质极细腻典雅。深沉的石面,常浮现黑色或浅灰色的斑块、条纹,而以圆形、圈绕居多。也有呈云水状的,显得蒸云绕雾,朦胧含蓄,极富诗意。架上就有几方,均极小巧精致。一曰"忘忧",形如鹅蛋。光润的额下,两条凹陷,对分左右,形如双眼。其下再有一道凹陷,则如歪嘴斜笑,整个看,极神似一散口开怀的小丑,令人忍俊不禁。一为"卧云"。左高右低,犹如一横卧的小山,只是山顶线条极婉转流畅,舒缓曼妙,逶迤而下,仿若一依枕斜卧之高僧。其心定气闲,怡然自适而又旷达平和的韵味,极近禅境。再有一枚,小若青杏,扁平、微椭,中有几缕飞白浅纹,状似写意笔法,挥洒之间,即成妙景,可横观亦可竖赏。竖看如一帘飞瀑,奔流直下,势不可挡。横看,则如浩瀚大海,巨澜初卷,洪波起伏,极有气势。石小巧如此而局象壮阔如此者,似未一见,颇具即小见大,缩龙成寸之妙。就其纹理成因看,绿豆石当属变质岩系无疑。

二是煤礁石。此石黝黑如煤,看去粗粝斑驳,浑身上下如伤痕累累,迹近残破,可谓疮痍满目。石体上,但见包块横突,坑凹遍布,峥嵘、嶙峋,有如岛礁。其包块多龟裂起皱,突崛如拳、如卷、如浪、如堆,形态殊异而散乱无规。坑凹孔槽处却多光滑如磨,想是因质地不同为水流冲刷所致。此石自难归纤巧秀丽一途,而以粗粝朴拙取胜,狞厉之中,自有一种狂野之美,最具景观特性。或大或小,可卧可立。卧则如岛屿礁盘,立则成雄蜂魏岳,极富观瞻。某次石展,曾见有一方卧石,横陈如巨瓮,上有一坑,自成天池,堪称"玉海"。

三为马场石,因产自普定马场而名。此石之金贵,在于独产自一段不过数千米长的河道内,余皆遍寻不见。马场石向以质地坚硬,色彩丰富、艳丽且富于变化取胜。其硬度当在七至八度左右。从其富有多种基岩相融混成的岩溶特征看,推想最初为火岩石,再经长久沉积变质而成变质岩。从色彩看,马场石可分为黑、黄、红、绿等几大系列,而以红、绿两色为代表。

红色之中,又分玫瑰红和辣椒红两种,而以后者为贵。辣红即大红、正红,色极鲜艳、纯正,有如收后的辣椒,入眼即给人鲜红亮丽,光彩照人之感,其流光溢彩,可称活力四射。因其硬度极高,石面常见细小裂纹,状如脑沟褶皱,俗称指甲印。也有水洗度较好的,则肌光润洁,平滑如脂。初时有人名之为"红玛瑙",近则有人将之命名为"黄果树碧玉",也不知是否出之有据。另外,此种正红,多与玫瑰色、灰黄色等相间错杂,或成块状,或如环带,或如层理,其斑块、条纹分布,仅有主次、大小、强弱的不同,而绝少单一、纯粹,通体透红者。尽管如此,红色历来是喜庆吉祥,大富大贵的象征,又有忠义勇武的隐喻,所以,此石最为藏者所珍。近年来,由于梭筛电站建成,马场水位升高,淤泥塞积,打捞日难,市场遂愈见稀贵,以往百数十元一方的石头,动辄要价千元以上,已直入宝玉石行列,令囊中羞涩如我辈者,便只有望石兴叹。好在数年前购得一方,状如残碑半截,青黄石面,一抹飞红,如赤霞流丹,如彤云放彩,几近大千泼彩笔法。亦算聊备一格,差堪自慰。

至于绿色彩石,其皮质硬度,皆与红石相类,只是块状较小,鲜有若二、三十斤以上者,且更为稀少,亦难见佳形,可取唯色而已。妙者一身苍翠碧绿,清雅可人,满石生辉。惜其色多不够纯正,间杂以浅淡褐黄,偶见有紫色相附,则相映生辉,绿衣紫袍,更见神采风流。友人张君藏有一枚纯绿,号称"安顺第一绿",通体碧绿间无杂色,十分罕见,堪称极品。

又,三岔河还产有一种精墨玉,色质俱佳,叩之有清音,观之有光泽,抚之则润洁光丽,当属大理石一流。石体精亮如墨,间无杂色,偶有白色晶体点染其间,或点或线,更添妙趣。

最后,安顺还富产化石,最著名的,当数出自关岭新铺的海百合古生物化石群,中有鱼龙、楯齿龙、仲肋龙等许多珍稀品种和新命名的种属,多属国家保护范围。市场常见的,则有各种贝类、螺类等古生物化石,如蕉叶贝、菊石、海螺、三叶虫、珊瑚等,有时也可见到些羽状植物化石。安顺城东十余里外,就有座螺丝山,更是满山的螺丝化石。化石虽也有相当的观赏性,但因其成因、构造及科研价值等,皆与奇石不同,故不多叙。从略。

作者简介

杜应国(1951—),贵州安顺人,当代学者。主要著作有《故乡道上》、《山崖上的守望》等。

注释

① 本文选自《故乡道上》。

导读

《黔中石说》是一篇科普性的文章。

本文写黔中石头,观察细致、描写生动,联想丰富。作家用透着体温的亲切气息的散文笔调书写黔中石头,在冲淡平和、温婉细致的叙述中,极力展现出各类奇石的价值意义。

本文通过真实的记录,真切的思考,真挚的情感,将作家自己丰富的生活和情感经历,叠印在莽莽群山的山石、水石这一背景之上。

与单纯的科普文章不同，本文作者不仅在自觉地描写自然的物象，而且立足时代，从历史的纵深处对物象进行审视，并作出纵横捭阖的叙说，在人文感受方面能给读者以较大启迪。

作家写石头，旨在传达贵州人曾经的生活和正在的生活，折射出这块土地在一段时间内的变化发展，让人们看到在贵州这块土地上所发生的翻天覆地的历史巨变，用"奇石"来"微言"社会和人生的大义。

思考与交流

1. 文中多处使用工笔手法描写石头，请找一自己熟悉的物象，试描写之。
2. 查阅相关资料，思考作家的"民间思想村落"指的是什么？

（银兴贵）

六千举人七百进士①

陈福桐

贵州在明清两代，经过考试录取的举人有六千多人，进士有七百多人。用《六千举人七百进士》做题目，是因为一向被省外人看做蛮荒之区的贵州，却有这么多的科举人才产生，该是一件奇异的事！明清两代选拔人才的方法是：由县、州、府考秀才，省里考举人，到京城去参加会试；取贡士资格后，就可以参加皇帝主持的殿试，殿试头一名叫状元，第二名叫榜眼，第三名叫探花。贵阳的赵以炯，麻哈（今麻江）的夏同龢是清末的状元，遵义的杨兆麟是探花，这三人又称贵州的三鼎甲。

曾经有人怀疑明清两代五百四十三年间，贵州从哪里钻出这六千和七百的高级知识分子？请去翻一翻《明清进士题名录》和其他一些资料，个个有名有姓，有籍贯，有职位。一个没有考上举人，只得拔贡功名的青年，居然被曾国藩收为四大弟子之一，到中国驻欧洲使馆当参赞，代表世界各国使节在巴拿马运河筹备会上发言，以后又两任驻日公使，又是中国有名的散文学家，他就是黎庶昌。

我想把话说远一点。现在贵阳扶风山上有座阳明祠。大院内还有"尹道真先生祠"。这位尹先生的事迹最早是《后汉书》中有记载："桓帝时，郡人尹珍自以生于荒裔，不知礼义，乃从汝南许慎、应奉受经书图纬。学成还乡教授，于是南域始有学焉。珍官至荆州刺史。"在《华阳国志》里说："尹珍，字道真，毋敛人。"毋敛有说是今独山、都匀、福泉这一片地，有说是在正安县，该县尚存尹道真的"务本堂"遗址。范晔写尹珍仅仅附在《西南夷传》里，以五十二个字来介绍这位开南域之学的功勋人物，留下了让人费解的问题。尹珍生于荒裔，不知礼义，即是没有读过孔孟之书的人，他怎么知道远在中原的学者许慎、应奉呢？更何况许、应二人是大学者，用现代的话说，该是教授吧。一个不知礼义的荒裔青年，又怎么跋涉万水千山到中原，而又平步登天的接受教授们讲课呢？就说有这样一位奇人学成回来，在当年那比"连天际峰兮，飞鸟不通"还闭塞的山谷里，是不可能凭一个人两只脚就开了南域之学。因为"四史"中的《后汉书》，被古代文人奉若"经典"，也就不加怀疑地一代传一代的神化尹珍了。

对尹珍这位贵州最早的文化名人，试想找一点资料来说个来龙去脉。班固写的《汉书·食货志》上记卫青这位大将军的事："时又通西南夷，随者数万人……乃募豪民田西南夷，入粟县官，而

第二编 乡土情怀

175

纳受钱于都内。"请记住他在汉武帝时派唐蒙通西南夷,接着募豪民田西南夷。在《后汉书·西南夷传》中又有这样一段记载:"牂牁地多雨潦,俗好巫鬼禁忌,寡畜生,又无蚕桑,故其郡最贫。句町县有桄榔木,可以为面,百姓资之。公孙述时,大姓龙、傅、尹、董与郡公曹谢暹保境为汉。"尹是公孙述时的大姓。公孙述时是公元25年后的事。尹珍从许慎学是公元147年汉桓帝时的事。这样看来,尹珍当是汉武帝时募到西南夷地区豪民人家的子弟;或是公孙述时的四大姓尹家的人。根据这些记述的推断,最早的这位文化名人,不能说他"不知礼义"。再拿唐代天宝年间任黔府都督的赵国珍来说,《唐书》说他是"牂牁苗裔",唐代宗时拜工部尚书。这又透出一条消息,贵州的苗裔早在唐代就担任重要官职,只怪历代战乱,文献湮没,无从考查了。西南交通不便,游历黔中的人很少,连大文学家韩愈也听柳宗元不加考察的片面之词,竟然在《柳子厚墓志铭》中说"子厚泣曰,'播州非人所居'。"人们把播州的概念变为贵州的概念,直到半个世纪前还有人以为贵州人生有尾巴,不敢前来。就更荒唐了。

生在贵州的人不把自己的历史说个清楚,岂不是要受"数典忘祖"的讥诮。于是又引一段清代道光皇帝和贵州巡抚乔用迁关于贵阳的对话来看贵阳人物的特色。

道光皇帝问:"贵阳于四封无所介,俗何如?"

乔用迁答:"是亦多侨籍,合吴楚之优良聚族于斯土地,其民华。"皇帝说:"趋于华也易,返于朴也难。朴,惟恐其陋也;华,尤恐其伪也。"

乔用迁把这段话引入他写的《贵阳府志序》中,特别注意"见士用官,不取华缛雕琢,诚欲正其趋,抑其俗。"贵州自明代永乐年间建省前后,由吴楚(长江中下游)进入贵州的军队、官员、工商业者、农民和从事医卜星相,笙箫鼓乐的人日益增多,又因集中在布政司、按察司、巡抚所在地的贵阳和其他府、州、县,这些"优良聚族于斯土",和原来生活在这里的各民族文化上交流与交融,所以"其民华"。华是聪明、秀丽的意思,贵阳是这样,各府、州、县又何尝不是这样?从这些情况来理解明清五百多年的六千举人,七百进士的培养和成名,就有充分的说服力了。

明朝开国的朱元璋,是一个小僧从军起家的,他在军事力量发展起来的同时,就注意到要在政治、经济和文教各个方面来收拾人心,安定占领区,进而窥复中原。他先用了文人李善长为他策划军机,后又延请刘基、宋濂、章溢和叶琛四位学人来参与政事。这四位儒家道统的文士,为朱元璋讲孔孟的经学,所以天下一统后,就颁令大兴儒学,用孔孟的礼义一套治术来统一天下。播州、贵州(贵阳)、思南早就建学的。洪武二十七年(1394年)建贵州宣慰司学。第二年下诏各土司都要立儒学。永乐十一年(1413年)建省,第一任布政使蒋廷瓒原是工部侍郎,河南滑县人,史家说他年少时就有学识,懂得治理政事。第一任按察使成务,举人出身,是个清廉的官员。宣德元年(1426年),贵州设巡抚,首任为吴荣。明代开国,很重视边疆大吏的人选,清代也是这样,来贵州担任重要职务的,多是有才学,有治术,还有胆识的人。他们都把在省城考中的举人当作自己的学生,清道光时湖南人贺长龄作巡抚,称郑珍为郑生。看贵州文化的演变,一些布政使、按察使、佥事、学政等人也是值得研究的。

贵州的士子最早是到云南参加会试,名额有限。到嘉靖年间即十六世纪初,思南人田秋,进士出身,上疏请求云南、贵州各自开科考试,批准云南四十名,贵州二十五名。其实早在宋代播州(遵义)就有冉从周、杨震等八人中进士。进入明代洪武年间,有桐梓的赵仕禄;正统时有务川的申祐,平越(今福泉)的黄绂;景泰时有贵竹(今贵阳)的易贵、黄平的周瑛等多人。申祐官至御史,土木堡之变时,代英宗皇帝遇害。黄绂当御史时,敢于直谏,在群臣中称他是"硬黄",后来做南京户部尚书。易贵当过辰州知府,是贵州最早研究《易经》有著作的人。隔了六七年才是王阳明的学生的贵阳人汤冔、陈宗鲁等中进士。周瑛作过广西布政使,还乡创办书院,培养地方学子,在这位乡贤的教育影响下,黄平中进士的二十九人,举人一百以上。清平卫(凯里)的孙应鳌,是一位哲学大师，被称作阳明再传弟子。南明的东阁大学士马士英，历来对他的贬词很多，但毕竟是黔产进士。清初的周起渭（渔璜），单是参加编纂《康熙字典》这一件事，已使他名垂千古。安平县（今平坝）的陈法也是研究《易经》有创见的官员兼学者。独山的莫与俦，与方志学奠基人江苏章学诚是同时代的学者。与俦任遵义府学教授，讲授汉学，启迪了西南大儒郑珍、莫友芝。遵义的黎恂是"沙滩文化"的开拓者。广顺的但明伦官至两淮盐运使，手批的《聊斋》是《聊斋》研究的优秀之作。胡林翼曾赞誉贵州多才，特别指出但明伦。贵阳黄辅辰、黄彭年父子，都入清史《循吏传》，石赞清在天津抵制英国军人的欺侮，铁骨铮铮，令人敬佩。黎平的胡长新、织金的丁宝桢、都匀的陶廷杰、大定的章永康、镇远的谭钧培、安顺的姚大荣、修文的陈国祥等等若干知名之士，不及一一列举。还有必要提到贵阳的陈田、姚华、李端棻等人。陈田是光绪十二年进士，官至给事中。在朝廷弹劾大奸大恶的奕劻、袁世凯，声震天下。后来退居家中，完成《明诗纪事》一百八十七卷和他个人的其他著作。他家里的"听涛斋"匾，现悬挂北京中华诗词学会，可见其影响的深远。李端棻是光绪二十四年中进士的，他是顺天府尹李朝仪的侄儿，也是梁启超的内兄，官至礼部尚书，支持康有为、梁启超、谭嗣同等人的变法维新主张，被慈禧太后一伙贬去西北充军。端棻留下的《苾园诗存》有以"学术思想"、"政治思想"和"国家思想"为题的三首诗。在清末那样政治腐败的情况下，一个做礼部尚书的大官有这样先进的思想，实在是难能可贵啊！姚华是光绪三十年中的进士，曾留学日本，是一个才华横溢，有文学艺术多方面成就的奇人，在北京名噪一时。著名史学家郑天挺曾入门受教。中国传统的观人论事有一条至关重要的标准，必须重人品，贵州进士中无论在朝做官，在外做封疆大吏，次而做府道首要或是教授编修，都有特行可以传述，又还都有作品问世。这七百三十位进士，应当挑选成就大的写出专稿，启迪后代。

举人六千多，从何说起。举人低进士一格，但有的举人在学术、诗文和艺术多方面，超过进士和状元。被称誉为"天末才子"的谢三秀，不过是一贡生。明末清初以诗才史学出名的吴中蕃，为南明抗清牺牲的杨龙友，写《鸳鸯镜传奇》讴歌明代忠烈杨涟、左光斗的傅玉书，译《华盛顿传》，最早介绍民有、民治、民享思想的黎汝谦，在贵阳和严修一起讲学经世学堂的雷廷珍，以及郑珍、莫友芝，都是举人出身。这些人的事迹都有专书记述。

贵州历史上的名宦、学人对后进的培育，山川形势的磅礴气概给人的影响，几百年上千年的文化孕育，"纵是崎岖关格处，诗书礼乐总相通"。锦屏的苗族诗人龙绍讷，水西彝族的余达父一门几位诗人；还有女诗人申辑英、周婉如、安履贞；佛门的语嵩、丈雪等，先后联袂而起。流风余韵，沾溉百世。贵州的进士、举人们多有诗文集子，有的在外省做官，倡导或主持编修志书，都蜚声国内。

作者简介

陈福桐（1917—2010），贵州遵义人，笔名梧山。曾担任贵州省地方志编纂委员会《贵州省志》副总纂、省地方志协会副会长，参与恢复省文史馆建制工作和创办《贵州文史丛刊》。创作诗词1000余首，研究评论的地方史志文章辑为《十年修志文存》、《梧山文稿》。其中，《六千举人七百进士》、《黔诗五百年储灵孕秀的因果探索》两文影响深远。

注释

① 本文选自《贵州文史天地》。

导读

自古以来，贵州与中原关山阻隔，交流甚少，"外界对贵州岂止是陌生，更有许多误会与成见",清初戏剧家孔尚任就认为"黔阳(贵州)无人才",是文化沙漠。然而贵州文化老人陈福桐先生以他对贵州文化的深刻理解,从浩繁的史料中爬梳、整理,发现明、清之际,贵州文化勃兴,英才辈出。543年间,竟产生过六千多个举人,七百三十多个进士,而且个个有名有姓,有县份籍贯,有职位。他激动万分,挥笔写就《六千举人七百进士》一文。洋洋洒洒数千言,从历史文化的源流、演进、脉络来成规模地彰显了贵州人才整体状况。去粗取精,去伪存真。文辞流畅,内容丰富,持论公允,史料翔实,视野广阔,在对贵州文化的认识上有振聋发聩之功,雄辩地一扫贵州无文化的成见。本文也被国内文史界视为贵州文化史的一次"哥伦布般的发现"。阅读此文,可以帮助我们认识贵州人才史,深化对贵州省情的认识,激励我辈奋发向上,爱我家邦。

思考与交流

1. 被误读、被描写甚至被忽视是我们贵州文化经常面对的问题,近年来,虽然政府出于创建旅游大省的需要,加强了对贵州的宣传,这是一个良好开端,但把宣传力度放在介绍贵州山美水美与民族风情上,还不足以打消世人的误解与偏见。对贵州文化进行"自我描写与认识"、总结与推出是解决这个问题的关键。陈福桐老先生以浓浓的贵州情愫,以及对历史文化高度的负责感推出的系列贵州文化大作,从中国文化整体中找到本土文化之独特视角与位置,为我们做出了榜样。想想看,作为一名贵州的大学生,你可以为贵州文化的再认识和推广做些什么呢?

2. 明清两代,贵州在地方官的大力扶植、培养下,儒学、书院、社学、义学、私塾勃然兴起,在华夏的科举场上书写了"六千举人七百进士"辉煌壮举。这有力地证明了教育的作用。请课外自主阅读《贵州教育史》,以贵州教育事业后继者自励的精神,为"兴黔之风"再起的今日,作出必要的思考。

(王又新)

伞下的侗寨①

余秋雨

一

这是翠绿群山间的一个小盆地,盆地中间窝着一个几百户人家的村寨。村寨的房屋全是黑褐色的吊脚楼,此刻正朦胧着灰白色的雾气和炊烟。把雾气和炊烟当作宣纸勾出几笔的,是五座峭拔的鼓楼。

鼓楼底层开放通透,已经拥挤着很多村民和过路客人,因为在钟楼边的花桥上,另一些村民在唱歌,伴着芦笙。

唱歌的村民一排排站在花桥的石阶上,唱出来的是多声部自然和声,沉着、柔和、悦耳。这些村民有一年被选到法国巴黎的一次国际合唱节里去了,才一开口,全场屏息,第二天巴黎的报纸纷纷评论,这是中国所有歌唱艺术中最容易被西方接受的一种。

村民们没有听过太多别的歌唱艺术,不知道法国人的这种评论是不是有点夸张。但他们唱得比平时更来劲了,路人远远一听就知道:咳,侗族大歌!②

不错,我是在说一个侗族村寨,叫肇兴。地图上很难找得到,因此我一定要说一说它在地球上的准确方位:东经109°10′,北纬25°50′。经纬交汇处,正是歌声飘出的地方。

唱歌的村民所站立的花桥就像一般所说的"风雨桥"，很大，筑有十分讲究的顶盖，又把两边的桥栏做成两溜长椅。不管风晨雨夕还是骄阳在天，总有不少村民坐在那里观看河景，说说笑笑。此刻，桥头的石阶变作了临时舞台，原来坐在桥栏边的村民没有起身，还是坐着，像是坐在后台，打量着自己的妻子、女儿、儿子的后脑勺。

　　这些站在桥头石阶上唱歌的村民中，不同年龄的妇女都穿上了盛装。中年妇女的服装比较收敛，是黑色为底的绣花衣，而站在她们前面低一级石阶上的姑娘们，则穿得华丽、精致，配上一整套银饰，简直光彩夺目。据说，姑娘们自己织绣多年的大半积蓄，父母亲赠予她们的未来妆奁，都凝结在这套服装中了。这里的财富不隐蔽，全都为青春在叮叮当当、闪闪烁烁。

　　领唱的总是中年妇女，表情比较严肃，但她们的歌声在女儿辈的身上打开了欢乐的闸门。我一遍遍地听，当地的侗族朋友在我耳边轻轻地介绍着歌曲内容，两头听下来终于明白，这样的歌唱是一门传代的大课程。中年传教给青年，青年传教给小孩，歌是一种载体，传教着人间的基本情感，传教着民族的坎坷历史。像那首《珠郎娘美》的叙事长歌，就在向未婚男女传教着什么是爱情，什么是忠贞，为了爱情与忠贞应该作出什么样的抗争，付出什么样的牺牲。

　　歌声成了民族的默契、村寨的共识、世代的叮咛。但是，这种叮咛从来不是疾言厉色，而是天天用多声部自然和声完成。这里所说的"多声部自然和声"已不仅仅是一个音乐概念，而是不同年龄间的一种共同呼应、集体承认。这里的课本那么欢乐，这里的课程那么简明，这里的教室那么敞亮，这里的考试那么动人。

　　这所永恒的学校，大多以女性为主角。男性是陪衬者，唱着雄健有力的歌，作为对母亲、妻子、女儿间世代叮咛的见证。他们更以芦笙来配合，不同年龄的男子高高矮矮地吹着大小不一的芦笙，悠悠扬扬地搀扶着歌声走向远处。女性们获得了这样体贴的辅佐，唱得更畅快了。

　　我听一位在村寨中住了几年的外来人说，在这里，几乎每天在轻轻的歌声中醒来，又每天在轻轻的芦笙中睡去。我一听就点头，因为我这几天住宿的那家干净的农家旅馆，边上就是一条河，永远有一群一丝不挂的小男孩在游泳，边游边唱。在近旁洗衣服的小女孩们不唱，只向小男孩们泼水。她们是主角，是主角就不轻易开口。明天，或者后天，她们就要周周正正地站在花桥石阶的最低一级与大人们一起歌唱了。那些小男孩还站不上去，只能在一边学吹最小的芦笙。

　　我们平日也可能在大城市的舞台上看到侗族大歌的演出，但到这里才知道，歌唱在这里不是什么"余兴节目"，而是全部生活的起点和终点，全部历史的凝炼和传承，全部文化的贮存和展开。

二

　　歌声一起，吊脚楼的扇扇窗子都推开了，很多人站在自己家的窗口听。这个画面从鼓楼这里看过去，也就成了村寨歌会的辽阔布景。

　　石桥、小楼、窗口，这本来也是我家乡常见的图像。岂止是我家乡，几乎整个江南都可以用这样的图像来概括。但是，今天在这里我发现了一个重大差别。江南石桥边楼房的窗口，往往有读书人在用功。夜间，四周一片黑暗，只有窗口犹亮，我历来认为，那是文明传承的灯火。

　　我也曾经对这样的窗口灯火产生过怀疑：那里边攻读的诗文，能有几句被窗下的乡亲知晓？如果说，这些诗文的功用，是浮载着书生们远走高飞，那么，又留给这里的乡亲一些什么？

　　答案是，这些书生不管是发达还是落魄，不管是回来还是不回来，他们诵读的诗文与故乡村庄基本无关。因此，河边窗口的灯光对于这片土地而言，永远是陌生的，暂驻的，至少，构不成当时当地的"多声部自然和声"。

　　侗族长期以来没有文字，因此也没有那些需要日夜攻读的诗文。他们的诗文全都变成了"不著一字"的歌唱。这初一看似乎很不文明，但是我们记得，连汉族最高水准的学者都承认，"不著一字"极有可能是至高境界。我这样说当然不是否定文字在文明演进过程中的重要作用,只是对自己作一个提醒:从最宏观的意义上看,在文明演进的惯常模式之外,也会有精彩的特例。

不错,文字能够把人们引向一个辽阔而深刻的精神世界,但在这个过程中要承担非常繁重的训练、校正、纷争、一统的磨炼,而磨炼的结果也未必合乎人性。请看世间多少麻烦事,因文字而生?精熟文字的鲁迅叹一声"文章误我",便有此意。如果有一些地方,不稀罕那么辽阔和深刻,只愿意用简洁和直捷的方式在小空间里浅浅地过日子,过得轻松而愉快,那又有何不可?

可以相信,汉族语文的顶级大师老子、庄子、陶渊明他们如果看到侗族村寨的生活,一定会称许有加,流连忘返。

与他们不同的是,我在这里还看到了文字崇拜的另一种缺陷,那就是汉族的饱学书生几乎都不擅歌舞,更无法体验其中的快乐。太重的学理封住了他们的歌喉,太多的斯文捆住了他们的舞步。生命的本性原来是载歌载舞的,在他们身上却被褊狭的智能剥夺了大半。

欧洲的文艺复兴,其实是对于人类的健全和俊美的重新确认,从奥林匹亚到佛罗伦萨,从维纳斯到大卫,文字都悄悄地让了位。相比之下,中国的书生作了相反的让位。只有在边远的少数民族地区,才会重新展现生命的更本质方面。

三

花桥石阶上的歌唱一结束,有一个集体舞蹈,歌者和观者一起参加,地点就在宽敞的鼓楼底下。这时才发现,在集体舞蹈围绕的圆心,也就是在鼓楼的中央,安坐着一圈黑衣老者。老者们表情平静,有几个抽着长长的烟竿。他们是"寨老",整个村寨的管理者群体。一个村民,上了年纪,又德高望重,就有资格被选为寨老。遇到村寨安全、社会秩序、村民纠纷、节日祭祀等等方面的事情,鼓楼的鼓就会击响,寨老们就会聚集在这里进行商议。寨老中又有一位召集人,商议由他主持。寨老们做的决定就是最后决定,以示权威。

寨老们议事也有既定规范。由于没有文字,这些规范成为寨老们必须熟记的"鼓词"——鼓楼下的协调规则,听起来很是有趣。石干城先生曾经搜集过,我读到了一些。其中一段,说到村寨的青年男女们在游玩中谈情说爱理所当然,而过度骚扰和侵犯却要受到处罚,很典型的展示了鼓词的风格。且引几句——

> 还有第二层,
> 讲的是男女游玩的事。
> 耳边插鸡尾,拉手哆耶,
> 墙后弹琵琶,相依唱歌,
> 依身在门边,细语悄言,
> 不烦规矩,理所当然。
> 倘有哪个男人伸脚踩右,伸手摸左,
> 狗用脚爬,猫用爪抓,
> 摸脚掐手,强摘黄花,
> 这类事,事轻罚酒饭,
> 事重罚金银,罚他一百过四两。

这种可爱的规矩,本来就包含着长辈的慈祥口气,因此很有禅性。真正处罚起来,还要看事端的性质和事主的态度,有所谓"六重六轻"之分,因此就需要寨老们来裁决了。但是,处罚也仅止于处罚，没有徒刑。因为这里的侗族自古以来都没有警察，没有监狱，当然更没有军队。

寨老不是官员，没有任何特权。他们平日与村民一样耕种，养家糊口，犯了事也一样受到处罚。他们不享受钱物方面的补贴，却要承担不小的义务。例如外面来了一些客人，他们就要分头接到家里招待。如果每个寨老都接待了，还有剩余的客人，一般就由那位寨老召集人负责了。

"因此，一位长者要出任寨老召集人，首先要征得家里儿女们的同意，需要他们愿意共同来承担这些义务性开支。"两位年轻的村民看我对寨老的体制很感兴趣，就热情地为我解释。

我一边听，一边看着这些黑衣长者，心想，这就是我心中长久向往的"村寨公民社会"。

道家认为，一个社会，机构越简负累也越简，规则越少邪恶也越少。这个原则在这里得到了最好的体现。

我所说的"村寨公民社会"，还包括另一番含义，那就是，村寨是一个大家庭，谁也离不开谁。到街上走走，总能看到很多妇女一起织一幅布的情景。这里的织布方式要拉开很长的幅度，在任何一家的门院里都完成不了，而是需要四五家妇女联手张罗。这到底算是一家织布几家帮忙，还是本来就是几家合织？不太清楚。清楚的是，长长的棉纱把好几家人家一起织进去了。

织布是小事，遇到大一点的事情，各家更会当作自己家的事，共同参与。

更让外来者惊讶的是，家家户户收割的粮食都不藏在家里。大家约定放在一个地方，却又都不上锁。一位从这儿出生的学者告诉我，在侗语中，根本没有作为名词或动词的"锁"的概念。

入夜，我站在一个杉木阳台上看整个村寨，所有的吊脚楼都黑乎乎地溶成了一色，不分彼此。这样的村寨是真正平静的，平静得连梦都没有。只待晨光乍露时第一支芦笙从哪一个角落响起，把沉睡了一夜的歌声唤醒。

四

我所站立的杉木阳台，是农家旅馆的顶层三楼，在村寨里算是高的了。但我越来越觉得，对于眼下的村寨，万不能采取居高临下的考察视角。在很多方面，它比我们的思维惯性要高得多。如果说，文化生态是一门最重要的当代课程，那么，这儿就是课堂。

当地的朋友取笑我的迷醉，便在一旁劝说：还是多走几个村寨吧。

我立即起身，说：快！

离肇兴不远，有一个叫堂安的寨子。我过去一看便吃惊，虽然规模比肇兴的寨子小，但山势更加奇丽，屋舍更有风味。这还了得，我的兴头更高涨了，顺着当地朋友的建议，向西走很远很远的路，到榕江县，去看另一个有名的侗寨——三宝。

一步踏入就站住了。三宝，实在太有气势。打眼还是一座鼓楼，但通向鼓楼的是一条华美的长廊，长廊两边的上沿，画出了侗族的历史和传说。村民们每天从长廊走过，也就把祖先的百代艰辛慰抚了，又把民族的千年脚力承接了。这个小小的村寨，一开门就开在史诗上，一下子抓住了自己的荷马。

鼓楼前面，隔着一个广场，有一排榕树，虬劲、苍郁、繁茂，像稀世巨人一般站立在江边。后面的背景，是连绵的青山，衬着透亮的云天。这排榕树，是力量和历史的扭结，天生要让世人在第一眼就领悟什么叫伟大。我简直要代表别的地方表达一点嫉妒之情了：别的地方的高矗物象，大多不存在历史的张力；别的地方的历史遗址，又全都失去了生命的绿色。

在这排大榕树的左首，也就是鼓楼的右前方，有一座不大的"萨玛祠"。萨玛，是侗族的大祖母，至高无上的女神。

我早就推断，侗族村寨一定还有精神皈依。即使对寨老，村民们已经给予了辈分性、威望性的服从，却还不能算是精神皈依。寨老会更替，世事会嬗变，大家还是需要有一个能够维系永久的象征性力量，现在看到了，那就是萨玛。

问过当地很多人，大家对萨玛的由来和历史说法不一，语焉不详。这是对的，任何真正的信仰，都不应该被历史透析，就像再精确的尺子也度量不了夜色中的月光。

我问村里几位有文化的时尚年轻人："你们常去萨玛祠吗？"

他们说："常去。遇到心里不痛快的事就去。"

我问："如果邻里之间产生了一点小小的矛盾，你觉得不公平，会去找村里的老人、智者去调解，还是找萨玛？"

他们齐口同声："找萨玛。用心默默地对她诉说几句。"

他们那么一致，使我有点吃惊，却又很快在吃惊中领悟了。我说："我知道了，你们看我猜得对不对。找公平，其实是找倾诉者。如果让村里人调解，一定会有一方觉得不太公平。萨玛老祖母只听不说，对她一说，立即就会获得一种巨大的安慰。"

他们笑了，说："对，什么事只要告诉她了，都成了小事。"

就这么边说边走，我们走进了萨玛祠。

我原想，里边应该有一座塑像，却没有。

眼前是一个平台，中间有一把小小的布伞，布伞下有很多鹅卵石，铺满了整个平台，平台边沿，有一圈小布人儿。

那把布伞就是萨玛。鹅卵石就是她庇荫着的子孙后代，边沿上的小布人儿，是她派出来守护子孙的卫士。

老祖母连自己的形象也不愿显露出来，全然化作了庇护的心愿和责任，这让我非常感动。我想到，世间一切老祖母、老母亲其实都是这样的，舍不得留给自己一丝一毫，哪怕是为自己画个像，留个影。

于是，这把伞变大了，浮悬在整个村寨之上。

一位从小就住在萨玛祠背后的女士走过来对我说，村民想把这个祠修得大一点，问我能不能题写"萨玛祠"的三字匾额。

我立即答应，并深感荣幸。

世上行色匆匆的游子，不都在寻找老祖母的那把伞吗？

我还会继续寻找归程，走很远的路。但是，十分高兴，在云贵高原深处的村寨里，找到了一把帮我远行的伞。是鼓楼，是歌声，是寨老，是萨玛，全都乐呵呵地编织在一起了，编织得那么小巧朴实，足以挡风避雨，滤念清心，让我静静地走一阵子。

作者简介

余秋雨（1946— ），浙江余姚人（今慈溪市），文学家、散文家、当代中国文化史学者、当代著名艺术理论家。著有理论著作《戏剧理论史稿》、《戏剧审美心理学》，散文集《行者无疆》、《文化苦旅》、《山居笔记》、《霜冷长河》、《千年一叹》等，文化通史《问学余秋雨》，长篇记忆文学《借我一生》、《我等不到了》等，学术专著《中国戏剧文化史述》、《艺术创造工程》、《中国戏剧史》、《艺术创造论》、《观众心理学》等。

注释

① 本文选自《解读贵州——余秋雨黔东南纪行》。 ② 侗族大歌：中国侗族地区一种多声部、无指挥、无伴奏、自然合声的民间合唱形式。1986年，在法国巴黎金秋艺术节上，贵州黎平侗族大歌一经亮相，技惊四座，被誉为"清泉般闪光的音乐"、"掠过古梦边缘的旋律"。侗族大歌起源于春秋战国时期，至今已有

2 500多年的演唱历史。

导读

《伞下的侗寨》一文以巧妙的构思和独特的叙写视角,将黔东南侗寨生活场景、自然景观与作者的主观情愫相结合,多方位地对贵州黔东南地区原生态的风土人情、宗教习俗、文化景观等进行考察、思考,生动地展现了贵州黔东南地区侗民族别具一格的风情、文化、习俗、景观,促进了贵州黔东南告别以往的默默无闻,让其显现出靓丽秀逸的身姿和原汁原味的文化景观,使其以独特的魅力走向中国,走向世界。

文章结构舒展自如,语言内涵深邃,作者把贵州黔东南少数民族文化与中国汉文化、欧美意大利、奥地利等国历史文化相比照,生发出深沉的感慨,作出中肯的评价,联想的丰富,感情的饱满,让读者感受到了作者作为文化学者的渊博,不仅使读者读之趣味盎然,获得审美情趣,还了解了更多的文化景观,获得更多的思想启迪。

思考与交流

1. 如作者所言:《伞下的侗寨》与《蚩尤的后代》、《我本是树》等文章在互联网上出现后,黔东南的外来游客上升了84%,多数游客都说是看了文章才去的。请结合你的理解,谈谈文化和旅游的关系。

2. 结合现代语境,谈谈怎样向世人展示贵州原生态的人文、自然景观?

(张金富)

苗族古歌选编①

田园之舞

别人生性好偷闲,	田中栽的是稻粮,	犁耙古老的田园,
姜央②生来勤开田,	上坎让它种苎麻④,	啄木鸟从东方来,
开田开在尖高山,	麻杆长到三庹长⑤,	啄着黄檀树一枝,
他拿衣袖当撮箕,	等到妹榜⑥回家转,	声同木鼓咚咚响。
他用手指作钉耙,	麻线几绺帽上拴,	姑娘耳灵听见了,
他用牛角作铁钎,	作祭仪给妹榜看,	声连着声叫姜央:
勇③用什么下基脚?	妹留⑦见了心喜欢。	"像是祖先节日到,
勇用原木下基脚,	下坎让它栽竹子,	当年爹娘祭鼓响。"
央用石块来塞牢,	竹笋长到三庹高,	
砌成田坎弯又长。	留下竹子作什么?	姜央解索放了牛,
用黄沾土筑里坎,	蓄它长大作祭杆,	把牛放在田中央,
筑成田坎东西向,	作祭仪给妹榜看,	爬上田坎来跳舞,
田水荡漾闪波光。	妹留见了心里甜。	轻轻三步往前跳,
……	……	慢慢三步向后转。
姜央开荒造田园,	姜央牵牛去犁田,	会跳不会转腰身,

会扭又不会换步。　　　　　　姜央急忙放了牛，　　　　　让给哪个来跳舞？
水中瓢虫在跳舞，　　　　　　把牛放在田中央，　　　　　让给牛鞭来跳舞，
瓢虫教央转腰身；　　　　　　爬上田坎来踩鼓，　　　　　鞭子任情轻轻舞。
蜜蜂来教腊⑧跳舞，　　　　　轻轻三步往前跳，　　　　　还剩那个牛脑壳，
央学踩鼓像蜜蜂，　　　　　　慢慢三步向后走。　　　　　让给哪个来踩鼓？
才像祖先吃鼓藏，　　　　　　腊跳啄木鸟的鼓，　　　　　让给蚊蝇来踩鼓，
像南良⑨祭祖一样。　　　　　耕牛跳的什么鼓？　　　　　牛虻在牛头飞舞。
　　　　　　　　　　　　　　耕牛在大田中舞。　　　　　还有一种窄地鼓，
央妹是个好姑娘，　　　　　　还有牛膝牛腿间，　　　　　拐角尖尖不犁处，
声连着声叫姜央：　　　　　　让给哪个来跳舞？　　　　　让给钉耙来踩鼓，
"像是祖先的鼓响，　　　　　让给牛尾巴跳舞。　　　　　四齿钉耙来欢舞。
像是古时祖先鼓。"　　　　　还有耕牛的身子，

注释

①本文选自《苗族古歌》。苗族古歌是苗族古代先民在长期生产劳动中创造出的史诗、神话和传说。它以歌谣方式传唱至今,其内容从开天辟地、人类和物种起源、大洪水、大迁徙,到苗族古代社会民俗和日常生产生活等,无所不包;分为创世型古歌、迁徙型古歌、婚姻型古歌和生活型古歌。它是苗族的心灵记忆,是苗族古代社会的百科全书,具有史学、民族学、人类学、哲学、文学等多方面价值。　②姜央:蝶母所生的人类祖先,简称央,又名腊或央腊。　③勇:传说是央的姐夫。　④苎麻:草本植物,高1—2米,重要的纺织纤维作物。　⑤庹(tuǒ):我国一种约略计算长度的单位,以成人两臂左右伸直的长度为标准,约合五市尺。⑥妹榜:即白枫树所生的蝶母,是人类和一切动物的母亲。　⑦妹留:即妹榜。　⑧腊:即姜央。　⑨南良:古地名,现指何处不详。

导读

　　本部分所选苗族古歌属于生活型古歌《打杀蜈蚣》的一部分。《打杀蜈蚣》讲述勤劳聪明的姜央因为开荒种田与象征阻碍劳动的自然力量的蜈蚣发生冲突而被蜈蚣咬伤中毒,而后姜央被治愈,蜈蚣则被杀死的故事,再现了苗族先民面对大自然的不屈抗争,热情赞颂了劳动英雄的勤劳、聪明、勇敢。所选部分的题目《田园之舞》是编者加的。《田园之舞》主要描绘姜央痊愈后继续开荒劳动,并祭祀蝶母的欢庆场面。

思考与交流

　　1. 你认为艺术活动与劳动生活有什么关系?

　　2. 包括劳动在内的一切人类活动都会或多或少地影响我们生活的环境以及整个自然界。古歌中人类为了生存和自然界发生了冲突,并最终战胜自然获得丰收。时至今日人与自然的冲突依然存在。请根据自己的生活经历,谈谈你所认同的人与自然的关系是怎样的。

　　3. 古歌中的姜央勤劳、勇敢、聪明。请结合生活,谈谈你最重视的美德;或者,谈谈你认为什么是最基本的美德。

九黎之战①

德能的地方说有鳄鱼破坏田地,　　　　　说鳄鱼竖起尾巴能打到蓝天,
王纪②的地方说有鳄鱼破坏人类。　　　　抬头拱沙能将岩石下如雨点。

斜着翅膀德能就倾山倒岭，
王纪就殿倒官塌。

于是，德能就聚集兵马，
王纪就集中队伍。
……
可是，鳄鱼没有被打倒，
它仍发威来破坏人间。
德能才用布告来张贴，
王纪才用文书来传达。
谁能将鳄鱼来击毙，
谁能将鳄鱼来杀绝。
疆土分给股，
土地对半分。
……
九位龙姑娘，
能使鳄鱼灭绝。
九个雷青年③，
能将鳄鱼杀尽。
黄花菜从斜谷中拿来，
芮芭草从锈谷中取出。
尾奴④成堆地拿来，
茶油饼成垛地取出。
……
来到德能清澈的潭内，
到达鳄鱼发威的住址。
到达王纪明亮的大河中，
鳄鱼行凶的所在。
黄花菜扔到潭底，
芮芭草扔去滩头。
尾奴草扔到清澈的潭底，
油茶饼扔到明亮的大河中。

两次三天，鳄鱼就坐不住了，
两天三宿，鳄鱼就待不成了。
鳄鱼浮起仰腹，
鳄鱼飘起仰胸。
九位龙姑，
九个雷神。
用鱼叉去揪打，
用鱼叉去抽杀。

拉扯鳄鱼离开深潭来到草坡地，
抬鳄鱼出大河来到沙滩旁。
用刀来剖腹，
用斧来砍胸。
……
德能告诉九位龙神说道：
"你们的人情我们记住了，
你们的好言好语我们听进去了。"
王纪告诉九位雷神说道：
"地方我们分给，
住址我们相送。
你们得过这一段时间再来商谈，
过了这一段困境你们再来相议。
说过的话我们承诺，
谈过的事我们答应。
一言不会欺骗，
一语不会推托。
你们放心地回去，
你们安心地回家。"

九位龙仙，
九个雷神。
才扭住驴嘴上路，
调转马头返乡。
回住雷鳌，
返居雷岘⑤。
行走北方去为年，
上下南方来做岁。
……
又去到德能的家乡，
又返到王纪的故土。
德能在地板上饮酒不去理睬你们的朋友，
王纪在堂屋中吃肉不来理会你们的伙伴。
人情不理会你们的，
好言好语也没有记住你们的。
没有记住你们的恩情，
也没有记住你们的仁义。
地方不能相分送，
住址也不能相给予。
说完就面目冷生生，
讲尽就脸色很冷漠。

这九位就调转驴头往回走，
拨转马头返家行。
回家就把话告诉了柏倪婆婆⑥：
"我们想与德能比试技艺，
想与王纪较量刀箭。
要向他试兵马，
要与他较量阵势。"
柏倪婆婆点头同意，
默默赞同。

这样，妇女才引着伯母婶婶，
男子才带领哥兄老弟。
绿雾是他们的绿马，
白雾是他们的白马。
红雾是他们的红马，
黑雾是他们的黑马，
灰雾是他们的灰马。
凉风是他们的挥鞭，
急风是他们在抽马。
细雨是他们的众兵，
阵雨是他们的战将。
去到德能的乡土，
进入王纪的地方。
去到德能比箭的地方，
九位就要去与之比箭。
进入王纪的赛马场所，
九个就要去与之赛马。
……
九位龙神不惧德能利害的弓鸣声，
九个雷神不怕王纪凶狠的枪响。
九位龙神只用三千的冰雹与雨相间而行，
九个雷神只用三百的霜与雨相辅。
冷风只吹三次，
雪霜只刮三回。
德能的兵马就东倒西歪，
王纪的士兵就偏东倒西。
九位就将德能的房屋旋转，
九个就把王纪的殿堂颠倒。
……
我们来是要让你们回忆以往的言论，

我们到是让你们记忆起他日的承诺。
你们为什么要呼唤三千的兵马来攻打我们？
为什么要派三百射手来杀害我们？
以往你们说过的话为什么不算数？
以往你们讲过的言语为什么不承诺？
我们要与你们讲道理，
我们要与你们辨是非。
……
德能不断地派人来开枪，
王纪不停地叫人来放箭。
"于是，我们才把他们的兵马杀伤，
才将他们的房屋倾倒。"
这样才请来媒人，
又求来理师。
……
德能的讼事输了也完结了，
王纪的官司败了也了断了。
可是，德能总不肯服输，
王纪也不肯承认失败。
……
德能才挥开马脚，
王纪才叉开骡腿。
去到姜峙雷鳌的地方，
到达姜三雷岘的故土。
才向姜峙雷鳌问道：
"九位龙神是你们外甥吗？"
姜峙雷鳌一口答应，
姜三雷岘⑦一声回答道：
"是的，九位是我们的外甥，
我们是九个的舅舅。"
……
今天，你们的外甥踢倒了我们的仓库，
你们的外甥踏坏了我们的粮仓。
这是第一条。
说到第二条，
他们扔了我们的房屋使之歪斜，
抛了我们的殿堂使之弯绕。
还有第三条，
他们拉塌了我们的山坡，
拖垮了我们的山岭。
我们屋后的山岭，

大学人文与乡土教育读本

统统垮尽，全部塌光。

再有第四条，

他们打倒了我们的三千士兵，

杀光了我们的三百兵将。

第五条是你姜峙雷鼚姜三雷岘，

你们的双腿得起步，

你们的双脚得动身。

……

于是，姜峙雷鼚才去上德能处乘轿，

姜三雷岘才坐王纪派来迎接的坐椅。

……

我们来是要劝你们消气，

我们到是为了劝你们相好。

水要消去，

官司是要了结。

……

主人家庹布到尺到寸，

主人家量米升平斗满，

称银也不能差下分毫。

只有这样，水才能消去，

官司也才能了结。

……

德能请有理师，

王纪也请了寨老。

……

弘辉公公才来结束讼事，

弘焕婆婆才来了断案情。

让你们九位龙神雷神专管天上，

让德能王纪专管人间。

你们在天空看住世上，

你们在上天专看人间。

……

词成曲就，

话尽语完。

弘辉公公才来锁住词曲，

弘焕婆婆才来定住言语。

给饮一千九百九十九年，

锁定一千九百九十九代。

像竹子一样不允许反悔，

如同树木一般不让反复。

……

姜峙雷鼚来裁断，

姜三雷岘来判决。

他们用后背来背负，

用双肩来肩挑。

背负一千九百九十九岁，

肩挑一千九百九十九代。

你们已成为兄弟，

你们已成为朋友。

注释

① 本文选自《苗族创世纪史话》。 ② 德能与王纪：远古部落首领名，后人认为分别是炎帝与黄帝。
③ 九位龙姑娘、九个雷青年：柏（jiǔ）倪和姜祥之子，指代九黎部落。 ④ 芮芭、尾奴：草本植物名的音译，有毒，能毒死鱼虾；与黄花菜、油茶饼一样，都是毒杀鳄鱼的武器。 ⑤ 雷鼚（zhōu）、雷岘（xiàn）：远古地名的音译，九黎部落的发源地。 ⑥ 柏（jiǔ）倪婆婆：创世纪的人名，是九位龙姑娘、九个雷青年的母亲。 ⑦ 姜峙雷鼚、姜三雷岘：姜峙、姜三是创世纪的人名音译，是九位龙姑娘、九个雷青年的舅舅。姜峙、姜三分别住在雷鼚、雷岘，这里是将人名与地名联合使用。

导读

本部分所选苗族古歌属于创世型神话古歌《雷公词》的一部分。《雷公词》主要叙述苗族先民对宇宙万物的起源与形成的看法，以及苗族的产生、发展和迁徙的情况。所选部分的题目《九黎之战》是编者加的。《九黎之战》主要叙述苗族产生之后，逐渐发展壮大，以至于生产生活资料日益匮乏；正在此时德能与王纪诏告天下，寻求英雄铲除鳄患，并承诺赠予土地；而九黎助德能和王纪铲除鳄患后，二人竟然出尔反尔、食言而肥，以至于激怒了九黎部落，从而引发了炎黄与蚩尤之战。所选古歌对战争的起因、发展、经过和结果都有较为全面的叙述。在战争平息之后，九黎部落便开始迁徙，直至找到他们理想的家园。

思考与交流

1. 对于九黎之战的是非曲直，你有何看法？对于公平、正义你又有何看法？
2. 你还听说过其他版本的炎黄与蚩尤之战的神话传说吗？它们有何不同和相同？

（周　江）

布依族古歌选编①

十二个太阳

从前有十二个太阳，
晒干车下水，
整个世界全干旱，
鱼儿被晒死。
天旱这么久，
晒死坎下鱼，
干活没得吃，
人们生怨气。
……
从前有十二个太阳，
石头熔成沙，
天下老百姓，
谁把太阳杀？
……
从前有十二个太阳，
石头熔成片，

全乡来商量，
找英雄杀太阳。
……
王姜②硬像石，
才射得太阳。
万家会制弓，
魏家会造箭，
王姜力气大，
能射死太阳。
……

哪个杀太阳，
大田给他耕，
哪个杀太阳，
小田归他种。
……
百姓吼三声，
王姜就起身，
……
弓箭挂在肩，
去到马桑树③脚。
爬上马桑树，
与天神搏斗，
世人齐仰首，
看姜杀太阳。
……
射出第一箭，
三个同时落。
姜又壮又灵，
样儿真伶俐，
射出第二箭，
七个同时落。
射出第三箭，
射到天府堂，
射第五支箭，
射向太阳头，
射落了太阳，
世人喜洋洋，
……

王姜在马桑树上，
人们在下面分田，
等王姜回到地上，
田土已分完。
他去射太阳，
生死还未卜，
王姜在马桑树上，
世人在下面分田土。
世人哄骗咱哥们，
人们不记恩，
王姜回到地上，
田土已经分完。
……
世人哄骗咱兄妹，
咱俩来商量。
你们不给田算了，
以后见分晓，
……
骗咱去射太阳，
田塘有人占。
大田各有主，
小田各有种，
发洪水淹天，
看你们占大田。

洪水潮天

……
你们以为姜已死，

大学人文与乡土教育读本

拿王姜的田去分。
田土分成份，
问你们也不理。
你们说不分，
世人已得田，
王姜气冲冲，
到各地做买卖。
……
去到南方州城，
得瓜种来撒。
长藤又结果，
一天天长大，
藤粗叶青绿，
牵上马桑蓬。
……
别人抬粪壅④园子，
王姜割草做肥料，
壅葫芦瓜藤就嫩，
王姜不怕洪水淹。
这瓜种早熟，
很快就开花，
园内的瓜种，
花开得真快。
……
顺墙角牵去，
瓜果满藤挂。
藤像木锤粗，
葫芦像石盘大，
把头个砍丢，
留末尾个长大。
结第一个葫芦，
拿葫芦逗子孙，
结第三第四个，
留给王姜当房屋。
……
世人不记恩，
王姜怨又恨，

王姜上天唤雷公，
王姜下海唤蛟龙。
水淹没天下，
世人全灭绝，
发洪水淹地，
灭绝世间人。
……
河中洪水白茫茫，
王姜回家就进葫芦，
河中洪水白蒙蒙，
王姜乘葫芦上天。
……
王姜躲进葫芦里，
探出头来看，
在大海上游，
只见两兄妹。

兄妹结婚

双手拜雷公，
洪水流进溪，
拜天曹诺许⑤，
溪水消地下。
……
天下人绝灭，
灭绝无踪影，

普天下百姓，
娶哪个为妻?
……
想在咱们心里头，
算在咱们脑子里，
不成兄和妹，
点香不相对。
洪水淹乡村，
不见原来样，
不成兄和妹，
兄妹分散了。

我做不得妻呀哥!
不要讲傻话，
兄妹传人烟，
怕天上不允，
怕百姓不应，
世间不见这样做，
我做不得妻呀哥!
不要讲傻话。
……
听我说呀妹，
……
天下乱纷纷，
造人来管理，
水淹没天下，
世人已绝灭。
皇佑⑥来祈求，
叫王姜造人烟，
莫埋怨王姜，
世间无人种。
……
谈前又谈后，
小妹很气愤。
不用说弯话，
只剩咱们兄妹，
在岜完同住，
在岜眉⑦相聚。
兄妹敬金奎⑧，
兄妹得成婚，
兄妹配成双，
同心共商量。
在岜完同坐，
在岜眉相聚，
日夜共商量，
早晚同商量。
兄妹敬金奎，
兄妹得成婚……

注释

① 本文选自《布依族古歌》。　② 王姜:布依族神话传说中射日的英雄。　③ 马桑树:布依族神话传说中有一株摩天的马桑树直通上天,这里的马桑树具有天梯的功能。　④ 壅(yōng):把土或肥料培在植物的

根部。　⑤天曹诺许:神名。　⑥皇佑:神名。　⑦芭(bā)完、芭眉:布依族古代神话中的寨名。　⑧金奎:布依族管打"卦"的神。

 导读

布依族古歌有的产生于民族形成时期,有的产生时间则略晚一些,它以歌谣方式记载着布依族关于天地万物起源的神话,叙述着古代先民的生产劳动、宗教活动以及爱情生活;包括创世史诗、英雄史诗、叙事史诗、爱情史诗、情歌以及宗教经文等。

本部分所选布依族古歌属于创世型神话古歌,内容涉及射日、大洪水和人类繁衍。关于射日、大洪水和人类诞生繁衍的神话传说在各民族中都比较多见,但像布依族这样几段神话传说构成一个完整故事的却很少见。由于篇幅原因,所选部分删减了与总体情节关系不密切的具体细节,保留了古歌的基本情节,以此确保整个神话的完整性。古歌主要叙述布依族射日英雄与天斗、与人斗,并繁衍人类的故事,反映了布依族先民与自然抗争的无畏精神,表达了先民对自然的理解和对人类繁衍的看法。

思考与交流

1. 请你与大家交流自己所知道的创世型神话传说。

2. 古歌中姜因气愤而水淹天下,请问有没有比水淹天下更合理的解决方案,什么才是处理事情的基本原则?

3. 古歌中的兄妹为了繁衍人类而成婚。现实生活中人们也会因为各种各样的原因而结婚。根据你的所见所闻,谈谈何为婚姻。

(周　江)

侗族大歌二首①

情人伴侣(女唱)

安安静静
我唱支歌
告诉有情人
天放下地
细数村里
全都成双配对
丢姣②单身一人
四季凄凉
从那上界分手
害姣常思恋

痴心想郎

来到这时未逢
郎君忘我
似那桃树开花
开了又谢
情人伴侣
越走越远
再也难到
姣娘身边怜

今天情伴
做尾鱼游它溪
恐早有人
备好树枝罩

我姣来到
溪边蹭脚
不见鱼儿出
心里着急
郎君为何又去
做条龙游它江
丢下姣娘
做尾鱼守溪
他人有缘
与你共渡
丢姣空来一世
早晚痴望
直话告诉情伴

大学人文与乡土教育读本

若郎仍想
切莫丢情意下河

姣做雷响东方
情人伴侣
为何不来
做条龙滕海
今晚来到身边
借以忘忧愁
话语再好
就我牢记
常忆常思
又见情伴
掉进深潭暗处
即使每天常思恋
也无法告知情郎

郎君娶妻
似那新开梯田
流水暖洋洋
姣在世上
见人嫁娶
独姣坐空房
待到二月春过
别人配对成双
姣又怎样过
所有凄凉痛苦
压姣肩上
守那阳间一世
今晚特来
做那水搅滩

姣做布纱连架
郎何不来解踩板
你自娶她
肚里甜蜜
忘咱话语
害姣跟你讲惯熟
今又见郎
做只燕寻正月
才是丢我

做那二月天
情伴已成别人丈夫
把姣忘记
我俩话白讲
如今左思右想
白到阳世
来不逢时
不怪祖坟歪
姣娘只怪
命无缘

我俩男女
同只花船
沿着"乃河"③下
做对鱼儿共潭
剩我姣娘
常留恋
如今情缘已尽
情丢干净
太平过边
早知这样
上界阎王
不该放我姣娘下地
今也不会
留恋你们有情人

我俩同来
丢郎给人
白天见你跟她
登上高山耕种
讲点甜言蜜语
喜笑颜开
丢下姣娘
似那园边樱桃
酸难入口
只能遮荫
郎又不来乘凉
用话诓我
坐下抽烟
心却恋他人
今晚冥思细想

姣娘白来走一趟
白天上山
细算自身
命里无缘
忧愁不断
姣娘身价低
晚上苦想
忧伤重重
只想服毒吊颈
变成死鬼
忘记阳间忧愁
只想一死
眼看不见
到了那时
姣才把郎忘

情人伴侣（男还）

姣说痴心恋郎
难得这时相遇
话语未忘
好似楠木抽尖
我也不敢邀分手
遇上这段时间
心里高兴
老人相许
跟姣共屋
再也甩不分离
谁又知姣
有喜在身
害郎秋冬惦记
近拢来服侍

今我做尾
鱼在溪凼④
没有哪个
拿那树枝来罩
让我做尾
黑鱼露背出水
故意让你姣着急
今姣沿溪戳洞
出来一群

游进姣娘网兜
篓难装下
今我做条
潭中之龙
惟等着你
做那鱼来随
郎君细算
我俩男女
同海过渡
同门进出
共条河游走
我郎不敢
另寻新欢
偷度一世
决不丢姣
早晚盼望
好似墨线弹柱
没有哪处弯
郎心已定
难以解脱
怎会丢情意下河

郎心恋姣
似那园边樱桃
果满枝头
十冬腊月也不酸
你说做那树荫遮阳
情伴未见
日头西下
定会辛时斜
今我还未拢来
时辰拿不准
我娶他人
不干不净
笑颜在浅
不像别人
白天盼着黄昏
扑在腿上睡觉
相恋相依
不舍离开
抽烟一袋接一袋

几天深夜
坐在姣边
别人都走
姣才对我
把话说完
我才明白
今晚该到来

今我做个
雷响东方
无人震惊
蛇未成龙难下海
姣还单身
这时相遇
我俩紧挨坐
才会忘记愁苦
我俩话语
郎君不忘
来回细想
又见情伴
掉进瀑布龙潭
别人争着来娶
就等你们
拿着竹竿来逗
郎也自会
从那浅水出来
让姣看见
为姣把伞撑

布纱连架
春冬不离
牵引到踩板
我娶他人
心烦意乱
总未平静
难忘俩旧情
待到二月完春
天暖洋洋
似那冷水升温
我俩才相得
今郎左思右想

痴呆过人
来不逢时
刚说祖坟端正
不知何时发
我俩男女
都好齐全
切莫怪那命无缘

白鹇歌（女唱）

春暖洋洋
独姣去坡
想到情伴
整个心紊乱
念到郎的名字
揩干眼泪
走到树丛下
细数自身
眼前一片黑

都从那边同来
为何要我
常忧伤
眼见我俩
配对来成双
今我心里忐忑
命里无缘
害姣哭肿眼
得不到郎
好似风吹树木
一点不动
害姣白想
我才因伴
肚昏沉

苦楚上身
一日三思
折磨姣心肠
这次你走
如白鹇高飞
夜里梦见
已落人手

我从一旁祈祷　　　　　　限在今晚得　　　　　　去那阴间隐
盼你鹞飞回　　　　　　他人死别　　　　　　我俩阳间相守一世
……　　　　　　无药来救　　　　　　自会有郎
你娶好妻　　　　　　才是难回生　　　　　　同床共枕
年十二月　　　　　　我俩男女　　　　　　奉劝姣娘
说话和气　　　　　　配对成双　　　　　　爱生命
六十一世　　　　　　莫要分离
还嫌短　　　　　　好好相护　　　　　　郎未娶媳
从今往后　　　　　　决不丢姣　　　　　　姣也未嫁夫
即使我姣　　　　　　眼望明月　　　　　　我俩一世
嫁给他人　　　　　　摘不到　　　　　　无忧虑
气忍不下　　　　　　劝姣不用　　　　　　若姣愿嫁
当面变脸　　　　　　拿那八字来数　　　　　　做那脚不弃鞋
成天争吵　　　　　　我俩命相合　　　　　　活做对人
才觉日太长　　　　　　　　　　　　死也共坟墓
　　　　　　成天相守　　　　　　结婚成双

白鹞歌（男还）　　　郎自会算　　　　　　天长地久
你嫁他人　　　　　　决不丢姣忧　　　　　　那才满心愿
好比水满江河　　　　　　晚上拢来　　　　　　若你愿嫁
平稳不动　　　　　　挨身相叙　　　　　　做那船不弃桨
剩我郎君　　　　　　有说有笑　　　　　　我也心满足
不敢做那旋水绕　　　　　　订下终身　　　　　　不会丢姣
今姣诓我　　　　　　一世相依不分离　　　　　　受苦受累
忧愁上身　　　　　　晚晚相守　　　　　　晚上火边叙谈
叹息不止　　　　　　守候姣娘　　　　　　话语相随
你有丈夫跟上跟下　　　　暗下决心　　　　　　决不丢姣
寸步不离　　　　　　娶姣为妻　　　　　　背那忧愁在身
哪会谈私奔　　　　　　共那堂屋坐　　　　　　日后我俩田地同耕
　　　　　　劝姣莫再想死　　　　　　有福同享
成天相守　　　　　　脱离生界　　　　　　给那世人看
话语说尽

导读

　　侗族大歌即侗族所说的"嘎老"，它是由多人组成的民间歌队演唱，并口耳相传、流传至今的古老诗歌。作为侗族民间的一种古老艺术，其内容包括人类起源、民族迁徙等故事，但更多的是歌唱爱情的诗歌。

　　本部分所节选的《情人伴侣》和《白鹞歌》属于传统长句歌的代表作，它们以女声主动、男声应对的对唱方式将坠入爱河的男女青年的忧愁怨恨、痛苦痴缠的深切感受娓娓道出。读来情真意切，和以旋律，更是感人至深。

思考与交流

1. 每个人都有对爱情的美好憧憬，请设想你的爱情，并谈谈何谓爱情，爱情与婚姻二者是什么关系。

2. 请在享受爱情的同时，也做好承受爱情的准备。如果你与亲爱的人发生了冲突，你将如何自处？

（周　江）

附录一：常用文体写作知识

第一部分　行政公文

行政公文,是公务文书的简称,是人们在治理社会、管理国家的公务实践中使用的具有法定权威和规范格式的应用文。它是特殊规范化的文体,具有其他文体所没有的权威性,有法定的制作权限和确定的读者,有特定的行文格式,并有行文规则和办理办法。

行政公文语言总的要求是庄重、平实、概括。公文语言功夫的核心是选词。选词一要根据所反映的客观实际需要,二要符合明晰、确切、简练的标准,三要根据具体的语言环境,为避免上下文重复而选择不同的词语,注意文中所涉及对象和阅读对象。多用书面语和文书用语,少用形象和描绘性词语和口语,不用方言土语。

行政公文的格式要素可划分为眉首、主体、版记三部分。红色反线以上的各个要素统称眉首;红色反线(不含)以下至主题词(不含)之间的各要素统称为主体;主题词以下的各要素统称为版记。

一、决定

【文体简介】

决定是党、政、军及机关、社会团体、企事业单位对重大事项或重大行政公务做出安排而制定的一种指挥性公文,凡具有立法权和决策权的各类机关都可以使用,属于下行文种。

【基本格式】

决定的写作分为首部和正文两部分:

(1)首部:首部包括标题和成文时间两部分。

标题:标题一般有两种构成形式:一种是由发文机关、事由加文种构成;另一种是由事由加文种构成。

成文时间:指决定发布的时间。在标题正上方注明成文的年、月、日,或者在标题下方用括号注明某年某月某日某会议通过字样。

(2)正文:正文的写作一般由三部分组成。

开头部分:简要交代决定的缘由、目的、根据。

主体部分:主要写决定的内容,落实决定的要求和措施,要求具体明白、层次清楚,便于有关单位执行。

结尾部分:用于提出希望、要求或执行说明。

【参考范文】

国务院关于修改《中华人民共和国个人所得税法实施条例》的决定

国务院决定对《中华人民共和国个人所得税法实施条例》作如下修改:

一、第十八条修改为:"税法第六条第一款第三项所说的每一纳税年度的收入总额,是指纳税义务人按照承包经营、承租经营合同规定分得的经营利润和工资、薪金性质的所得;所说的减除必要费用,是指按月减除 3500 元。"

二、第二十七条修改为："税法第六条第三款所说的附加减除费用,是指每月在减除 3500 元费用的基础上,再减除本条例第二十九条规定数额的费用。"

三、第二十九条修改为："税法第六条第三款所说的附加减除费用标准为 1300 元。"

本决定自 2011 年 9 月 1 日起施行。

二、公告

【文体简介】

公告适用于向国内外宣布重大事项或法定事项。公告的发布者一般是国家立法机关或行政领导机关,具有较强的权威性,有些还具有强制性。属于下行文种。

【基本格式】

公告的写作分为标题、正文、签署、日期、编号五个部分。

(1) 标题:一是只写发文机关的名称加上文种组成;二是只写公文文种"公告"二字,而将发文机关的名称置于正文之后;三是"事由"加"文种"。

(2) 正文:公告内容单一,篇幅不长,一般采取一段式写法,由公告的依据和公告事项两部分组成。先写公告事项的依据,再写公告事项的内容,最后以"现予公告"、"特此公告"等惯用语结尾。

(3) 签署:在正文之下的横宽二分之一处,写上发布公告机关的全名,若以个人名义发布,在姓名前要写上职务。

(4) 日期:在签署下面排齐写上年、月、日并带上发布公告的地点。

(5) 编号:公告在标题下往往要单独编出顺序号,如"第一号"、"第二号"等。

【参考范文】

中华人民共和国全国人民代表大会公告(第二号)

第十一届全国人民代表大会第一次会议于 2008 年 3 月 15 日选举:

胡锦涛为中华人民共和国主席;

习近平为中华人民共和国副主席。

现予公告。

中华人民共和国第十一届全国人民代表大会

第一次会议主席团

2008 年 3 月 15 日

三、通告

【文体简介】

通告是在一定范围内公布应当遵守或周知的事项时使用的公文。通告不同公告,它主要用于有关单位开展业务工作需要。通告的发布者通常是国家机关中的业务(职能)部门,也可以是基层单位、群众团体。行文关系可以是下行文,也可以是平行文。

【基本格式】

通告的写作一般分为标题、正文、落款三个部分。

(1) 标题:通告的标题样式较多。有的标题只有发布单位,而不体现内容,如×××市通告、×××市公安局通告等。标题只写"通告"两字的情况也比较常见。

(2) 正文:一般写明通告的缘由、通告事项、执行通告事项的要求等内容。

(3) 落款:标题有发布单位的,后面则无落款;标题没有发布单位的,落款要注明发布单位。

发布通告的时间,写在标题之后、内容之前,也可写在落款的后面。

【参考范文】

北京市新闻出版局通告

1993 年第 1 号

《北京市国内新闻单位驻京记者站管理规定》已于 1993 年 12 月 17 日经市人民政府批准(京政法发〔1993〕73 号),现予发布施行。

北京市新闻出版局

1993 年 12 月 30 日

四、通知

【文体简介】

通知是国家党政军机关、企事业单位以及单位内部具有行政管理职能的部门等经常用到的一种文体,常用于批转下级机关公文,转发上级机关和不相隶属机关公文,发布规章制度和有关干部任免与聘用的事宜,传达要求下级机关办理和有关单位需要周知或共同执行的事项,属于下行文。

【基本格式】

通知的写作一般分为标题、正文、落款三个部分。

(1)标题:通常有三种形式,一是由发文机关名称、事由和文种构成;二是由事由和文种构成;三是直接用文种"通知"作标题。

(2)正文:由开头、主体和结尾三部分组成。开头主要交代通知缘由、根据;主体说明通知事项;结尾提出执行要求。在写正文之前,要在标题之下、正文之上顶格写出被通知的对象的名称,在名称后加冒号,或将名称以"抄送"形式写于最后一页的最下方。

(3)落款:写出发文机关名称和发文时间。如已在标题中写了机关名称和时间,这里可以省略不写。

【参考范文】

通　知

新进公司的全体员工:

经公司领导班子研究决定,新进公司的员工,一年转正定级后,公司给统一办理缴纳社保。现在由员工自己缴纳社保,缴费收据上交到公司人事部门。为保证员工的合法权益,公司将以现金的形式给予补偿,每月每人补人民币 180 元,体现在个人的工资里。此规定从 2010 年 6 月 1 日起执行。

特此通知

公司人事部

××××年×月×日

五、通报

【文体简介】

通报是上级把有关的人和事告知下级的公文。通报的运用范围很广,各级党政机关和单位都可以使用。它的作用是表扬好人好事,批评错误和歪风邪气,通报应引以为戒的恶性事故,传达重要情况以及需要各单位知道的事项。通报是各级机关、企事业单位和团体经常使用的文种。

其目的是交流经验,吸取教训,教育干部、职工群众,推动工作的进一步开展。其特点是:告知性、教育性、政策性;其分类有:表彰性通报、批评性通报和情况通报。

【基本格式】

(1) 标题:由制发机关、被表彰或被批评的对象和文种构成。通常有两种构成形式:一种是由发文机关名称、事由和文种组成,如《国务院办公厅关于对少数地方和单位违反国家规定集资问题的通报》;另外一种是由事由和文种构成,如《关于给不顾个人安危勇于救人的王××同志记功表彰的通报》。此外,有少数通报的标题是在文种前冠以机关单位名称,如《中共××市纪律检查委员会通报》;也有的通报标题只有文种名称。

(2) 主送机关(即:称谓):有的特指某一范围内,可以不标注主送机关。

(3) 正文:表彰(批评)通报正文结构有三部分:第一部分,说明表彰或批评的原因,即写清先进事迹或错误事实的经过情况,要求用叙述的手法真实客观地反映事实;第二部分,对所叙述的事实进行准确的分析,中肯的评价,做到不夸大、不缩小,使人们能从好的人和事物中得到鼓舞,从错误中吸取教训;第三部分,一般是对表彰的先进或批评的错误作出嘉奖或惩处。最后还要根据通报的情况,针对现实的需要,发出号召或提出要求。情况通报正文结构一般有两个部分:一是被通报的情况;二是希望和要求。

(4) 落款:发文机关和成文日期。

【参考范文】

通报批评

××,男,××××年××月出生,现为我院后勤玻璃室工人。

××同志长期工作散漫,责任心不强,并且经常脱岗。尤其是在最近学院考虑到某同志承担的工作量极少,决定自5月16日起临时安排他到丰盛堂自行车棚值班一段时间,他口头表示同意服从安排(15日下午学院主管负责人找他谈话),但16日至今一直不到临时岗位工作,目无组织纪律。学院主管负责人发现××同志在5月16日没按要求在丰盛堂自行车棚值班,5月17日上午再次通知他如无正当理由必须服从组织的工作安排,××同志当时也再一次答应服从安排;而行动上他仍在玻璃室干些与工作无关的个人事情。5月17日上午下班时,他未打考勤卡(早退);17日下午和20日上午他没打上、下班考勤卡,也不见他上班,但玻璃室敞开着门(17日下午还开着收音机)。更为严重的是,他违反规定,擅自多次涂改考勤卡:3月14日将上午11:42涂改为7:40;5月16日上午10:15,涂改为7:15;5月20日下午将14:13打到上午记时位置,然后涂改为7:13时。为加强职业道德建设,严肃劳动纪律,对××同志不服从组织安排,工作散漫,无组织纪律性的错误,根据化院[2006]018号文"化学学院院办、后勤、图书分馆工作人员考勤实施细则"的精神,学院决定给予××同志通报批评,并扣除其5月份的奖金和业绩津贴。

希望全体教职工能引以为戒,自觉遵守劳动纪律,坚持良好的职业道德和工作作风,为学院的发展做出新贡献。

××××××××××

××××年××月××日

六、报告

【文体简介】

报告是党政机关或其他行文单位向上级机关汇报工作、反映情况、答复上级机关的询问的上行公文。其具有汇报性、陈述性的特点,可根据内容划分为:工作报告、情况报告、答复报告、递送报告四类。

【基本格式】

(1)标题:包括事由和公文名称。

(2)上款:收文机关或主管领导人。

(3)正文:结构与一般公文相同。从内容方面看,报情况的,应有情况、说明、结论三部分,其中情况不能省略;报意见的,应有依据、说明、设想三部分,其中意见设想不能省去。从形式上看,复杂一点的要分开头、主体、结尾。开头使用多的是导语式、提问式给个总概念或引起注意。主体可分部分加二级标题或分条加序码。

(4)结尾:可展望、预测,亦可省略,但结语不能省。

(5)落款:写上发文机关和成文日期。

打报告要注意做到:

情况确凿,观点鲜明,想法明确,口吻得体,不要夹带请示事项。

注意结语:

呈转报告的要写上:"以上报告如无不妥,请批转各地参照执行。"最后写明发文机关、日期。

【参考范文】

党建工作报告

县局党委:

我支部在县局党委、党总支和当地党政的正确领导下,认真贯彻党的十七届五中、六中全会精神,深入贯彻落实科学发展观,贯彻"一讲二评三公示"制度,积极开展密切联系群众"三项活动",进一步深化"创先争优"、"争当人民好公仆"教育实践活动,认真落实党建工作目标,不断强化党支部的制度建设、组织建设、思想建设和作风建设,加强党员的模范带头作用,充分发挥了党支部的战斗堡垒作用。现将2011年党建工作情况报告如下:

一、严格按照县局党总支要求,积极建设基层党组织。……

(一)……,……

(二)……,……

二、认真开展评比活动,狠抓党员思想作风教育。

……,……

三、……

四、下一步工作打算。

……,……

××××党支部
××××年××月××日

七、请示

【文体简介】

请示是下级机关向上级机关或业务主管部门请求指示、批准的请求性上行公文。请示主要用于:在实际工作中遇到缺乏明确政策规定的情况需要处理;工作中遇到需要上级批准才能办理的事情;超出本部门职权,涉及多个部门和地区的事情,请示上级予以指示。请示通常分为请求批示的请示、请求批准的请示、请求批转的请示和请求解决问题的请示等。

【基本格式】

(1)标题:一般有两种构成形式:发文机关+事由+文种;事由+文种。

主送机关:指负责受理和答复请示的机关。

(2) 正文:由请示缘由、请示事项、结束语三部分构成。

(3) 落款:落发文机关全称和发文的年月日,若标题中已有发文机关名称的可以省略。

【参考范文】

××市土产畜产进出口公司关于解决生产名贵中成药所需犀角来源问题的请示

××市外贸局:

犀角是我公司出口名贵中成药所需药材原料,生产的中成药出口换汇率很高,也是出口畅销商品。目前犀角进口货源紧张,价格不断上涨,今后也不易进口。鉴于历史上本市的犀角及犀角制品有以下方面来源:

一、市首饰公司在本市及外埠可收购部分犀角及犀角制品。

二、……

三、……

为支援中成药生产出口为国家多创外汇收入,经研究,提出如下意见:

一、请局协助向以上有关单位联系,对上述犀角及制品收进后支调我公司生产中成药出口。

二、考虑目前进口和国内价格差距很大及外贸兄弟公司出口任务的实际情况,是否可以按出口外汇价值结算,也可按进口价格折人民币结算。

以上意见当否,请审核批复。

××市土产畜产进出口公司

×年×月×日

八、批复

【文体简介】

批复是用于答复下级机关请示事项时所使用的一种带有指示性、答复性的下行公文。批复具有以下几个特点:一是行文的被动性;二是回复的针对性;三是内容的明确性;四是效用的权威性。

【基本格式】

(1) 标题:通常有两种构成形式:发文机关+事由+文种;事由+文种;

(2) 发文字号:通常由机关代称、文种简称、年号、序号四部分组成;

(3) 主送机关:是指与批复相对应的请示发文机关;

(4) 正文:分为三个层次:引词、正文、结尾;

(5) 落款:与请示的落款方法相同。

【参考范文】

国务院关于《进口商品经营管理暂行办法》的批复

外经贸部:

国务院批准《进口商品经营管理暂行办法》,由你部发布施行。

国务院(印)

1995 年 6 月 12 日

关于江苏省撤销南通县设立通州市的批复

民政批〔1993〕4 号

江苏省人民政府:

你省一九九二年十月八日《关于撤销南通县设立通州市的请示》和一九九二年十一月十二日的补充请示收悉。经国务院批准,同意撤销南通县,设立通州市(县级),由省直辖,以原南通县的行政区域为通州市的行政区域,不增加机构和人员编制。

民政部

一九九三年一月八日

九、函

【文体简介】

函是不相隶属的机关之间相互商洽工作、询问和答复问题,请求批准和答复审批事项时所用的一种平行公文。有时下行文也使用函。函可以分为商洽函、告知函、询问函、请批函、审批函、答复函、委托函、便函等。写作时要注意两点:1. 要一函一事,切忌一函数事;2. 要体现平等坦诚精神。

【基本格式】

(1)标题:有三种形式:发文机关+事由+文种;事由+文种;发文机关+事由+主送机关+文种;

(2)主送机关:函的主送机关一个至多个不等,根据行文内容而定;

(3)正文:由三部分组成:开头、事项、结尾;

(4)落款:发文机关全称和成文日期。

【参考范文】

共青团乌当区委

领导班子专题民主生活会征求意见函

各乡镇(街道)政府(办事处)、区直各相关部门:

根据区学习实践办《关于认真做好全区第二批深入学习实践科学发展观活动分析检查阶段工作的通知》(乌学组办通字〔2009〕24号)的安排和部署,团区委拟于5月下旬召开领导班子专题民主生活会。为确保会议质量,使领导班子和个人在工作中存在的不适应、不符合科学发展观要求的突出问题,得到及时发现和整改,特诚请对我委领导班子和个人提出宝贵意见和建议。

请于5月20日前将《共青团乌当区委领导班子专题民主生活会征求意见表》、《共青团乌当区委领导班子专题民主生活会班子成员征求意见表》(附后)反馈给团区委办公室。谢谢您对我们工作的大力支持和关心!

共青团乌当区委

2009年5月14日

十、会议纪要

【文体简介】

会议纪要是用于记载、传达会议情况和议定事项的法定公文。它根据会议记录的重要内容、会议决定事项进行整理、综合、摘要而形成,具有纪实性、指导性。会议纪要真实记录会议的基本情况,可以作为开展某项工作、查核某些事实的凭证,可以用来向领导汇报情况、交流经验和信息,更多的是作为传达会议精神,要求与会单位和有关部门共同遵照执行的指导性文件下发。会议纪要主要有决议型会议纪要、部署型会议纪要、通报型会议纪要三类。

【基本格式】

(1)标题:共有四种格式:会议名称+文种;会议名称+纪要内容+文种;发文单位+会议名称+文种;正题+副题。

(2) 正文:包括开头、主文、结尾三项内容。

(3) 落款:包括署名和日期两项内容。

【参考范文】

贵州××大学

会议纪要

院党纪要〔2011〕7 号

党委会纪要

时间:2011 年 3 月 29 日、4 月 6 日

地点:第二会议室(140 室)

主持:×××

出席:×××,×××,×××,×××

列席:××××

记录:×××

议定事项如下:

一、研究了组织问题

(一) 听取了党委组织部关于××等 40 名公推竞聘上岗处级干部试用期届满考核情况汇报。会议同意××等 40 名处级干部正式任职,任职时间从 2010 年 3 月起计算。(另文下发)

(二) 听取了"三个建设年"、"四帮四促"活动相关情况汇报。会议认为,开展"三个建设年"、"四帮四促"活动是一项重要工作任务,学校各级党组织要按照省委、省政府的要求,切实做好各项工作。会议原则同意党委组织部提出的领导干部服务群众、服务基层、服务联系点方案,要求认真做好信息报送等相关工作。

……,……

二、研究了人事问题

(一) 讨论了《××学校 2011 年公开招聘工作人员公告》。原则同意公告内容,人事处根据党委会意见进一步修改完善后送校领导审签,报省人社厅批准后尽快组织实施。

(二) 讨论了临时用工问题。原则同意方案内容,责成人事处根据《劳动法》等相关规定,妥善解决学校临时用工问题。

(三) ……,……

×××党政办公室

2011 年 4 月 12 日

(陈亦桥)

第二部分　事务类文书

一、申请书

【文体简介】

申请书是个人或集体向组织、机关、企事业单位或社会团体表述愿望、提出申请时使用的一种文书。申请书的使用内容广泛,申请书也是一种专用书信。申请书要求一事一议,内容要单纯。

【基本格式】

申请书的写作分为标题、称谓、正文、结尾、署名日期五个部分。

(1) 标题:标题有两种写法。一是直接写"申请书",一是在"申请书"前加上内容,如"入党申请书",一般采用第二种。

(2) 称谓:顶格写明接受申请书的单位、组织或有关领导。

(3) 正文:正文部分是申请书的主体,首先提出要求,其次说明理由。理由要写得客观、充分,事项要写得清楚简洁。

(4) 结尾:写明惯用语"特此申请"、"恳请领导帮助解决"、"希望领导研究批准"等,也可用"此致"、"敬礼"礼貌用语。

(5) 署名、日期:个人申请要写清申请者姓名,单位申请写明单位名称并加盖公章,注明日期。

【参考范文】

入党申请书

敬爱的党组织:

我申请入党校学习,拥护党的纲领,遵守党的章程,履行党员义务,执行党的决定,严守党的纪律,保守党的秘密,对党忠诚,努力学习,为共产主义奋斗终身,随时准备为党和人民牺牲一切,永不叛党。中国共产党是中国工人阶级的先锋队,是中国各族人民利益的忠实代表,是中国社会主义事业的领导核心。党的最终目标是实现共产主义的社会制度。中国共产党以马列主义、毛泽东思想、邓小平理论作为自己的行动指南。

……,……

我深刻地认识到,作为一个党员所必须具备的基本认识和信念:在情感上向着党,在组织上服从党,思想在党,行动中为党,此身献于党。我如果能够参加党校学习,我一定目标明确,意志坚定地静下心来学习,并努力、坚持不懈地参加实践活动;更好地授身于社会,做一个对社会有用的人。

此致

敬礼

申请人:×××
××××年××月××日

二、调查报告

【文体简介】

调查报告是对某项工作、某个事件、某个问题,经过深入细致的调查后,将调查中收集到的材料加以系统整理,分析研究,以书面形式向组织和领导汇报调查情况的一种文书。

【基本格式】

调查报告的写作一般分为标题、前言、主体、结语四个部分。

(1) 标题:单标题:公式化写法。公式化写法就是按照"调查对象 + 调查课题 + 文体名称"的公式拟制标题。双标题:双标题由正副标题组成,其中正标题一般采用常规文章标题写法,副标题则采用公式化写法,由调查对象、调查课题、问题名称组成。

(2) 前言:提要式:把调查对象最重要的情况进行概括后写在开头,使读者一入篇就对它的基本情况有一个大致的了解;交代式:在开头简单地交代调查的目的、方法、时间、范围、背景等,使读者在入篇时就对调查的过程和基本情况有所了解;问题式:在开头提出问题来,引起读者对调查课题的关注,促使读者思考。这样的开头可以采用提问的方式引出问题,也可以直接将问题摆出来。

（3）主体：用观念串联材料：从几个不同方面表现基本观点的层次组成主体，以基本观点为中心线索将它们贯穿在一起。以材料的性质归类分层：课题比较单一、材料比较分散的调查报告，可采用这种结构形式。作者经分析、归纳之后，根据材料的不同性质，将它们每一个类型的材料集中在一起进行表达，形成一个层次。每个层次之前可以加小标题或序号，也可以不加。以调查过程的不同阶段自然形成层次：事实单一、过程性强的调查报告，可采用这种结构形式。它实际上是以时间为线索来谋篇布局。

（4）结语：概括全文，明确主旨；提出问题，启发思考；针对问题，提出建议。

【参考范文】

关于校园环境文化建设的调查报告

调查方式：实地调查和网络搜索。

学校校园的环境当中，校园环境文明建设是至关重要的。为营造学校良好的学习环境，必须重视对校园环境文化的建设。

一、校园环境文化是一个校园生态系统

……，……

二、校园环境文化对学生成长的积极影响

……，……

五、结论

××××

××××年××月××日

三、计划

【文体简介】

计划是党政机关、企事业单位、社会团体对今后一段时间的工作、活动作出预想和安排的一种事务性文书。

【基本格式】

计划的写作主要分为标题、正文、结尾三个部分。

（1）标题：计划的标题常规写法是由单位名称、适用时间、指向事务、文种四个要素组成。

（2）正文：正文可分为前言和主体两部分。

前言：前言是计划的开头部分，简明扼要表达出制定计划的背景、根据、目的、意义、指导思想等，一般一两个自然段即可。

主体：主体部分要一一列出准备开展的工作（学习）、任务，并提出步骤、方法、措施、要求。

（3）结尾：结尾可以用来提出希望、发出号召、展望前景、明确执行要求等。在正文结束的右下方，写出制定计划的日期。此外，如果计划有表格或其他附件的，或抄送某些单位的，应分别写明。

【参考范文】

2012年××班班级工作计划

一、班情分析

经过两年的班级管理，发现本班学生普遍品行良好，学习目的明确，态度端正，学习也很勤奋。绝大部分学生班级集体荣誉感强，有一定的自我管理能力和自我控制能力……

二、工作目标

……，……

三、工作措施

……，……

四、活动安排

……，……

××××年××月××日

四、总结

【文体简介】

总结是针对过去一定时期的工作、学习或思想情况进行回顾、分析，并作出客观评价的书面材料。按内容分，有学习总结、工作总结、思想总结等；按时间分，有年度总结、季度总结、月份总结等。

【基本格式】

总结的写作主要分为标题、正文、结尾三部分。

（1）标题：总结的标题有很多形式，一般由单位名称、时间、主要内容、文种组成。

（2）正文：正文可分为开头和主体两部分。

开头：总结的开头主要用来概述基本情况。包括单位名称、工作性质、主要任务、时代背景、指导思想，以及总结目的、主要内容提示等。要注意简明扼要，文字不可过多。

主体：这是总结的主要部分，内容包括成绩和做法、经验和教训、今后打算等方面。这部分篇幅大、内容多，要特别注意层次分明、条理清楚。

（3）结尾：结尾是正文的收束，应在总结经验教训的基础上，提出今后的方向、任务和措施，表明决心、展望前景。这段内容要与开头相照应，篇幅不应过长。

【参考范文】

办公室主任半年工作总结

回顾这半年来的工作，我在公司领导及各位同事的支持与帮助下，严格要求自己，按照公司的要求，较好地完成了自己的本职工作。通过半年来的学习与工作，工作模式上有了新的突破，工作方式有了较大的改变，现将半年来的工作情况总结如下：

一、办公室的日常管理工作

……，……

二、加强自身学习，提高业务水平

……，……

三、存在的问题和今后努力方向

……，……

×××

××××年×月×日

五、讲话稿

【文体简介】

讲话稿有广义和狭义之分。广义的讲话稿是人们在特定场合发表讲话的文稿；狭义的讲话稿即一般所说的领导讲话稿，是各级领导在各种会议上发表带有宣传、指示、总结性质的文稿。

【基本格式】

讲话稿的写作分为标题和正文两部分。

（1）标题：讲话稿的标题分为两种。一种是由讲话人的姓名、职务、事由和文种构成；另一种是由一个主标题和副标题组成。主标题一般用来概括讲话的主旨或内容要求，副标题则与第一种的构成形式相同。政治性强的讲话稿可以在标题下署上讲话者职务及姓名。

（2）正文：讲话稿的正文包括开头、主体和结尾三部分。

开头部分：首先根据与会人员的情况和回忆性质来确定适当的称谓；然后用简洁的文字把要讲的内容概述一下，说明讲话的缘由或者所要讲的内容重点；接着转入正文讲话。

主体部分：根据会议的内容和发表讲话的目的，可以重点阐述如何领会文件、指示、会议精神；可以通过分析形势和明确任务，提出搞好工作的几点意见；可以结合本单位情况，提出贯彻上级指示的意见；可以对前面其他领导人的讲话做补充讲话；也可以围绕会议的中心议题，结合自己分管的工作谈几点看法等等。

结尾部分：结尾用以总结全篇，照应开头，发出号召，或者征询对讲话内容的意见或建议等等。

【参考范文】

高考工作会议讲话

同志们：

高考一直是全社会关注的热点和焦点。在刚结束的 2008 年高考中，我市广大教育工作者以高度的政治和社会责任感，团结一致，奋力拼搏，在全市人民的关心支持下，创造了新的辉煌：上重点线、上本科线、上省线雄居襄樊市第一，清华、北大在我市双双开花，这些优异成绩的取得，是令人欣慰的，也是来之不易的。它是广大学校领导和教师辛勤耕耘、默默奉献的结晶；也是我们教育局立足基础抓管理，突出中心抓质量，求真务实抓备考的必然结果。我谨代表市四套班子领导和全市人民向你们，并通过你们向全市奋战在教育教学一线的教师致以崇高的敬意和深深的谢意。

今天我们在这召开高考总结会，一是总结我们 2008 年高考取得成功的经验；二是找出 2008 年高考我们与兄弟县市的差距与不足，为我们 2009 年高考再夺第一打下良好的基础。

一、2008 年高考我市取得的成绩

……，……

二、2008 年高考存在的不足

……，……

三、明确目标再加劲，2009 年高考再创辉煌

……，……

同志们，我们要坚定信心，乘着我们今年高考胜利的东风，以科学的策略从早抓实抓好明年高考备考工作，不负重托，努力实现明年高考新跨越，再夺明年高考新辉煌！谢谢大家！

六、述职报告

【文体简介】

述职报告是指各级各类机关工作人员，主要是领导干部向上级、主管部门和下属群众陈述任职情况，包括履行岗位职责，完成工作任务的成绩、缺点问题、设想，进行自我回顾、评估、鉴定的书面报告。其主要特点是：自述性、自评性、报告性。

【基本格式】

述职报告的外在结构是格式化的，包括标题、称谓、正文和署名四部分。

（1）标题

单行标题：述职报告。

双行标题:正题写主题,或者写述职报告类型。

（2）称谓:称谓是报告者对听众的称呼。称谓要根据会议性质及听众对象而定。如"各位领导、代表"。称谓放在标题之下正文的开头,有时根据需要在正文中间适当穿插使用。称谓一般采用提行的写法。要用"谢谢大家"等礼貌语言。如一篇在教职工代表大会上述职报告的称谓"尊敬的各位领导、来宾,全体教职工代表,全校教职工同志们"。

（3）正文:述职报告的写法依据报告的场合和对象而定,一般来说采用总结式写法,共分四部分。

基本情况。履行职责的基本情况,要平直、概括、简短。用最精练的文字,概括地交待主要情况、时间、地点、背景、事件经过等。

工作过程。

内容概括（成绩、经验为主）。可以将总结出来的规律性的认识、主要的经验或教训、主要的成绩或存在的问题用简短概括的文字写出来。

主题认识。这样,听众对报告的全貌有一个大致的了解,也能够统领全篇,激发听取的兴趣,启发和引导听众积极思考。

（4）署名:述职报告的落款要写明自身姓名及单位名称,最后写报告年月日。

【参考范文】

学年述职报告

在一学年里,本人在学校的工作安排下,担任了××教学工作,在学校领导的关心、支持下,在同事的通力协作下,尽职尽责做好了各项工作。现将有关工作简要陈述如下:

一、班主任工作

……,……

二、教学工作

……,……

三、第二课堂的开展,因材施教,做好培优工作

……,……

四、其他工作

……,……

报告人:××
××年×月×日

七、证明

【文体简介】

以机关、团体、单位或个人证明一个人的身份或一件事情,供接受单位作为处理和解决某人某事的根据的文书。

【基本格式】

（1）标题:一般把所要证明的主要内容作为标题。如"关于×××受贿情况的证明"。不要只写"证明材料"或"证明信"、"证明书",因为这会给对方单位以后查找、使用这些材料带来不便。

（2）抬头:有些证明材料有明确的主送单位,就要在证明材料的开头顶格写明主送单位的全称;有些通用证明材料也可以不写主送单位。

（3）正文:这是证明材料的主体部分,应把需要证明的有关人员或事件的真实情况写清楚。如系调查证明材料,还可以提供有关调查线索。

（4）署名：证明材料写好后，要将提供证明材料的单位全称或个人姓名写在证明材料的右下方，并注明证明的日期。

【参考范文】

工作证明

_____：

　　兹证明_____是我公司员工，在_____部门任_____职务。至今为止，一年以来总收入约为_____元。特此证明。本证明仅用于证明我公司员工的工作及在我公司的工资收入，不作为我公司对该员工任何形式的担保文件。

××××公司（盖章）

_____年____月____日

收入证明

　　兹证明我公司（××××公司）员工×××在我司工作××年，在××部门担任××经理（职位），每月总收入×××××.00元，为税后（或税前）薪金。

××××公司（盖章）

_____年____月____日

八、启事

【文体简介】

　　启事是指将自己的要求，向公众说明事实或希望协办的一种短文，属于应用写作研究的范畴。通常张贴在公共场所或者刊登在报纸、刊物上。机关、团体、企事业单位和个人都可以使用。

【基本格式】

一般由三部分组成：

　　一是写明启事的名称，这主要由启事的内容决定，如内容是征文，则名称写明"征文启事"。名称字体应大于正文字体，居中排写。

　　二是具体内容，即要向大家说明的情况。

　　三是启事者的落款和启事日期。

【参考范文】

寻车启事

　　2001年4月1日上午7时许，兰天出租汽车公司京B·E2885号红色夏利出租车，由司机王××（男，45岁）驾驶外出营运，至今未归，该车发动机号为：9750147，车架号为：970896，车门上印有"兰天出租汽车公司11015"字样，如有线索，请速与兰天出租汽车公司联系，不胜感激！

　　联系电话：（010）6254×××，联系人：王××。

兰天出租汽车公司

2001年4月5日

九、条据

【文体简介】

　　条据是作为某种凭据的便条。它是日常生活中最常见而又最简便的应用文。常用的条据有请假条、留言条、收条、借条、领条等。它们都有一个固定的格式。

【基本格式】

在第一行中间写"收条"、"领条"、"欠条"、"借条"、"发条"、"售给"等,表现条据的性质,同时也说明时间。如果是代收或代领等,则在"收到"或"领到"等的前面加上一个"代"字。

第二行开头写对方(个人或单位)的名字或名称。然后写物件名称、数量或金额。金额后面要写上"整"字,以防添加或涂改。

正文写完后,另起一行,空两格写"此据"二字,也可省略不写。

在条据的右下方写明所在单位的名称和经手人姓名(盖章)及写条据时的年月日。

【参考范文】

欠　条

截至×年×月×日,本人尚欠××人民币大写＿＿＿＿圆(小写￥＿＿＿＿元),特立此据!

欠款人:×××

×年×月×日

收　条

今收到高山乡铁匠沟大队马胜田、牛兴旺二同志送来的棉花技术承包合同资金叁仟圆整。

湖南省农业科学研究所

经手人:张玉山

×年×月×日

(陈亦桥)

第三部分　公关交际类文书

一、函电类

(一) 贺电和贺信

【文体简介】

贺电即用以对收电对象表示祝贺、赞颂的电报,贺信则是向收信方表示祝贺、赞颂的书信。贺电或贺信的发文方一般都是政府部门、企事业单位或首脑人物、代表人物,收文者一般为单位、集体或重要人物。贺电和贺信可以直接发给对方,也可以通过登报或广播发布。

贺电和贺信均要求篇幅短小精炼,文字简洁明快,感情热烈真挚,内容可以是对取得巨大成绩、作出卓越贡献的集体或个人表示祝贺;对重大喜事表示祝贺;对重要人物的寿辰表示祝贺等。

【基本格式】

(1) 标题:在第一行的中间写上"贺电"或"贺信"两字。也可以写成谁给谁的贺电(或贺信)以及被祝贺的事由。

(2) 称谓:即致电方或致信方对收电方或收信方的称呼,要在标题下一行顶格写,后边加上冒号,表示此后有话。

(3) 正文:即贺电或贺信的具体内容,在称呼之后另起一行,起首空两格写起。贺电正文一般要简略交代当时的背景或其他有关情况,为颂扬成绩作铺垫;要充分肯定和热情赞扬对方所取得的主要成绩,以及取得成就的根本原因和重大意义,并作出肯定性评价。如果是祝贺会议的贺电或贺信,应简要写出会议的主要内容和重要性;如果是祝贺寿辰的贺电或贺信,应精炼地说明被祝贺者的突出贡献和高贵品质,对其寿辰表示热烈祝贺与赞扬。

（4）结尾：贺电或贺信结尾处可以表示殷切的希望、诚挚的祝愿等，情感要真挚热情。

（5）署名：署名位置在正文右下方，要写明发文单位名称或个人姓名，在署名正下方还要写明发文的年月日。

【参考范文】

贺　电

中国长江三峡工程开发总公司：

　　欣悉三峡工程左岸电站 14 台机组全部投产发电，特致电表示热烈祝贺！

　　三峡工程是中华民族伟大复兴的标志性工程。自 1994 年三峡工程正式开工以来，三峡建设者抱着"为我中华，志建三峡"的信念，锐意进取，乐于奉献，创造了一个又一个辉煌成就！今天，三峡工程左岸电站 14 台机组比原计划提前一年投产发电，再一次书写了世界水电建设史上新的奇迹！

　　三峡工程在宜昌，我们为三峡工程取得的每一个成就感到无比的骄傲和自豪。415 万宜昌人民将一如既往地全力支持和服务三峡工程建设。我们衷心祝愿三峡工程早日全部建成，为我国全面建设小康社会作出新的更大贡献！

中共宜昌市委

宜昌市人民政府

2005 年 9 月 16 日

致全国青联十一届全委会和全国学联二十五大的贺信

青年朋友们：

　　值此中华全国青年联合会第十一届委员会全体会议和中华全国学生联合会第二十五次代表大会开幕之际，我代表党中央，向大会的召开表示热烈的祝贺，向全国各族青年和青年学生、向广大海外中华青年表示诚挚的问候！

　　这些年来，在党的坚强领导和共青团帮助指导下，各级青联和学联组织高举爱国主义和社会主义旗帜，紧紧围绕党和国家工作大局，充分发挥各自优势，在团结、组织、引导、服务青年和青年学生方面做了大量富有成效的工作。广大青年和青年学生意气风发投身改革开放和社会主义现代化建设，以炽热的爱国情怀和可贵的奉献精神，为推动科学发展、促进社会和谐作出了重要贡献。实践充分证明，广大青年和青年学生确实是堪当重任、大有希望的一代。

　　我们国家正处在全面建设小康社会、加快推进社会主义现代化的关键时期。希望广大青年和青年学生自觉担负起时代赋予的光荣使命，以坚定远大的理想励志前行，以孜孜不倦的精神求索新知，以高尚美好的情操培育品德，以锐意创新的激情投身实践，以艰苦扎实的奋斗成就人生，不断创造新的青春业绩，为实现中华民族伟大复兴而奋发努力。

　　希望青联和学联组织顺应形势发展，贴近青年实际，拓展工作领域，创新活动方式，不断增强工作的感召力和影响力，进一步把广大青年和青年学生团结在党和政府周围。

　　我们党历来把事业发展的希望寄托于青年。各级党委和政府务必高度重视青年和青年工作，采取更加有力的措施，为广大青年和青年学生健康成长、干事创业提供有利条件，更好发挥他们在全面建设小康社会、坚持和发展中国特色社会主义中的重要作用。

　　最后，祝大会取得圆满成功！

胡锦涛

2010 年 8 月 23 日

（二）唁电和唁函

【文体简介】

唁电是因吊唁者与丧家相距较远或因故不能亲临吊唁，而向丧家发出的表示哀悼、慰问的电报或传真文字；如果是表示哀悼、慰问的吊唁信函，则为唁函。唁电与唁函的区别在于媒介方式不同。唁电和唁函所悼念的对象一般是一国或地区重要领导人，或在某领域有影响力的个人，或者对致哀人来说是重要的人。

唁电和唁函都要讲究时效性，即要及时写就并送达逝者家属或直接关系人手中，否则就会失去意义。

【基本格式】

（1）标题：标题可直接用"唁电"或"唁函"，在首行居中。

（2）称谓：对哀悼对象家属、其他直接关系人或治丧委员会的称呼，一般是姓名加"先生"或"女士"等严肃称谓词。称谓要在标题下一行顶格书写，末尾加冒号。

（3）正文：在称谓的下一行空两格写起，内容可分段叙述，一般要表示惊悉噩耗的悲痛心情，略述死者的美德、情操、业绩，表达化悲痛为力量的决心。正文用语要精炼，篇幅宜短不宜长，用词上要力求深沉、质朴、自然。

（4）结尾：结尾一般要表示对逝者家属诚挚的慰问，或对逝者作出称颂。

（5）署名：在结尾内容右下方标明发唁电或唁函的单位名称或个人姓名，并在署名正下方注明年月日。

【参考范文】

唁　　电

×××同志治丧办并转其亲属：

惊悉×××同志不幸逝世，我单位全体同志万分悲痛。谨向×××同志表示沉痛哀悼，向其亲属表示亲切慰问！

×××同志一生为党的事业奋斗不息，堪称后人楷模，我等一定化悲痛为力量，努力做好各项工作。请以我单位全体同志名义向×××同志代献一个花圈（用款后寄）。

×××同志千古！

某单位

××××年×月×日

（三）请柬和聘书

【文体简介】

1. 请柬

请柬又叫请帖、柬帖，是邀请客人参加某项活动的礼仪性书信。使用请柬，既可以表示对被邀请者的尊重，又可以表示邀请者对相关活动的郑重态度。一般情况下，凡召开各种会议，举行各种典礼、仪式和活动等，均可以使用请柬。

请柬与邀请函是不同的，邀请函是邀请亲朋好友或知名人士、专家等参加某项活动时所发的请约性书信，在国际交往以及日常的各种社交活动中使用广泛。

2. 聘书

聘书是聘请书的简称，是用于聘请某些有专业特长或名望权威的人完成某项任务或担任某种职务时的书信文体，内容简练，表义精确，语气郑重。发聘书的主体一般是单位或社会组织。

【基本格式】

1. 请柬基本格式

请柬一般有两种样式:一种是单面的,直接由标题、称谓、正文、敬语、落款构成。另一种是双面的,即折叠式,封面写"请柬"二字,封里写称谓、正文、敬语、落款等。

请柬的篇幅有限,书写时应根据具体场合、内容、对象,认真措词,行文上要追求表意准确、精炼,文风典雅、庄重。

2. 聘书基本格式

(1) 标题:聘书顶端正中央写上"聘书"或"聘请书"字样。已印制好的聘书标题常用烫金或大号字的"聘书"或"聘请书"字样组成。

(2) 称谓:聘书上被聘者的姓名称呼可以在开头顶格写,然后再加冒号;也可以在正文中写明受聘人的姓名称呼。常见的印制好的聘书则大都在第一行空两格写"兹聘请××……"。

(3) 正文:聘书的正文一般要求包括以下一些内容:首先,交待聘请的原因和请去所干的工作或所要担任的职务。其次,写明聘任期限,如"聘期两年"、"聘期自200×年2月20日至200×年2月20日"。再次,聘任待遇,这可直接写在聘书之上,也可另附详尽的聘约或公函写明具体的待遇,具体视情况而定。另外,正文还可以写上对被聘者的希望,即让受聘人切实明白自己的职责。

(4) 结尾:聘书的结尾一般写上表示敬意和祝颂的结束用语。如"此致敬礼"、"此聘"等。

(5) 落款:落款要署上发文单位名称或单位领导的姓名、职务,并署上发文日期,同时要加盖公章。

【参考范文】

(1) 请柬范式

(2) 聘书范式

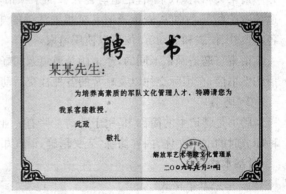

（四）慰问电和慰问信

【文体简介】

慰问电和慰问信都是上级向下级，或同级之间表示关怀、慰问的应用文体，前者以电报形式体现，后者以信函形式体现，两者在内容写作要求和基本格式上是没有区别的。下面以慰问信作为范例来介绍有关写作知识。

慰问信是当某人或某组织、某单位处于特殊情况（如战争、自然灾害、事故），或正逢某重要节假日之时，有关机关或者个人以组织或个人的名义表示问候、关心的应用文。慰问信一般有两种内容：一是表示同情安慰；另一种是在节日表示问候。由于是表达关怀和慰问，慰问信用语上应显得态度诚恳、情感真切。

【基本格式】

（1）标题：可写成"慰问信"、"写给×××的慰问信"或者"××××致×××的慰问信"。

（2）称谓：标题下一行顶格书写，称谓词运用要得体。

（3）正文：正文要写明慰问的原因，包括所涉写事件的情况，或所慰问对象的事迹等。

（4）结尾：结尾处要表达慰问、祝福、希望等。

（5）落款：在正文右下方署名，署名正下方注明年月日。

【参考范文】

春节慰问信

尊敬的家长：

在我国人民的传统节日春节即将来临之际，我们全连官兵向辛勤工作在各行各业的家长同志们表示亲切的慰问并致以崇高的敬意。

过去的一年，我们在以江泽民同志为核心的党中央领导下，我国社会主义事业蓬勃发展，经济建设成就辉煌。军队建设在邓小平同志新时期军队建设思想的指导下，按照江泽民同志"五句话"的要求得到全面加强，军队的革命化、现代化、正规化建设水平不断提高。我们连队，在上级机关和各级首长的领导帮助下，圆满完成了各项工作任务，连队建设又迈上了新的台阶，被军、师、团评为军事训练先进单位；连队党支部也被师、团评为先进党支部。这些成绩的取得与您的儿子——×××和全连官兵的共同努力是分不开的，他们为连队建设跨入先进行列作出了积极的贡献。当然，这些成绩中，也包含着每位家长同志的支持和贡献。为此，我们再一次向尊敬的家长同志们表示诚挚的感谢。同时，也希望家长同志们继续支持、关心我们连队的建设，为把您的儿子培养成"军地两用人才"共同努力。

最后，祝家长同志们身体健康，家庭和睦，春节愉快！

×××××× 部队步兵第七连党支部
××××年×月×日

（五）求职信和推荐信

【文体简介】

（1）求职信

求职信是求职者写给招聘单位以谋求工作机会的信函，是一种以私对公并有求于公的文体，又称自荐书、自荐信。好的求职信可以为自己赢得更多的面试机会。任何一个招聘单位都会面临大量的求职信，因此就要求求职信必须简明扼要，能让人在最短时间内捕捉到求职者的专业、技能水平、性格特点等信息。

（2）推荐信

推荐信是一个人推荐另一个人参与某件事情、参加某项活动、接受某种任务或职位，或达成其他某种意愿时所采用的应用文体。推荐信一般是推荐他人的,但也有推荐自我的,比如求职信。

【基本格式】

求职信与推荐信都属于书信,格式与普通书信一致,即都要有标题、称谓、正文、结尾、落款等,但每个部分在具体写作时有特殊的要求。

求职信和推荐信标题下第一行顶格写受信者单位名称或个人姓名。单位名称后可加"负责同志";个人姓名后可加"先生"、"女士"、"同志"等。称呼的使用注意遵循礼貌原则,切不可犯对方的忌讳。

求职信的正文中一般分为四部分:第一部分简要阐明自己写信的目的;第二部分简要阐述自己与求职意向相关的心理品质和能力;第三部分表达自己对于求职意向岗位的认识;第四部分提出希望和要求,比如希望给予面试机会等,也常用"敬候佳音"之类的语句来表达意愿。

一般而言,推荐信内容可分为四大部分:第一部分阐明推荐人与申请人的关系;第二部分写出推荐人对申请人资格评估;第三部分则对被推荐人个人特质进行评估(个人特质包括沟通能力、成熟度、抱负、领导能力、团队工作能力等);最后部分对被推荐人进行整体评估,并提出希望或要求。

结尾时,求职信和推荐信都要写一些表示敬祝的话,如果用"此致敬礼"结尾,一般在正文下空一行的位置空两格写"此致",然后跳到下一行顶格写"敬礼"。

求职信一般要把简历和有关能力证明材料作为附件附在后面,可以在结尾与落款之间罗列附件名称。附件实际排列的顺序应与附件名称顺序一致。

【参考范文】

求职自荐信

尊敬的领导:

您好!

非常感谢您在百忙之中翻看我的自荐信,真诚希望能得到您的支持和认可。

我是××大学08届工程管理专业毕业生。在校期间,本人严格遵守学校规章制度,尊敬师长、团结同学,有很强的集体荣誉感;学习认真刻苦,成绩优秀,曾多次获得院奖学金;重视理论联系实际,积极参加各项实践、实习活动,工作能力得到了一定程度的锻炼。本人出身于农村家庭,从小成长的环境造就培养了我吃苦耐劳、坚忍不拔的精神。

四年的大学教育让我有了工程管理专业方面的理论知识,半年多时间的工作使我有了丰富的实践经验,也增强了自己适应环境的能力。当今人才多层次的需要,促使我不断更新、加强自我:在校期间我顺利通过国家英语四级等级考试和江苏省计算机二级等级考试,以及计算机辅助设计(AutoCAD)考试,并于07年考取机动车驾驶证(C)照。我能够熟练运用Office2003(Microsoft Word、Excel、Powerpoint),此外还学习了造价师3000等。事业上的成功需要知识、毅力、汗水、机会的完美结合;同样,一个公司的荣誉需要其成员的团结协作与无私奉献。在此恳请贵公司能够给我一个机会,让我成为你们中的一员,我将以无比的热情和勤奋的工作回报您的知遇之恩,并乐意与未来的同事合作,为我们共同的事业奉献全部的才智。

此致

敬礼!

附件:1. ×××个人简历

    2. 计算级等级证书复印件

    3. 英语四级证书复印件

自荐人:×××

××年××月××日

（六）介绍信和证明信

【文体简介】

介绍信是单位介绍个人到别的单位联系接洽事宜的一种应用文体，它具有介绍、证明的双重作用。介绍信中一方面要注明被介绍人的身份证号等身份、职务信息，以便受信方充分了解并予以接待；另一方面要简洁而明了地写出被介绍人前往接洽办理的事情内容。此外，介绍信还需注明有效期限。

证明信是单位应受信单位之需而出具的用以证明个人信息或有关事务信息真实性应用文体。证明的具体内容要用语简练，表意明确。

【基本格式】

（1）标题：标题一般就用"介绍信"或"证明信"等，位于页面第一行中央。

（2）称呼：介绍信和证明信一般都是以单位名作为称呼。

（3）正文：如果是介绍信，要简明扼要地交待清楚被介绍人的基本信息和拟接洽的具体事由；如果是证明信，则要概括简洁地阐明需证实的相关信息。

（4）结尾：介绍信一般以"特此介绍"、"此致敬礼"之类语句结尾；证明信可以用"特此证明"之类的语句结尾。

（5）落款：在正文右下方位置先署名，然后跳到下一行署名正下方署时间。

（6）盖章：单位出具的介绍信或证明信需要加盖公章，公章要求骑年盖月。如果是带有存根的介绍信或证明信，存根与主体交界处还应加盖骑缝章。

【参考范文】

介　绍　信

××公司：

兹介绍本校××××专业××××等叁名同学前往贵公司实习两个月，请予接洽为荷。

特此介绍。

××学校

××××年××月××日

二、致词类

（一）欢迎词和欢送词

【文体简介】

欢迎词，是指客人光临时，主人为表示热烈的欢迎，在座谈会、宴会、酒会等场合发表的热情友好的讲话。

欢送词是在座谈会、宴会、酒会等活动临近结束，客人准备离开时，主人为表达对客人的欢送之意而发表的讲话。

欢迎词和欢送词在内容上都要求情感欢愉，语言表达上都要求口语化。

【基本格式】

（1）标题：欢迎词与欢送词都可以直接以文体名称作为标题，也可以在文体名称前加定语注明具体活动内容作标题，如《××高校建校一百周年庆典欢迎词》。

（2）称呼：标题下顶格写称呼。称呼一般要用敬语，如"尊敬的省委书记×××同志、省长××同志，以及到会的各位嘉宾"。

（3）正文：正文开头一般要直截了当表明对宾朋的欢迎或欢送。接下来的内容，如果是欢迎词，要简要交代活动举办的背景及目的等；如果是欢送词，则要简要小结活动情况。正文结束时，一般要有"感谢光临"之类的客套语。如果是欢迎词，正文结束时还要表达对活动的祝愿。

(4) 落款：欢迎词与欢送词都要有落款，即要在正文右下方位置署名和署日期。

【参考范文】

欢 迎 词

女士们、先生们：

　　值此×××厂30周年厂庆之际，请允许我代表×××厂，向远道而来的贵宾们表示热烈的欢迎。

　　朋友们不顾路途遥远专程前来贺喜并洽谈贸易合作事宜，为我厂30周年厂庆更添了一份热烈与祥和，我由衷地感到高兴，并对朋友们为增进双方友好关系作出的努力，表示诚挚的谢意！

　　今天在座的各位来宾中，有许多是我们的老朋友，我们之间有着良好的合作关系。我厂建厂30年能取得今天的成绩，离不开老朋友们的真诚合作和大力支持。对此，我们表示由衷的钦佩和感谢。同时，我们也为能有幸结识来自全国各地的新朋友感到十分高兴。在此，我再次向新朋友们表示热烈欢迎，并希望能与新朋友们密切协作，发展相互间的友好合作关系。

　　"有朋自远方来，不亦乐乎！"在这新朋老友相会之际，我提议：

　　为今后我们之间的进一步合作，为我们之间日益增进的友谊，为朋友们的健康幸福，干杯！

××××

××××年××月××日

（二）开幕词和闭幕词

【文体简介】

　　开幕词是在重要会议或重大活动开始时，会议主持人或主要领导人讲话所用的文稿。开幕词的主要特点是宣告性和引导性。不论召开什么重要会议，或开展什么重要活动，按照惯例，一般都要由主持人或主要领导人致开幕词，这是一个必不可少的程序，标志着会议或活动的正式开始。开幕词通常要阐明会议或活动的性质、宗旨、任务、要求和议程安排等，集中体现了大会或活动的指导思想，起着定调的作用，对引导会议或活动朝着既定的正确方向顺利进行，保证会议或活动的圆满成功，有着重要的意义。

　　重要的会议或活动结束时，会议主持人或主要领导人一般要致闭幕词，内容上具有总结性、评估性和号召性。

【基本格式】

1. 首部

开幕词和闭幕词首部包括标题、时间、称谓三项。

　　(1) 标题：开幕词和闭幕词标题一般由事由和文种构成，如《中国共产党第十二次全国代表大会开幕词》；有的标题由致词人、事由和文种构成，其形式是《×××同志在××××会上的开幕词》；有的采用复式标题，主标题揭示会议的宗旨、中心内容，副标题与前两种标题的构成形式相同，如《我们的文学应该站在世界的前列——中国作家协会第四次会员代表大会开幕词》；也有的只写文种如《开幕词》。

　　(2) 时间：开幕词和闭幕词要在标题之下用括号注明会议或活动开幕的日期信息。

　　(3) 称谓：一般根据会议的性质及与会者的身份确定称谓，如"同志们"、"各位代表、各位来宾"、"运动员同志们"等。

2. 正文

开幕词和闭幕词正文包括开头、主体和结尾三部分。

　　(1) 开头部分。开幕词一般开门见山地宣布会议开幕，可以对会议的规模及与会者的身份等作简要介绍，如"参加这次大会的代表有×××人，其中有来自……"，并对会议的召开及对与会人员表示祝贺。需要说明的是,开头部分即使只有一句话,也要单独列为一个自然段,将其与主体部分分开。闭幕词的开头部分则直接对会议或活动作简短的总结,如"经历××天的奋战,×××运动会完满地落下帷幕,取得了丰硕的成果"。

（2）主体部分。这是开幕词和闭幕词的核心部分。开幕词主体部分通常包括三项内容:一是会议或活动的意义;二是会议或活动的指导思想;三是会议的要求。闭幕词主体部分一般是对会议成果的总结。

（3）结尾部分。开幕词结尾部分一般要提出会议任务、要求和希望。闭幕词结尾部分则往往提出贯彻会议精神的要求或希望。

3. 结束语

开幕词和闭幕词的结束语要简短、有力,并要有号召性和鼓动性。如开幕词常用"预祝大会圆满成功";闭幕词表达对与会者或参加活动人员的感谢,并郑重宣布会议或活动闭幕。

【参考范文】

在中国国际××展览会开幕式上的讲话

女士们、先生们:

早上好!

由新加坡××有限公司主办,中国××协会与我分会所属的上海市国际贸易信息和展览公司承办的"中国国际××展览会"今天在这里开幕了。我谨代表中国国际贸易促进委员会上海市分会、中国国际商会上海分会表示热烈祝贺!向前来上海参展的西班牙、比利时、中国台湾省、中国香港地区以及我国各省的中外厂商表示热烈的欢迎!

本届展览会将集中展示具有国际水准的各类××产品及生产设备,为来自全国各地的科技人员提供一次不出国的技术考察机会;同时,也为海内外同行共同切磋技艺创造了条件。

朋友们,同志们,上海是中国最重要的工业基地之一,也是经济、金融、贸易、科技和信息中心。上海作为长江流域乃至全国对外开放的重要窗口,将实行全方位的开放。我国政府已将浦东的开发开放列为中国今后十年发展的重点,上海南浦大桥的正式通车,将标志着浦东新区的开发已经进入实质性的启动阶段。上海将进一步改善投资环境,扩大与各国各地区的合作领域。我真诚地欢迎各位展商到上海的开发区和浦东新区参观,寻求贸易和投资机会,寻找合作伙伴。作为上海市的对外商会——中国国际贸易促进会上海市分会将为各位朋友提供卓有成效的服务。

最后,预祝"中国国际××展览会"圆满成功!感谢大家!

（张 超）

第四部分 经济类文书

一、合同

【文体简介】

合同是当事人或当事双方之间设立、变更、终止民事关系的协议。依法成立的合同,受法律保护。广义合同指所有法律部门中确定权利、义务关系的协议。狭义合同指一切民事合同。还有最狭义的合同仅指民事合同中的债权合同。

合同要涉及甲乙两方,法律没有明确规定甲乙双方的身份。一般而言,甲方是订立合同的一方,而乙方是签约的一方。在买卖性质的合同中,付款方一般为甲方,收款方一般为乙方。在承包合同中,发包方一般为甲方,承包方一般为乙方。

【基本格式】

合同包括标题、开头、正文、签名、日期等。

合同标题一般是事由加文种构成,如"××××学校教学楼主体建设工程承包合同",也有直接以文种作为标题的情况。标题下方偏右的位置可以加注合同编号。

合同开头要列出甲方与乙方的具体信息。

合同正文要依法明确双方商定的权利与义务。

正文结束后,要并排列出甲乙双方签名签章的位置,并且要分别签署时间。

【参考范文】

广告刊登合同

合同编号:_____

甲方:××××××××××公司

乙方:_____杂志社有限公司

甲、乙双方严格遵守中华人民共和国《广告法》及《合同法》,就广告刊登具体事项签订以下条款:

一、广告刊登方式

版位	印色	规格	金额
设计费			
制版费			
合计			
备注			

二、广告发布内容

_____

三、广告采用由甲方提供的(□ 菲林　□ 光盘　□ 电子文档　□ 照片、文字　□ 印刷品　□ 样品　□ 其他)。

四、甲方在提供广告资料的同时,提供相应的企业营业执照、专利证书等证件的复印件,对广告内容自负法律责任。乙方有权审查广告内容和表现形式,对不符合法律、法规的广告内容和表现形式,乙方应要求甲方作出修改,甲方未作出修改前,乙方有权拒绝发布。

五、付款方式

_____

六、双方发生经济合同纠纷协商解决不成功时,提请经济仲裁委员会仲裁。

七、本合同一式贰份,甲、乙双方各执一份,自合同签订之日起合同即时生效。

甲方名称:(章)_____　　　　　　乙方名称:(章)_____

法定代表:_____　　　　　　　代表:_____

委托代理人:_____　　　　　　地址:_____

单位地址:_____　　　　　　　邮编:_____

电话:_____　　　　　　　　　联系电话:_____

传真:_____　　　　　　　　　图文传真:_____

年　　月　　日　　　　　　　　　　　年　　月　　日

二、标书

【文体简介】

标书(bidding documents)是由发包单位编制或委托设计单位编制,向投标者提供对相关工程的主要技术、质量、工期等要求的文件。标书是招标工作时采购当事人都要遵守的具有法律效应且可执行的投标行为标准文件。标书逻辑性要强,不能前后矛盾,模棱两可;用语要精炼、简短。标书也是投标商投标编制投标书的依据,投标商必须对标书的内容进行实质性的响应,否则被判定为无效标(按废弃标处理)。标书同样也是评标最重要的依据。标书一般有至少一个正本,两个或多个副本。

【基本格式】

标书的主要内容可分为程序条款、技术条款、商务条款三大部分,具体包含下列九项内容:

1. 招标邀请函。函中简要介绍招标单位名称、招标项目名称及内容、招标形式、售标、投标、开标时间地点、承办联系人姓名地址电话等。

2. 投标人须知。着重说明招标的基本程序,投标者应遵循的规定和承诺的义务,投标文件的基本内容、份数、形式、有效期和密封等以及有关投标的其他要求,评标的方法、原则,招标结果的处理,合同的授予及签订方式,投标保证金等内容。

3. 招标项目的技术要求及附件。注明具体的技术要求和有关说明附件。

4. 投标书格式。投标书格式是对投标文件的规范要求。其中包括投标方授权代表签署的投标函,说明投标的具体内容和总报价,并承诺遵守招标程序和各项责任、义务,确认在规定的投标有效期内,投标期限所具有的约束力。还包括技术方案内容的提纲和投标价目表格式。

5. 投标保证文件。是投标有效的必检文件。保证文件一般采用三种形式:支票、投标保证金和银行保函。项目金额少可采用支票和投标保证金的方式,一般规定 2%。投标保证金有效期要长于标书有效期,和履约保证金相衔接。投标保函由银行开具,是借助银行信誉投标。企业信誉和银行信誉是企业进入国际大市场的必要条件。投标方在投标有效期内放弃投标或拒签合同,招标公司有权没收保证金以弥补招标过程蒙受的损失。

6. 合同条件(含一般条款及特殊条款)。此部分内容是双方经济关系的法律基础,因此对招投标方都很重要。国际招标应符合国际惯例,也要符合国内法律。由于项目的特殊要求需要提供出补充合同条款,如支付方式、售后服务、质量保证、主保险费用等特殊要求,在标书技术部分专门列出。但这些条款不应过于苛刻,更不允许(实际也做不到)将风险全部转嫁给中标方。

7. 技术标准、规范。技术规范应对施工工艺、工程质量、检验标准作出较为详尽的保证,也是避免发生纠纷的前提。技术规范包括:总纲、工程概况、分期工程对材料、设备和施工技术、质量要求,必要时写清各部分及工程量计算规则等。

8. 投标企业资格文件。要求提供企业生产该产品的许可证,及其他资格文件,如 ISO9001、ISO9002 证书等。另要求提供业绩证明。

9. 合同格式。招标方对合同格式的具体说明。

【参考范文】

标书内容繁多,限于篇幅,不在此举例。

(张 超)

附录二:国家行政机关公文处理办法

第一章 总则

第一条 为使国家行政机关(以下简称行政机关)的公文处理工作规范化、制度化、科学化,制定本办法。

第二条 行政机关的公文(包括电报,下同),是行政机关在行政管理过程中形成的具有法定效力和规范体式的文书,是依法行政和进行公务活动的重要工具。

第三条 公文处理指公文的办理、管理、整理(立卷)、归档等一系列相互关联、衔接有序的工作。

第四条 公文处理应当坚持实事求是、精简、高效的原则,做到及时、准确、安全。

第五条 公文处理必须严格执行国家保密法律、法规和其他有关规定,确保国家秘密的安全。

第六条 各级行政机关的负责人应当高度重视公文处理工作,模范遵守本办法并加强对本机关公文处理工作的领导和检查。

第七条 各级行政机关的办公厅(室)是公文处理的管理机构,主管本机关的公文处理工作并指导下级机关的公文处理工作。

第八条 各级行政机关的办公厅(室)应当设立文秘部门或者配备专职人员负责公文处理工作。

第二章 公文种类

第九条 行政机关的公文种类主要有:

(一)命令(令)

适用于依照有关法律公布行政法规和规章;宣布施行重大强制性行政措施;嘉奖有关单位及人员。

(二)决定

适用于对重要事项或者重大行动做出安排,奖惩有关单位及人员,变更或者撤销下级机关不适当的决定事项。

(三)公告

适用于向国内外宣布重要事项或者法定事项。

(四)通告

适用于公布社会各有关方面应当遵守或者周知的事项。

(五)通知

适用于批转下级机关的公文,转发上级机关和不相隶属机关的公文,传达要求下级机关办理和需要有关单位周知或者执行的事项,任免人员。

(六)通报

适用于表彰先进,批评错误,传达重要精神或者情况。

(七)议案

适用于各级人民政府按照法律程序向同级人民代表大会或人民代表大会常务委员会提请审议事项。

（八）报告

适用于向上级机关汇报工作，反映情况，答复上级机关的询问。

（九）请示

适用于向上级机关请求指示、批准。

（十）批复

适用于答复下级机关的请示事项。

（十一）意见

适用于对重要问题提出见解和处理办法。

（十二）函

适用于不相隶属机关之间商洽工作，询问和答复问题，请求批准和答复审批事项。

（十三）会议纪要

适用于记载、传达会议情况和议定事项。

第三章　公文格式

第十条　公文一般由秘密等级和保密期限、紧急程度、发文机关标识、发文字号、签发人、标题、主送机关、正文、附件说明、成文日期、印章、附注、附件、主题词、抄送机关、印发机关和印发日期等部分组成。

（一）涉及国家秘密的公文应当标明密级和保密期限，其中，"绝密"、"机密"级公文还应当标明份数序号。

（二）紧急公文应当根据紧急程度分别标明"特急"、"急件"。其中电报应当分别标明"特提"、"特急"、"加急"、"平急"。

（三）发文机关标识应当使用发文机关全称或者规范化简称；联合行文，主办机关排列在前。

（四）发文字号应当包括机关代字、年份、序号。联合行文，只标明主办机关发文字号。

（五）上行文应当注明签发人、会签人姓名。其中，"请示"应当在附注处注明联系人的姓名和电话。

（六）公文标题应当准确简要地概括公文的主要内容并标明公文种类，一般应当标明发文机关。公文标题中除法规、规章名称加书名号外，一般不用标点符号。

（七）主送机关指公文的主要受理机关，应当使用全称或者规范化简称、统称。

（八）公文如有附件，应当注明附件顺序和名称。

（九）公文除"会议纪要"和以电报形式发出的以外，应当加盖印章。联合上报的公文，由主办机关加盖印章；联合下发的公文，发文机关都应当加盖印章。

（十）成文日期以负责人签发的日期为准，联合行文以最后签发机关负责人的签发日期为准。电报以发出日期为准。

（十一）公文如有附注（需要说明的其他事项），应当加括号标注。

（十二）公文应当标注主题词。上行文按照上级机关的要求标注主题词。

（十三）抄送机关指除主送机关外需要执行或知晓公文的其他机关，应当使用全称或者规范化简称、统称。

（十四）文字从左至右横写、横排。在民族自治地方，可以并用汉字和通用的少数民族文字（按其习惯书写、排版）。

第十一条　公文中各组成部分的标识规则，参照《国家行政机关公文格式》国家标准执行。

第十二条　公文用纸一般采用国际标准 A4 型（210 mm×297 mm），左侧装订。张贴的公文用纸大小，根据实际需要确定。

第四章　行文规则

第十三条　行文应当确有必要，注重效用。

第十四条　行文关系根据隶属关系和职权范围确定，一般不得越级请示和报告。

第十五条　政府各部门依据部门职权可以相互行文和向下一级政府的相关业务部门行文；除以函的形式商洽工作、询问和答复问题、审批事项外，一般不得向下一级政府正式行文。

部门内设机构除办公厅(室)外不得对外正式行文。

第十六条　同级政府、同级政府各部门、上级政府部门与下一级政府可以联合行文；政府与同级党委和军队机关可以联合行文；政府部门与相应的党组织和军队机关可以联合行文；政府部门与同级人民团体和具有行政职能的事业单位也可以联合行文。

第十七条　属于部门职权范围内的事务，应当由部门自行行文或联合行文。联合行文应当明确主办部门。须经政府审批的事项，经政府同意也可以由部门行文，文中应当注明经政府同意。

第十八条　属于主管部门职权范围内的具体问题，应当直接报送主管部门处理。

第十九条　部门之间对有关问题未经协商一致，不得各自向下行文。如擅自行文，上级机关应当责令纠正或撤销。

第二十条　向下级机关或者本系统的重要行文，应当同时抄送直接上级机关。

第二十一条　"请示"应当一文一事；一般只写一个主送机关，需要同时送其他机关的，应当用抄送形式，但不得抄送其下级机关。

"报告"不得夹带请示事项。

第二十二条　除上级机关负责人直接交办的事项外，不得以机关名义向上级机关负责人报送"请示"、"意见"和"报告"。

第二十三条　受双重领导的机关向上级机关行文，应当写明主送机关和抄送机关。上级机关向受双重领导的下级机关行文，必要时应当抄送其另一上级机关。

第五章　发文办理

第二十四条　发文办理指以本机关名义制发公文的过程，包括草拟、审核、签发、复核、缮印、用印、登记、分发等程序。

第二十五条　草拟公文应当做到：

(一) 符合国家的法律、法规及其他有关规定。如提出新的政策、规定等，要切实可行并加以说明。

(二) 情况确实，观点明确，表述准确，结构严谨，条理清楚，直述不曲，字词规范，标点正确，篇幅力求简短。

(三) 公文的文种应当根据行文目的、发文机关的职权和与主送机关的行文关系确定。

(四) 拟制紧急公文，应当体现紧急的原因，并根据实际需要确定紧急程度。

(五) 人名、地名、数字、引文准确。引用公文应当先引标题，后引发文字号。引用外文应当注明中文含义。日期应当写明具体的年、月、日。

(六) 结构层次序数，第一层为"一、"，第二层为"(一)"，第三层为"1."，第四层为"(1)"。

(七) 应当使用国家法定计量单位。

(八) 文内使用非规范化简称，应当先用全称并注明简称。使用国际组织外文名称或其缩写形式，应当在第一次出现时注明准确的中文译名。

(九) 公文中的数字，除成文日期、部分结构层次序数和在词、词组、惯用语、缩略语、具有修辞色彩语句中作为词素的数字必须使用汉字外，应当使用阿拉伯数字。

第二十六条　拟制公文,对涉及其他部门职权范围内的事项,主办部门应当主动与有关部门协商,取得一致意见后方可行文;如有分歧,主办部门的主要负责人应当出面协调,仍不能取得一致时,主办部门可以列明各方理据,提出建设性意见,并与有关部门会签后报请上级机关协调或裁定。

第二十七条　公文送负责人签发前,应当由办公厅(室)进行审核。审核的重点是:是否确需行文,行文方式是否妥当,是否符合行文规则和拟制公文的有关要求,公文格式是否符合本办法的规定等。

第二十八条　以本机关名义制发的上行文,由主要负责人或者主持工作的负责人签发;以本机关名义制发的下行文或平行文,由主要负责人或者由主要负责人授权的其他负责人签发。

第二十九条　公文正式印制前,文秘部门应当进行复核,重点是:审批、签发手续是否完备,附件材料是否齐全,格式是否统一、规范等。

经复核需要对文稿进行实质性修改的,应按程序复审。

第六章　收文办理

第三十条　收文办理指对收到公文的办理过程,包括签收、登记、审核、拟办、批办、承办、催办等程序。

第三十一条　收到下级机关上报的需要办理的公文,文秘部门应当进行审核。审核的重点是:是否应由本机关办理;是否符合行文规则;内容是否符合国家法律、法规及其他有关规定;涉及其他部门或地区职权的事项是否已协商、会签;文种使用、公文格式是否规范。

第三十二条　经审核,对符合本办法规定的公文,文秘部门应当及时提出拟办意见送负责人批示或者交有关部门办理,需要两个以上部门办理的应当明确主办部门。紧急公文,应当明确办理时限。对不符合本办法规定的公文,经办公厅(室)负责人批准后,可以退回呈报单位并说明理由。

第三十三条　承办部门收到交办的公文后应当及时办理,不得延误、推诿。紧急公文应当按时限要求办理,确有困难的,应当及时予以说明。对不属于本单位职权范围或者不宜由本单位办理的,应当及时退回交办的文秘部门并说明理由。

第三十四条　收到上级机关下发或交办的公文,由文秘部门提出拟办意见,送负责人批示后办理。

第三十五条　公文办理中遇有涉及其他部门职权的事项,主办部门应当主动与有关部门协商;如有分歧,主办部门主要负责人要出面协调,如仍不能取得一致,可以报请上级机关协调或裁定。

第三十六条　审批公文时,对有具体请示事项的,主批人应当明确签署意见、姓名和审批日期,其他审批人圈阅视为同意;没有请示事项的,圈阅表示已阅知。

第三十七条　送负责人批示或者交有关部门办理的公文,文秘部门要负责催办,做到紧急公文跟踪催办,重要公文重点催办,一般公文定期催办。

第七章　公文归档

第三十八条　公文办理完毕后,应当根据《中华人民共和国档案法》和其他有关规定,及时整理(立卷)、归档。

个人不得保存应当归档的公文。

第三十九条　归档范围内的公文,应当根据其相互联系、特征和保存价值等整理(立卷),要保证归档公文的齐全、完整,能正确反映本机关的主要工作情况,便于保管和利用。

第四十条　联合办理的公文,原件由主办机关整理(立卷)、归档,其他机关保存复制件或其他形式的公文副本。

第四十一条　本机关负责人兼任其他机关职务，在履行所兼职务职责过程中形成的公文，由其兼职机关整理（立卷）、归档。

第四十二条　归档范围内的公文应当确定保管期限，按照有关规定定期向档案部门移交。

第四十三条　拟制、修改和签批公文，书写及所用纸张和字迹材料必须符合存档要求。

第八章　公文管理

第四十四条　公文由文秘部门或专职人员统一收发、审核、用印、归档和销毁。

第四十五条　文秘部门应当建立健全本机关公文处理的有关制度。

第四十六条　上级机关的公文，除绝密级和注明不准翻印的以外，下一级机关经负责人或者办公厅（室）主任批准，可以翻印。翻印时，应当注明翻印的机关、日期、份数和印发范围。

第四十七条　公开发布行政机关公文，必须经发文机关批准。经批准公开发布的公文，同发文机关正式印发的公文具有同等效力。

第四十八条　公文复印件作为正式公文使用时，应当加盖复印机关证明章。

第四十九条　公文被撤销，视作自始不产生效力；公文被废止，视作自废止之日起不产生效力。

第五十条　不具备归档和存查价值的公文，经过鉴别并经办公厅（室）负责人批准，可以销毁。

第五十一条　销毁秘密公文应当到指定场所由二人以上监销，保证不丢失、不漏销。其中，销毁绝密公文（含密码电报）应当进行登记。

第五十二条　机关合并时，全部公文应当随之合并管理。机关撤销时，需要归档的公文整理（立卷）后按有关规定移交档案部门。

工作人员调离工作岗位时，应当将本人暂存、借用的公文按照有关规定移交、清退。

第五十三条　密码电报的使用和管理，按照有关规定执行。

第九章　附则

第五十四条　行政法规、规章方面的公文，依照有关规定处理。外事方面的公文，按照外交部的有关规定处理。

第五十五条　公文处理中涉及电子文件的有关规定另行制定。统一规定发布之前，各级行政机关可以制定本机关或者本地区、本系统的试行规定。

第五十六条　各级行政机关的办公厅（室）对上级机关和本机关下发公文的贯彻落实情况应当进行督促检查并建立督查制度。有关规定另行制定。

第五十七条　本办法自 2001 年 1 月 1 日起施行。1993 年 11 月 21 日国务院办公厅发布，1994 年 1 月 1 日起施行的《国家行政机关公文处理办法》同时废止。

附录三：文章常用修改符号及其用法

文章修改符号及其用法

编号	符号名称	符号形态	符号说明	用法示例
1	改正号		表明需要改正错误，把错误之处圈起来，再用引线引到空白处改正。	
2	删除号		表明删除掉。文字少时加圈，文字多时可加框打叉。	
3	增补号		表明增补。文字少时加圈，文字多时可用线画清增补的范围。	
4	对调号		表明调整颠倒的字、句位置。三曲线的中间部分不调整。	
5	转移号		表明词语位置的转移。将要转移的部分圈起，并画出引线指向转移部位。	
6	接排号		表明两行文字之间应接排，不需另起一行。	

编号	符号名称	符号形态	符号说明	用法示例
7	另起号		表明要另起一段。需要另起一段的地方，用引线向左延伸到起段的位置。	我们今年完成了任务。（明年……
8	移位号	或 或	表明移位的方向。用箭头或凸曲线表示。使用箭头，是表示移至箭头前直线位置；使用凸曲线是表示把符号内的文字移至开口处两短直线位置。	锦州印刷厂 锦州 印刷厂
9	排齐号		表明应排列整齐。在行列中不齐的字句上下或左右画出直线。	认真提高 提高 质量印刷质量，缩短出版周期
10	保留号	△	表明改错、删错后需保留原状。在改错、删错处的上方或下方画出三角符号，并在原删除符号上画两根短线。	认真搞好校对工作 △
11	加空号		表明在字与字、行与行之间加空。符号画在字与字之间的上方；行与行之间的左右处。	ＶＶＶＶＶＶ 要认真修改原稿 加强市场调研 提高产品质量
12	减空号		表明在字与字、行与行之间减空。符号使用方法同上。	校对 须 知 校对书刊应 注意的问题
13	空字号		表明空一字距；表明空1/2字距；表明空1/3字距；表明空1/4字距。	第一章应用写作概述

编号	符号名称	符号形态	符号说明	用法示例
14	角码号		用以改正上、下角码的位置。	CO_2　$16=4^2$
15	分开号		用以分开外文字母。	How are you

附录四：中华人民共和国标准标点符号用法

（中华人民共和国国家标准 GB/T 15834—1995）

国家技术监督局 1995 年 12 月 13 日发布，1996 年 6 月 1 日施行

1. 范围

本标准规定了标点符号的名称、形式和用法。本标准对汉语书写规范有重要的辅助作用。本标准适用于汉语书面语。外语界和科技界也参考使用。

2. 定义

本标准采用下列定义。

句子 sentence　前后都有停顿，并带有一定的语调，表示相对完整意义的语言单位。

陈述句 declarative sentence　用来说明事实的句子。

祈使句 imperative sentence　用来要求听话人做某件事情的句子。

疑问句 interrogative sentence　用来提出问题的句子。

感叹句 exclamatory sentence　用来抒发某种强烈感情的句子。

复句、分句 complex sentence, clause　意思上有密切联系的小句子组织在一起构成一个大句子。这样的大句子叫复句，复句中的每个小句子叫分句。

词语 expression　词和短语（词组）。词，即最小的能独立运用的语言单位。短语，即由两个或两个以上的词按一定的语法规则组成的表达一定意义的语言单位，也叫词组。

3. 基本规则

3.1　标点符号是辅助文字记录语言的符号，是书面语的有机组成部分，用来表示停顿、语气、以及词语的性质和作用。

3.2　常用的标点符号有 16 种，分点号和标号两大类。

点号的作用在于点断，主要表示说话时的停顿和语气。点号又分为句末点号和句内点号。句末点号用在句末，有句号、问号、叹号 3 种，表示句末的停顿，同时表示句子的语气。句内点号用在句内，有逗号、顿号、分号、冒号 4 种，表示句内的各种不同性质的停顿。

标号的作用在于标明，主要标明语句的性质和作用。常用的标号有 9 种，即：引号、括号、破折号、省略号、着重号、连接号、间隔号、书名号和专名号。

4. 用法说明

4.1　句号

4.1.1　句号的形式为"。"。句号还有一种形式，即一个小圆点"."，一般在科技文献中使用。

4.1.2　陈述句末尾的停顿，用句号。例如：

a) 北京是中华人民共和国的首都。

b) 虚心使人进步，骄傲使人落后。

c) 亚洲地域广阔，跨寒、温、热三带，又因各地地形和距离海洋远近不同，气候复杂多样。

4.1.3　语气舒缓的祈使句末尾，也用句号。例如：请您稍等一下。

4.2　问号

4.2.1　问号的形式为"？"。

4.2.2　疑问句末尾的停顿，用问号。例如：

a) 你见过金丝猴吗?

b) 他叫什么名字?

c) 去好呢,还是不去好?

4.2.3　反问句的末尾,也用问号。例如:

a) 难道你还不了解我吗?

b) 你怎么能这么说呢?

4.3　叹号

4.3.1　叹号的形式为"!"。

4.3.2　感叹句末尾的停顿,用叹号。例如:

a) 为祖国的繁荣昌盛而奋斗!

b) 我多么想看看他老人家呀!

4.3.3　语气强烈的祈使句末尾,也用叹号。例如:

a) 你给我出去!

b) 停止射击!

4.3.4　语气强烈的反问句末尾,也用叹号。例如:

我哪里比得上他呀!

4.4　逗号

4.4.1　逗号的形式为","。

4.4.2　句子内部主语与谓语之间如需停顿,用逗号。例如:

我们看得见的星星,绝大多数是恒星。

4.4.3　句子内部动词与宾语之间如需停顿,用逗号。例如:

应该看到,科学需要一个人贡献毕生的精力。

4.4.4　句子内部状语后边如需停顿,用逗号。例如:

对于这个城市,他并不陌生。

4.4.5　复句内各分句之间的停顿,除了有时要用分号外,都要用逗号。例如:据说苏州园林有一百多处,我到过的不过十多处。

4.5　顿号

4.5.1　顿号的形式为"、"。

4.5.2　句子内部并列词语之间的停顿,用顿号。例如:

a) 亚马逊河、尼罗河、密西西比河和长江是世界四大河流。

b) 正方形是四边相等、四角均为直角的四边形。

4.6　分号

4.6.1　分号的形式为";"。

4.6.2　复句内部并列分句之间的停顿,用分号。例如:

a) 语言,人们用来抒情达意;文字,人们用来记言记事。

b) 在长江上,瞿塘峡像一道闸门,峡口险阻;巫峡像一条迂回曲折的画廊,每一曲,每一折,都像一幅绝好的风景画,神奇而秀美;西陵峡水势险恶,处处是急流,处处是险滩。

4.6.3　非并列关系(如转折关系、因果关系等)的多重复句,第一层的前后两部分之间,也用分号。例如:我国年满十八周岁的公民,不分民族、种族、性别、职业、家庭出身、宗教信仰、教育程度、财产状况、居住年限,都有选举权和被选举权;但是依照法律被剥夺政治权力的人除外。

4.6.4　分行列举的各项之间,也可以用分号。例如:

中华人民共和国行政区域划分如下：

（一）全国分为省、自治区、直辖市；

（二）省、自治区分自治州、县、自治县、市；

（三）县、自治县分乡、民族乡、镇。

4.7 冒号

4.7.1 冒号的形式为"："。

4.7.2 用在称呼语后边，表示提起下文。例如：

同志们，朋友们：现在开会了。

4.7.3 用在"说、想、是、证明、宣布、指出、透露、例如、如下"等词语后边，表示提起下文。例如：

他十分惊讶地说："啊，原来是你！"

4.7.4 用在总说性话语的后边，表示引起下文的分说。例如：

北京紫禁城有四座城门：午门、神武门、东华门和西华门。

4.7.5 用在需要解释的词语后边，表示引出解释或说明。例如：

外文图书展销会

日期：10 月 20 日至 11 月 10 日

时间：上午 8 时至下午 4 时

地点：北京朝阳区工体东路 16 号

主办单位：中国图书进出口总公司

4.7.6 总括性话语的前边，也可以用冒号，以总结上文。例如：

张华考上了北京大学，在化学系学习；李萍考进了中等技术学校，读机械制造专业；我在百货公司当售货员：我们都有光明的前途。

4.8 引号

4.8.1 引号的形式为双引号""""和单引号"''"。

4.8.2 行文中直接引用的话，用引号标示。例如：

a）爱因斯坦说："想象力比知识更重要，因为知识是有限的，而想象力概括着世界上的一切，推动着进步，并且是知识进步的源泉。"

b）"满招损，谦受益"这句格言，流传到今天至少有两千年了。

c）现代画家徐悲鸿笔下的马，正如有的评论家所说的那样，"神形兼备，充满生机"。

4.8.3 需要着重论述的对象，用引号标示。例如：

古人对于写文章有个基本要求，叫做"有物有序"。"有物"就是要有内容，"有序"就是要有条理。

4.8.4 具有特殊含意的词语，也用引号标示。例如：

a）从山脚向上望，只见火把排成许多"之"字形，一直连到天上，跟星光接起来，分不出是火把还是星星。

b）这样的"聪明人"还是少一点好。

4.8.5 引号里面还要用引号时，外面一层用双引号，里面一层用单引号。例如：

他站起来问："老师，'有条不紊'的'紊'是什么意思？"

4.9 括号

4.9.1 括号常用的形式是圆括号"（）"。此外还有方括号"［］"、六角括号"〔〕"和方头括号"【】"。

4.9.2 行文中注释性的文字,用括号标明。注释句子里某种词语的,括注紧贴在被注释词语之后;注释整个句子的,括注放在句末标点之后。例如:

a) 中国猿人(全名为"中国猿人北京种",或简称"北京人")在我国的发现,是对古人类学的一个重大贡献。

b) 写研究性文章跟文学创作不同,不能摊开稿纸搞"即兴"。(其实文学创作也要有素养才能有"即兴"。)

4.10 破折号

4.10.1 破折号的形式为"——"。

4.10.2 行文中解释说明的语句,用破折号标明。例如:

a) 迈进金黄色的大门,穿过宽阔的风门厅和衣帽厅,就到了大会堂建筑的枢纽部分——中央大厅。

b) 为了全国人民——当然包括自己在内——的幸福,我们每个人都要兢兢业业,努力工作。

4.10.3 话题突然转变,用破折号标明。例如:

"今天好热啊!——你什么时候去上海?"张强对刚刚进门的小王说。

4.10.4 声音延长,象声词后用破折号。例如:

"呜——"火车开动了。

4.10.5 事项列举分承,各项之前用破折号。例如:

根据研究对象的不同,环境物理学分为以下五个分支学科:

——环境声学;

——环境光学;

——环境热学;

——环境电磁学;

——环境空气动力学。

4.11 省略号

4.11.1 省略号的形式为"……",六个小圆点,占两个字的位置。如果是整段文章或诗行的省略,可以使用十二个小圆点来表示。

4.11.2 引文的省略,用省略号标明。例如:

她轻轻地哼起了《摇篮曲》:"月儿明,风儿静,树叶儿遮窗棂啊……"

4.11.3 列举的省略,用省略号标明。例如:

在广州的花市上,牡丹、吊钟、水仙、梅花、菊花、山茶、墨兰……春秋冬三季的鲜花都挤在一起啦!

4.11.4 说话断断续续,可以用省略号标示。例如:

"我……对不起……大家,我……没有……完成……任务"。

4.12 着重号

4.12.1 着重号的形式为".。"

4.12.2 要求读者特别注意的字、词、句,用着重号标明。例如:

事业是干出来的,不是吹出来的。

4.13 连接号

4.13.1 连接号的形式为"-",占一个字的位置,连接号还有另外三种形式,即长横"——"(占两个字的位置)、半字线"-"(占半个字的位置)和浪纹"～"(占一个字的位置)。

4.13.2 两个相关的名词构成一个意义单位,中间用连接号。例如:

a) 我国秦岭—淮河以北地区属于温带季风气候区,夏季高温多雨,冬季寒冷干燥。

b) 复方氯化钠注射液,也称任-洛二氏溶液(Ringer-Locke solution),用于医疗和哺乳动物生理学实验。

4.13.3　相关的时间、地点或数目之间用连接号表示起止。例如:

a) 鲁迅(1881—1936)中国现代伟大的文学家、思想家和革命家。原名周树人,字豫才,浙江绍兴人。

b) "北京—广州"直达快车。

c) 梨园乡种植的巨峰葡萄今年已进入了丰产期,亩产 1000 公斤～1500 公斤。

4.13.4　相关的字母、阿拉伯数字等之间,用连接号,表示产品型号。例如:

在太平洋地区,除了已建成投入使用的 HAW—4 和 TPC—3 海底光缆之外,又有 TPC—4 海底光缆投入运营。

4.13.5　几个相关的项目表示递进式发展,中间用连接号。例如:

人类的发展可以分为古猿—猿人—古人—新人这四个阶段。

4.14　间隔号

4.14.1　间隔号的形式为"·"。

4.14.2　外国人和某些少数民族人名内各部分的分界,用间隔号标示。例如:

列奥纳多·达·芬奇

爱新觉罗·努尔哈赤

4.14.3　书名与篇(章、卷)名之间的分界,用间隔号标示。例如:

《中国大百科全书·物理学》

《三国志·蜀志·诸葛亮传》

4.15　书名号

4.15.1　书名号的形式为双书名号"《》"和单书名号"〈〉"。

4.15.2　书名、篇号、报纸名、刊物名等,用书名号标志。例如:

a)《红楼梦》的作者是曹雪芹。

b) 你读过鲁迅的《孔乙己》吗?

c) 他的文章在《人民日报》上发表了。

d) 桌上放着一本《中国语文》。

4.15.3　书名号里边还要用书名号时,外面一层用双书名号,里边一层用单书名号。例如:

《〈中国工人〉发刊词》发表于 1940 年 2 月 7 日。

4.16　专名号

4.16.1　专名号的形式为"____"

4.16.2　人名、地名、朝代名等专名下面,用专名号标示。例如:

司马相如者,汉蜀郡成都人也,字长卿。

4.16.3　专名号只用在古籍或某些文史著作里面。为了跟专名号配合,这类著作里的书名号可以用浪线"～～～"。例如:

屈原放逐,乃赋离骚,左丘失明,厥有国语。

5. 标点符号的位置

5.1　句号、问号、叹号、逗号、顿号、分号和冒号一般占一个字的位置,居左偏下,不出现在一行之首。

5.2　引号、括号、书名号的前一半不出现在一行之末,后一半不出现在一行之首。

5.3　破折号和省略号都占两个字的位置,中间不能断开。连接号和间隔号一般占一个字的位置。这四种符号上下居中。

5.4　着重号、专名号和浪线式书名号标在字的下边,可以随字移行。

6.　直行文稿与横行文稿使用标点符号不同。

6.1　句号、问号、叹号、顿号、分号和冒号放在字下偏右。

6.2　破折号、省略号、连接号和间隔号放在字下居中。

6.3　引号改用双引号"『』"和单引号"「」"。

6.4　着重号标在字的右侧,专名号和浪线式书名号标在字的左侧。

附录五：汉语称谓知识

一、称谓知识

1. 祖辈

祖辈的亲属，按古代关于宗亲的范围，是从高祖开始。高祖以上的直系祖先则称为远祖、先祖、先人、鼻祖（鼻，始的意思）。

（1）祖：在古代，广义是指所有父辈以上的男性先辈，狭义则是指祖父。

（2）祖父：又称为"王父"、"大父"、"祖君"。在古代，"公"、"太公"、"翁"也可用来称呼祖父；如今对祖父最常见的称呼是"爷爷"。

（3）祖母：又可以称为"大母"、"王母"、"重慈"。又因古人有妻有妾，所以祖母又有"季祖母"、"庶祖母"、"妾祖母"之分。祖母之称古今通用。

（4）婆：是古代对成年妇女的很普遍的称呼，也可以用来称祖母。

（5）奶奶：是今天对祖母的普遍称呼，古代的使用较晚。作为称谓，"奶"最早是作为乳母之称，以后又用以称母亲，又作为对已婚妇女的较广义的称呼。

（6）堂祖父、从祖父、伯公、伯祖、伯翁、叔公、叔祖、叔翁等：这些是对祖父的兄弟的称谓。

（7）堂祖母、从祖母、伯婆、伯祖母、叔婆、叔祖母等：这些是对祖父兄弟妻子的称谓。

2. 曾祖辈

（1）曾祖：即祖父之父。古代还有"太翁"、"曾翁"、"曾大父"、"大王父"、"王大父"、"太公"、"曾太公"等称呼，比较特殊的是称"曾门"。

（2）曾祖母：指曾祖之妻，还可以称为"太婆"、"曾祖王母"、"太奶"，其中较常见的为"太婆"。

3. 高祖辈

（1）高祖：即曾祖之父，古今多称为高祖父，也有称为"高祖王父"、"高门"。但需注意的是，古代对高祖之上的历代远祖也可称为高祖。

（2）高祖母：指高祖之妻，或称"高王祖母"。

4. 父母

（1）父母：父母是亲属中最重要的亲属，除"父母"、"双亲"、"二老"、"爹娘"等古今通用的合称外还有"高堂"、"严君"、"尊亲"、"严亲"、"两亲"、"亲闱"等以及文人笔下的"所生"、"椿萱"等对父母的代称。

（2）父、父亲：是对父亲古今习见的称呼，还可以称父亲为"公"、"翁"、"尊"、"大人"、"严君"、"爷"、"爹"、"爸"、"老子"等。

（3）尊：古代常见的敬称用语，称自己的父亲可称"家尊"，称对方的父亲则称"令尊"。

（4）爷：古代对成年男子较广义的称呼，宋代开始用作对祖父之称，魏晋南北朝就用作对父亲之称，或写作"耶"。

（5）母：是对母亲最常见的称呼。而在古代对母亲的称谓中，大都和"母"相似，又用作对成年妇女或老年妇女的泛称。其中较重要的有："婆"、"娘"、"娘娘"、"姥"、"大人"、"妈"、"慈"、"家家"和"姊姊"等。

（6）继母：如果自己的母亲去世、离异或被父辈逐出，则称续娶之妻为继母、继亲、后母、假母、续母。

　　(7) 出母：如果自己的母亲离家之后还能相见，则称为出母。

　　(8) 生母：在古代一夫多妻制的家庭中，称自己的生身母亲为"生母"或"本生母"。

　　(9) 庶母：在古代一夫多妻制的家庭中，如果自己的生母是正妻，则称父亲之妾为"庶母"、"少母"、"诸母"、"妾母"。

　　(10) 家家和姊姊：是中古时期对母亲的两种特殊称呼。

　　(11) 姨：在古代一夫多妻制的家庭中，无论自己的生母是妻或妾，对父亲的妾都可以称为"姨"、"姨姨"、"阿姨"。

　　(12) 义父：指是在自己的父亲之外再拜认某人为父，这个"义"字有外加、假、代、自愿等意。

　　(13) 义母：指是在自己的母亲之外再拜认某人为母。

　　5. 与父亲相关的亲属

　　(1) 诸父、诸母：是对父亲的兄弟及其妻室的统称。

　　(2) 世父：对父亲的兄弟的称谓，现在更多的场合是称"伯父"、"叔父"，或简称"伯"、"叔"。古人偶尔将几个叔父按伯、仲、叔、季的排行次序，分别称为"伯父"、"仲父"、"叔父"、"季父"。

　　(3) 伯母、叔母：是对父亲的兄弟的妻室的称呼。

　　(4) 从父：对父亲的叔伯兄弟可统称"从父"，又可分别称为"从伯"、"从叔"。

　　(5) 姑：对父亲的姊妹可称为"姑"（沿用至今），又可以称为"诸姑"、"姑姊"、"姑妹"，对已婚者一般都称为"姑母"、"姑妈"，与今不同的是偶尔也称"姑娘"。

　　(6) 姑父：对姑母的丈夫，既可称为"姑父"、"姑丈"，又可以称为"姑婿"、"姑夫"。

　　(7) 表兄弟：对姑母的子的称谓。

　　(8) 表姊妹：对姑母的女的称谓。

　　6. 与母亲相关的亲属

　　(1) 外祖父：对母亲的父亲，称其为"外祖父"（与今同），又可称为"外翁"、"外大人"、"家公"、"老爷"等。

　　(2) 外祖母：对母亲的母亲，称为"外祖母"、"外婆"（与今同），又称为"姥姥"、"老老"等。

　　(3) 舅：对母亲的兄弟，古今均称"舅"，在不同场合，可加上一些修饰或补充性文字，如："舅氏"、"舅父"、"嫡舅"、"元舅"、"堂舅"等。

　　(4) 舅母：对舅父之妻的称谓。

　　(5) 姨母：对母亲姊妹的称呼，先秦时称为"从母"，秦汉以来则称为"姨母"，或称为"姨娘"、"姨婆"、"姨妈"等。

　　(6) 姨父：对姨母之夫称为"姨夫"或"姨父"。姨母之子女也称"表兄弟"、"表姊妹"。

　　（无论是舅父之女、姨母之女，还是姑母之女，都可以以"表兄弟"、"表姊妹"相称，古人统称为"诸表"。）

　　7. 考妣

　　"考"和"××"在先秦时是对父母的异称，无论生死均可用。秦汉以来，父母死后仍可称为考××，但生前不再称考××，考××只用来对死去的父母之称。而且，考××不仅用来称死去的父母，死去的祖辈乃至更早的直系先辈均可用考××相称（在先秦时则是对先祖的泛称）。

　　8. 夫妻

　　(1) 夫：或作"丈夫"，本是对成年男子的美称，但又用作夫妻之夫。"夫"加上其他附加成分的表示丈夫意的相关称谓很多，如："夫子"、"夫君"、"夫主"、"夫婿"等。除此，还可以用"良人"、"郎"、"丈人"、"君"、"老公"、"官人"、"汉子"等称呼丈夫。

（2）妻、妻子：是由古至今对妻的最主要的称呼。在妻之前加上各种附加成分，还有"贤妻"、"良妻"、"仁妻"、"令妻"、"娇妻"等。除此，还可用"妇"、"室"、"君"、"夫人"、"娘子"、"浑家"、"内"、"老婆"、"婆娘"、"太太"等来称呼。

9. 与丈夫相关亲属

（1）公：也称公公，对丈夫之父，古称为"舅"，也称为"公"、"公公"。这些称呼正是今天称丈夫之父为"公"、"公公"、"老人公"的前身。

（2）婆：也称婆婆，对丈夫之母，古称为"姑"以及由"姑"派生出的"君姑"、"严姑"、"慈姑"、"阿姑"等。后又称"婆"、"婆婆"。

（3）舅姑、姑舅：是早期对丈夫父母的合称。近者称"公婆"。此外还有一个常见的称呼是"姑章"，或作"姑嫜"。

（4）伯叔：对丈夫的兄弟的称谓，与近代所称的"大伯"、"小叔"是一致的。

（5）小姑：对丈夫妹妹的称谓。

10. 与妻子相关亲属

（1）岳丈：是对于妻子之父的称呼，古代还有"泰山"、"冰翁"、"外舅"、"外父"、"妻父"等代称。

（2）岳母：对妻子之母的称谓，或称为"丈母"。

（3）姑、外姑：早期用来对妻子之母的称呼。

（4）舅舅：对妻子兄弟的称呼，或称为"舅"、"舅爷"、"舅子"等，还称为"内兄"、"内弟"、"妻兄"、"妻弟"等。

（5）姨：对妻子的姊妹的称呼，或称"大姨"、"小姨"，也称为"妻妹"、"内妹"。

11. 兄弟及与其相关亲属

（1）兄：又称为"昆"。今天则可用"哥"来称呼兄长。有兄弟数人的情况下，称呼中必须表示出排行，或以数字为排行，或用伯、仲、叔、季这些排行常用语等。（"哥"，古代是用得十分广泛的称呼，可以称父、称兄、称弟、称子。）

（2）嫂：对兄的妻子的称谓，或称"嫂嫂"。

（3）弟：是对与兄相对者的称呼。

（4）弟媳：对弟的妻子的称谓，或称"弟妹"。

（5）侄：对兄弟的子女最常见的称呼，也可直接称之为"兄子"、"兄女"，或称为"从子"、"从女"、"犹子"、"犹女"。

12. 姊妹及与其相关亲属

（1）女兄、女弟：古代对姊妹的称谓，或直接称姊妹为兄弟。"姊"又称"姐"，与姊相对者称为"妹"。

（2）姊夫、妹夫：对姊妹的丈夫的称呼，也可称为"姊婿"、"妹婿"。

（3）甥：对姊妹之子最普遍的称呼，还称为"外甥"、"甥女"、"外甥女"。

13. 子女及与其相关亲属

（1）子：在古代是一个使用范围较广的称呼，秦汉以后主要用作儿子之称。

自己之子可称为"犬子"、"孽子"、"不孝子"等，别人之子又可称为"令子"、"良子"、"不凡子"、"贤子"等。除此，还可用"男"、"子息"、"贱息"、"儿子"、"儿郎"、"儿男"等来称呼子。若有几个儿子则有"长子"、"次男"、"幼子"等称呼。

（2）女：对女儿的主要称呼。对别人的女儿往往称为"爱"或"媛"，也称为"令媛"、"闺媛"。

（3）义子、义女：指不是自己生育的，而是收养的子女，又称"养子"、"养女"、"假子"。同时还有一个常见的代称"螟蛉"。

（4）媳妇：对儿子之妻的称呼。最初只称为"妇"，后因儿子又称为"息"，所以子之妻又称为"息妇"，或写作"媳妇"。

（5）婿：对女儿丈夫的称呼，或称为"女婿"、"子婿"、"郎婿"、"快婿"等。除此，女儿之夫还可以被称为"女夫"、"半子"、"东床""令坦"。

女婿到了岳丈家，除了岳父、岳母可以称"贤婿"之类，岳家一般人都尊称其为"姑爷"、"姑老爷"。

（6）孙：对儿子的子女的称呼，或称"孙息"、"孙枝"。"孙"又分为"孙儿"、"孙女"，"孙女"又称为"女孙"。

（7）外孙：对女儿的子女的称呼。女姓还可称为"外孙女"。

14. 皇族称谓

皇帝　公元前221年，秦王嬴政统一六国后，自认为"德兼三皇，功高五帝"，称"始皇帝"，从此历代封建君主都称皇帝。

万岁　皇帝的代名词，一种说法认为在朝贺时对君主经常使用，久而久之，便成了皇帝的尊称；另一种说法认为是从西汉元封元年（公元前110年）汉武帝登华山后，由他开始用"万岁"自称，而相沿下来的。

天子　古代君王的尊称。夏、商、周代，天子的正号是王，如周武王即可被称天子；在秦汉至清代，天子则指皇帝。所谓"天子"，意指君主君临天下，犹天之子。

皇后　皇帝的正妻称皇后。秦汉以后历代沿称。

太上皇　帝王尊其父为太上皇；历代皇帝传位于太子，并自称太上皇；天子之父参与国政，称太上皇帝。

皇太后　皇帝的母亲称皇太后，秦汉以后历代沿称。

皇太子　皇帝所指定的继承人，一般为皇帝的嫡长子，但常有例外，由皇帝选定册立。清代自雍正以后不立皇太子。一般称预定继承君位的长子为"太子"。

贵嫔　嫔妃的称号。汉元帝时始置，原为妃嫔中之第一级。自魏晋至明均设置，但地位已经下降。

昭仪　嫔妃的称号。三国魏文帝时始置，仅次于皇后，晋及南北朝多沿置。

才人　嫔妃的称号。始设于晋武帝，自南北朝至明多曾沿置。唐制，才人初为宫中之正五品，后改正四品。

贵妃　嫔妃的称号。南朝宋武帝时始置，位次于皇后，自隋至清多沿置。

七子　女官名，位在美人、良人下，在长使少使上。

良人　西汉嫔妃的称号。

美人　嫔妃的称号。

贵人　嫔妃的称号。东汉位次于皇后，清代贵人已降在嫔妃之下。

世子　帝王的正妻所生的长子，也称太子，清代则封亲王的嫡长子为世子。

孺子　太子嫔妃名，太子有妃、良娣、孺子，共三等；古代贵族的妾也称孺子。

太孙　皇帝的长孙称太孙。历代王朝往往于太子殁后册立太孙为预定之皇位继承人。

公主　帝王之女的称号。始于战国，汉制规定，皇帝之女称公主，帝之姐妹称长公主，帝姑称大长公主，后历代大致沿用。

翁主　汉代制度，诸王之女称翁主，即后世的郡主。

驸马　皇帝的女婿称驸马，非实官。清代称"额驸"。

帝姬　古代对皇帝女公主、姊妹、姑母等的称呼。

二、家族长辈称谓表

(前为称谓——后为自称)下同

曾祖父、母——曾孙、孙女

太公翁(丈夫的曾祖父)——曾孙媳

太奶亲(丈夫的曾祖母)——曾孙媳

曾伯父、母(父亲的祖父的哥哥、嫂嫂)——曾侄孙、曾侄孙女

太伯翁、太姆婆(丈夫的曾伯父、母)——曾侄孙媳

曾叔祖父、母(父亲的祖父的弟弟、弟媳)——曾侄孙、曾侄孙媳

太叔翁、太婶婆(丈夫的曾叔祖父、母)——曾侄孙媳

祖父、祖母(父亲的父母)——孙、孙女

祖翁、婆(丈夫的祖父、祖母)——孙媳妇

伯祖父、母(父亲的伯父、母)——侄孙、侄孙女

伯祖翁、婆(丈夫的伯祖父、母)——曾孙媳

叔祖父、母(父亲的叔父、母)——侄孙、侄孙女

叔祖翁(丈夫的叔祖父)——侄孙媳

婶婆(丈夫的叔祖母)——侄孙媳

翁亲、姑亲(丈夫的父亲、母亲)——儿媳

伯父、母(父亲的哥哥、嫂嫂)——侄儿、侄女

伯翁、母(丈夫的伯父、母)——侄媳

叔父、母(父亲的弟弟、弟媳)——侄、侄女

堂伯、叔(同族与父同辈者)——堂侄、堂侄女

宗伯、叔(同姓与父同辈者)——宗侄、宗侄女

叔翁、婶亲(丈夫的叔父、叔母)——侄媳

三、亲戚长辈称谓表

曾祖姑丈(曾祖父的姐妹父)——内曾侄孙、内曾侄孙女

曾祖姑母(曾祖父的姐妹)——曾侄孙、曾侄孙女

祖姑丈(祖父的姐妹父)——内侄孙、内侄孙女

祖姑母(祖父的姐妹)——侄孙、侄孙女

舅祖父(祖母的兄弟)——外甥孙、外甥孙女

舅祖母(祖母的兄弟的妻子)——外甥孙、外甥孙女

祖姨夫(祖母的姐妹父)——姨甥孙、姨甥孙女

祖姨母(祖母的姐妹)——姨外甥、姨外甥女

姑丈(父亲的姐妹父)——内侄、内侄女

姑母(父亲的姐妹)——侄、侄女

表伯、姆(父亲的表兄、嫂)——表侄、表侄女

太外祖父、母(母亲的祖父、母)——外曾孙、外曾孙女

外祖父、母(母亲的父母)——外孙、外孙女

外伯祖、外姆婆(母亲的伯父、母)——外侄孙、外侄孙女

外叔祖、外婶婆(母亲的叔父、叔母)——外侄孙、外侄孙女

舅父（母亲的兄弟）——外甥、外甥女

舅母（母亲的兄嫂、弟媳）——外甥、外甥女

姨丈（母亲的姐妹父）——姨甥、姨甥女

姨母（母亲的姐妹）——襟侄、襟侄女

太岳父、母（妻的祖父、母）——孙婿、孙女婿

太伯岳、母（妻的伯祖父、母）——侄孙婿、侄孙女婿

太叔岳、母（妻的叔祖父、母）——侄孙婿、侄孙女婿

岳父、母（妻的父母）——女婿

伯岳、母（妻的伯父、母）——侄女婿

叔岳、母（妻的叔父、母）——侄女婿

姻伯丈、姆（妻的从伯父、母）——姻家侄婿

姻叔丈、姻婶（妻的从叔父、母）——姻家侄婿

姻伯、姆（妻的堂伯父、母）——姻家侄

姻叔、姻婶（妻的堂叔父、母）——姻家侄

四、家族平辈称谓表

胞哥（本人的哥哥）——弟、妹

兄嫂（哥哥的爱人）——夫弟、夫妹

弟妇（胞弟的爱人）——夫兄、夫姐

胞姐、妹（本人的姐、妹）——弟、妹、兄、姐

夫兄（丈夫的哥哥）——弟妇

兄嫂（丈夫的嫂嫂）——弟妇

夫弟（丈夫的弟弟）——嫂

弟妇（丈夫的弟媳）——嫂

爱妻（本人的妻子）——夫

良人，夫君（本人的丈夫）——拙荆、妻

夫姐（丈夫的胞姐）——弟媳

夫妹（丈夫的胞妹）——兄嫂

从兄、姐（伯、叔的女儿）——从弟、妹

从弟、妹（伯、叔的女儿）——从兄、姐

夫从兄（丈夫的从兄）——从弟妇

从兄嫂（丈夫的从嫂）——从弟妇

从弟（丈夫的从弟）——从兄嫂

从弟妇（丈夫的从弟媳）——从兄嫂

堂兄（丈夫的堂兄）——堂弟妇

堂嫂（丈夫的堂嫂）——堂弟妇

堂弟（丈夫的堂弟）——堂兄嫂

堂小弟（丈夫的堂弟媳）——堂兄嫂

堂兄、堂姐、堂弟、堂妹（同族平辈者）——堂弟、堂妹、堂兄、堂姐

宗兄、宗姐、宗弟、宗妹（同姓平辈者）——宗弟、宗妹、宗兄、宗姐

姐丈（本人的胞姐夫）——内弟、内弟妇

妹丈(本人的胞妹夫)——内兄、内兄嫂

表兄、表姐(姑、姨、妗的子、女)——表弟、表妹

表弟、表妹(姑、姨、妗的子、女)——表兄、表姐

表姐丈(姑母的女婿)——表内弟、表妹

内兄、嫂(妻子的哥、嫂)——内兄、嫂

内弟、媳(妻子的弟、媳)——姐夫

襟兄(妻的姐、妹夫)——襟弟

姻兄、弟(妻的从兄、弟)——姻兄、弟

姻家兄、弟(妻的堂兄、弟)——姻家兄、弟

五、亲戚互称称谓表

老太姻翁、姆(亲家的祖父、母)——姻再侄、姻再侄妇

太姻翁(亲家的父亲)——姻侄、姻侄翁

太姻姆(亲家的母亲)——姻侄、姻侄妇

姻伯翁、叔翁(亲家的伯、叔父)——姻家侄、姻家侄室

姻伯姆、叔母(亲家的伯、叔母)——夫姻家侄

姻翁(亲家)——姻弟

姻姆(亲家姆)——姻室

姻兄(亲家的兄弟)——姻家弟

姻仁兄(亲家姆的兄弟)——姻家室

姻家兄(亲家的从、堂兄弟)——姻家弟

姻侄(亲家的堂、侄儿)——姻家伯、姻愚叔

姻伯祖(兄弟妻的祖父)——姻家再侄

直系血亲

父系

曾曾祖父—曾祖父—祖父—父亲

曾曾祖母—曾祖母—祖母—父亲

母系

曾曾外祖父—曾外祖父—外祖父—母亲

曾曾外祖母—曾外祖母—外祖母—母亲

儿子:夫妻间男性的第一子代。

女儿:夫妻间女性的第一子代。

孙:夫妻间的第二子代,依性别又分孙子、孙女。有时孙子是一种不分性别的称呼。

曾孙:夫妻间的第三子代。

玄孙:夫妻间的第四子代。

旁系血亲

父系

伯:父亲的兄长,也称伯伯、伯父、大爷

大妈:大爷的妻子

叔:父亲的弟,也称叔叔、叔父

婶:叔叔的妻子

姑:父亲的姊妹,也称姑姑、姑母

姑夫:姑姑的丈夫

母系

舅:母亲的兄弟,也称舅舅

舅妈:舅舅的妻子

姨:母亲的姐妹,也称阿姨、姨妈

姨夫:姨的丈夫

姻亲

丈夫:结婚的女人对自己伴侣的称呼

媳妇:结婚的男人对自己伴侣的称呼

公公:丈夫的父亲,也直称爸爸

婆婆:丈夫的母亲,也直称妈妈

丈人、岳父:妻子的父亲,也直称爸爸

丈母娘、岳母:妻子的母亲,也直称妈妈

儿媳:对儿子的妻子的称呼

女婿:对女儿的丈夫的称呼

嫂子:对兄长妻子的称呼

弟妹、弟媳:对弟弟妻子的称呼

姐夫:对姐姐丈夫的称呼

妹夫:对妹妹丈夫的称呼

妯娌:兄弟的妻子间互相间的称呼或合称

连襟:姐妹的丈夫间互相间的称呼或合称,也称襟兄弟

大姑子:对丈夫的姐姐的称呼

小姑子:对丈夫妹妹的称呼

大舅子:对妻子哥哥的称呼

小舅子:对妻子弟弟的称呼

曾孙即自己的孙子的下一代,玄孙即你的曾孙的下一代。还有表哥表弟表姐表妹等即你的姑姑、姑母、姨妈、姨姨、舅舅的下一代与你自己之间的称呼;堂兄、堂弟、堂姐、堂妹即你的伯父或你的叔叔的下一代与你自己之间的称呼。

随着计划生育的推行,表哥等带表字开头的及堂兄等带堂字开头的称呼将逐步淡出。表伯、表叔、表姑姑、表姑母、表姨、表姨母等就是自己的下一代对你的表哥、表弟、表妹、表姐等的称呼。

附录六：大学生人文教育课外阅读推荐书目
（100本）

1. 《中国史纲要》翦伯赞
2. 《中国哲学简史》冯友兰
3. 《万历十五年》黄仁宇
4. 《中国科学技术史》李约瑟
5. 《乡土中国》费孝通
6. 《美的历程》李泽厚
7. 《我的精神自传》钱理群
8. 《理想国》柏拉图
9. 《形而上学》亚里士多德
10. 《希罗多德历史》希罗多德
11. 《乌托邦》莫尔
12. 《共产党宣言》马克思
13. 《物种起源》达尔文
14. 《宇宙之谜》海克尔
15. 《美育书简》席勒
16. 《作为意志和表象的世界》叔本华
17. 《悲剧的诞生》尼采
18. 《金枝——巫术与宗教之研究》弗雷泽
19. 《人类学——人及其文化研究》泰勒
20. 《艺术哲学》丹纳
21. 《世界文明史》伯因斯等
22. 《西方哲学史》罗素
23. 《古代社会》摩尔根
24. 《精神分析引论》弗洛伊德
25. 《动机与人格》马斯洛
26. 《自卑与超越》阿德勒
27. 《心理学与文学》荣格
28. 《人论》卡西尔
29. 《西西弗的神话》加缪
30. 《西方的没落》斯宾格勒
31. 《爱欲与文明》马尔库塞
32. 《学习的革命》沃斯等
33. 《熵：一种新的世界观》里夫金　霍华德
34. 《文明的冲突与世界秩序的重建》亨廷顿
35. 《菊与刀》本尼迪克特
36. 《第三次浪潮》托夫勒
37. 《大趋势》奈斯比特
38. 《控制论,信息论,系统科学与哲学》王雨田
39. 《时间简史——从大爆炸到黑洞》霍金
40. 《未来之路》盖茨
41. 《史蒂夫·乔布斯传》扬
42. 《诗经选》余冠英
43. 《庄子浅注》曹础基
44. 《论语译注》杨伯峻
45. 《孟子译注》杨伯峻
46. 《史记选》王伯祥
47. 《坛经》慧能
48. 《唐诗三百首》蘅塘退士
49. 《宋词三百首》上疆村民
50. 《古文观止》吴调侯　吴楚材
51. 《元人杂剧选》顾肇仓
52. 《三国演义》罗贯中
53. 《水浒传》施耐庵
54. 《红楼梦》曹雪芹
55. 《聊斋志异》蒲松龄
56. 《呐喊》鲁迅
57. 《毛泽东诗词》毛泽东
58. 《子夜》茅盾
59. 《骆驼祥子》老舍
60. 《围城》钱钟书
61. 《边城》沈从文
62. 《谈美》朱光潜
63. 《美学散步》宗白华
64. 《苏东坡传》林语堂
65. 《笑傲江湖》金庸
66. 《青春之歌》杨沫
67. 《红岩》罗广斌　杨益言
68. 《平凡的世界》路遥
69. 《活着》余华
70. 《白鹿原》陈忠实

71.《尘埃落定》阿来

72.《傅雷家书》傅雷

73.《文化苦旅》余秋雨

74.《守望的距离》周国平

75.《伊利亚特》荷马

76.《俄狄浦斯王》索福克勒斯

77.《神曲》但丁

78.《哈姆雷特》莎士比亚

79.《一千零一夜》

80.《十日谈》薄加丘

81.《巨人传》拉伯雷

82.《堂吉诃德》塞万提斯

83.《蒙田随笔》蒙田

84.《浮士德》歌德

85.《忏悔录》卢梭

86.《红与黑》司汤达

87.《悲惨世界》雨果

88.《幻灭》巴尔扎克

89.《约翰·克利斯朵夫》罗兰

90.《死魂灵》果戈理

91.《卡拉玛佐夫兄弟》陀思妥耶夫斯基

92.《战争与和平》托尔斯泰

93.《静静的顿河》肖洛霍夫

94.《钢铁是怎样炼成的》奥斯特洛夫斯基

95.《瓦尔登湖》梭罗

96.《老人与海》海明威

97.《城堡》卡夫卡

98.《生命中不能承受之轻》昆德拉

99.《第二十二条军规》海勒

100.《百年孤独》马尔克斯

（吴　俊）

重　要　声　明

　　本教材选文均已注明出处及作者,但由于编撰时间紧,部分选文未来得及与作者联系,如涉及选文与作者不符、差异较大、作品稿酬等事宜,请作者在见此教材后速与本书编委会联系,联系电话:0851－5816684。

本书编委会

2012 年 7 月 31 日

图书在版编目(CIP)数据

大学人文与乡土教育读本/吴俊,张承鹄主编. —上海:
华东师范大学出版社,2012.7
ISBN 978-7-5617-9766-2

Ⅰ.①大… Ⅱ.①吴… ②张… Ⅲ.①贵州省—概况—
高等学校—教材 Ⅳ.①K927.3

中国版本图书馆 CIP 数据核字(2012)第 174105 号

大学人文与乡土教育读本

主　　编　吴　俊　张承鹄
项目编辑　方学毅
审读编辑　李玮慧
责任校对　时东明
封面设计　卢晓红

出版发行　华东师范大学出版社
社　　址　上海市中山北路3663号　邮编200062
网　　址　www.ecnupress.com.cn
电　　话　021-60821666　行政传真 021-62572105
客服电话　021-62865537　门市(邮购)电话 021-62869887
地　　址　上海市中山北路3663号华东师范大学校内先锋路口
网　　店　http://hdsdcbs.tmall.com

印 刷 者　昆山市亭林彩印厂有限公司
开　　本　787×1092　16开
印　　张　16
字　　数　435千字
版　　次　2012年9月第一版
印　　次　2019年8月第八次
书　　号　ISBN 978-7-5617-9766-2/G·5770
定　　价　38.00元

出 版 人　王　焰

(如发现本版图书有印订质量问题,请寄回本社客服中心调换或电话021-62865537联系)